초급 2

법무부 사회통

한국어와 한국문화

교사용 지도서

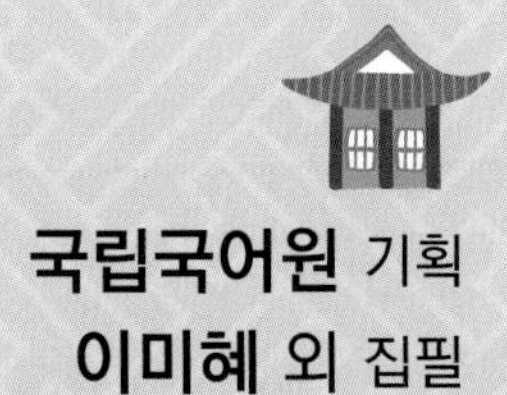

국립국어원 기획
이미혜 외 집필

Hawoo Publishing Inc.

발간사

2020년 9월호 법무부 출입국·외국인 통계월보에 따르면 국내 체류 외국인은 약 210만 명으로 2010년보다 2배 가까이 증가하였습니다. 그런데 주목할 점은 체류 외국인이 양적으로 증가하였을 뿐만 아니라 이들의 유형이 결혼 이민자를 비롯하여 근로자, 유학생, 중도 입국 자녀 등으로 점차 다양해졌다는 것입니다. 이러한 변화는 다양한 언어와 문화적 배경을 가진 구성원과의 '공존'의 중요성을 한국 사회에 알리는 동시에 '소통'의 과제를 던져 준다고 생각합니다.

이에 국립국어원에서는 한국에 온 외국인들이 체계적으로 한국어를 배워 한국 사회의 일원으로 능동적으로 생활하고, 사회 구성원 간의 의사소통이 더욱 원활할 수 있도록 지원하고 있습니다. 그리고 이를 위한 교육 내용을 연구하고, 한국어 교재를 발간하고 있습니다. 이번에 발간되는 ≪사회통합프로그램(KIIP) 한국어와 한국문화≫는 이러한 노력의 결실 중 하나라 할 수 있습니다.

이번 교재 개발에는 한국어 교육 및 사회·문화 교육 전문가가 집필자와 검토자로 참여하여 한국어와 한국 문화의 전문적 내용을 체계적이면서도 친근하게 구성하였습니다. 특히 '사회통합프로그램'을 총괄하는 법무부의 협조로 현장 요구 조사와 시범 적용을 실시하여 교사와 학습자의 의견을 폭넓게 반영하기 위해 노력하였습니다. 그리고 한국어 능력 향상뿐만 아니라 문화 다양성을 고려하여 내용을 구성하였으며, 풍부한 보조 자료를 제공함으로써 교사와 학습자가 손쉽게 활용할 수 있도록 하였습니다.

본 교재는 기초편 교재 1권, 초급 교재 2권, 중급 교재 2권의 5권으로 구성되며, 이 구성에 따라 학습자용 익힘책과 교사용 지도서가 본 교재와 함께 출간됩니다. 이와 함께 학습자용 유형별 보조 자료와 수업용 보조 자료를 별도로 제작하여 현장에서 손쉽게 사용할 수 있도록 제공하였습니다.

아무쪼록 이 교재가 사회통합프로그램에 참여하는 학습자들에게 한국어를 체계적이고 충실하게 익힐 수 있는 유용한 길잡이로 널리 활용되기를 바랍니다. 그래서 이 교재를 사용하는 이민자들이 한국 사회의 주체적인 구성원으로서 안정적인 생활을 영위하는 데 도움이 되기를 희망합니다.

끝으로 이 교재의 개발을 위해 최선의 노력을 기울여 주신 교재 개발진과 출판사 관계자 분들께 깊은 감사의 말씀을 드립니다.

2020년 12월

국립국어원장 소강춘

머리말

국내 체류 외국인의 수가 100만 명을 넘은 2007년을 기점으로 한국 사회는 다문화 사회의 도래를 대비하기 위해 제도적 준비를 해 왔습니다. 그중 이민 초기 정착 단계의 필수적인 지원 사항인 한국어 학습은 여러 부처에서 다양한 프로그램으로 운영되었는데, 2020년부터 법무부가 주관하는 사회통합프로그램으로 표준화되었습니다. 사회통합프로그램은 국내 체류 이민자를 대상으로 하는 '한국어와 한국문화', '한국사회이해' 교육 프로그램으로, 결혼 이민자와 근로자, 유학생 등 전문 인력, 중도 입국 자녀 등이 참여합니다. 2009년에 처음 시행된 이후 점점 성장하여, 현재 약 350개의 운영 기관에서 약 6만 명의 이민자들이 교육에 참여하고 있습니다.

이민자 대상의 한국어 교육에서 사회통합프로그램의 중요성이 커지면서 교육의 체계화와 효율화, 변화하는 사회 양상의 반영 등을 위해 교재 개발 연구가 진행되었고, 그 결과물이 ≪사회통합프로그램(KIIP) 한국어와 한국문화≫ 교재입니다. 이 교재의 특징은 다음과 같습니다.

첫째, 교재와 익힘책, 교사용 지도서, 수업용 보조 자료(PPT)로 구성되어 있습니다. 교실 수업에서 사용할 교재 이외에 교수·학습 효율성을 높이기 위해 학습 자료 일체를 개발하였습니다.

둘째, 교재는 사회통합프로그램 단계별 100시간 수업에 맞춰 구성했는데 이민자들이 한국 사회에 정착하는 과정에서 필요한 한국어와 한국문화 내용을 선정하여 살아있는 언어문화 교육이 되도록 했습니다. 특히 변화하는 한국 사회의 모습과 특징을 교재 전체에 다양한 소재로 사용했을 뿐만 아니라, 다양한 문화 주제를 통해 이민자들이 한국 사회를 이해하고 적응하는 데 도움을 주고자 했습니다. 그리고 결혼 이민자, 근로자, 유학생 등 전문 인력, 중도 입국 자녀들을 등장인물로 하여 한국 사람들과 함께 생각과 정보를 나누고, 공감하며 생활하는 모습을 담았습니다.

셋째, 익힘책은 이민자들이 자신의 학습 속도와 능력에 맞게 학습 내용을 복습하고 보완할 수 있도록 구성하였습니다. 교사들도 교실 상황에 맞춰서 융통성 있게 활용할 수 있을 것입니다.

넷째, 교사용 지도서와 수업용 보조 자료(PPT)는 교사들이 수업의 핵심 내용을 명료하게 파악하고 운용하도록 안내해 줄 것입니다. 또한 교사들의 필수적인 수업 준비 시간을 단축해 주는 대신에 교실 상황에 맞는 수업 설계에 시간을 투자할 수 있도록 도와줄 것입니다.

이민자용 한국어 교재는 단지 의사소통 능력을 길러 주는 역할만이 아니라 우리 사회의 진정한 '사회통합'을 이끄는 교재여야 합니다. 이 교재를 통해 이민자들의 사회통합프로그램 참여를 확대하고 교수·학습의 효율성을 높이기를 기대합니다. 또한 이민자의 사회 적응을 돕고 진정한 사회통합으로 나아가는 데 일조하기를 기대해 봅니다.

마지막으로 우리 사회 이민자 대상 한국어 교육을 위해 의미 있는 교재 개발 사업을 기획하고 지원해 주신 국립국어원 관계자 여러분께 감사드리며, 법무부 이민통합과 관계자분들께도 감사드립니다. 그리고 다양하고 새로운 시도를 통해 멋진 교재로 완성해 주신 하우 출판사 관계자분들께도 진심으로 감사드립니다. 원고를 고치고 다듬느라 오랫동안 소중한 일상을 돌보지 못한 연구진들께도 머리 숙여 감사의 마음을 전합니다.

2020년 12월
저자 대표 이미혜

교사용 지도서의 구성과 사용법

≪사회통합프로그램(KIIP) 한국어와 한국문화 교사용 지도서≫는 한국어 교사들이 교재 구성 및 편찬 의도를 이해하고 효율적으로 수업을 이끌도록 안내하는 안내서입니다. 단원 구성, 교재 사용 방법, 수업 진행 순서와 방법 등을 제시하여 수업을 계획하고 운영하는 데 도움이 되도록 하였습니다.

교사용 지도서는 교재의 구성에 맞춰 한 단원을 10쪽으로 구성하고, 각 페이지에 교재 내용과 수업 방법을 제시했습니다. 교육 현장의 상황이 다양하므로 지도서의 내용을 기본으로 삼아 현장에 맞게 적용하기를 바랍니다.

교사용 지도서는 교재, 익힘책, 수업용 보조 자료(PPT)를 함께 활용할 것을 전제로 하였습니다. 한 단원의 수업 시간을 5시간 정도로 정하고 활동을 제시했으므로, 현장 여건과 학습자 특성을 고려하여 융통성 있게 조정해서 수업을 진행하는 것이 좋습니다.

- **단원 첫머리에 '수업 목표 및 내용', '수업 전개', '이 단원을 지도할 때는…'을 포함하여, 교사들이 단원 내용을 쉽게 파악하고 수업을 계획할 수 있도록 하였습니다.**

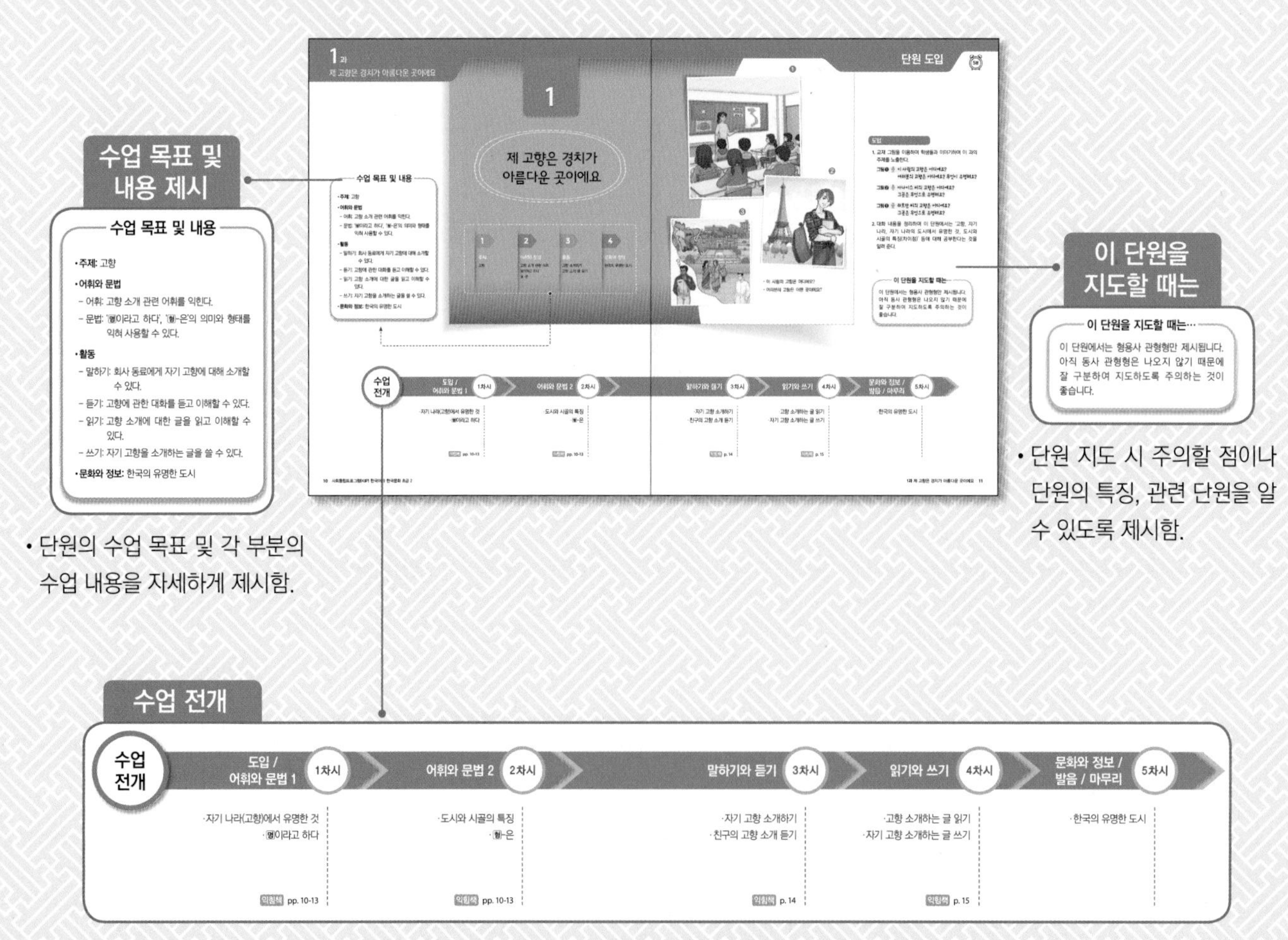

• 단원의 수업 목표 및 각 부분의 수업 내용을 자세하게 제시함.

• 단원 지도 시 주의할 점이나 단원의 특징, 관련 단원을 알 수 있도록 제시함.

• 한 단원의 수업 시간을 5시간으로 보고, 각 차시의 수업 전개와 자료(익힘책)를 한눈에 파악할 수 있도록 정리함.

- 교재의 각 부분에 대한 수업 진행 절차와 교사 발화를 명료하게 제시했습니다. 도입, 어휘, 문법 지도는 '도입, 제시, 연습' 단계로 진행하도록 했으며, 말하기, 듣기, 읽기, 쓰기는 '활동 전, 활동, 활동 후' 단계로 이끄는 것을 기본으로 삼았습니다.

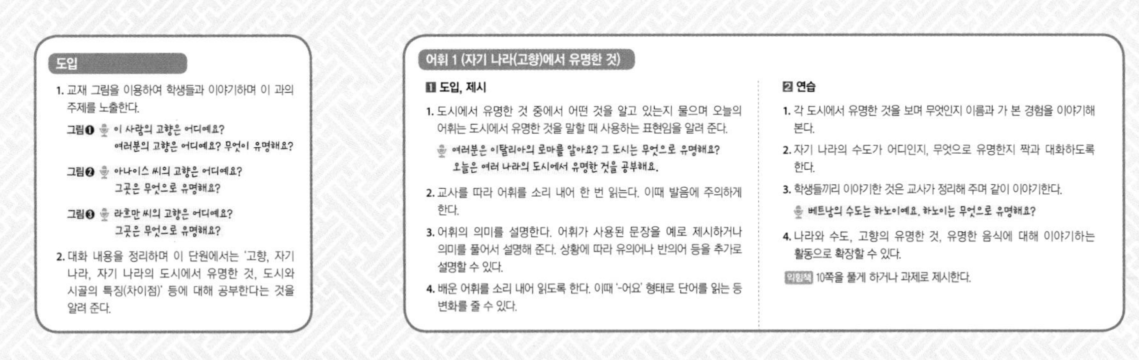

도입

1. 교재 그림을 이용하여 학생들과 이야기하며 이 과의 주제를 노출한다.

   그림❶ 이 사람의 고향은 어디예요?
   여러분의 고향은 어디예요? 무엇이 유명해요?

   그림❷ 아나이스 씨의 고향은 어디예요?
   그곳은 무엇으로 유명해요?

   그림❸ 라흐만 씨의 고향은 어디예요?
   그곳은 무엇으로 유명해요?

2. 대화 내용을 정리하며 이 단원에서는 '고향, 자기 나라, 자기 나라의 도시에서 유명한 것, 도시와 시골의 특징(차이점)' 등에 대해 공부한다는 것을 알려 준다.

어휘 1 (자기 나라(고향)에서 유명한 것)

1 도입, 제시

1. 도시에서 유명한 것 중에서 어떤 것을 알고 있는지 물으며 오늘의 어휘는 도시에서 유명한 것을 말할 때 사용하는 표현임을 알려 준다.

   여러분은 이탈리아의 로마를 알아요? 그 도시는 무엇으로 유명해요?
   오늘은 여러 나라의 도시에서 유명한 것을 공부해요.

2. 교사를 따라 어휘를 소리 내어 한 번 읽는다. 이때 발음에 주의하게 한다.
3. 어휘의 의미를 설명한다. 어휘가 사용된 문장을 예로 제시하거나 의미를 풀어서 설명해 준다. 상황에 따라 유의어나 반의어 등을 추가로 설명할 수 있다.
4. 배운 어휘를 소리 내어 읽도록 한다. 이때 '-어요' 형태로 단어를 읽는 등 변화를 줄 수 있다.

2 연습

1. 각 도시에서 유명한 것을 보며 무엇인지 이름과 가 본 경험을 이야기해 본다.
2. 자기 나라의 수도가 어디인지, 무엇으로 유명한지 짝과 대화하도록 한다.
3. 학생들끼리 이야기한 것은 교사가 정리해 주며 다음과 같이 이야기한다.

   베트남의 수도는 하노이예요. 하노이는 무엇으로 유명해요?

4. 나라와 수도, 고향의 유명한 것, 유명한 음식에 대해 이야기하는 활동으로 확장할 수 있다.

익힘책 10쪽을 풀게 하거나 과제로 제시한다.

- 수업을 준비할 때 교사들이 가장 필요로 하는 어휘 설명 참고 사항, 문법 설명이나 추가 예문, 발음 정보 등을 메모지 형식으로 명료하게 제시했습니다. 이 자료를 활용하면 짧은 시간에 효율적으로 수업을 준비할 수 있을 것입니다.

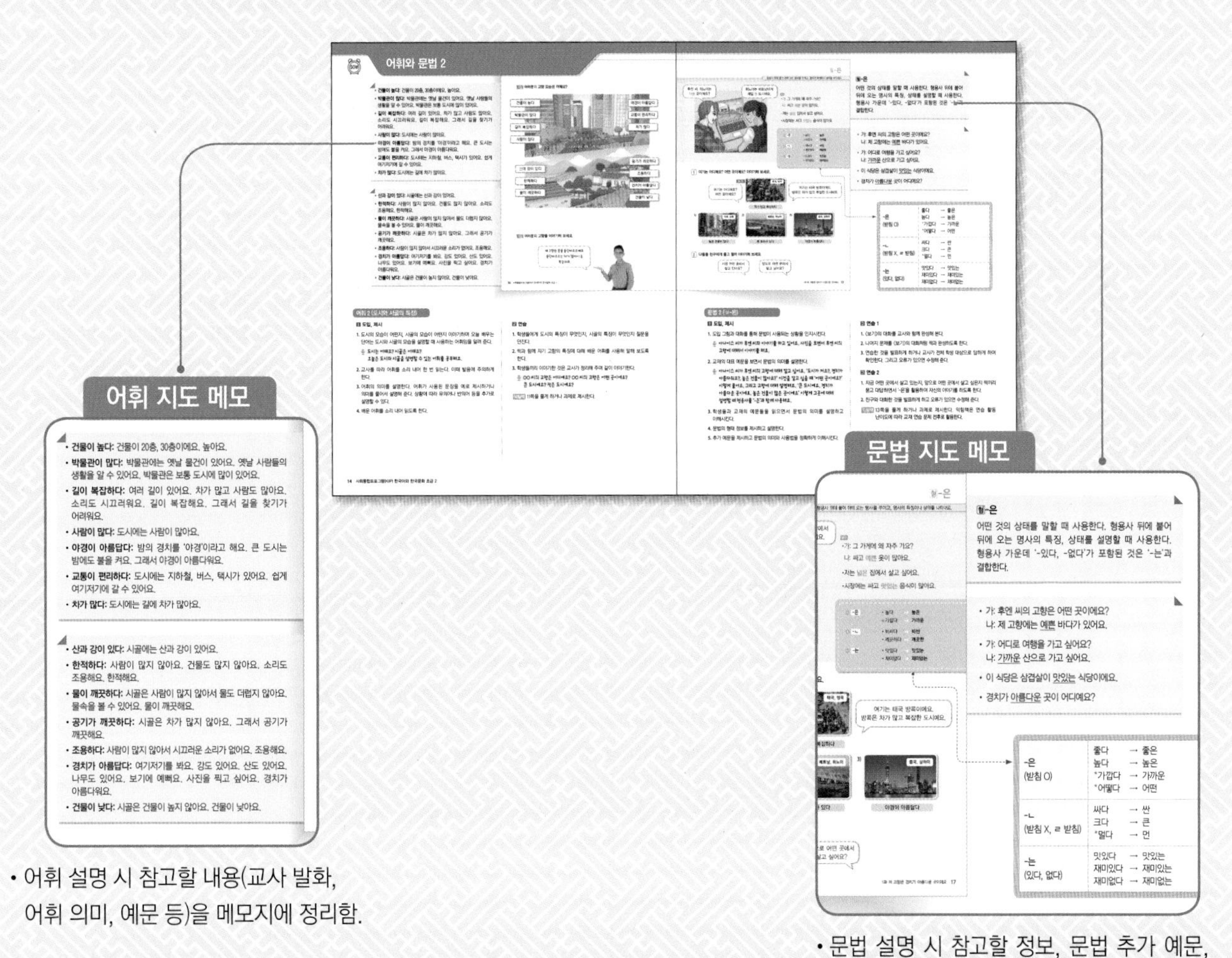

- 어휘 설명 시 참고할 내용(교사 발화, 어휘 의미, 예문 등)을 메모지에 정리함.
- 문법 설명 시 참고할 정보, 문법 추가 예문, 형태 정보를 메모지에 명시적으로 정리함.

• 활동의 정답, 듣기 지문, 마무리 질문 등을 제시하여 교사용 지도서를 활용하여 편리하게 수업을 준비하고 진행할 수 있도록 하였습니다.

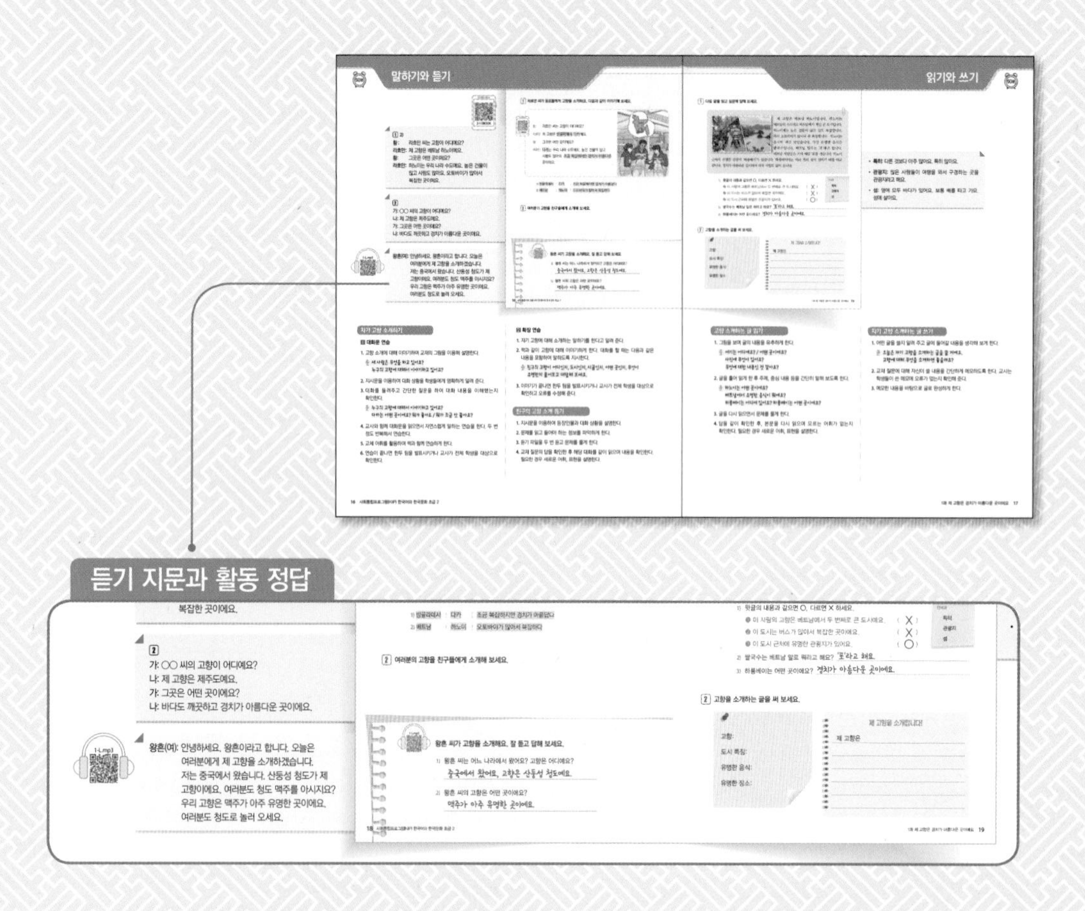

차례

- 발간사 2
- 머리말 3
- 교사용 지도서의 구성과 사용법 4
- 교재 구성표 8

1과	제 고향은 경치가 아름다운 곳이에요	10
2과	쓰레기는 내가 버릴게요	20
3과	이걸로 한번 입어 보세요	30
4과	지금 통화할 수 있어요?	40
5과	많이 아프면 이 약을 드세요	50
6과	맛있는 음식을 먹을 때 행복해요	60
7과	집들이니까 세제나 휴지를 가져갈게요	70
8과	9월부터 한국어 수업을 듣기로 했어요	80
9과	근처에 자주 가는 식당이 있어요	90
10과	시청 옆에 있는데 가까워요	100
11과	보름달을 보면서 소원을 빌어요	110
12과	실수를 자주 하는 편이에요	120
13과	소포를 보내려고 하는데요	130
14과	비자 연장 신청을 하려면 어떻게 해야 돼요?	140
15과	무역 회사에서 번역 일을 하고 있어요	150
16과	그 행사에는 가족이나 친구를 데려가도 되거든요	160
17과	잠을 푹 자면 좋겠어요	170
18과	이 수업을 신청하는 게 어때요?	180

교재 구성표

단원	단원명	주제	어휘	문법
1	제 고향은 경치가 아름다운 곳이에요	고향	고향 소개 관련 어휘	명이라고 하다 형-은
2	쓰레기는 내가 버릴게요	집안일	집안일 관련 어휘	동-을게요 동-은 다음에
3	이걸로 한번 입어 보세요	물건 사기	옷, 신발 관련 어휘	명이나 동-어 보다
4	지금 통화할 수 있어요?	전화	전화 표현	동-을 수 있다/없다 반말
5	많이 아프면 이 약을 드세요	약국	약, 증상 관련 어휘	동형-으면 동-어서(순차)
6	맛있는 음식을 먹을 때 행복해요	기분과 감정	기분, 감정 관련 어휘	동형-겠- 동형-을 때
7	집들이니까 세제나 휴지를 가져갈게요	초대와 방문	초대와 방문 어휘	동-을래요? 동형-으니까
8	9월부터 한국어 수업을 듣기로 했어요	한국어 수업	한국어 수업 신청, 한국어 과정	동-기 전에 동-기로 하다
9	근처에 자주 가는 식당이 있어요	외식	맛, 식당의 특징	동형-을 것 같다 동-는
	복습 1(1~9과)			
10	시청 옆에 있는데 가까워요	길 안내	길 안내, 교통	동형-는데 동형-기 때문에
11	보름달을 보면서 소원을 빌어요	명절	명절, 명절에 하는 일	형-게 동-으면서
12	실수를 자주 하는 편이에요	실수와 경험	감정, 실수	동-은 적이 있다 동형-는 편이다
13	소포를 보내려고 하는데요	우체국과 은행	우체국, 은행 관련 어휘	동-으려고 하다 동-어야 되다
14	비자 연장 신청을 하려면 어떻게 해야 돼요?	공공 기관	공공 기관 업무, 신청서	동-어도 되다 동-으려면
15	무역 회사에서 번역 일을 하고 있어요	직장 생활	업무 관련 어휘	동-고 있다 동-은
16	그 행사에는 가족이나 친구를 데려가도 되거든요	행사(축제)	포스터, 게시판	동-을 동형-거든요(이유)
17	잠을 푹 자면 좋겠어요	건강	건강한 생활 습관, 건강 이상 증상	동형-으면 좋겠다 명에
18	이 수업을 신청하는 게 어때요?	문화생활	문화 센터 수업, 수강 신청	동-는 게 어때요? 형-어 보이다
	복습 2(10~18과)			

활동	발음	문화와 정보
고향 소개하기 고향 소개 글 읽기	깨끗하다, 한적하다, 복잡하다	한국의 유명한 도시
집안일 분담하기 집안일 부탁하기	살게요, 올게요, 돌릴게요	쓰레기 분리수거
옷 가게에서 옷 사기 사고 싶은 옷 소개하기	짧아요, 가 봤어요, 찾으세요	한국의 전통 시장
전화하기 문자 메시지 보내기	보낼 수 있어요, 통화할 수 있어요, 갈 수 없어서	한국 생활에 도움이 되는 스마트폰 앱(App)
약국에서 약 사기 아픈 친구에게 조언하는 글 쓰기	놓지, 어떻게, 좋지요	휴일지킴이 약국
기분에 대해 말하기 친구나 가족에게 이메일 쓰기	즐겁겠네요, 좋겠네요, 무슨 일	이모티콘
초대하기 이메일 답장하기	늦지 않게, 막히니까, 괜찮지만	집들이 선물
한국어 수업에 대해 이야기 나누기 한국어 과정에 대한 문자 읽기	합격하면, 듣기로 했어요, 아쉽네요	사회통합프로그램
회식 장소 정하기 맛집 소개하는 글 쓰기	매울 것 같아요, 없을 것 같아요, 못 먹을 것 같아요	한국의 배달 앱(App)
길 찾기 길 설명하는 글 쓰기	육교, 있는데, 어떻게	교통 표지판
명절에 하는 일 말하기 명절 소개하는 글 쓰기	짧게, 밝았지요, 끓여서	한국의 명절
경험과 감정 말하기 실수 경험 쓰기	물건값, 잃어버렸어요, 얇은 편이에요	한국의 '우리' 문화
우체국에서 소포 보내기 택배 신청서 쓰기	택배, 우편 번호, 옷하고	한국의 주소
출입국·외국인청 이용하기 출입국·외국인청에서 통합 신청서 쓰기	외국인 등록증, 여권, 신분증	출입국·외국인청(사무소)
업무 지시 받기 업무 관련 메일 쓰기	옮기고, 읽고, 앉고	한국 회사의 직위
행사 소식 알리기 고향 축제 소개하는 글 쓰기	걷기, 걷는 거, 걸었거든요	세계인의 날
건강에 대해 조언하기 건강한 생활 습관에 대해 글 쓰기	좋겠어요, 불규칙한 편이에요, 하지 않지만	민간요법
문화 센터 수업 조언하기 배우고 싶은 강좌에 대한 글 쓰기	어학 자격증, 행복해, 천연 비누	문화가 있는 날

1

제 고향은 경치가 아름다운 곳이에요

1	2	3	4
주제 고향	어휘와 문법 고향 소개 관련 어휘 명이라고 하다 형-은	활동 고향 소개하기 고향 소개 글 읽기	문화와 정보 한국의 유명한 도시

수업 목표 및 내용

- **주제:** 고향
- **어휘와 문법**
  - 어휘: 고향 소개 관련 어휘를 익힌다.
  - 문법: '명이라고 하다', '형-은'의 의미와 형태를 익혀 사용할 수 있다.
- **활동**
  - 말하기: 회사 동료에게 자기 고향에 대해 소개할 수 있다.
  - 듣기: 고향에 관한 대화를 듣고 이해할 수 있다.
  - 읽기: 고향 소개에 대한 글을 읽고 이해할 수 있다.
  - 쓰기: 자기 고향을 소개하는 글을 쓸 수 있다.
- **문화와 정보:** 한국의 유명한 도시

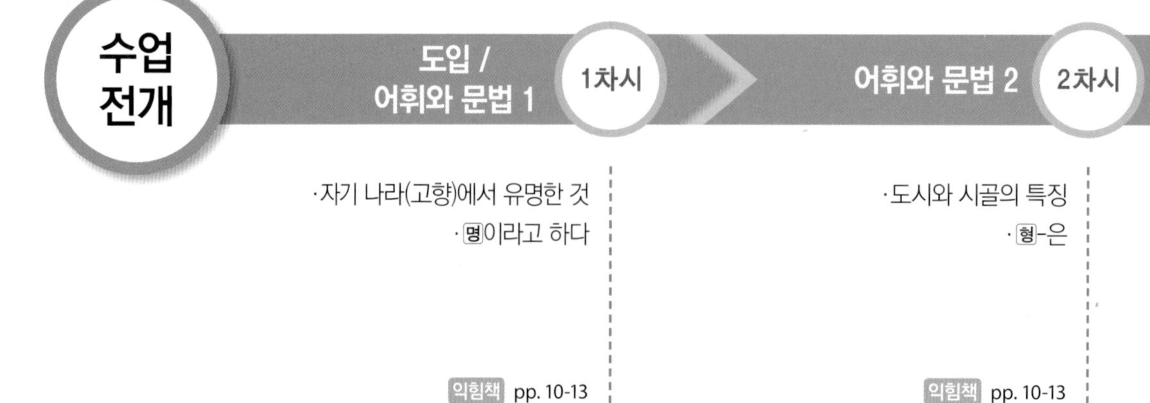

·자기 나라(고향)에서 유명한 것
·명이라고 하다

익힘책 pp. 10-13

·도시와 시골의 특징
·형-은

익힘책 pp. 10-13

단원 도입

- 이 사람의 고향은 어디예요?
- 여러분의 고향은 어떤 곳이에요?

도입

1. 교재 그림을 이용하여 학생들과 이야기하며 이 과의 주제를 노출한다.

   그림❶ 이 사람의 고향은 어디예요?
   여러분의 고향은 어디예요? 무엇이 유명해요?

   그림❷ 아나이스 씨의 고향은 어디예요?
   그곳은 무엇으로 유명해요?

   그림❸ 라흐만 씨의 고향은 어디예요?
   그곳은 무엇으로 유명해요?

2. 대화 내용을 정리하며 이 단원에서는 '고향, 자기 나라, 자기 나라의 도시에서 유명한 것, 도시와 시골의 특징(차이점)' 등에 대해 공부한다는 것을 알려 준다.

이 단원을 지도할 때는…

이 단원에서는 형용사 관형형만 제시됩니다. 아직 동사 관형형은 나오지 않기 때문에 잘 구분하여 지도하도록 주의하는 것이 좋습니다.

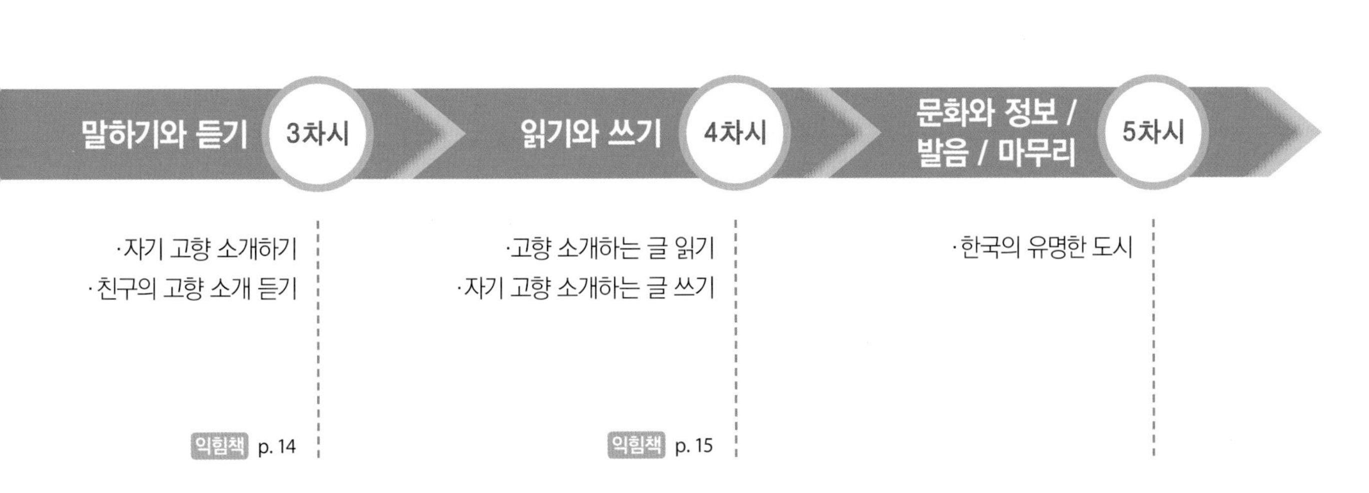

·자기 고향 소개하기
·친구의 고향 소개 듣기

익힘책 p. 14

·고향 소개하는 글 읽기
·자기 고향 소개하는 글 쓰기

익힘책 p. 15

·한국의 유명한 도시

어휘와 문법 1

- **오래된 건물:** 건물, 집, 빌딩을 옛날에(천 년, 오백 년 전에) 만들었어요. 지금까지 있어요.
- **박물관:** 옛날 사람들이 사용한 물건을 볼 수 있는 곳이에요.
  발음 박물관[방물관]
- **절(사원):** 부처님이나 신이 있는 곳이에요. 사람들이 하고 싶은 일, 소원을 비는 곳이에요.
- **호수:** 물이 많아요. 바다와 강이 아니에요.
- **벚꽃:** 일본에서 유명한 꽃이에요. 봄에 피어요. 핑크색이에요.
- **한강:** 서울에 있는 큰 강이에요. 사람들이 운동을 하고 자전거도 타요. 치킨과 맥주도 먹어요.

- **맥주:** 중국 청도에서 유명한 것은 맥주예요.
- **해산물:** 바다에서 나오는 생선, 오징어, 조개 같은 것이에요. 한국에서는 부산이 해산물로 유명해요.
- **생선회:** 생선을 요리하지 않고 그대로 먹어요. 생선회예요.
- **아오자이:** 베트남 전통 옷이에요.
- **쌀국수:** 베트남에서 유명한 음식이에요. 한국말로 쌀국수예요.

Q 다음 도시는 무엇이 유명해요?

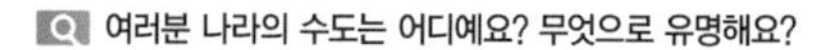

Q 여러분 나라의 수도는 어디예요? 무엇으로 유명해요?

어휘 1 (자기 나라(고향)에서 유명한 것)

1 도입, 제시

1. 도시에서 유명한 것 중에서 어떤 것을 알고 있는지 물으며 오늘의 어휘는 도시에서 유명한 것을 말할 때 사용하는 표현임을 알려 준다.

   여러분은 이탈리아의 로마를 알아요? 그 도시는 무엇으로 유명해요? 오늘은 여러 나라의 도시에서 유명한 것을 공부해요.

2. 교사를 따라 어휘를 소리 내어 한 번 읽는다. 이때 발음에 주의하게 한다.
3. 어휘의 의미를 설명한다. 어휘가 사용된 문장을 예로 제시하거나 의미를 풀어서 설명해 준다. 상황에 따라 유의어나 반의어 등을 추가로 설명할 수 있다.
4. 배운 어휘를 소리 내어 읽도록 한다. 이때 '-어요' 형태로 단어를 읽는 등 변화를 줄 수 있다.

2 연습

1. 각 도시에서 유명한 것을 보며 무엇인지 이름과 가 본 경험을 이야기해 본다.
2. 자기 나라의 수도가 어디인지, 무엇으로 유명한지 짝과 대화하도록 한다.
3. 학생들끼리 이야기한 것은 교사가 정리해 주며 같이 이야기한다.

   베트남의 수도는 하노이예요. 하노이는 무엇으로 유명해요?

4. 나라와 수도, 고향의 유명한 것, 유명한 음식에 대해 이야기하는 활동으로 확장할 수 있다.

익힘책 10쪽을 풀게 하거나 과제로 제시한다.

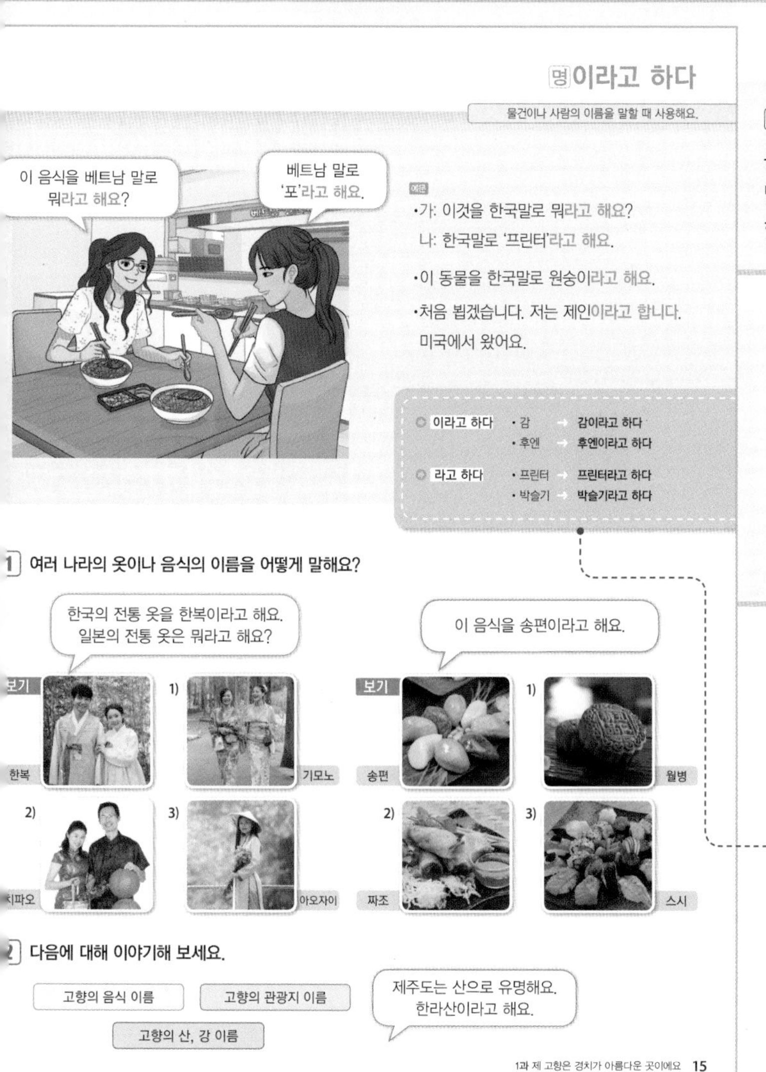

명이라고 하다

물건이나 사람의 이름을 말할 때 사용해요.

예문

- 가: 이것을 한국말로 뭐라고 해요?
  나: 한국말로 '프린터'라고 해요.
- 이 동물을 한국말로 원숭이라고 해요.
- 처음 뵙겠습니다. 저는 제인이라고 합니다. 미국에서 왔어요.

이라고 하다	• 감	감이라고 하다
	• 후엔	후엔이라고 하다
라고 하다	• 프린터	프린터라고 하다
	• 박슬기	박슬기라고 하다

1 여러 나라의 옷이나 음식의 이름을 어떻게 말해요?

2 다음에 대해 이야기해 보세요.

고향의 음식 이름 / 고향의 관광지 이름 / 고향의 산, 강 이름

1과 제 고향은 경치가 아름다운 곳이에요 15

명이라고 하다

물건이나 사람의 이름을 말할 때 사용한다. 사람의 이름을 말할 때는 "저는 -이라고 합니다" 또는 "제 이름은 -이라고 합니다"의 형태로 사용된다.

- 가: 이것을 한국말로 뭐라고 해요?
  나: 숟가락이라고 해요.
- 가: 이름이 뭐예요?
  나: 저는 후엔이라고 합니다.
- 이 음식을 떡국이라고 해요.
- 이 물건을 상자라고 해요.

이라고 하다 (받침 O)	숟가락 → 숟가락이라고 하다 후엔 → 후엔이라고 하다 지하철 → 지하철이라고 하다 떡국 → 떡국이라고 하다
라고 하다 (받침 X)	박슬기 → 박슬기라고 하다 프린터 → 프린터라고 하다 상자 → 상자라고 하다 반지 → 반지라고 하다

문법 1 (명이라고 하다)

1 도입, 제시

1. 도입 그림과 대화를 통해 문법이 사용되는 상황을 인지시킨다.
   - 안젤라 씨와 후엔 씨가 식당에서 베트남 음식을 먹고 있어요.
2. 교재의 대표 예문을 보면서 문법의 의미를 설명한다.
   - 안젤라 씨가 지금 먹고 있는 음식의 이름이 궁금해요. 한국말이 아니에요. 베트남 말로 알고 싶어요. 질문할 때 '이것을 뭐라고 해요?' 이렇게 물어요. 그러면 이름을 알려 주면서 대답하면 돼요. 그래서 친구가 '포라고 해요' 대답을 했어요. 이렇게 어떤 것의 이름을 말할 때 붙여서 말해요.
3. 학생들과 교재의 예문들을 읽으면서 문법의 의미를 설명하고 이해시킨다.
4. 문법의 형태 정보를 제시하고 설명한다.
5. 추가 예문을 제시하고 문법의 의미와 사용법을 정확하게 이해시킨다.

2 연습 1

1. 〈보기〉의 대화를 교사와 함께 완성해 본다.
2. 나머지 문제를 〈보기〉의 대화처럼 짝과 완성하도록 한다.
3. 연습한 것을 발표하게 하거나 교사가 전체 학생 대상으로 답하게 하여 확인한다. 그리고 오류가 있으면 수정해 준다.

3 연습 2

1. '고향의 음식 이름', '고향의 관광지 이름', '고향의 산, 강 이름' 등의 주제에 대해 배운 문법을 사용하여 이야기해 보도록 한다.
2. 친구와 대화한 것을 발표하게 하고 오류가 있으면 수정해 준다.

익힘책 12쪽을 풀게 하거나 과제로 제시한다. 익힘책은 연습 활동 난이도에 따라 교재 연습 문제 전후로 활용한다.

어휘와 문법 2

- **건물이 높다:** 건물이 20층, 30층이에요. 높아요.
- **박물관이 많다:** 박물관에는 옛날 물건이 있어요. 옛날 사람들의 생활을 알 수 있어요. 박물관은 보통 도시에 많이 있어요.
- **길이 복잡하다:** 여러 길이 있어요. 차가 많고 사람도 많아요. 소리도 시끄러워요. 길이 복잡해요. 그래서 길을 찾기가 어려워요.
- **사람이 많다:** 도시에는 사람이 많아요.
- **야경이 아름답다:** 밤의 경치를 '야경'이라고 해요. 큰 도시는 밤에도 불을 켜요. 그래서 야경이 아름다워요.
- **교통이 편리하다:** 도시에는 지하철, 버스, 택시가 있어요. 쉽게 여기저기에 갈 수 있어요.
- **차가 많다:** 도시에는 길에 차가 많아요.

- **산과 강이 있다:** 시골에는 산과 강이 있어요.
- **한적하다:** 사람이 많지 않아요. 건물도 많지 않아요. 소리도 조용해요. 한적해요.
- **물이 깨끗하다:** 시골은 사람이 많지 않아서 물도 더럽지 않아요. 물속을 볼 수 있어요. 물이 깨끗해요.
- **공기가 깨끗하다:** 시골은 차가 많지 않아요. 그래서 공기가 깨끗해요.
- **조용하다:** 사람이 많지 않아서 시끄러운 소리가 없어요. 조용해요.
- **경치가 아름답다:** 여기저기를 봐요. 강도 있어요. 산도 있어요. 나무도 있어요. 보기에 예뻐요. 사진을 찍고 싶어요. 경치가 아름다워요.
- **건물이 낮다:** 시골은 건물이 높지 않아요. 건물이 낮아요.

Q 여러분의 고향 모습은 어때요?

Q 여러분의 고향을 이야기해 보세요.

16 사회통합프로그램(KIIP) 한국어와 한국문화 초급 2

어휘 2 (도시와 시골의 특징)

1 도입, 제시

1. 도시의 모습이 어떤지, 시골의 모습이 어떤지 이야기하며 오늘 배우는 단어는 도시와 시골의 모습을 설명할 때 사용하는 어휘임을 알려 준다.

   도시는 어때요? 시골은 어때요?
   오늘은 도시와 시골을 설명할 수 있는 어휘를 공부해요.

2. 교사를 따라 어휘를 소리 내어 한 번 읽는다. 이때 발음에 주의하게 한다.
3. 어휘의 의미를 설명한다. 어휘가 사용된 문장을 예로 제시하거나 의미를 풀어서 설명해 준다. 상황에 따라 유의어나 반의어 등을 추가로 설명할 수 있다.
4. 배운 어휘를 소리 내어 읽도록 한다.

2 연습

1. 학생들에게 도시의 특징이 무엇인지, 시골의 특징이 무엇인지 질문을 던진다.
2. 짝과 함께 자기 고향의 특징에 대해 배운 어휘를 사용해 말해 보도록 한다.
3. 학생들끼리 이야기한 것은 교사가 정리해 주며 같이 이야기한다.

   OO 씨의 고향은 어디예요? OO 씨의 고향은 어떤 곳이에요?
   큰 도시예요? 작은 도시예요?

익힘책 11쪽을 풀게 하거나 과제로 제시한다.

형-은

형용사 뒤에 붙어 뒤에 오는 명사를 꾸미고, 명사의 특징이나 상태를 나타내요.

예문
- 가: 그 가게에 왜 자주 가요?
  나: 싸고 예쁜 옷이 많아요.
- 저는 넓은 집에서 살고 싶어요.
- 시장에는 싸고 맛있는 음식이 많아요.

-은	• 높다 → 높은 ★가깝다 → 가까운
-ㄴ	• 비싸다 → 비싼 • 깨끗하다 → 깨끗한
-는	• 맛있다 → 맛있는 • 재미없다 → 재미없는

1 여기는 어디예요? 어떤 곳이에요? 이야기해 보세요.

보기

차가 많고 복잡하다

1) 미국, 뉴욕 — 높은 건물이 많다

2) 베트남, 하노이 — 큰 호수가 있다

3) 중국, 상하이 — 야경이 아름답다

2 다음을 친구에게 묻고 함께 이야기해 보세요.

1과 제 고향은 경치가 아름다운 곳이에요 17

형-은

어떤 것의 상태를 말할 때 사용한다. 형용사 뒤에 붙어 뒤에 오는 명사의 특징, 상태를 설명할 때 사용한다. 형용사 가운데 '-있다, -없다'가 포함된 것은 '-는'과 결합한다.

- 가: 후엔 씨의 고향은 어떤 곳이에요?
  나: 제 고향에는 예쁜 바다가 있어요.
- 가: 어디로 여행을 가고 싶어요?
  나: 가까운 산으로 가고 싶어요.
- 이 식당은 삼겹살이 맛있는 식당이에요.
- 경치가 아름다운 곳이 어디예요?

-은 (받침 O)	좋다 → 좋은 높다 → 높은 *가깝다 → 가까운 *어떻다 → 어떤
-ㄴ (받침 X, ㄹ 받침)	싸다 → 싼 크다 → 큰 *멀다 → 먼
-는 (있다, 없다)	맛있다 → 맛있는 재미있다 → 재미있는 재미없다 → 재미없는

문법 2 (형-은)

1 도입, 제시

1. 도입 그림과 대화를 통해 문법이 사용되는 상황을 인지시킨다.

아나이스 씨가 후엔 씨와 이야기를 하고 있어요. 사진을 보면서 후엔 씨의 고향에 대해서 이야기를 해요.

2. 교재의 대표 예문을 보면서 문법의 의미를 설명한다.

아나이스 씨가 후엔 씨의 고향에 대해 알고 싶어요. '도시가 커요?, 경치가 아름다워요?, 높은 건물이 많아요?' 이것을 알고 싶을 때 '어떤 곳이에요?' 이렇게 물어요. 그리고 고향에 대해 설명해요. '큰 도시예요. 경치가 아름다운 곳이에요. 높은 건물이 많은 곳이에요' 이렇게 그곳에 대해 설명할 때 형용사를 '-은'과 함께 사용해요.

3. 학생들과 교재의 예문들을 읽으면서 문법의 의미를 설명하고 이해시킨다.

4. 문법의 형태 정보를 제시하고 설명한다.

5. 추가 예문을 제시하고 문법의 의미와 사용법을 정확하게 이해시킨다.

2 연습 1

1. <보기>의 대화를 교사와 함께 완성해 본다.

2. 나머지 문제를 <보기>의 대화처럼 짝과 완성하도록 한다.

3. 연습한 것을 발표하게 하거나 교사가 전체 학생 대상으로 답하게 하여 확인한다. 그리고 오류가 있으면 수정해 준다.

3 연습 2

1. 지금 어떤 곳에서 살고 있는지, 앞으로 어떤 곳에서 살고 싶은지 짝끼리 묻고 대답하면서 '-은'을 활용하여 자신의 이야기를 하도록 한다.

2. 친구와 대화한 것을 발표하게 하고 오류가 있으면 수정해 준다.

익힘책 13쪽을 풀게 하거나 과제로 제시한다. 익힘책은 연습 활동 난이도에 따라 교재 연습 문제 전후로 활용한다.

말하기와 듣기

1 2)

황: 라흐만 씨는 고향이 어디예요?

라흐만: 제 고향은 베트남 하노이예요.

황: 그곳은 어떤 곳이에요?

라흐만: 하노이는 우리 나라 수도예요. 높은 건물이 많고 사람도 많아요. 오토바이가 많아서 복잡한 곳이에요.

2

가: ○○ 씨의 고향이 어디예요?

나: 제 고향은 제주도예요.

가: 그곳은 어떤 곳이에요?

나: 바다도 깨끗하고 경치가 아름다운 곳이에요.

왕흔(여): 안녕하세요. 왕흔이라고 합니다. 오늘은 여러분에게 제 고향을 소개하겠습니다. 저는 중국에서 왔습니다. 산둥성 청도가 제 고향이에요. 여러분도 청도 맥주를 아시지요? 우리 고향은 맥주가 아주 유명한 곳이에요. 여러분도 청도로 놀러 오세요.

1 라흐만 씨가 동료들에게 고향을 소개해요. 다음과 같이 이야기해 보세요.

황: 라흐만 씨는 고향이 어디예요?

라흐만: 제 고향은 방글라데시 다카예요.

황: 그곳은 어떤 곳이에요?

라흐만: 다카는 우리 나라 수도예요. 높은 건물이 많고 사람도 많아요. 조금 복잡하지만 경치가 아름다운 곳이에요.

1) 방글라데시 | 다카 | 조금 복잡하지만 경치가 아름답다

2) 베트남 | 하노이 | 오토바이가 많아서 복잡하다

2 여러분의 고향을 친구들에게 소개해 보세요.

1-L.mp3

왕흔 씨가 고향을 소개해요. 잘 듣고 답해 보세요.

1) 왕흔 씨는 어느 나라에서 왔어요? 고향은 어디예요?

중국에서 왔어요, 고향은 산둥성 청도예요.

2) 왕흔 씨의 고향은 어떤 곳이에요?

맥주가 아주 유명한 곳이에요.

18 사회통합프로그램(KIIP) 한국어와 한국문화 초급 2

자기 고향 소개하기

1 대화문 연습

1. 고향 소개에 대해 이야기하며 교재의 그림을 이용해 설명한다.

> 세 사람은 무엇을 하고 있어요?
> 누구의 고향에 대해서 이야기하고 있어요?

2. 지시문을 이용하여 대화 상황을 학생들에게 명확하게 알려 준다.

3. 대화를 들려주고 간단한 질문을 하여 대화 내용을 이해했는지 확인한다.

> 누구의 고향에 대해서 이야기하고 있어요?
> 다카는 어떤 곳이에요? 뭐가 좋아요 / 뭐가 조금 안 좋아요?

4. 교사와 함께 대화문을 읽으면서 자연스럽게 말하는 연습을 한다. 두 번 정도 반복해서 연습한다.

5. 교체 어휘를 활용하여 짝과 함께 연습하게 한다.

6. 연습이 끝나면 한두 팀을 발표시키거나 교사가 전체 학생을 대상으로 확인한다.

2 확장 연습

1. 자기 고향에 대해 소개하는 말하기를 한다고 알려 준다.

2. 짝과 같이 고향에 대해 이야기하게 한다. 대화를 할 때는 다음과 같은 내용을 포함하여 말하도록 지시한다.

> 친구의 고향이 어디인지, 도시인지, 시골인지, 어떤 곳인지, 무엇이 유명한지 물어보고 대답해 보세요.

3. 이야기가 끝나면 한두 팀을 발표시키거나 교사가 전체 학생을 대상으로 확인하고 오류를 수정해 준다.

친구의 고향 소개 듣기

1. 지시문을 이용하여 등장인물과 대화 상황을 설명한다.

2. 문제를 읽고 들어야 하는 정보를 파악하게 한다.

3. 듣기 파일을 두 번 듣고 문제를 풀게 한다.

4. 교재 질문의 답을 확인한 후 해당 대화를 같이 읽으며 내용을 확인한다. 필요한 경우 새로운 어휘, 표현을 설명한다.

읽기와 쓰기

1 다음 글을 읽고 질문에 답해 보세요.

제 고향은 베트남 하노이입니다. 하노이는 베트남의 수도이고 베트남에서 제일 큰 도시입니다. 하노이에는 높은 건물이 많고 길도 복잡합니다. 특히 오토바이가 많아서 좀 복잡합니다. 하노이는 음식이 싸고 맛있습니다. 가장 유명한 음식은 쌀국수입니다. 베트남 말로는 '포'라고 합니다. 베트남 사람들은 거의 매일 '포'를 먹습니다. 하노이 근처에 유명한 관광지 '하롱베이'가 있습니다. 하롱베이에는 여러 개의 섬이 있어서 배를 타고 갑니다. 경치가 아름다운 곳이라서 외국 사람도 많이 옵니다.

1) 윗글의 내용과 같으면 O, 다르면 X 하세요.
- ❶ 이 사람의 고향은 베트남에서 두 번째로 큰 도시예요. (X)
- ❷ 이 도시는 버스가 많아서 복잡한 곳이에요. (X)
- ❸ 이 도시 근처에 유명한 관광지가 있어요. (O)

2) 쌀국수는 베트남 말로 뭐라고 해요? '포'라고 해요.

3) 하롱베이는 어떤 곳이에요? 경치가 아름다운 곳이에요.

단어장
- 특히
- 관광지
- 섬

2 고향을 소개하는 글을 써 보세요.

고향:

도시 특징:

유명한 음식:

유명한 장소:

제 고향을 소개합니다!

제 고향은

1과 제 고향은 경치가 아름다운 곳이에요 19

- **특히:** 다른 것보다 아주 많아요. 특히 많아요.
- **관광지:** 많은 사람들이 여행을 와서 구경하는 곳을 관광지라고 해요.
- **섬:** 옆에 모두 바다가 있어요. 보통 배를 타고 가요. 섬에 살아요.

고향 소개하는 글 읽기

1. 그림을 보며 글의 내용을 유추하게 한다.

여기는 어디예요? / 어떤 곳이에요?
사진에 무엇이 있어요?
무엇에 대한 내용인 것 같아요?

2. 글을 훑어 읽게 한 후 주제, 중심 내용 등을 간단히 말해 보도록 한다.

하노이는 어떤 곳이에요?
베트남에서 유명한 음식이 뭐예요?
하롱베이는 어디에 있어요? 하롱베이는 어떤 곳이에요?

3. 글을 다시 읽으면서 문제를 풀게 한다.

4. 답을 같이 확인한 후, 본문을 다시 읽으며 모르는 어휘가 없는지 확인한다. 필요한 경우 새로운 어휘, 표현을 설명한다.

자기 고향 소개하는 글 쓰기

1. 어떤 글을 쓸지 알려 주고 글에 들어갈 내용을 생각해 보게 한다.

오늘은 자기 고향을 소개하는 글을 쓸 거예요.
고향에 대해 무엇을 소개하면 좋을까요?

2. 교재 질문에 대해 자신이 쓸 내용을 간단하게 메모하도록 한다. 교사는 학생들이 쓴 메모에 오류가 없는지 확인해 준다.

3. 메모한 내용을 바탕으로 글로 완성하게 한다.

문화와 정보

한국의 유명한 도시

여러분은 한국의 어떤 도시를 압니까? 한국은 유명한 도시가 많이 있습니다. 한국의 수도는 서울입니다. 그리고 제2의 도시는 부산입니다. 부산은 큰 배가 들어오고 나가는 항구 도시입니다. 춘천은 큰 호수가 있는 호수의 도시입니다. 경주는 과거 신라의 수도로 역사의 도시입니다. 그리고 전주는 맛의 도시니까 꼭 가서 맛있는 음식을 드세요.

1) 한국에서 제2의 도시는 어디예요?
2) 춘천은 어떤 곳이에요?
3) 여러분은 이 도시들 중에서 어느 도시에 가고 싶어요?

20 사회통합프로그램(KIIP) 한국어와 한국문화 초급 2

한국의 유명한 도시

1. 이 단원의 문화와 정보가 무엇에 대한 것인지 알려 준다.

한국의 도시 이름을 많이 알아요? 여러분은 어디에 가 봤어요?
오늘은 '한국의 유명한 도시'에 대해 알아봅시다.

2. 교재의 그림(사진)을 보면서 주제에 대해 알고 있는 것을 상기시키고 말해 보게 한다. 이때 관련 시각 자료를 추가로 활용할 수 있다.

여러분은 한국에서 어디에 갔어요?
경주는 어떤 도시예요?
부산은 어떤 도시예요?

3. 교재를 같이 읽으면서 내용을 설명한다. 이때 중요한 정보가 있는 부분에 밑줄을 긋거나 표시하게 하는 것도 좋다.

4. 질문 1, 2의 답을 찾아보고 답하게 한다.

한국에서 제2의 도시는 어디예요?
춘천은 어떤 곳이에요?

5. 3번 질문을 이용하여 학습자 자신의 경험을 말해 보도록 한다.

여러분은 시간이 있으면 이 도시 중에서 어디에 가 보고 싶어요?

단원 마무리

발음

1. 다음을 듣고 따라 읽으세요.
   1) 깨끗하다[깨끄타다]
   2) 한적하다[한저카다]
   3) 복잡하다[복짜파다]

2. 다음을 듣고 연습해 보세요.
   1) 가: 이곳은 어떤 곳이에요?
      나: 물이 깨끗한 곳이에요.
   2) 가: 후엔 씨 고향은 어떤 곳이에요?
      나: 제 고향은 한적한 곳이에요.
   3) 가: 울란바토르는 어때요?
      나: 차가 많아서 복잡해요.

- **격음화**
  - 받침 'ㄱ, ㄷ, ㅂ, ㅈ' 뒤에 자음 'ㅎ'가 올 경우 격음[ㅋ, ㅌ, ㅍ, ㅊ]로 발음된다.

배운 어휘 확인

□ 오래되다	□ 복잡하다
□ 호수	□ 야경
□ 맥주	□ 아름답다
□ 벚꽃	□ 교통
□ 한강	□ 편리하다
□ 해산물	□ 한적하다
□ 생선회	□ 깨끗하다
□ 절(사원)	□ 조용하다
□ 박물관	□ 낮다
□ 건물	□ 특히
□ 높다	□ 관광지
□ 많다	□ 섬

- 이 단원에서 배운 어휘 중 기억나는 것을 말해 보세요.
- 이 단원에서 배운 문법은 뭐예요?
- 여러분 고향은 어떤 곳이에요?
- 여러분의 고향을 소개한다면 어떤 것을 소개하고 싶어요?
- 한국의 유명한 도시로는 어디가 있어요?

발음 10분

1. 교재 1번 발음을 들려주고 '-하'의 발음이 어떻게 들리는지 학습자 스스로 확인해 보도록 한다.
2. '깨끗', '한적', '복잡' 다음에 오는 '-하'가 앞의 받침과 만나 '-타, -카, -파'로 발음된다는 것을 알려 준다.

주의 받침 'ㄱ, ㄷ, ㅂ, ㅈ' 뒤에 자음 'ㅎ'가 올 경우 격음으로 발음되는 규칙에 대해 간단히 설명할 수 있다. 그러나 이 발음 규칙은 여러 번 반복해서 학습하게 되므로 이 단원에서는 -'하'가 '-타, -카, -파'로 발음된다는 것에 집중하는 것이 좋다.

3. 교재 1번 발음을 다시 듣고 교사를 따라 말해 본다.
4. 교재 2번 대화를 듣고 따라 말해 본다.
5. 짝과 함께 대화를 읽으며 연습하게 한 후에 확인한다.

마무리 10분

1. 단원에서 학습한 어휘 중 기억하는 것을 먼저 말해 보게 한다.
2. 배운 어휘 목록의 어휘들을 읽으면서 의미를 상기시킨다.
3. 단원에서 학습한 문법(명이라고 하다, 형-은)을 상기시키며 의미와 사용법을 기억하는지 확인한다.
4. 단원의 목표와 성취도를 확인한다.
5. 익힘책을 과제로 제시하고 마무리한다.

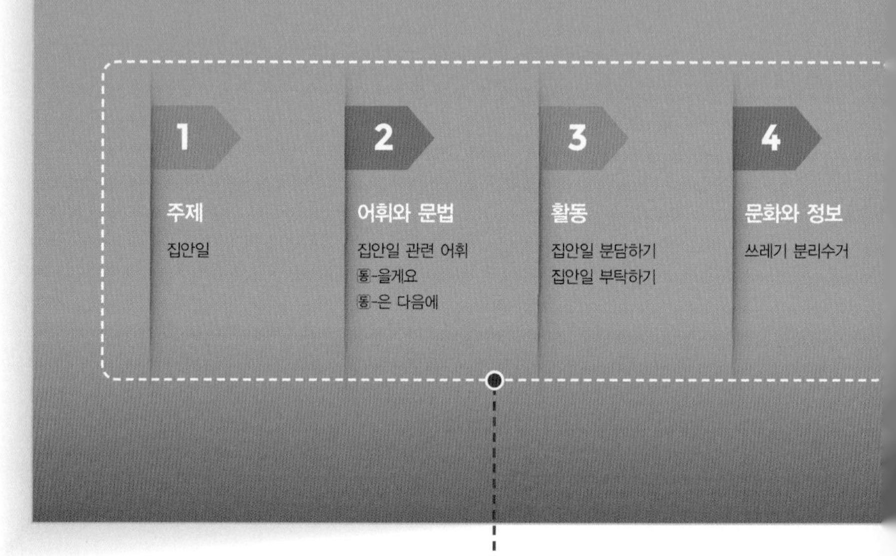

수업 목표 및 내용

- **주제:** 집안일
- **어휘와 문법**
  - 어휘: 집안일 관련 어휘를 익힌다.
  - 문법: '동-을게요', '동-은 다음에'의 의미와 형태를 익혀 사용할 수 있다.
- **활동**
  - 말하기: 기숙사에서 두 사람이 청소의 역할을 분담하는 대화를 할 수 있다.
  - 듣기: 사무실 청소에 대한 대화를 듣고 이해할 수 있다.
  - 읽기: 집안일을 부탁하는 메모의 글을 읽고 이해할 수 있다.
  - 쓰기: 가족, 친구, 회사 동료에게 부탁하는 글을 쓸 수 있다.
- **문화와 정보:** 쓰레기 분리수거

수업 전개

도입 / 어휘와 문법 1 (1차시)

· 집안일의 종류①
· 동-을게요

익힘책 pp. 16-19

어휘와 문법 2 (2차시)

· 집안일의 종류②
· 동-은 다음에

익힘책 pp. 16-19

• 이 사람들은 무슨 일을 해요?
• 여러분은 집에서 무슨 일을 해요?

도입

1. 교재 그림을 이용하여 학생들과 이야기하며 이 과의 주제를 노출한다.
   - 그림❶ 라흐만 씨가 무엇을 하고 있어요? 여러분은 언제 쓰레기를 버려요?
   - 그림❷ 안젤라 씨가 무엇을 하고 있어요? 여러분은 일주일에 몇 번 정도 청소와 빨래를 해요?
   - 그림❸ 남자가 무엇을 하고 있어요? 여러분은 요리를 잘해요?
2. 대화 내용을 정리하며 이 단원에서는 '집안일의 종류, 하는 방법' 등에 대해 공부한다는 것을 알려 준다.

이 단원을 지도할 때는···

이 단원에서는 집안일과 관련된 내용을 학습합니다. 어휘 1과 어휘 2에서 모두 집안일과 관련된 어휘가 제시되기 때문에 중복 제시될 수 있습니다. 어휘 1, 2에 나오는 내용이 순서가 바뀌지 않고 순차적으로 제시되는 것이 바람직합니다.

말하기와 듣기 3차시	읽기와 쓰기 4차시	문화와 정보 / 발음 / 마무리 5차시
·기숙사 청소 역할 정하기 ·사무실 청소 역할에 대한 대화 듣기	·집안일을 부탁하는 메모 읽기 ·부탁하는 글 쓰기	·쓰레기 분리수거
익힘책 p. 20	익힘책 p. 21	

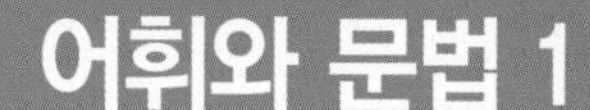

- **청소하다:** 더러운 방을 깨끗하게 만들어요.
- **빨래하다:** 옷이 더러워요. 옷을 물과 세제에 넣고 깨끗하게 만들어요. 손으로 빨래해요. 세탁기로 빨래해요.
- **요리하다:** 여러 재료를 사용해서 음식을 만들어요.

- **책장을 정리하다:** 책을 꽂아요. 그것을 책장이라고 해요. 책이 많아서 정리해요. 책을 넣어서 잘 볼 수 있어요.
- **방을 닦다:** 보통 걸레와 물을 사용해서 방바닥을 닦아요.
- **방을 치우다:** 방에 쓰레기가 있어서 더러워요. 물건을 정리하지 않았어요. 더러운 것, 정리하지 않은 것을 버려요. 방을 치워요.
- **방을 쓸다:** 방바닥에 먼지가 많아요. 빗자루를 사용해서 방을 쓸어요.
- **청소기를 돌리다:** 청소기는 전기를 사용해서 방을 청소하는 기계예요. 동사는 '돌리다'를 사용해요.
- **쓰레기를 버리다:** 방을 치우고 필요 없는 물건을 버려요. 쓰레기를 버려요.
- **분리수거를 하다:** 쓰레기를 버릴 때 종이, 플라스틱, 캔, 유리 등을 나눠서 버려요. 분리수거를 해요.

발음 분리수거[불리수거]

참고 엄밀하게 말하면 '분리수거'는 종류별로 나누어서 버린 쓰레기를 거두어 가는 것이며, 쓰레기를 종류별로 나누어 내놓는 것은 '분리배출'이다. 필요한 경우, 분리수거와 분리배출을 구분해서 지도할 수 있다.

이 사람들은 어떤 집안일을 해요?

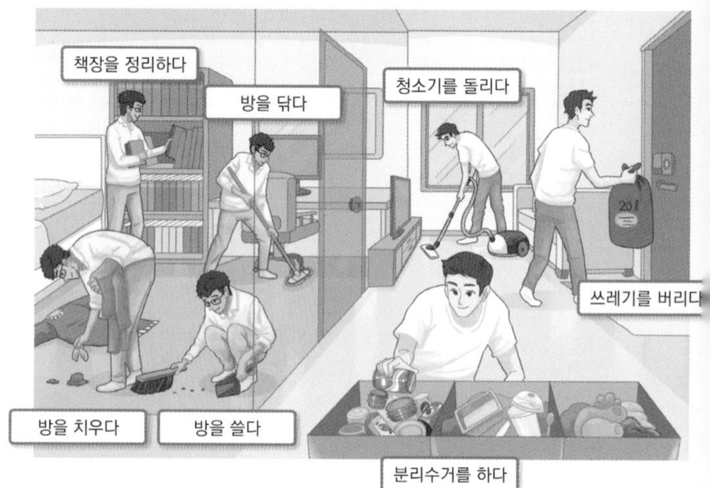

24 사회통합프로그램(KIIP) 한국어와 한국문화 초급 2

어휘 1 (집안일의 종류①)

1 도입, 제시

1. 집안일의 종류 중에서 어떤 것을 알고 있는지 물으며 오늘의 어휘는 집안일을 말할 때 사용하는 표현임을 알려 준다.

   여러분은 집안일을 자주 해요? 무슨 일을 해요?
   오늘은 집안일의 종류에 대해서 공부해요.

2. 교사를 따라 어휘를 소리 내어 한 번 읽는다. 이때 발음에 주의하게 한다.
3. 어휘의 의미를 설명한다. 어휘가 사용된 문장을 예로 제시하거나 의미를 풀어서 설명해 준다. 상황에 따라 유의어나 반의어 등을 추가로 설명할 수 있다.
4. 배운 어휘를 소리 내어 읽도록 한다. 이때 '-어요' 형태로 단어를 읽는 등 변화를 줄 수 있다.

2 연습

1. 각 집안일의 사진을 보며 무엇을 하는지, 집안일을 해 본 경험을 이야기해 본다.
2. 집안일 중에서 무엇을 자주 하는지 짝과 대화하도록 한다.
3. 학생들끼리 이야기한 것은 교사가 정리해 주며 같이 이야기한다.

   여러분은 집안일 중에서 무엇을 자주 해요?
   무슨 집안일이 가장 시간이 많이 걸리고 힘들어요?

4. 집안일의 종류에 대해 이야기하는 활동으로 확장할 수 있다.

익힘책 16쪽을 풀게 하거나 과제로 제시한다.

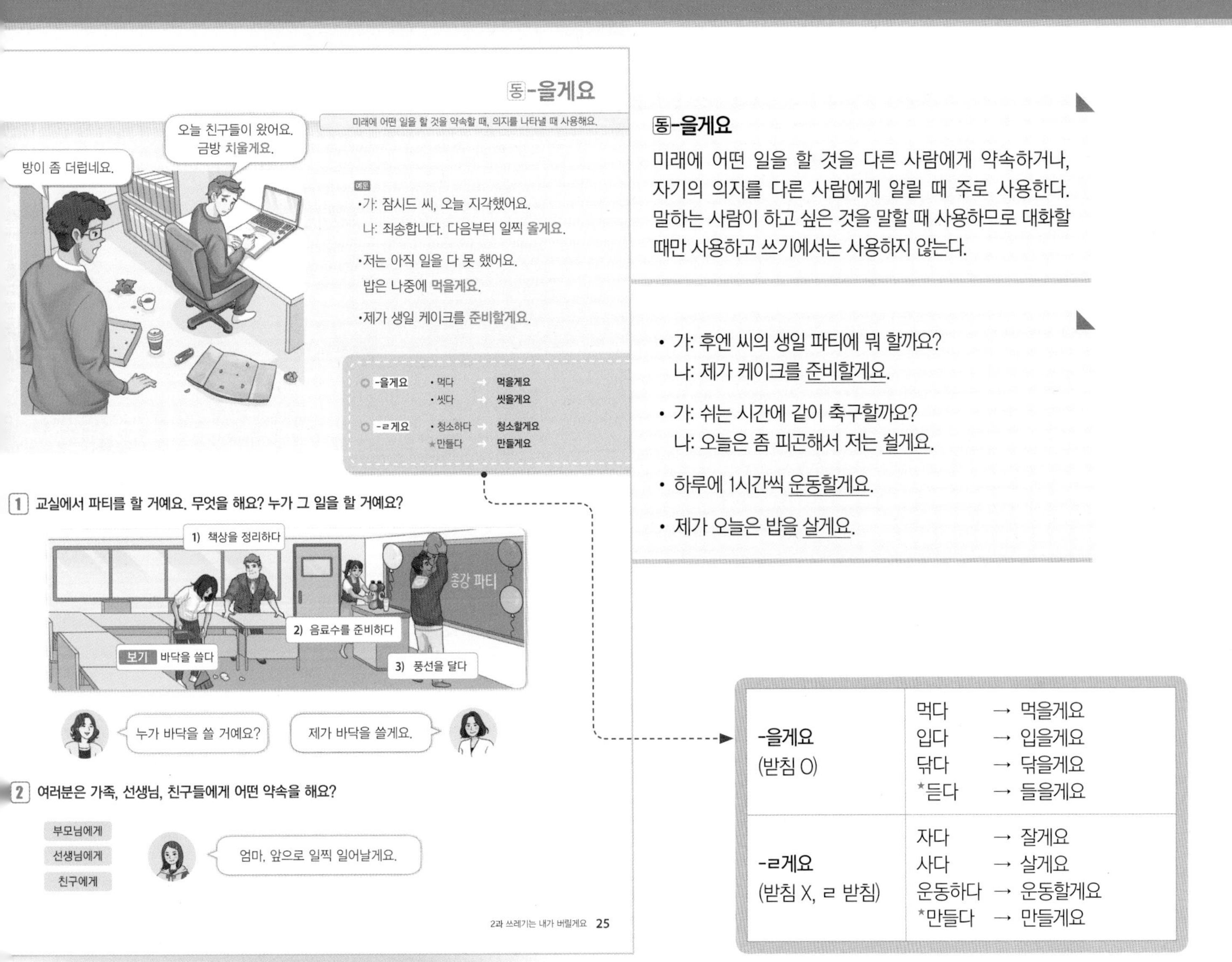

동-을게요

미래에 어떤 일을 할 것을 약속할 때, 의지를 나타낼 때 사용해요.

오늘 친구들이 왔어요. 금방 치울게요.

방이 좀 더럽네요.

예문

- 가: 잠시드 씨, 오늘 지각했어요.
  나: 죄송합니다. 다음부터 일찍 올게요.
- 저는 아직 일을 다 못 했어요. 밥은 나중에 먹을게요.
- 제가 생일 케이크를 준비할게요.

-을게요	• 먹다 → 먹을게요 • 씻다 → 씻을게요
-ㄹ게요	• 청소하다 → 청소할게요 ★만들다 → 만들게요

1 교실에서 파티를 할 거예요. 무엇을 해요? 누가 그 일을 할 거예요?

1) 책상을 정리하다

2) 음료수를 준비하다

보기 바닥을 쓸다

3) 풍선을 달다

종강 파티

누가 바닥을 쓸 거예요?

제가 바닥을 쓸게요.

2 여러분은 가족, 선생님, 친구들에게 어떤 약속을 해요?

부모님에게

선생님에게

친구에게

엄마, 앞으로 일찍 일어날게요.

2과 쓰레기는 내가 버릴게요 25

동-을게요

미래에 어떤 일을 할 것을 다른 사람에게 약속하거나, 자기의 의지를 다른 사람에게 알릴 때 주로 사용한다. 말하는 사람이 하고 싶은 것을 말할 때 사용하므로 대화할 때만 사용하고 쓰기에서는 사용하지 않는다.

- 가: 후엔 씨의 생일 파티에 뭐 할까요?
  나: 제가 케이크를 준비할게요.
- 가: 쉬는 시간에 같이 축구할까요?
  나: 오늘은 좀 피곤해서 저는 쉴게요.
- 하루에 1시간씩 운동할게요.
- 제가 오늘은 밥을 살게요.

-을게요 (받침 O)	먹다 → 먹을게요 입다 → 입을게요 닦다 → 닦을게요 *듣다 → 들을게요
-ㄹ게요 (받침 X, ㄹ 받침)	자다 → 잘게요 사다 → 살게요 운동하다 → 운동할게요 *만들다 → 만들게요

문법 1 (동-을게요)

1 도입, 제시

1. 도입 그림과 대화를 통해 문법이 사용되는 상황을 인지시킨다.
   - 라민 씨와 알랭 씨가 이야기를 하고 있어요. 두 사람의 방이 어때요? 두 사람은 지금부터 무엇을 할까요?
2. 교재의 대표 예문을 보면서 문법의 의미를 설명한다.
   - 라민 씨와 알랭 씨는 같이 살고 있어요. 그런데 라민 씨는 깨끗한 것을 좋아하는 사람이에요. 그런 친구에게 알랭 씨가 미안해서 약속을 하고 있어요. "금방 치울게요."라고 말해요. 말하는 사람이 듣는 사람에게 어떤 행동을 약속을 할 때 '-을게요'를 사용해요.
3. 학생들과 교재의 예문들을 읽으면서 문법의 의미를 설명하고 이해시킨다.
4. 문법의 형태 정보를 제시하고 설명한다.
5. 추가 예문을 제시하고 문법의 의미와 사용법을 정확하게 이해시킨다.

2 연습 1

1. 〈보기〉의 대화를 교사와 함께 완성해 본다.
2. 나머지 문제를 〈보기〉의 대화처럼 짝과 완성하도록 한다.
3. 연습한 것을 발표하게 하거나 교사가 전체 학생 대상으로 답하게 하여 확인한다. 그리고 오류가 있으면 수정해 준다.

3 연습 2

1. '부모님에게', '선생님에게', '친구에게' 약속하는 것에 대해 배운 문법을 사용하여 이야기해 보도록 한다.
2. 친구와 대화한 것을 발표하게 하고 오류가 있으면 수정해 준다.

익힘책 18쪽을 풀게 하거나 과제로 제시한다. 익힘책은 연습 활동 난이도에 따라 교재 연습 문제 전후로 활용한다.

어휘와 문법 2

- **빨래를 널다:** 빨래를 햇빛이 있는 곳에서 말려요. 빨래를 널어요.
- **빨래를 개다:** 빨래가 다 말랐어요. 빨래를 정리해서 옷장에 넣을 거예요. 빨래를 작게 접는 것이에요. 빨래를 개요.
- **세탁기를 돌리다:** 옷을 깨끗하게 만들 거예요. 빨래를 기계로 해요. 세탁기를 돌려요.
- **손빨래를 하다:** 세탁기를 돌리지 않아요. 손으로 빨래를 해요.
- **다림질을 하다:** 옷에 주름이 많아요. 뜨거운 다리미로 다림질을 해요. 멋있게 옷을 입을 수 있어요.

- **음식을 만들다:** 맛있는 음식을 먹고 싶어요. 자기가 직접 음식을 만들어요.
- **설거지하다:** 음식을 만들었어요. 요리를 했어요. 다 먹은 후에 그릇을 씻어야 해요. 요리를 하고 그릇을 닦아요. 설거지해요.

Q 이 사람들은 지금 뭐 해요?

Q 여러분은 어떤 집안일이 어려워요?

저는 요리하는 것이 어려워요.

26 사회통합프로그램(KIIP) 한국어와 한국문화 초급 2

어휘 2 (집안일의 종류②)

1 도입, 제시

1. 집안일의 종류 중에서 어떤 것을 알고 있는지 물으며 오늘의 어휘는 집안일을 말할 때 사용하는 표현임을 알려 준다.

   여러분은 집안일을 자주 해요? 무슨 일을 해요? 오늘은 집안일의 종류에 대해서 더 공부해요.

2. 교사를 따라 어휘를 소리 내어 한 번 읽는다. 이때 발음에 주의하게 한다.
3. 어휘의 의미를 설명한다. 어휘가 사용된 문장을 예로 제시하거나 의미를 풀어서 설명해 준다. 상황에 따라 유의어나 반의어 등을 추가로 설명할 수 있다.
4. 배운 어휘를 소리 내어 읽도록 한다.

2 연습

1. 각 집안일의 사진을 보며 무엇을 하는지, 집안일을 해 본 경험을 이야기해 본다.
2. 집안일 중에서 무엇을 자주 하는지 배운 어휘를 사용해 짝과 대화하도록 한다.
3. 학생들끼리 이야기한 것은 교사가 정리해 주며 같이 이야기한다.

   여러분은 집안일 중에서 어떤 집안일을 좋아해요? 어떤 집안일이 어려워요? 왜 어려워요?

익힘책 17쪽을 풀게 하거나 과제로 제시한다.

동-은 다음에

어떤 행위를 먼저 한 후에 뒤의 행위를 함을 나타낼 때 사용해요.

지금 쓰레기를 버릴까요?

아뇨, 청소를 한 다음에 쓰레기를 버리세요.

예문

• 가: 어제 저녁에 좀 쉬었어요?
  나: 네, 숙제를 한 다음에 좀 쉬었어요.
• 과일을 씻은 다음에 냉장고에 넣으세요.
• 영화 본 다음에 밥 먹을까요?

-은 다음에	• 먹다 → 먹은 다음에 • 씻다 → 씻은 다음에	
-ㄴ 다음에	• 청소하다 → 청소한 다음에 * 만들다 → 만든 다음에	

1 언제 그 일을 할 거예요? 이야기해 보세요.

보기

지금 밥을 먹을 거예요?

아뇨, 일을 끝낸 다음에 먹을 거예요.

일을 끝내다 → 밥을 먹다

1) 세탁기를 돌리다 → 쉬다

2) 숙제를 하다 → 게임을 하다

3) 집에 있는 것을 다 먹다 → 사과를 사다

2 여러분은 언제 이 일들을 할 거예요? 이야기해 보세요.

숙제
빨래
설거지

언제 숙제를 할 거예요?

조금 쉰 다음에 할 거예요.

2과 쓰레기는 내가 버릴게요 27

동-은 다음에

어떤 행위를 먼저 한 후에 뒤의 행위를 한다고 말할 때 사용한다. 앞의 일이 먼저 끝나고 나서 뒤의 일을 한다.

- 가: 집에 가면 먼저 뭐부터 해요?
  나: 먼저 손을 씻은 다음에 옷을 갈아입어요.
- 가: 주말에 뭐 했어요?
  나: 친구와 영화를 본 다음에 저녁을 먹었어요.
- 공원에서 1시간 정도 걸은 다음에 샤워를 할 거예요.
- 가족과 식사를 한 다음에 설거지했어요.

-은 다음에 (받침 O)	먹다 → 먹은 다음에 입다 → 입은 다음에 씻다 → 씻은 다음에 *듣다 → 들은 다음에
-ㄴ 다음에 (받침 X, ㄹ 받침)	보다 → 본 다음에 사다 → 산 다음에 운동하다 → 운동한 다음에 *만들다 → 만든 다음에

문법 2 (동-은 다음에)

1 도입, 제시

1. 도입 그림과 대화를 통해 문법이 사용되는 상황을 인지시킨다.

   두 사람이 같이 청소를 하고 있어요. 한 사람은 쓰레기봉투를 들고 있고, 한 사람은 손으로 바닥을 가리키고 있어요.

2. 교재의 대표 예문을 보면서 문법의 의미를 설명한다.

   여러분, 집안일은 순서가 중요해요. 여러분은 쓰레기를 먼저 버려요? 청소를 먼저 해요? 먼저 하는 것과 나중에 하는 것의 순서를 말하고 싶어요. 보통 '먼저 청소를 하고 그다음에 쓰레기를 버리는 것이 좋아요.'라고 생각해요. 그러면 "청소를 한 다음에 쓰레기를 버리세요."라고 말해요.

3. 학생들과 교재의 예문들을 읽으면서 문법의 의미를 설명하고 이해시킨다.
4. 문법의 형태 정보를 제시하고 설명한다.
5. 추가 예문을 제시하고 문법의 의미와 사용법을 정확하게 이해시킨다.

2 연습 1

1. 〈보기〉의 대화를 교사와 함께 완성해 본다.
2. 나머지 문제를 〈보기〉의 대화처럼 짝과 완성하도록 한다.
3. 연습한 것을 발표하게 하거나 교사가 전체 학생 대상으로 답하게 하여 확인한다. 그리고 오류가 있으면 수정해 준다.

3 연습 1

1. '숙제', '빨래', '설거지' 중에서 먼저 무엇을 하고 뒤에 무엇을 하는지 짝끼리 순서를 묻고 대답하면서 '-은 다음에'를 활용하여 자신의 이야기를 하도록 한다.
2. 친구와 대화한 것을 발표하게 하고 오류가 있으면 수정해 준다.

익힘책 19쪽을 풀게 하거나 과제로 제시한다. 익힘책은 연습 활동 난이도에 따라 교재 연습 문제 전후로 활용한다.

말하기와 듣기

1 2)

잠시드: 집이 좀 더럽네요. 같이 집을 치워요.
박진우: 네, 그래요. 내가 방을 쓸게요.
잠시드 씨는 바닥의 옷들을 치워 주세요.
잠시드: 알았어요. 옷들을 치운 다음에 방을 닦을까요?
박진우: 네, 그렇게 해요. 쓰레기는 내가 버릴게요.

2

가: ○○ 씨, 사무실이 더럽네요. 같이 치울까요?
나: 네, 그래요. 제가 책상을 정리할게요.
가: 저는 컵 설거지를 한 다음에 쓰레기를 버릴게요.
나: 알았어요. 제가 책상을 정리한 다음에 청소기를 돌릴게요.

왕흔(여): 이링 씨, 사무실 청소를 같이 해요. 전 청소기부터 돌릴게요.
이링(여): 네. 그럼 전 뭘 할까요?
왕흔(여): 이 쓰레기들을 치운 다음에 분리수거를 해 주세요.
이링(여): 네. 할 일이 또 있어요?
왕흔(여): 네. 컵도 씻고 책상 정리도 해 주세요. 저는 화장실을 청소할게요.
이링(여): 알겠어요.

1 기숙사에서 잠시드 씨와 박진우 씨가 청소를 하려고 해요. 다음과 같이 이야기해 보세요.

잠시드: 집이 좀 더럽네요. 같이 집을 치워요.
박진우: 네, 그래요. 내가 청소를 할게요.
잠시드 씨는 바닥의 물건들을 치워 주세요.
잠시드: 알았어요. 물건을 치운 다음에 설거지를 할까요?
박진우: 네, 그렇게 해요. 쓰레기는 내가 버릴게요.

1) 청소를 하다 | 물건들을 치우다 | 설거지를 하다 2) 방을 쓸다 | 옷들을 치우다 | 방을 닦다

2 같이 사무실을 정리할 거예요.
누가 무슨 일을 할 거예요? 친구와 이야기해 보세요.

<정리할 일>
책상 정리하기, 쓰레기 버리기, 분리수거 하기, 청소기 돌리기, 컵 설거지하기

이링 씨가 왕흔 씨와 사무실에서 이야기해요. 잘 듣고 답해 보세요.

1) 왕흔 씨가 이링 씨에게 무엇을 부탁했어요?
쓰레기 치우기, 분리수거 하기, 컵 씻기, 책상 정리

2) 왕흔 씨는 먼저 무슨 일을 할 거예요?
❶ 분리수거를 할 거예요.
❷ 화장실을 청소할 거예요.
❸ 청소기를 돌릴 거예요.

28 사회통합프로그램(KIIP) 한국어와 한국문화 초급 2

기숙사 청소 역할 정하기

1 대화문 연습

1. 청소에 대해 이야기하며 교재의 그림을 이용해 어떤 상황인지 추측해 보도록 한다.
   - 두 사람이 있는 곳이 어디예요?
     기숙사 방이 깨끗해요? 더러워요?
     여러분은 룸메이트와 어떻게 청소해요?
     일을 어떻게 나누어서 하면 좋을까요?
2. 지시문을 이용하여 대화 상황을 학생들에게 명확하게 알려 준다.
3. 대화를 들려주고 간단한 질문을 하여 대화 내용을 이해했는지 확인한다.
   - 두 사람은 무엇을 할 거예요?
     누가 바닥의 물건들을 치워요?
     잠시드 씨는 무엇을 한 다음에 무엇을 할 거예요?
4. 교사와 함께 대화문을 읽으면서 자연스럽게 말하는 연습을 한다. 두 번 정도 반복해서 연습한다.
5. 교체 어휘를 활용하여 짝과 함께 연습하게 한다.
6. 연습이 끝나면 한두 팀을 발표시키거나 교사가 전체 학생을 대상으로 확인한다.

2 확장 연습

1. 사무실에서 청소 역할을 정하는 말하기를 한다고 알려 준다.
2. 짝과 같이 해야 하는 일에 대해 이야기하게 한다. 대화를 할 때는 다음과 같은 내용을 포함하여 말하도록 지시한다.
   - 사무실을 청소해야 돼요. 무슨 일을 해야 해요? 짝과 이야기해 보세요.
     먼저 무엇을 하고 다음에 무엇을 하는지 이야기해 보세요.
3. 이야기가 끝나면 한두 팀을 발표시키거나 교사가 전체 학생을 대상으로 확인하고 오류를 수정해 준다.

사무실 청소 역할에 대한 대화 듣기

1. 지시문을 이용하여 등장인물과 대화 상황을 설명한다.
2. 문제를 읽고 들어야 하는 정보를 파악하게 한다.
3. 듣기 파일을 두 번 듣고 문제를 풀게 한다.
4. 교재 질문의 답을 확인한 후 해당 대화를 같이 읽으며 내용을 확인한다. 필요한 경우 새로운 어휘, 표현을 설명한다.

읽기와 쓰기

1 다음 글을 읽고 질문에 답해 보세요.

보부르 씨
오늘 저녁에 우리 집에서 파티가 있어요.
잊지 않았지요?
퇴근 후에 마트에서 장 보고 갈게요.
보부르 씨가 거실 청소 좀 해 주세요.
청소기를 돌린 다음에 걸레질을 부탁해요.
아참, 부엌에 음식물 쓰레기가 있어요.
쓰레기도 버려 주세요.
잠시드 드림

1) 보부르 씨와 잠시드 씨는 오늘 저녁에 무슨 일이 있어요?
집에서 파티를 해요.

2) 보부르 씨와 잠시드 씨는 각각 무슨 일을 할 거예요?

잠시드	보부르
마트에서 장 보기	거실 청소, 음식물 쓰레기 버리기

왕흔 씨~
급한 일이 생겨서 먼저 나가요.
좀 전에 세탁기를 돌리기 시작했어요.
세탁이 끝난 다음에 빨래를 널어 주세요.
오늘은 집에 일찍 올게요.
이따가 저녁에 봐요. ^^
이링 드림

1) 이링 씨는 왜 왕흔 씨에게 메모를 썼어요?
부탁할 일이 있어서 메모를 썼어요.

2) 이 메모의 내용과 같으면 ○, 다르면 X 하세요.

❶ 왕흔 씨는 세탁기를 돌렸어요. (X)

❷ 이링 씨는 빨래를 널었어요. (X)

❸ 이링 씨와 왕흔 씨는 저녁때 집에서 볼 거예요. (○)

2 가족이나 친구, 회사 동료들에게 일을 부탁해 보세요.

- 누구에게 메모해요?
- 무슨 일이 있어요?
- 무엇을 부탁해요?

MEMO

단어장
퇴근
잊다
장 보다
걸레질
음식물 쓰레기
급한 일이 생기다

2과 쓰레기는 내가 버릴게요 29

- **퇴근:** 회사 일이 끝났어요. 회사에서 집으로 돌아가요. 퇴근해요.
- **잊다:** 전에는 그것을 알았어요. 그런데 지금은 그것을 기억하지 못해요. 머리에 없어요. 보통 과거로 많이 사용해요. 약속을 잊었어요.
- **장 보다:** 집에서 필요한 물건이 있어서 마트, 슈퍼마켓, 시장에서 물건을 사요. 장을 봐요.
- **걸레질:** 걸레를 사용해서 방을 닦아요. 걸레질해요.
- **음식물 쓰레기:** 요리한 다음에 음식 쓰레기가 많이 나와요. 버리는 음식을 음식물 쓰레기라고 해요. 음식물 쓰레기 봉투에 버려요.
- **급한 일이 생기다:** 급하다는 시간이 없는 거예요. 그런 일이 없었는데 갑자기 그런 일이 있어요. 그것을 생기다라고 해요. '보통' 급한 일이 생겼어요.라고 사용해요.

집안일을 부탁하는 메모 읽기

1. 그림을 보며 글의 내용을 유추하게 한다.

이것은 뭐예요? / 누가 누구에게 썼어요?
무엇에 대한 내용인 것 같아요?

2. 글을 훑어 읽게 한 후 주제, 중심 내용 등을 간단히 말해 보도록 한다.

잠시드 씨가 보부르 씨에게 무엇을 부탁했어요?
잠시드 씨는 무엇을 하러 갔어요?
이링 씨가 왕흔 씨에게 무엇을 부탁했어요?
이링 씨는 왜 나갔어요?

3. 글을 다시 읽으면서 문제를 풀게 한다.

4. 답을 같이 확인한 후, 본문을 다시 읽으며 모르는 어휘가 없는지 확인한다. 필요한 경우 새로운 어휘, 표현을 설명한다.

부탁하는 글 쓰기

1. 어떤 글을 쓸지 알려 주고 글에 들어갈 내용을 생각해 보게 한다.

오늘은 다른 사람에게 여러 가지 부탁하는 글을 쓸 거예요.
가족, 친구, 회사 동료에게 무엇을 부탁하고 싶어요?

2. 교재 질문에 대해 자신이 쓸 내용을 간단하게 메모하도록 한다. 교사는 학생들이 쓴 메모에 오류가 없는지 확인해 준다.

3. 메모한 내용을 바탕으로 글로 완성하게 한다.

문화와 정보

쓰레기 분리수거

한국에서는 쓰레기를 분리수거합니다. 일반 쓰레기는 종량제 봉투에 넣어서 버립니다. 다시 쓸 수 있는 깡통, 병, 플라스틱, 종이 등은 분리수거통에 버립니다. 음식물 쓰레기는 음식물 쓰레기봉투에 넣어서 버립니다. 요즘은 음식물 쓰레기 종량기에 넣는 경우도 많습니다. 지역마다 쓰레기를 버리는 날짜나 장소, 쓰레기봉투 등이 다릅니다.

1) 일반 쓰레기는 어떻게 버려요?
2) 음식물 쓰레기는 어떻게 버려요?
3) 여러분의 고향에서는 쓰레기를 어떻게 버려요?

쓰레기 분리수거

1. 이 단원의 문화와 정보가 무엇에 대한 것인지 알려 준다.

한국에서 쓰레기를 버려 봤지요? 오늘은 '쓰레기 분리수거'에 대해 자세히 알아봅시다.

2. 교재의 그림(사진)을 보면서 주제에 대해 알고 있는 것을 상기시키고 말해 보게 한다. 이때 관련 시각 자료를 추가로 활용할 수 있다.

여러분은 언제 쓰레기를 버려요?
쓰레기를 버릴 때는 어디에 버려야 해요?
한국에서 음식물 쓰레기는 어떻게 버려요?

3. 교재를 같이 읽으면서 내용을 설명한다. 이때 중요한 정보가 있는 부분에 밑줄을 긋거나 표시하게 하는 것도 좋다.

4. 질문 1, 2의 답을 찾아보고 답하게 한다.

일반 쓰레기는 어떻게 버려요?
음식물 쓰레기는 어떻게 버려요?

5. 3번 질문을 이용하여 학습자 자신의 경험을 말해 보도록 한다.

여러분의 고향에서는 쓰레기를 어떻게 버려요?
쓰레기 버리는 방법이 어느 것이 더 좋은 것 같아요?

1. 다음을 듣고 따라 읽으세요.
   1) 살게요[살께요]
   2) 올게요[올께요]
   3) 돌릴게요[돌릴께요]

2. 다음을 듣고 연습해 보세요.
   1) 가: 이번에는 제가 커피를 살게요.
      나: 네, 좋아요. 다음에는 제가 살게요.
   2) 가: 지각하면 안 돼요.
      나: 죄송합니다. 다음부터 일찍 올게요.
   3) 내가 청소기를 돌릴게요. 잠시드 씨는 물건들을 치워 주세요.

배운 어휘 확인

- □ 청소하다
- □ 빨래하다
- □ 요리하다
- □ 책장을 정리하다
- □ 방을 치우다
- □ 방을 쓸다
- □ 방을 닦다
- □ 청소기를 돌리다
- □ 쓰레기를 버리다
- □ 분리수거를 하다
- □ 빨래를 널다
- □ 빨래를 개다
- □ 세탁기를 돌리다
- □ 다림질을 하다
- □ 손빨래를 하다
- □ 음식을 만들다
- □ 설거지하다
- □ 퇴근
- □ 잊다
- □ 장 보다
- □ 걸레질
- □ 음식물 쓰레기
- □ 급한 일이 생기다

- **받침 'ㄹ' 뒤에 나타나는 경음화**
  – 받침 'ㄹ' 뒤에 자음 'ㄱ, ㄷ, ㅂ, ㅈ'가 올 경우 경음 [ㄲ, ㄸ, ㅃ, ㅉ]로 발음된다.

- 이 단원에서 배운 어휘 중 기억나는 것을 말해 보세요.
- 이 단원에서 배운 문법은 뭐예요?
- 집안일을 자주 해요?
- 집안일을 다른 사람에게 부탁해 봤어요?
- 쓰레기 분리수거 방법을 알고 있어요?

발음 10분

1. 교재 1번 발음을 들려주고 '-게'의 발음이 어떻게 들리는지 학습자 스스로 확인해 보도록 한다.

2. '살', '올', '돌릴' 다음에 오는 '-게'가 '-께'로 발음된다는 것을 알려 준다.

주의 받침 'ㄹ' 뒤에 'ㄱ, ㄷ, ㅂ, ㅈ'가 올 경우 경음으로 발음되는 규칙에 대해 간단히 설명할 수 있다. 그러나 이 발음 규칙은 다른 연결어미, 종결어미와 결합하는 형태에서도 여러 번 반복해서 학습하게 되므로 이 단원에서는 '-ㄹ게요'가 '-ㄹ께요'로 발음된다는 것에 집중하는 것이 좋다.

3. 교재 1번 발음을 다시 듣고 교사를 따라 말해 본다.

4. 교재 2번 대화를 듣고 따라 말해 본다.

5. 짝과 함께 대화를 읽으며 연습하게 한 후에 확인한다.

마무리 10분

1. 단원에서 학습한 어휘 중 기억하는 것을 먼저 말해 보게 한다.

2. 배운 어휘 목록의 어휘들을 읽으면서 의미를 상기시킨다.

3. 단원에서 학습한 문법(동-을게요, 동-은 다음에)을 상기시키며 의미와 사용법을 기억하는지 확인한다.

4. 단원의 목표와 성취도를 확인한다.

5. 익힘책을 과제로 제시하고 마무리한다.

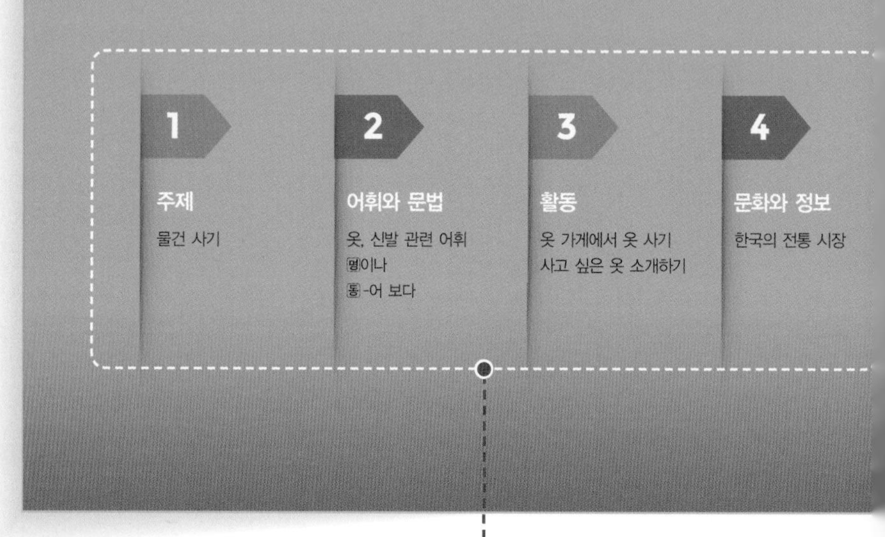

수업 목표 및 내용

- **주제:** 물건 사기
- **어휘와 문법**
  - 어휘: 옷, 신발, 착용 동사 관련 어휘를 익힌다.
  - 문법: '명이나', '동-어 보다'의 의미와 형태를 익혀 사용할 수 있다.
- **활동**
  - 말하기: 옷 가게에서 사고 싶은 옷에 대해 대화를 할 수 있다.
  - 듣기: 사고 싶은 옷에 대한 대화를 듣고 이해할 수 있다.
  - 읽기: 옷의 특징에 대한 글을 읽고 이해할 수 있다.
  - 쓰기: 자신이 사고 싶은 옷에 대해 소개하는 글을 쓸 수 있다.
- **문화와 정보:** 한국의 전통 시장

수업 전개

도입 / 어휘와 문법 1 (1차시)	어휘와 문법 2 (2차시)
· 의류 관련 명칭과 착용 동사① · 명이나	· 의류 관련 명칭과 착용 동사② · 동-어 보다
익힘책 pp. 22-25	익힘책 pp. 22-25

단원 도입

❶

❷

❸

• 이 사람들은 가게에서 무엇을 사요?
• 여러분은 요즘 무엇이 필요해요?

도입

1. 교재 그림을 이용하여 학생들과 이야기하며 이 과의 주제를 노출한다.

   그림❶ 후엔 씨와 슬기가 무엇을 하고 있어요?
   여러분은 어디에서 옷을 사요?

   그림❷ 잠시드 씨가 무엇을 보고 있어요?
   여러분은 어디에서 신발을 사요?

   그림❸ 안젤라 씨가 무엇을 사고 있어요?
   여러분은 어떤 가방이 필요해요?

2. 대화 내용을 정리하며 이 단원에서는 '옷, 신발, 착용 동사' 등에 대해 공부한다는 것을 알려 준다.

이 단원을 지도할 때는…

이 단원과 관계있는 단원들은 아래와 같습니다. 관련 단원의 학습 내용을 확인하셔서 지도에 참고하시면 좋을 것 같습니다.

- **주제**: 쇼핑 단원
  - 1권 8과
    이 단원에서는 착용 동사와 관련된 어휘를 학습합니다. 각각의 의류에 따라 달라지는 착용 동사를 잘 구분하여 제시해야 합니다.

말하기와 듣기 3차시	읽기와 쓰기 4차시	문화와 정보 / 발음 / 마무리 5차시
·옷 가게에서 옷 사기 ·사고 싶은 옷에 대한 대화 듣기	·옷의 특징에 대한 글 읽기 ·사고 싶은 옷에 대한 글 쓰기	·한국의 전통 시장
익힘책 p. 26	익힘책 p. 27	

어휘와 문법 1

- **모자를 쓰다:** 날씨가 더운 날에 모자를 써요.
- **헬멧을 쓰다:** 오토바이를 탈 때는 헬멧을 써요.
- **안전모를 쓰다:** 작업장에서 일을 하면 안전모를 써요.
- **안경을 쓰다:** 눈이 나쁜 사람은 안경을 써요.
- **선글라스를 쓰다:** 햇빛이 많은 곳에 가면 선글라스를 써요.
- **운동화를 신다:** 편하게 걸을 때 운동화를 신어요.
- **샌들을 신다:** 여름에 샌들을 신어요.
- **구두를 신다:** 회사에 갈 때는 구두를 신어요.
- **부츠를 신다:** 겨울에 부츠를 신어요.
- **슬리퍼를 신다:** 집 앞에 나갈 때 슬리퍼를 신어요.
- **작업화를 신다:** 작업장에서 일을 할 때는 작업화를 신어요.

- **치수가 작다:** 나에게 신발, 옷이 작아요. 치수가 작아요. 외래어로는 사이즈라고 해요.
- **치수가 크다:** 나에게 신발, 옷이 커요. 치수가 커요. S, M, L 사이즈가 있어요.
- **치수가 잘 맞다:** 나에게 신발, 옷의 치수가 아주 좋아요. 치수가 잘 맞아요.
- **굽이 높다:** 신발이 높아요. 구두의 굽이 높아요. 반대는 굽이 낮아요.

Q 무엇을 신었어요? 무엇을 썼어요?

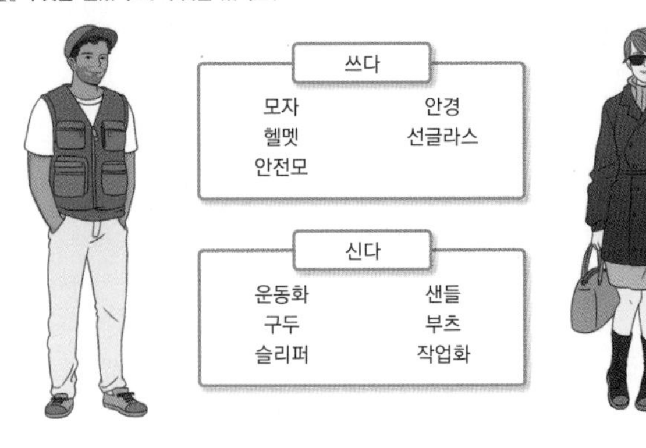

Q 이 신발이 어때요?

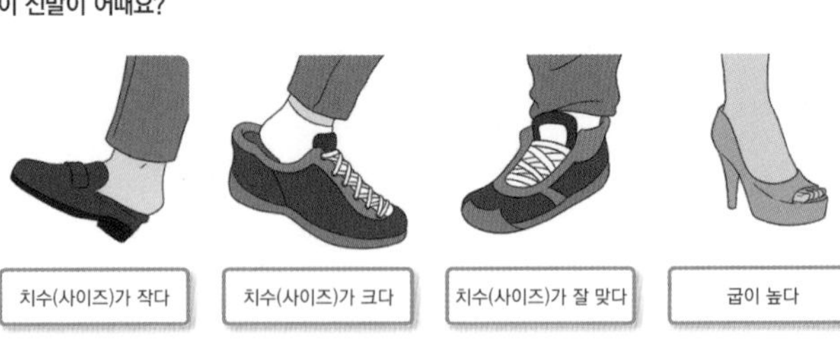

Q 친구들은 무엇을 신었어요? 이야기해 보세요.

34 사회통합프로그램(KIIP) 한국어와 한국문화 초급 2

의류 관련 명칭과 어휘 1 (착용 동사①)

1 도입, 제시

1. '쓰다, 신다'에 쓸 수 있는 단어로 어떤 것을 알고 있는지 물으며 오늘의 어휘는 착용 동사를 말할 때 사용하는 표현임을 알려 준다.

   🎙 여러분은 오늘 무엇을 썼어요? 무엇을 신었어요?
   오늘은 착용 동사를 공부해요.

2. 교사를 따라 어휘를 소리 내어 한 번 읽는다. 이때 발음에 주의하게 한다.
3. 어휘의 의미를 설명한다. 어휘가 사용된 문장을 예로 제시하거나 의미를 풀어서 설명해 준다. 상황에 따라 유의어나 반의어 등을 추가로 설명할 수 있다.
4. 배운 어휘를 소리 내어 읽도록 한다. 이때 '-어요' 형태로 단어를 읽는 등 변화를 줄 수 있다.

2 연습

1. 각 사진을 보며 치수가 작은지, 큰지, 잘 맞는지 이야기해 본다.
2. 친구들이 무엇을 신었는지 짝과 대화하도록 한다.
3. 학생들끼리 이야기한 것은 교사가 정리해 주며 같이 이야기한다.

   🎙 OO 씨가 오늘 무엇을 신었어요? 치수가 어때요? 굽이 어때요?

4. 다양한 착용 동사에 대해 이야기하는 활동으로 확장할 수 있다.

익힘책 22쪽을 풀게 하거나 과제로 제시한다.

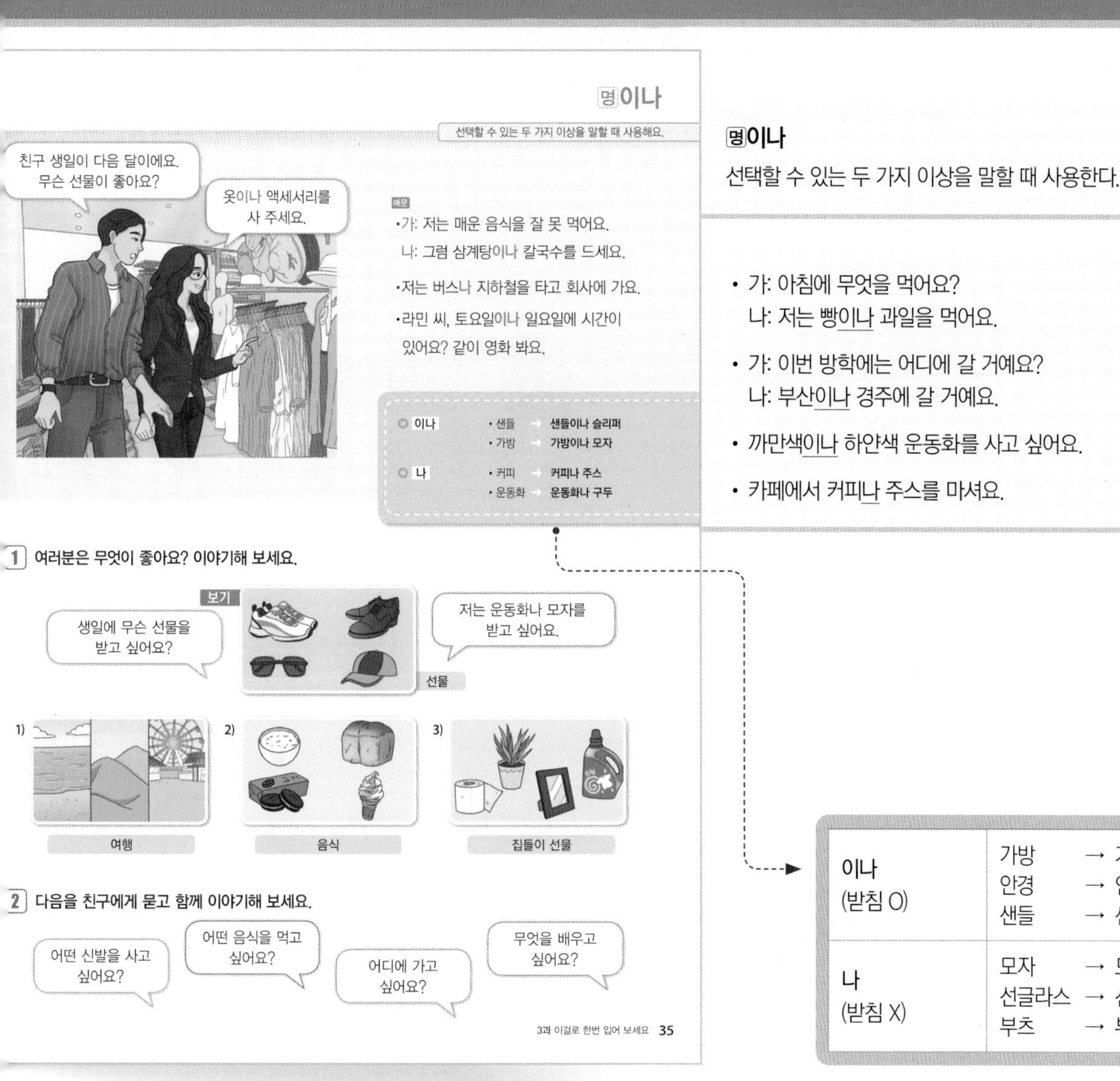

명이나

선택할 수 있는 두 가지 이상을 말할 때 사용해요.

친구 생일이 다음 달이에요. 무슨 선물이 좋아요?

옷이나 액세서리를 사 주세요.

예문

- 가: 저는 매운 음식을 잘 못 먹어요.
  나: 그럼 삼계탕이나 칼국수를 드세요.
- 저는 버스나 지하철을 타고 회사에 가요.
- 라민 씨, 토요일이나 일요일에 시간이 있어요? 같이 영화 봐요.

이나	샌들 → 샌들이나 슬리퍼 가방 → 가방이나 모자	
나	커피 → 커피나 주스 운동화 → 운동화나 구두	

1 여러분은 무엇이 좋아요? 이야기해 보세요.

보기

생일에 무슨 선물을 받고 싶어요?

저는 운동화나 모자를 받고 싶어요.

선물

1) 여행 2) 음식 3) 집들이 선물

2 다음을 친구에게 묻고 함께 이야기해 보세요.

어떤 신발을 사고 싶어요?

어떤 음식을 먹고 싶어요?

어디에 가고 싶어요?

무엇을 배우고 싶어요?

3과 이걸로 한번 입어 보세요 35

명이나

선택할 수 있는 두 가지 이상을 말할 때 사용한다.

- 가: 아침에 무엇을 먹어요?
  나: 저는 빵이나 과일을 먹어요.
- 가: 이번 방학에는 어디에 갈 거예요?
  나: 부산이나 경주에 갈 거예요.
- 까만색이나 하얀색 운동화를 사고 싶어요.
- 카페에서 커피나 주스를 마셔요.

이나 (받침 O)	가방 → 가방이나 안경 → 안경이나 샌들 → 샌들이나
나 (받침 X)	모자 → 모자나 선글라스 → 선글라스나 부츠 → 부츠나

문법 1 (명이나)

1 도입, 제시

1. 도입 그림과 대화를 통해 문법이 사용되는 상황을 인지시킨다.
   - 두 사람이 옷 가게에서 옷을 보고 있어요. 두 사람은 무엇을 살 거예요?
2. 교재의 대표 예문을 보면서 문법의 의미를 설명한다.
   - 남자가 친구의 생일 선물을 사고 싶어요. 그래서 여자에게 무엇이 좋은지 물어봐요. 여자가 '옷이 좋아요. 그리고 액세서리도 좋아요.'라고 생각해요. 두 가지를 한 문장으로 같이 말하고 싶을 때 "옷이나 액세서리를 사 주세요."라고 말했어요. 이렇게 선택할 수 있는 두 가지를 말할 때 '-이나'를 사용해요.
3. 학생들과 교재의 예문들을 읽으면서 문법의 의미를 설명하고 이해시킨다.
4. 문법의 형태 정보를 제시하고 설명한다.
5. 추가 예문을 제시하고 문법의 의미와 사용법을 정확하게 이해시킨다.

2 연습 1

1. 〈보기〉의 대화를 교사와 함께 완성해 본다.
2. 나머지 문제를 〈보기〉의 대화처럼 짝과 완성하도록 한다.
3. 연습한 것을 발표하게 하거나 교사가 전체 학생 대상으로 답하게 하여 확인한다. 그리고 오류가 있으면 수정해 준다.

3 연습 2

1. '어떤 신발을 사고 싶은지', '어떤 음식을 먹고 싶은지', '어디에 가고 싶은지', '무엇을 배우고 싶은지' 등의 주제에 대해 배운 문법을 사용하여 두 가지씩 이야기해 보도록 한다.
2. 친구와 대화한 것을 발표하게 하고 오류가 있으면 수정해 준다.

익힘책 24쪽을 풀게 하거나 과제로 제시한다. 익힘책은 연습 활동 난이도에 따라 교재 연습 문제 전후로 활용한다.

어휘와 문법 2

- **티셔츠를 입다:** 날씨가 더우면 반팔 티셔츠를 입어요. 날씨가 추우면 긴팔 티셔츠를 입어요.
- **셔츠를 입다:** 회사에 갈 때는 목이 있는 옷을 입어요. 셔츠를 입어요.
- **블라우스를 입다:** 이 그림의 여자는 블라우스를 입었어요.
- **코트를 입다:** 겨울에는 길고 두꺼운 코트를 입으면 따뜻해요.
- **바지를 입다:** 여름에는 반바지를 입어요. 겨울에는 긴 바지를 입어요.
- **청바지를 입다:** 여행을 갈 때 편한 바지가 필요해요. 색깔이 청색이에요. 청바지를 입어요.
- **치마를 입다:** 남성들은 바지를 입어요. 여성은 바지도 입고 치마도 입어요.
- **원피스를 입다:** 블라우스와 치마가 하나로 같이 있어요. 제 친구는 파티에 갈 때 원피스를 자주 입어요.
- **점퍼를 입다:** 일을 할 때 티셔츠나 셔츠 위에 겉옷을 입어요. 날씨가 추울 때 점퍼를 입어요.
- **조끼를 입다:** 작업장에서 일을 할 때 조끼를 입으면 편해요. 주머니가 많이 있어요. 물건을 넣어요.

- **스카프를 하다:** 여성들은 날씨가 추워지면 목을 따뜻하게 하고 싶어요. 스카프를 해요.
- **목도리를 하다:** 겨울에 날씨가 추워서 목도리를 했어요.
- **귀걸이를 하다:** 귀에 하는 액세서리예요.
- **목걸이를 하다:** 목에 하는 액세서리예요.

- **길이가 짧다:** 옷, 바지가 다리에 비해서 짧아요. 길이가 짧아요.
- **길이가 길다:** 옷, 바지가 다리나 키에 비해서 길어요. 길이가 길어요.
- **편하다:** 몸을 쉽게 움직일 수 있어요. 옷이 편해요.
- **디자인이 마음에 들다:** 옷의 모양이 아주 좋아요.

Q 무엇을 입었어요? 어떤 액세서리를 했어요?

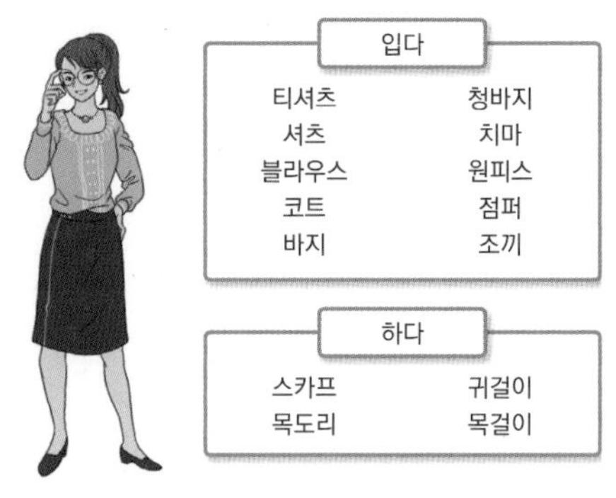

Q 이 옷이 어때요?

Q 친구와 옷에 대해 이야기해 보세요.

36 사회통합프로그램(KIIP) 한국어와 한국문화

의류 관련 명칭과 어휘 2 (착용 동사②)

1 도입, 제시

1. '입다, 하다'에 쓸 수 있는 단어로 어떤 것을 알고 있는지 물으며 오늘의 어휘는 착용 동사를 말할 때 사용하는 표현임을 알려 준다.

   여러분은 오늘 무엇을 입었어요? 무엇을 했어요?
   오늘은 착용 동사를 공부해요.

2. 교사를 따라 어휘를 소리 내어 한 번 읽는다. 이때 발음에 주의하게 한다.
3. 어휘의 의미를 설명한다. 어휘가 사용된 문장을 예로 제시하거나 의미를 풀어서 설명해 준다. 상황에 따라 유의어나 반의어 등을 추가로 설명할 수 있다.
4. 배운 어휘를 소리 내어 읽도록 한다.

2 연습

1. 각 사진을 보며 길이가 짧은지, 긴지, 편한지, 디자인이 마음에 드는지에 대해 이야기해 본다.
2. 짝과 함께 친구가 입은 옷에 대해 말해 보도록 한다.
3. 학생들끼리 이야기한 것은 교사가 정리해 주며 같이 이야기한다.

   OO 씨가 무슨 옷을 입었어요? 그 옷이 어때요?

익힘책 23쪽을 풀게 하거나 과제로 제시한다.

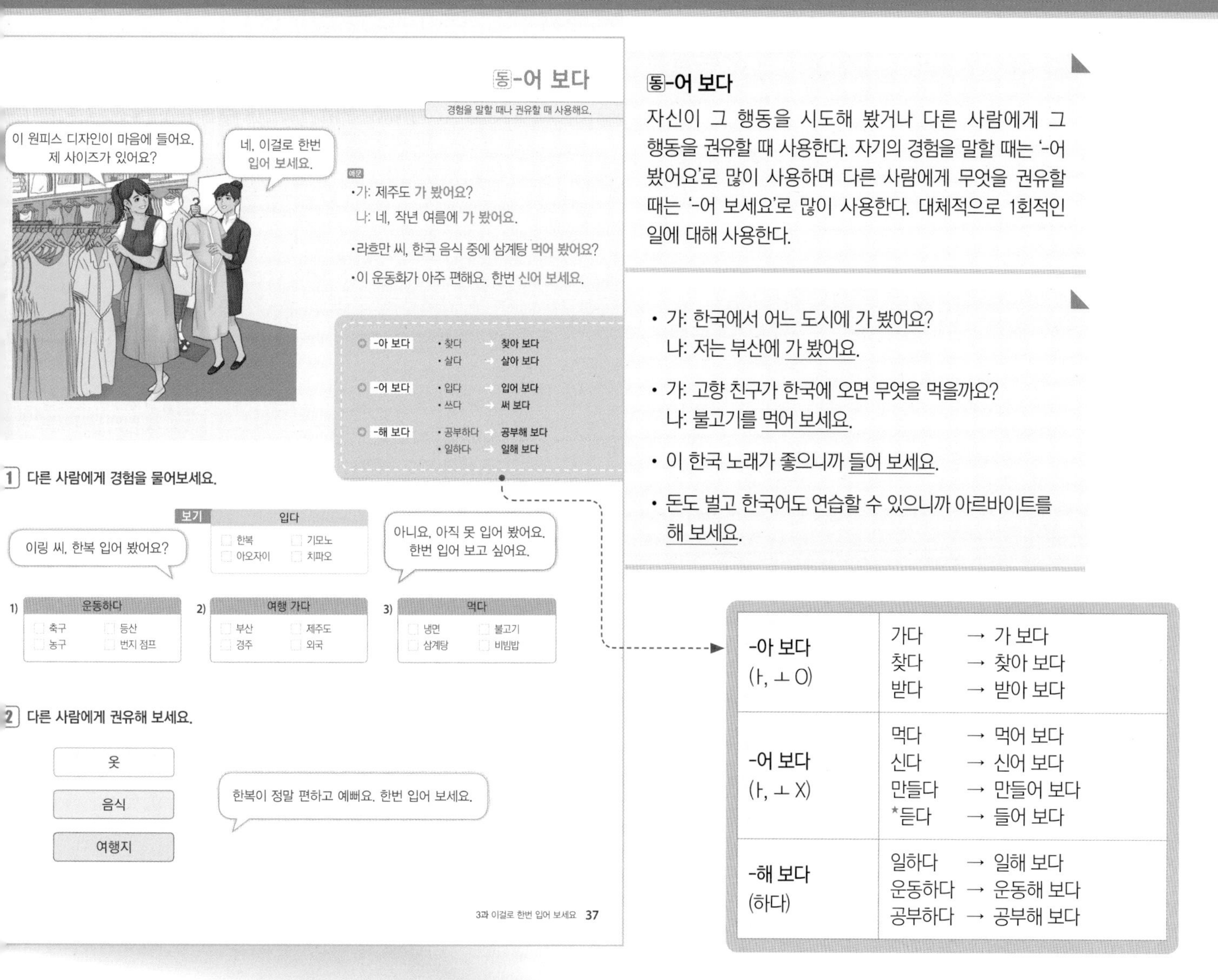

동-어 보다

경험을 말할 때나 권유할 때 사용해요.

예문
- 가: 제주도 가 봤어요?
  나: 네, 작년 여름에 가 봤어요.
- 라흐만 씨, 한국 음식 중에 삼계탕 먹어 봤어요?
- 이 운동화가 아주 편해요. 한번 신어 보세요.

-아 보다	• 찾다 • 살다	→ 찾아 보다 → 살아 보다
-어 보다	• 입다 • 쓰다	→ 입어 보다 → 써 보다
-해 보다	• 공부하다 • 일하다	→ 공부해 보다 → 일해 보다

1 다른 사람에게 경험을 물어보세요.

보기 입다: 한복, 기모노, 아오자이, 치파오

이링 씨, 한복 입어 봤어요?

아니요, 아직 못 입어 봤어요. 한번 입어 보고 싶어요.

1) 운동하다: 축구, 등산, 농구, 번지 점프
2) 여행 가다: 부산, 제주도, 경주, 외국
3) 먹다: 냉면, 불고기, 삼계탕, 비빔밥

2 다른 사람에게 권유해 보세요.

옷 / 음식 / 여행지

한복이 정말 편하고 예뻐요. 한번 입어 보세요.

3과 이걸로 한번 입어 보세요 37

동-어 보다

자신이 그 행동을 시도해 봤거나 다른 사람에게 그 행동을 권유할 때 사용한다. 자기의 경험을 말할 때는 '-어 봤어요'로 많이 사용하며 다른 사람에게 무엇을 권유할 때는 '-어 보세요'로 많이 사용한다. 대체적으로 1회적인 일에 대해 사용한다.

- 가: 한국에서 어느 도시에 가 봤어요?
  나: 저는 부산에 가 봤어요.
- 가: 고향 친구가 한국에 오면 무엇을 먹을까요?
  나: 불고기를 먹어 보세요.
- 이 한국 노래가 좋으니까 들어 보세요.
- 돈도 벌고 한국어도 연습할 수 있으니까 아르바이트를 해 보세요.

-아 보다 (ㅏ, ㅗ O)	가다 → 가 보다 찾다 → 찾아 보다 받다 → 받아 보다
-어 보다 (ㅏ, ㅗ X)	먹다 → 먹어 보다 신다 → 신어 보다 만들다 → 만들어 보다 *듣다 → 들어 보다
-해 보다 (하다)	일하다 → 일해 보다 운동하다 → 운동해 보다 공부하다 → 공부해 보다

문법 2 (동-어 보다)

1 도입, 제시

1. 도입 그림과 대화를 통해 문법이 사용되는 상황을 인지시킨다.
   - 후엔 씨가 옷 가게에서 구경하고 있어요. 어떤 옷이 마음에 들어요. 직원에게 자기 사이즈의 옷을 물어봐요.
2. 교재의 대표 예문을 보면서 문법의 의미를 설명한다.
   - 후엔 씨가 마음에 드는 원피스가 있어서 직원에게 사이즈를 물어봤어요. '안 입었어요. 어울려요? 안 어울려요? 몰라요', '입어야 알 수 있어요' 그럴 때 손님에게 "한번 입어 보세요."라고 말해요. 다른 사람에게 무엇을 권할 때 "-어 보세요."라고 말해요. 그리고 자기의 경험을 말할 때 '-어 봤어요.'라고 말해요.
3. 학생들과 교재의 예문들을 읽으면서 문법의 의미를 설명하고 이해시킨다.
4. 문법의 형태 정보를 제시하고 설명한다.
5. 추가 예문을 제시하고 문법의 의미와 사용법을 정확하게 이해시킨다.

2 연습 1

1. 〈보기〉의 대화를 교사와 함께 완성해 본다.
2. 나머지 문제를 〈보기〉의 대화처럼 짝과 완성하도록 한다.
3. 연습한 것을 발표하게 하거나 교사가 전체 학생 대상으로 답하게 하여 확인한다. 그리고 오류가 있으면 수정해 준다.

3 연습 2

1. 다른 사람에게 '옷', '음식', '여행지'에 대해 권유하는 이야기를 하도록 한다.
2. 친구와 대화한 것을 발표하게 하고 오류가 있으면 수정해 준다.

익힘책 25쪽을 풀게 하거나 과제로 제시한다. 익힘책은 연습 활동 난이도에 따라 교재 연습 문제 전후로 활용한다.

말하기와 듣기

1 2)
점원: 어서 오세요. 어떤 옷을 찾으세요?
후엔: 정장 재킷이나 셔츠 있어요? 학부모 모임에서 입을 거예요.
점원: 네, 이쪽에 있어요. 이건 어떠세요?
후엔: 재킷 사이즈가 조금 작아요. 더 큰 사이즈 있어요?
점원: 그럼 이걸로 한번 입어 보세요.

2
가: 친구와 여행을 갈 거예요. 뭘 입는 게 좋을까요?
나: 날씨가 더우니까 반바지나 짧은 원피스를 입어 보세요.

점 원(여): 찾으시는 거 있으세요?
잠시드(남): 남자 바지 좀 보여 주세요.
점 원(여): 어떤 디자인을 찾으세요? 긴 바지나 짧은 바지 다 괜찮으세요?
잠시드(남): 긴 바지요. 편하고 주머니 있는 걸로 보여 주세요.
점 원(여): 이거 어떠세요? 주머니가 커서 아주 편하실 거예요.
잠시드(남): 좋네요. 그걸로 입어 볼게요.

1 후엔 씨가 옷 가게에서 점원과 이야기해요. 다음과 같이 이야기해 보세요.

점원: 어서 오세요. 어떤 옷을 찾으세요?
후엔: 정장 치마나 바지 있어요? 결혼식에서 입을 거예요.
점원: 네, 이쪽에 있어요. 이건 어떠세요?
후엔: 바지 허리가 조금 작아요. 더 큰 사이즈 있어요?
점원: 그럼 이걸로 한번 입어 보세요.

1) 정장 치마, 바지 | 결혼식 | 바지 허리가 작다
2) 정장 재킷, 셔츠 | 학부모 모임 | 재킷 사이즈가 작다

2 여러분이 필요한 옷을 친구와 이야기해 보세요.

주말에 등산을 갈 거예요. 뭘 입는 게 좋을까요?

편한 등산 바지나 청바지를 입어 보세요.

잠시드 씨가 점원과 이야기해요. 잘 듣고 답해 보세요.

1) 어떤 옷을 찾아요?

①  ②  ③  ④ 

2) 잠시드 씨는 옷을 입어 봤어요?
네, 입어 봤어요.

38 사회통합프로그램(KIIP) 한국어와 한국문화 초급 2

옷 가게에서 옷 사기

1 대화문 연습

1. 옷 가게에서 옷을 사는 상황에 대해 이야기하며 교재의 그림을 이용해 어떤 상황인지 추측해 보도록 한다.
   - 후엔 씨가 무엇을 사고 있어요?
     여러분은 옷 가게에서 무엇을 사 봤어요?
2. 지시문을 이용하여 대화 상황을 학생들에게 명확하게 알려 준다.
3. 대화를 들려주고 간단한 질문을 하여 대화 내용을 이해했는지 확인한다.
   - 후엔 씨는 무슨 옷이 필요해요?
     그 옷을 어디에 입고 갈 거예요?
     그 옷의 사이즈가 후엔 씨에게 어때요?
4. 교사와 함께 대화문을 읽으면서 자연스럽게 말하는 연습을 한다. 두 번 정도 반복해서 연습한다.
5. 교체 어휘를 활용하여 짝과 함께 연습하게 한다.
6. 연습이 끝나면 한두 팀을 발표시키거나 교사가 전체 학생을 대상으로 확인한다.

2 확장 연습

1. 자신의 계획을 말하고 친구가 그 계획에 맞는 옷을 권유해 주는 말하기를 한다고 알려 준다.
2. 짝과 같이 필요한 옷에 대해 이야기하게 한다. 대화를 할 때는 다음과 같은 내용을 포함하여 말하도록 지시한다.
   - 언제 필요한 옷인지 이야기해 보세요. 친구의 설명을 들은 후 어떤 옷이 좋은지 이야기해 보세요.
3. 이야기가 끝나면 한두 팀을 발표시키거나 교사가 전체 학생을 대상으로 확인하고 오류를 수정해 준다.

사고 싶은 옷에 대한 대화 듣기

1. 지시문을 이용하여 등장인물과 대화 상황을 설명한다.
2. 문제를 읽고 들어야 하는 정보를 파악하게 한다.
3. 듣기 파일을 두 번 듣고 문제를 풀게 한다.
4. 교재 질문의 답을 확인한 후 해당 대화를 같이 읽으며 내용을 확인한다. 필요한 경우 새로운 어휘, 표현을 설명한다.

읽기와 쓰기

1 다음 글을 읽고 질문에 답해 보세요.

이 옷은 우리 회사의 작업복입니다. 우리는 작업복으로 티셔츠, 바지, 조끼를 입습니다. 이 티셔츠와 바지는 시원하고 편합니다. 땀도 빨리 마릅니다. 조끼에는 주머니가 많이 있습니다. 그래서 필요한 물건을 넣습니다. 저는 이 옷이 아주 마음에 듭니다.

1) 이 사람은 작업복으로 무슨 옷을 입었어요? 티셔츠, 바지, 조끼를 입었어요.

2) 이 작업복은 무엇이 좋아요? 시원하고 편해요. 땀도 빨리 말라요.

3) 이 조끼에 무엇이 많이 있어요? 주머니가 있어요.

2 여러분이 사고 싶은 옷이 있어요? 이유를 써 보세요.

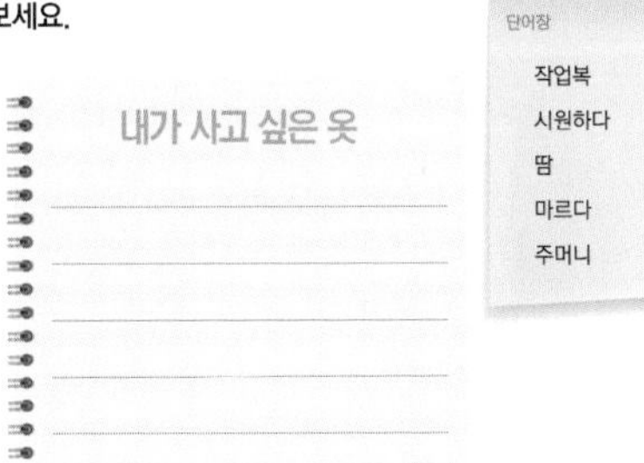

내가 사고 싶은 옷

저는 따뜻한 점퍼나 코트를 사고 싶어요. 한국의 날씨가 추워서 자주 감기에 걸려요. 그래서 이번 주말에 쇼핑을 하러 갈 거예요.

내가 사고 싶은 옷

단어장
- 작업복
- 시원하다
- 땀
- 마르다
- 주머니

- **작업복:** 일을 할 때 입는 옷이에요. 작업복을 입고 일해요.
- **시원하다:** 날씨가 시원해요. 사용해요. 옷도 일할 때 입으면 덥지 않아요. 옷이 시원해요.
- **땀:** 일을 해서 더우면 몸에서 땀이 나요.
- **마르다:** 땀이 났지만 바람이 불면 빨리 없어져요. 땀이 말라요.
- **주머니:** 옷에 물건을 넣을 수 있는 것이에요. 주머니가 있어요.

옷의 특징에 대한 글 읽기

1. 그림을 보며 글의 내용을 유추하게 한다.

남자가 무슨 옷을 입고 있어요?
이 옷은 무엇을 할 때 입는 옷이에요?
이 글은 무엇에 대한 내용인 것 같아요?

2. 글을 훑어 읽게 한 후 주제, 중심 내용 등을 간단히 말해 보도록 한다.

남자가 입은 옷은 뭐예요?
남자가 입은 티셔츠와 바지가 어때요?
조끼는 어떤 옷이에요?

3. 글을 다시 읽으면서 문제를 풀게 한다.

4. 답을 같이 확인한 후, 본문을 다시 읽으며 모르는 어휘가 없는지 확인한다. 필요한 경우 새로운 어휘, 표현을 설명한다.

사고 싶은 옷에 대한 글 쓰기

1. 어떤 글을 쓸지 알려 주고 글에 들어갈 내용을 생각해 보게 한다.

오늘은 자기가 사고 싶은 옷에 대해 글을 쓸 거예요.
여러분은 어떤 옷을 사고 싶어요?
왜 그 옷을 사고 싶어요?

2. 교재 질문에 대해 자신이 쓸 내용을 간단하게 메모하도록 한다. 교사는 학생들이 쓴 메모에 오류가 없는지 확인해 준다.

3. 메모한 내용을 바탕으로 글로 완성하게 한다.

문화와 정보

한국의 전통 시장

한국에는 전통 시장이 많이 있습니다. 전통 시장에서는 다양한 물건과 음식을 팝니다. 보통 백화점보다 가격이 쌉니다. 서울에는 남대문 시장, 광장 시장, 경동 시장, 통인 시장 등이 있습니다. 여러분도 한국의 전통 시장에 한번 가 보세요. 거기에서 좋은 물건도 구경하고 맛있는 음식도 먹어 보세요.

1) 전통 시장에서 무엇을 팔아요?
2) 서울에 있는 전통 시장은 뭐예요?
3) 여러분 주변에는 어떤 전통 시장이 있어요?

40 사회통합프로그램(KIIP) 한국어와 한국문화 초급 2

한국의 전통 시장

1. 이 단원의 문화와 정보가 무엇에 대한 것인지 알려 준다.

한국에서 시장에 가 봤어요? 한국에는 많은 전통 시장이 있어요.
오늘은 '한국의 전통 시장'에 대해 알아봅시다.

2. 교재의 그림(사진)을 보면서 주제에 대해 알고 있는 것을 상기시키고 말해 보게 한다. 이때 관련 시각 자료를 추가로 활용할 수 있다.

여러분은 전통 시장에 가 봤어요?
전통 시장은 어디에 있어요?
전통 시장과 백화점, 마트는 무엇이 달라요?

3. 교재를 같이 읽으면서 내용을 설명한다. 이때 중요한 정보가 있는 부분에 밑줄을 긋거나 표시하게 하는 것도 좋다.

4. 질문 1, 2의 답을 찾아보고 답하게 한다.

전통 시장에서 무엇을 팔아요?
서울에 있는 전통 시장은 뭐예요?

5. 3번 질문을 이용하여 학습자 자신의 경험을 말해 보도록 한다.

여러분 주변에는 어떤 전통 시장이 있어요?

단원 마무리

발음

3-P.mp3

1. 다음을 듣고 따라 읽으세요.

1) 짧아요[짤바요]
2) 가 봤어요[가 봐써요]
3) 찾으세요[차즈세요]

2. 다음을 듣고 연습해 보세요.

1) 가: 이건 어떠세요?
   나: 이 바지는 좀 짧아요. 더 큰 사이즈 있어요?
2) 가: 제주도에 가 봤어요?
   나: 네, 작년에 가 봤어요.
3) 가: 어떤 옷을 찾으세요?
   나: 정장 치마나 바지 있어요?

배운 어휘 확인

□ 쓰다	□ 잘 맞다	□ 스카프
□ 모자	□ 굽이 높다	□ 귀걸이
□ 헬멧	□ 입다	□ 목도리
□ 안전모	□ 티셔츠	□ 목걸이
□ 안경	□ 청바지	□ 길이
□ 선글라스	□ 셔츠	□ 짧다
□ 신다	□ 치마	□ 길다
□ 운동화	□ 블라우스	□ 편하다
□ 샌들	□ 원피스	□ 마음에 들다
□ 구두	□ 코트	□ 작업복
□ 부츠	□ 점퍼	□ 시원하다
□ 슬리퍼	□ 바지	□ 땀
□ 작업화	□ 조끼	□ 마르다
□ 치수	□ 하다	□ 주머니

3과 이걸로 한번 입어 보세요 41

- **연음 현상**
  - 받침 뒤에 'ㅏ, ㅓ, ㅗ, ㅜ, ㅡ, ㅣ'와 같은 모음이 올 경우 연음 현상이 나타난다.
    겹받침의 경우 뒷 자음 하나만 연음되어 발음된다.

- 이 단원에서 배운 어휘 중 기억나는 것을 말해 보세요.
- 이 단원에서 배운 문법은 뭐예요?
- 요즘 어떤 옷을 사고 싶어요?
- 옷 가게에서 필요한 옷을 말할 수 있어요?
- 한국의 전통 시장에 대해 알아요?

발음 10분

1. 교재 1번 발음을 들려주고 '-아, -어, -으'의 발음이 어떻게 들리는지 학습자 스스로 확인해 보도록 한다.

2. '짧', '봤', '찾' 다음에 오는 '-아, -어, -으'가 '짤바, 봐써, 차즈'로 발음된다는 것을 알려 준다.

주의 받침 뒤에 'ㅏ, ㅓ, ㅗ, ㅜ, ㅡ, ㅣ'가 올 경우 연음 현상이 나타나는 규칙에 대해 간단히 설명할 수 있다. 이 현상은 받침이 있는 언어인 한국어에서 아주 자주 나타나는 현상이라는 것을 알려 주고 표기할 때는 들리는 대로 쓰지 않고 앞 음절의 받침에 자음을 쓴다는 것도 알려 주면 좋다.

3. 교재 1번 발음을 다시 듣고 교사를 따라 말해 본다.

4. 교재 2번 대화를 듣고 따라 말해 본다.

5. 짝과 함께 대화를 읽으며 연습하게 한 후에 확인한다.

마무리 10분

1. 단원에서 학습한 어휘 중 기억하는 것을 먼저 말해 보게 한다.

2. 배운 어휘 목록의 어휘들을 읽으면서 의미를 상기시킨다.

3. 단원에서 학습한 문법(명이나, 동-어 보다)을 상기시키며 의미와 사용법을 기억하는지 확인한다.

4. 단원의 목표와 성취도를 확인한다.

5. 익힘책을 과제로 제시하고 마무리한다.

4

지금 통화할 수 있어요?

1	2	3	4
주제	어휘와 문법	활동	문화와 정보
전화	전화 표현 동-을 수 있다/없다 반말	전화하기 문자 메시지 보내기	한국 생활에 도움이 되 스마트폰 앱(App)

수업 목표 및 내용

- **주제:** 전화
- **어휘와 문법**
  - 어휘: 전화를 걸고, 받는 것과 관련된 어휘를 익힌다.
  - 문법: '동-을 수 있다/없다', '반말'의 의미와 형태를 익혀 사용할 수 있다.
- **활동**
  - 말하기: 사정이 생겨 상대방과 통화하는 상황의 대화를 할 수 있다.
  - 듣기: 친구와 통화하는 대화를 듣고 이해할 수 있다.
  - 읽기: 친구에게 보낸 문자 메시지를 읽고 이해할 수 있다.
  - 쓰기: 친구에게 부탁하는 메시지를 쓸 수 있다.
- **문화와 정보:** 한국 생활에 도움이 되는 스마트폰 앱(App)

수업 전개

도입 / 어휘와 문법 1 — 1차시

· 휴대 전화로 하는 일
· 동-을 수 있다/없다

익힘책 pp. 28-31

어휘와 문법 2 — 2차시

· 전화 표현
· 반말

익힘책 pp. 28-31

• 이 사람들은 지금 무엇을 해요?
• 여러분은 누구에게 전화를 자주 해요?

도입

1. 교재 그림을 이용하여 학생들과 이야기하며 이 과의 주제를 노출한다.

   그림❶ 후엔 씨가 무엇을 하고 있어요?
   여러분은 누구와 자주 전화를 해요?

   그림❷ 라민 씨가 무엇을 하고 있어요?
   여러분은 고향에 있는 친구, 가족과 어떻게 연락을 해요?

   그림❸ 이링 씨와 안젤라 씨가 무엇을 하고 있어요?
   여러분은 누구에게 자주 메시지를 보내요?

2. 대화 내용을 정리하며 이 단원에서는 '휴대 전화로 하는 일, 전화를 걸 때, 전화를 받을 때 사용하는 표현' 등에 대해 공부한다는 것을 알려 준다.

이 단원을 지도할 때는…

이 단원에서는 휴대 전화로 하는 일과 전화 표현에 대해 학습합니다. 어휘 1에서는 휴대 전화로 하는 일에 대해 학습하고 어휘 2에서는 전화를 할 때 사용하는 표현에 대해 학습하기 때문에 어휘를 사용하는 상황과 차이점에 대해 정확하게 교수하는 것이 중요합니다.

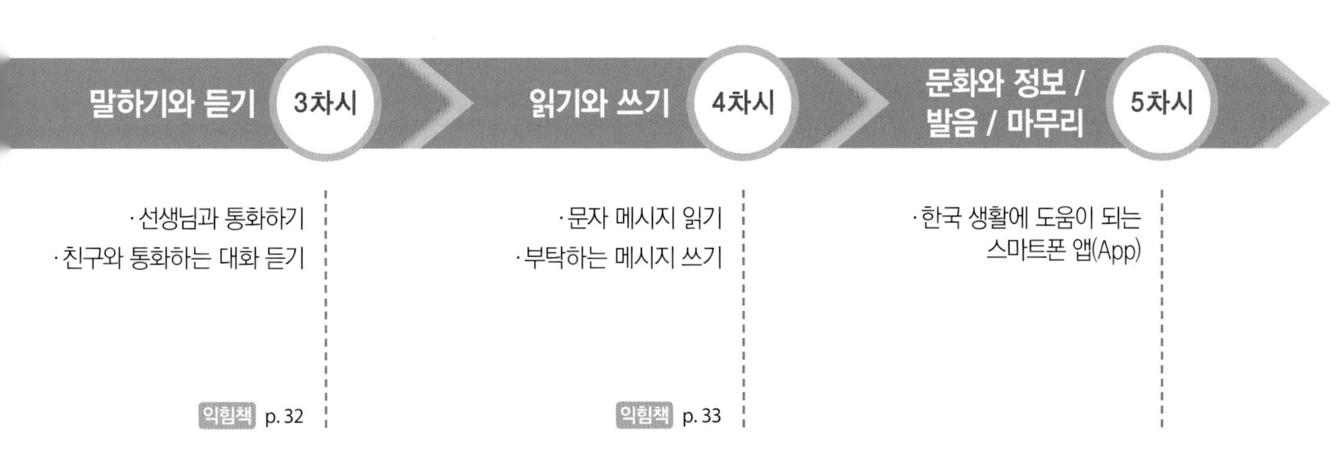

말하기와 듣기 3차시
· 선생님과 통화하기
· 친구와 통화하는 대화 듣기

익힘책 p. 32

읽기와 쓰기 4차시
· 문자 메시지 읽기
· 부탁하는 메시지 쓰기

익힘책 p. 33

문화와 정보 / 발음 / 마무리 5차시
· 한국 생활에 도움이 되는 스마트폰 앱(App)

- **전화를 걸다:** ○○ 씨에게 전화를 해서 이야기를 할 거예요. 그 사람의 번호를 눌러요. 전화를 걸어요.
- **전화를 받다:** 다른 사람이 나에게 전화를 걸었어요. '여보세요?' 전화를 받았어요.
- **전화를 끊다:** 전화로 이야기가 끝났어요. 전화를 끊어요.
- **문자를 보내다:** 휴대 전화로 전화를 하지 않고 글을 써요. 문자를 보내요.
- **문자를 받다:** 다른 사람이 휴대 전화로 글을 써서 보냈어요. 나는 문자를 받았어요.
- **문자를 지우다:** 문자를 받았지만 필요하지 않아요. 그래서 문자를 지워요.

- **전화를 바꾸다:** 내가 전화를 받았어요. 그런데 다른 사람을 찾고 있어요. 그 사람에게 전화를 바꿔 줬어요.
- **국제 전화를 하다:** 다른 나라에 있는 사람에게 전화를 해요. 국제 전화를 해요.
- **영상 통화를 하다:** 얼굴을 보고 이야기를 해요. 영상 통화를 해요.

Q 휴대 전화로 지금 뭘 해요?

전화를 걸다

전화를 받다

전화를 끊다

문자를 보내다

문자를 받다

문자를 지우다

전화를 바꾸다

국제 전화를 하다

영상 통화를 하다

Q 여러분은 전화를 자주 해요? 이야기해 보세요.

누구에게 문자를 자주 보내요? | 누구와 영상 통화를 자주 해요? | 국제 전화를 자주 해요?

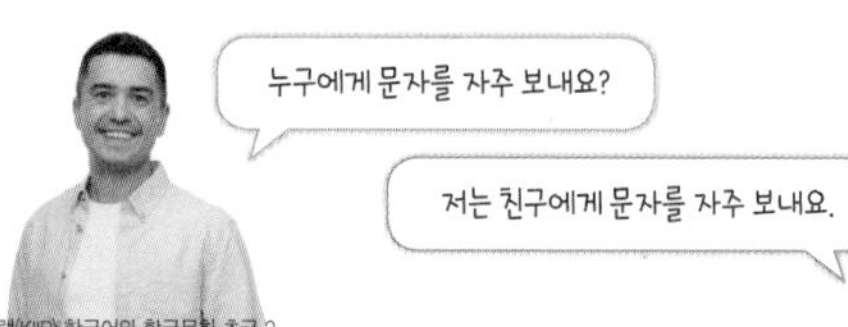

44 사회통합프로그램(KIIP) 한국어와 한국문화 초급 2

어휘 1 (휴대 전화로 하는 일)

1 도입, 제시

1. 휴대 전화로 하는 일 중에서 어떤 것을 알고 있는지 물으며 오늘의 어휘는 휴대 전화로 하는 일을 말할 때 사용하는 표현임을 알려 준다.

   여러분은 휴대 전화로 무엇을 해요? 왜 그것을 자주 해요? 오늘은 휴대 전화로 하는 일을 공부해요.

2. 교사를 따라 어휘를 소리 내어 한 번 읽는다. 이때 발음에 주의하게 한다.
3. 어휘의 의미를 설명한다. 어휘가 사용된 문장을 예로 제시하거나 의미를 풀어서 설명해 준다. 상황에 따라 유의어나 반의어 등을 추가로 설명할 수 있다.
4. 배운 어휘를 소리 내어 읽도록 한다. 이때 '-어요' 형태로 단어를 읽는 등 변화를 줄 수 있다.

2 연습

1. 각 사진을 보며 어떤 상황인지, 어떻게 말하는지 이야기해 본다.
2. 누구에게 문자를 자주 보내는지, 누구와 영상 통화를 하는지, 국제 전화를 자주 하는지 짝과 대화하도록 한다.
3. 학생들끼리 이야기한 것은 교사가 정리해 주며 같이 이야기한다.

   여러분은 누구에게 문자를 자주 보내요?
   가족들과 얼마나 자주 영상 통화를 해요?

4. 다양한 상황에 대해 이야기하는 활동으로 확장할 수 있다.

익힘책 28쪽을 풀게 하거나 과제로 제시한다.

동-을 수 있다/없다

어떤 상황이나 일이 가능하거나 어떤 일을 할 수 있는 능력이 있음을 나타낼 때 사용해요.

- 가: 거기 이주민 센터죠? 주말에도 상담을 받을 수 있어요?
  나: 네, 상담을 받을 수 있어요.
- 내일은 일이 있어서 한국어 센터에 갈 수 없어요.
- 저는 한국 음식을 만들 수 있어요.

-을 수 있다	• 먹다	먹을 수 있어요
	• 받다	받을 수 있어요
-ㄹ 수 있다	• 가다	갈 수 있어요
	* 만들다	만들 수 있어요

1 무엇을 할 수 있어요? 무엇을 할 수 없어요? 이야기해 보세요.

	이링	라민
보기 한국어로 문자를 보내다	○	X
1) 기숙사에서 요리하다	○	X
2) 지금 전화를 받다	X	○
3) 한국 음식을 만들다	○	○

이링 씨, 한국어로 문자를 보낼 수 있어요?

네, 한국어로 문자를 보낼 수 있어요.

2 여러분은 무엇을 할 수 있어요? 무엇을 할 수 없어요?

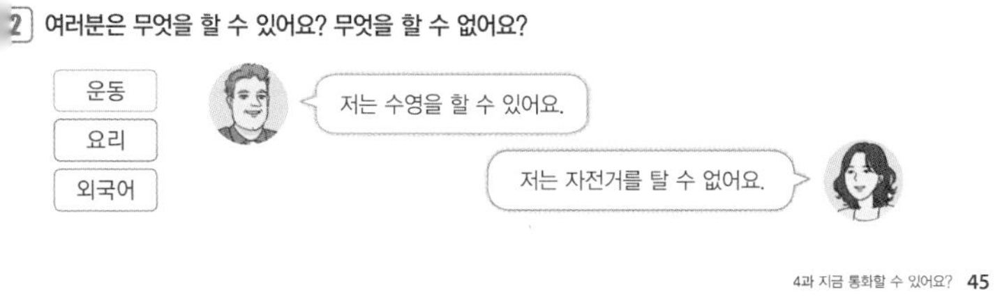

4과 지금 통화할 수 있어요? 45

동-을 수 있다/없다

어떤 상황이나 일이 가능하거나 할 수 있는 능력이 있다는 것을 말할 때 '-을 수 있다'를 사용한다. 반대의 경우에는 '-을 수 없다'를 사용한다. 보통 질문할 때는 '-을 수 있어요?' 형태를 사용하며 대답할 때는 '-을 수 있어요/없어요.'를 사용한다.

- 가: 한국어 책을 읽을 수 있어요?
  나: 아니요. 한국어를 잘 못해서 읽을 수 없어요.
- 가: 이번 주말에 저를 도와줄 수 있어요?
  나: 네, 주말에 시간이 있으니까 도와줄게요.
- 저는 매운 음식을 아직 먹을 수 없어요.
- 한국 친구에게 요리를 배워서 한국 음식을 만들 수 있어요.

-을 수 있다/없다 (받침 O)	먹다 → 먹을 수 있다/없다 입다 → 입을 수 있다/없다 읽다 → 읽을 수 있다/없다 *듣다 → 들을 수 있다/없다
-ㄹ 수 있다/없다 (받침 X, ㄹ 받침)	자다 → 잘 수 있다/없다 사다 → 살 수 있다/없다 일하다 → 일할 수 있다/없다 *만들다 → 만들 수 있다/없다

문법 1 (동-을 수 있다/없다)

1 도입, 제시

1. 도입 그림과 대화를 통해 문법이 사용되는 상황을 인지시킨다.
   - 이링 씨와 팀장님이 통화를 하고 있어요. 두 사람은 무슨 이야기를 하고 있어요?
2. 교재의 대표 예문을 보면서 문법의 의미를 설명한다.
   - 이링 씨가 팀장님에게 전화를 했어요. 그런데 팀장님이 지금 '자기와 전화로 이야기해요. 시간이 괜찮아요? 안 괜찮아요?' 알고 싶어요. 그럴 때 '지금 통화할 수 있어요?' 이렇게 질문해요. 다른 사람에게 무엇을 할 수 있는지, 할 수 없는지 물어볼 때 '-을 수 있다/없다'를 사용해요.
3. 학생들과 교재의 예문들을 읽으면서 문법의 의미를 설명하고 이해시킨다.
4. 문법의 형태 정보를 제시하고 설명한다.
5. 추가 예문을 제시하고 문법의 의미와 사용법을 정확하게 이해시킨다.

2 연습 1

1. 〈보기〉의 대화를 교사와 함께 연습해 본다.
2. 나머지 문제를 〈보기〉의 대화처럼 짝과 연습하도록 한다.
3. 연습한 것을 발표하게 하거나 교사가 전체 학생 대상으로 답하게 하여 확인한다. 그리고 오류가 있으면 수정해 준다.

3 연습 2

1. '운동', '요리', '외국어' 등의 주제에 대해 배운 문법을 사용하여 학생들이 할 수 있는지, 할 수 없는지 이야기해 보도록 한다.
2. 친구와 대화한 것을 발표하게 하고 오류가 있으면 수정해 준다.

익힘책 30쪽을 풀게 하거나 과제로 제시한다. 익힘책은 연습 활동 난이도에 따라 교재 연습 문제 전후로 활용한다.

어휘와 문법 2

- **전화 왔어요:** 휴대 전화에서 벨 소리가 나요. 전화기에 전화번호가 보여요. 전화 왔어요.
- **지금 안 계세요:** 전화가 왔지만 그 자리에 없어서 전화를 못 받아요. 높임말로 지금 안 계세요.
- **여보세요?:** 전화를 받을 때 제일 먼저 말해요.
- **전화를 잘못 걸었어요:** ○○ 씨에게 전화했지만 ○○ 씨의 전화번호가 아니에요. 전화를 잘못 걸었어요. 다른 사람에게는 '전화 잘못 거셨어요.' 높임말로 해요.
- **통화 중이에요:** ○○ 씨와 ○○ 씨가 지금 전화로 이야기하고 있어요. 그래서 다른 전화를 못 받아요.

- **전화번호가 몇 번이에요?:** 다른 사람에게 전화번호를 물어봐요. 전화번호가 몇 번이에요?
- **010-1234-5678이에요:** 다른 사람에게 자기 전화번호를 말해 줘요.
- **매너 모드로 해요/진동으로 해요:** 사람이 많은 곳이나 조용한 곳에서 휴대 전화 소리가 나면 안 돼요. 매너 모드/진동으로 해요.
- **배터리가 없어요:** 휴대 전화를 사용하려면 배터리가 있어야 해요. 배터리가 없으면 조금 후에 휴대 전화가 꺼질 거예요.
- **답장이 없어요:** ○○ 씨에게 문자 메시지를 보냈지만 대답이 없어요. 답장이 없어요.

Q 여러분은 전화를 자주 해요? 다음 표현을 사용해서 말해 보세요.

Q 여러분은 다음 상황에서 어떻게 해요? 이야기해 보세요.

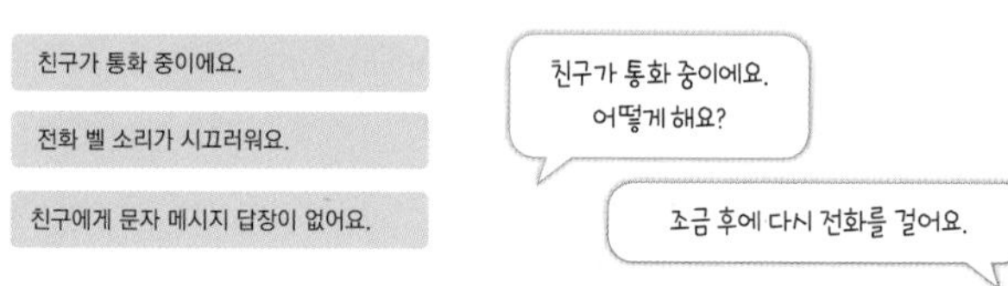

46 사회통합프로그램(KIIP) 한국어와 한국문화 초급 2

어휘 2 (전화 표현)

1 도입, 제시

1. 전화를 자주 하는지 물으며 오늘 배우는 단어는 전화를 할 때 사용하는 표현임을 알려 준다.

   🎙 여러분은 자주 전화를 해요? 전화를 해서 무슨 말을 해요? 오늘은 전화를 할 때 사용하는 어휘를 공부해요.

2. 교사를 따라 어휘를 소리 내어 한 번 읽는다. 이때 발음에 주의하게 한다.
3. 어휘의 의미를 설명한다. 어휘가 사용된 문장을 예로 제시하거나 의미를 풀어서 설명해 준다. 상황에 따라 유의어나 반의어 등을 추가로 설명할 수 있다.
4. 배운 어휘를 소리 내어 읽도록 한다.

2 연습

1. 학생들에게 친구에게 전화했는데 통화 중일 때, 전화 벨 소리가 시끄러울 때, 친구에게 문자 메시지의 답장이 없을 때 어떻게 하는지 질문을 던진다.
2. 짝과 함께 다양한 상황에서 자신이 어떻게 하는지에 대해 말해 보도록 한다.
3. 학생들끼리 이야기한 것은 교사가 정리해 주며 같이 이야기한다.

   🎙 OO 씨는 친구가 통화 중일 때 어떻게 해요?
   문자 메시지 답장이 없을 때 기분이 어때요?

익힘책 29쪽을 풀게 하거나 과제로 제시한다.

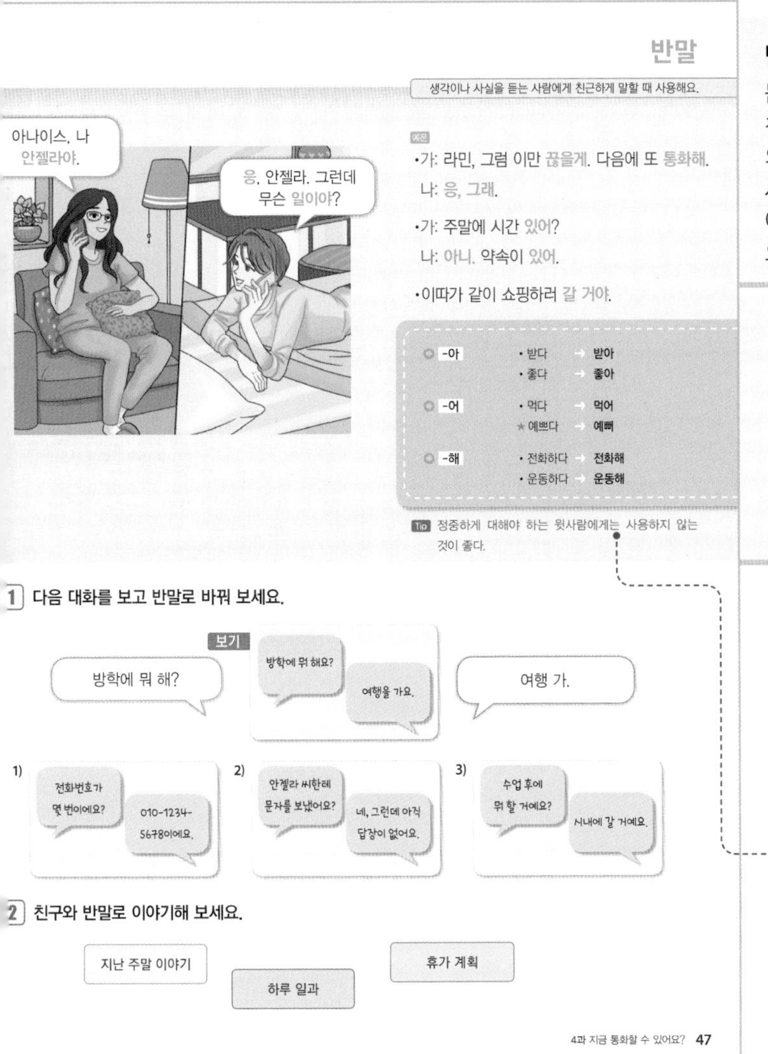

반말

생각이나 사실을 듣는 사람에게 친근하게 말할 때 사용해요.

예문
- 가: 라민, 그럼 이만 끊을게. 다음에 또 통화해.
  나: 응, 그래.
- 가: 주말에 시간 있어?
  나: 아니. 약속이 있어.
- 이따가 같이 쇼핑하러 갈 거야.

-아	• 받다 → 받아 • 좋다 → 좋아
-어	• 먹다 → 먹어 ★ 예쁘다 → 예뻐
-해	• 전화하다 → 전화해 • 운동하다 → 운동해

Tip 정중하게 대해야 하는 윗사람에게는 사용하지 않는 것이 좋다.

1) 다음 대화를 보고 반말로 바꿔 보세요.

보기

1)

2)

3)

2) 친구와 반말로 이야기해 보세요.

지난 주말 이야기 / 하루 일과 / 휴가 계획

4과 지금 통화할 수 있어요? 47

반말

듣는 사람이 말하는 사람과 나이가 같거나 어릴 때, 듣는 사람에게 친근함을 표현할 때 사용한다. 평서문(-아/어요)의 형태로 사용하며, 의문문(-아/어요?)은 동일한 형태로 억양만 달리 한다. 의문문(-니?)도 사용할 수 있으며, 평서형은 동일한 형태로 억양만 달리 하여 평서문(-아/어요), 의문문(-아/어요?), 청유문(-읍시다, -을까요?), 명령문(-으세요)의 의미로 모두 사용할 수 있다.

- 가: 어제 저녁에 뭐 먹었어?
  나: 나는 친구와 불고기를 먹었어.
- 가: 주말에 시간이 있니?
  나: 응. 왜? 무슨 일이야?
- 주말에 한강에 놀러 가자.
- 학교에 지각하지 마. 일찍 와.

	-아/어/해	-았/었/했어	-(으)ㄹ 거야
읽다	읽어	읽었어	읽을 거야
가다	가	갔어	갈 거야
적다	적어	적었어	적을 거야
싸다	싸	쌌어	쌀 거야
	-니?	-았/었/했니?	-(으)ㄹ 거니?
읽다	읽니?	읽었니?	읽을 거니?
가다	가니?	갔니?	갈 거니?
적다	적니?	적었니?	
싸다	싸니?	쌌니?	

	-자	-지 말자	-아/어/해	-지 마
읽다	읽자	읽지 말자	읽어	읽지 마
가다	가자	가지 말자	가	가지 마
	이야/야	이었어/였어	이/가 아니야	이/가 아니었어
학생	학생이야	학생이었어	학생이 아니야	학생이 아니었어
가수	가수야	가수였어	가수가 아니야	가수가 아니었어

문법 2 (반말)

1 도입, 제시

1. 도입 그림과 대화를 통해 문법이 사용되는 상황을 인지시킨다.
   안젤라와 아나이스가 통화 중이에요.
   두 사람은 친해서 반말로 이야기하고 있어요.
2. 교재의 대표 예문을 보면서 문법의 의미를 설명한다.
   다른 사람과 이야기할 때 나보다 나이가 많거나 별로 친하지 않으면 '-아/어요'를 사용해서 말해요. 그렇지만 친한 친구와 이야기할 때 '-아/어'를 사용해서 말해요. 이것을 '반말'이라고 해요.
3. 학생들과 교재의 예문들을 읽으면서 문법의 의미를 설명하고 이해시킨다.
4. 문법의 형태 정보를 제시하고 설명한다.
5. 추가 예문을 제시하고 문법의 의미와 사용법을 정확하게 이해시킨다.

2 연습 1

1. 〈보기〉의 대화를 교사와 함께 반말로 바꿔 본다.
2. 나머지 문제를 〈보기〉의 대화처럼 반말을 사용하여 짝과 연습하도록 한다.
3. 연습한 것을 발표하게 하거나 교사가 전체 학생 대상으로 답하게 하여 확인한다. 그리고 오류가 있으면 수정해 준다.

3 연습 2

1. 지난 주말 이야기, 하루 일과, 휴가 계획에 대해 묻고 대답하면서 '반말'을 사용하여 이야기를 하도록 한다.
2. 친구와 대화한 것을 발표하게 하고 오류가 있으면 수정해 준다.

익힘책 31쪽을 풀게 하거나 과제로 제시한다. 익힘책은 연습 활동 난이도에 따라 교재 연습 문제 전후로 활용한다.

말하기와 듣기

2-4 EBOOK

1 2)

직 원: 여보세요. 한국 전자입니다.
라흐만: 안녕하세요? 저는 라흐만이라고 하는데요.
팀장님 좀 바꿔 주세요.
직 원: 팀장님은 지금 자리에 안 계세요.
그런데 무슨 일이에요?
라흐만: 오늘 회사에 갈 수 없어서 전화했어요.
직 원: 그럼 제가 말씀 전해 드릴게요.

2

가: 안녕하세요? 선생님. 저는 이링인데요.
나: 네. 이링 씨, 무슨 일이에요?
가: 제가 아파서 오늘 학교에 갈 수 없어요.
나: 알았어요. 집에서 푹 쉬어요.

4-L.mp3

라 민(남): 여보세요?
아나이스(여): 라민, 지금 어디야?
라 민(남): 나 지금 버스 안이야. 그런데 길이 많이 막혀.
아나이스(여): 그럼 모임에 언제 올 수 있어? 다른 유학생 친구들 다 왔어.
라 민(남): 미안해. 많이 늦을 거야. 나 기다리지 말고 먼저 먹어.
아나이스(여): 응, 알았어. 이따 다시 전화해.

1 선생님과 통화하고 싶어서 전화를 걸었어요. 다음과 같이 이야기해 보세요.

2-4 EBOOK

직 원: 여보세요. 다문화 센터입니다.
라흐만: 안녕하세요? 저는 라흐만이라고 하는데요.
정아라 선생님 좀 바꿔 주세요.
직 원: 정아라 선생님은 지금 자리에 안 계세요.
그런데 무슨 일이에요?
라흐만: 오늘 수업에 갈 수 없어서 전화했어요.
직 원: 그럼 제가 말씀 전해 드릴게요.

1) 다문화 센터 | 정아라 선생님 | 수업에 못 가다 2) 한국 전자 | 팀장님 | 회사에 못 가다

2 여러분은 내일 한국어 수업에 갈 수 없어요. 선생님께 전화로 이야기해 보세요.

4-L.mp3

라민 씨와 아나이스 씨가 이야기해요. 잘 듣고 답해 보세요.

1) 두 사람은 오늘 무슨 약속이 있어요?
유학생 친구들과 모임이 있어요.

2) 라민 씨는 아나이스 씨에게 어떻게 연락했어요?
전화했어요.

선생님과 통화하기

1 대화문 연습

1. 선생님과 통화하는 상황에 대해 이야기하며 교재의 그림을 이용해 어떤 상황인지 이야기하도록 한다.
   - 두 사람이 왜 통화를 하는 것 같아요?
     라흐만 씨는 지금 몸이 어때요?
     이럴 때 선생님에게 어떻게 전화를 해요?
2. 지시문을 이용하여 대화 상황을 학생들에게 명확하게 알려 준다.
3. 대화를 들려주고 간단한 질문을 하여 대화 내용을 이해했는지 확인한다.
   - 라흐만 씨는 선생님에게 왜 전화를 했어요?
     선생님은 전화를 받았어요?
     선생님은 왜 전화를 받을 수 없어요?
     라흐만 씨는 다시 전화해요?
4. 교사와 함께 대화문을 읽으면서 자연스럽게 말하는 연습을 한다. 두 번 정도 반복해서 연습한다.
5. 교체 어휘를 활용하여 짝과 함께 연습하게 한다.
6. 연습이 끝나면 한두 팀을 발표시키거나 교사가 전체 학생을 대상으로 확인한다.

2 확장 연습

1. 선생님과 통화하는 말하기를 한다고 알려 준다.
2. 선생님에게 전화하는 상황에 대해 이야기하게 한다. 대화를 할 때는 다음과 같은 내용을 포함하여 말하도록 지시한다.
   - 선생님에게 왜 전화를 했는지, 무슨 일 때문에 전화했는지 이야기해 보세요.
3. 이야기가 끝나면 한두 팀을 발표시키거나 교사가 전체 학생을 대상으로 확인하고 오류를 수정해 준다.

친구와 통화하는 대화 듣기

1. 지시문을 이용하여 등장인물과 대화 상황을 설명한다.
2. 문제를 읽고 들어야 하는 정보를 파악하게 한다.
3. 듣기 파일을 두 번 듣고 문제를 풀게 한다.
4. 교재 질문의 답을 확인한 후 해당 대화를 같이 읽으며 내용을 확인한다. 필요한 경우 새로운 어휘, 표현을 설명한다.

1 다음 글을 읽고 질문에 답해 보세요.

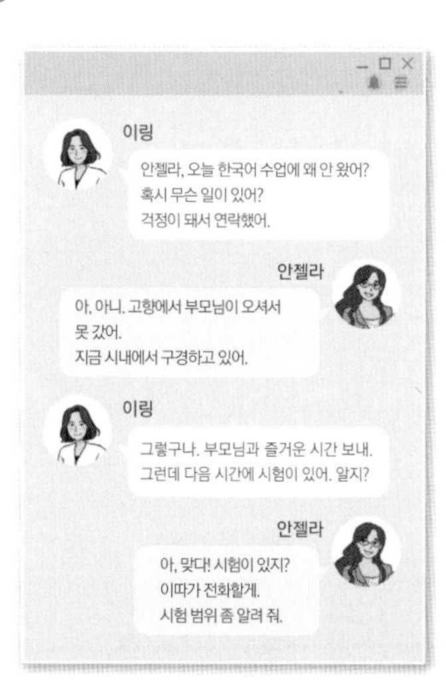

1) 이링은 왜 안젤라에게 문자를 보냈어요?
걱정이 돼서 문자를 보냈어요.

2) 이 메시지의 내용과 같으면 ○, 다르면 X 하세요.
❶ 이링은 오늘 학교에 안 갔어요. (X)
❷ 안젤라는 지금 부모님을 만났어요. (○)
❸ 안젤라는 이따가 이링에게 전화를 할 거예요. (○)

3) 안젤라는 이링에게 무엇을 물어볼 거예요?
시험 범위를 물어볼 거예요.

2 친구에게 부탁하는 메시지를 써 보세요.

- 무슨 일이 생겼어요?
- 친구에게 무엇을 부탁할 거예요?
- 반말로 쓰세요.

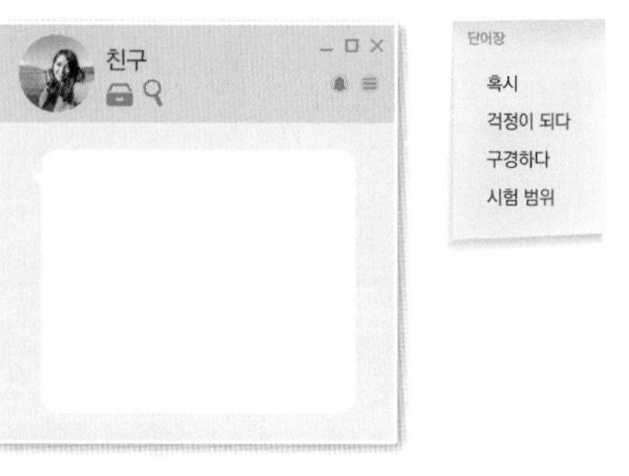

단어장
혹시
걱정이 되다
구경하다
시험 범위

- **걱정이 되다:** 친구가 학교에 안 왔어요. 무슨 일이 있어요? 아파요? 계속 생각해요. 그것이 '걱정'이에요. 걱정이 돼요.
- **구경하다:** 백화점과 시장에 무슨 물건이 있는지 아직 사지 않고 여기저기 봐요. 구경해요.
- **시험 범위:** 시험을 볼 거예요. 어디부터 어디까지 공부해요. 시험 범위예요.

문자 메시지 읽기

1. 그림을 보며 글의 내용을 유추하게 한다.
   이것은 뭐예요?
   누가 누구에게 메시지를 보냈어요?
   무엇에 대한 내용인 것 같아요?
2. 글을 훑어 읽게 한 후 주제, 중심 내용 등을 간단히 말해 보도록 한다.
   이링은 왜 안젤라에게 문자를 보냈어요?
   안젤라는 왜 학교에 안 갔어요?
   다음 시간에는 무슨 일이 있어요?
3. 글을 다시 읽으면서 문제를 풀게 한다.
4. 답을 같이 확인한 후, 본문을 다시 읽으며 모르는 어휘가 없는지 확인한다. 필요한 경우 새로운 어휘, 표현을 설명한다.

부탁하는 메시지 쓰기

1. 어떤 글을 쓸지 알려 주고 글에 들어갈 내용을 생각해 보게 한다.
   오늘은 친구에게 부탁하는 메시지를 쓸 거예요.
   친구에게 무슨 일을 부탁할 거예요?
2. 교재 질문에 대해 자신이 쓸 내용을 간단하게 메모하도록 한다. 교사는 학생들이 쓴 메모에 오류가 없는지 확인해 준다.
3. 메모한 내용을 바탕으로 글로 완성하게 한다.
   완성된 글을 실제로 학생들끼리 문자로 보내 보도록 한다.

문화와 정보

한국 생활에 도움이 되는 스마트폰 앱(App)

스마트폰 앱(App)에는 유용한 것들이 많습니다. 여러분은 명함 앱을 사용해 봤습니까? 휴대 전화 카메라로 명함을 찍으면 명함의 이름, 이메일 주소, 전화번호가 자동으로 입력됩니다.

다음으로, '구해줘' 앱이 있습니다. 어두운 밤길, 등산이나 낚시 등의 야외 활동 중 위험한 상황에서 112나 119로 전화하지 않아도 됩니다. 위험할 때 이 앱으로 자신의 위치를 문자나 채팅으로 알립니다. 그러면 빨리 도움을 받을 수 있습니다.

1) 명함 앱에는 무슨 정보가 있어요?
2) '구해줘' 앱은 언제 사용해요?
3) 여러분이 알고 있는 스마트폰 앱을 소개해 보세요.

한국 생활에 도움이 되는 스마트폰 앱(App)

1. 이 단원의 문화와 정보가 무엇에 대한 것인지 알려 준다.

- 날마다 스마트폰을 사용하지요?
  스마트폰에서 무슨 앱을 자주 사용해요?
  오늘은 '한국 생활에 도움이 되는 스마트폰 앱(App)'에 대해 알아봅시다.

2. 교재의 그림(사진)을 보면서 주제에 대해 알고 있는 것을 상기시키고 말해 보게 한다. 이때 관련 시각 자료를 추가로 활용할 수 있다.

- 여러분이 사용해 본 앱이 있어요?
  그 앱은 무엇을 할 때 좋아요?
  생활할 때 무슨 앱이 필요해요?

3. 교재를 같이 읽으면서 내용을 설명한다. 이때 중요한 정보가 있는 부분에 밑줄을 긋거나 표시하게 하는 것도 좋다.

4. 질문 1, 2의 답을 찾아보고 답하게 한다.

- 명함 앱에는 무슨 정보가 있어요?
  '구해줘' 앱은 언제 사용해요?

5. 3번 질문을 이용하여 학습자 자신의 경험을 말해 보도록 한다.

- 여러분이 알고 있는 좋은 스마트폰 앱을 소개해 보세요.

단원 마무리

발음

1. 다음을 듣고 따라 읽으세요.
   1) 보낼 수 있어요[보낼 쑤 이써요]
   2) 통화할 수 있어요[통화할 쑤 이써요]
   3) 갈 수 없어서[갈 쑤 업써서]

2. 다음을 듣고 연습해 보세요.
   1) 한국어로 문자 보낼 수 있어요.
   2) 가: 지금 통화할 수 있어요?
      나: 네, 괜찮아요.
   3) 가: 무슨 일이에요?
      나: 오늘 수업에 갈 수 없어서 전화했어요.

- **관형형 '-(으)ㄹ'의 받침 'ㄹ' 뒤에 나타나는 'ㅅ' 경음화**
  - '-(으)ㄹ'의 받침 'ㄹ' 뒤에 자음 'ㅅ'가 올 경우 경음 [ㅆ]로 발음된다.

배운 어휘 확인

- ☐ 전화를 걸다
- ☐ 전화를 받다
- ☐ 전화를 끊다
- ☐ 문자를 보내다
- ☐ 문자를 받다
- ☐ 문자를 지우다
- ☐ 전화를 바꾸다
- ☐ 국제 전화를 하다
- ☐ 영상 통화를 하다
- ☐ 여보세요?
- ☐ 전화를 잘못 걸었어요
- ☐ 통화 중이에요
- ☐ 매너 모드로 하세요/진동으로 하세요
- ☐ 휴대 전화 배터리가 없어요
- ☐ 답장이 없어요
- ☐ 전화번호가 몇 번이에요?
- ☐ 전화 왔어요
- ☐ 지금 안 계세요
- ☐ 혹시
- ☐ 걱정이 되다
- ☐ 구경하다
- ☐ 시험 범위

- 이 단원에서 배운 어휘 중 기억나는 것을 말해 보세요.
- 이 단원에서 배운 문법은 뭐예요?
- 한국말로 전화할 수 있어요?
- 한국 사람과 자주 문자를 주고 받아요?
- 한국에서 생활할 때 가장 많이 쓰는 스마트폰 앱이 뭐예요?

발음 10분

1. 교재 1번 발음을 들려주고 '수'의 발음이 어떻게 들리는지 학습자 스스로 확인해 보도록 한다.
2. '보낼', '통화할', '갈' 다음에 오는 '수'가 '쑤'로 발음된다는 것을 알려 준다.

주의 받침 'ㄹ' 뒤에 자음 'ㅅ'가 올 경우 경음으로 발음되는 규칙에 대해 간단히 설명할 수 있다. 관형형 '-(으)ㄹ' 뒤에는 다양한 자음이 올 수 있으나 이 과에서는 'ㅅ'에 집중하여 연습하는 것이 좋다.

3. 교재 1번 발음을 다시 듣고 교사를 따라 말해 본다.
4. 교재 2번 대화를 듣고 따라 말해 본다.
5. 짝과 함께 대화를 읽으며 연습하게 한 후에 확인한다.

마무리 10분

1. 단원에서 학습한 어휘 중 기억하는 것을 먼저 말해 보게 한다.
2. 배운 어휘 목록의 어휘들을 읽으면서 의미를 상기시킨다.
3. 단원에서 학습한 문법(동-을 수 있다/없다, 반말)을 상기시키며 의미와 사용법을 기억하는지 확인한다.
4. 단원의 목표와 성취도를 확인한다.
5. 익힘책을 과제로 제시하고 마무리한다.

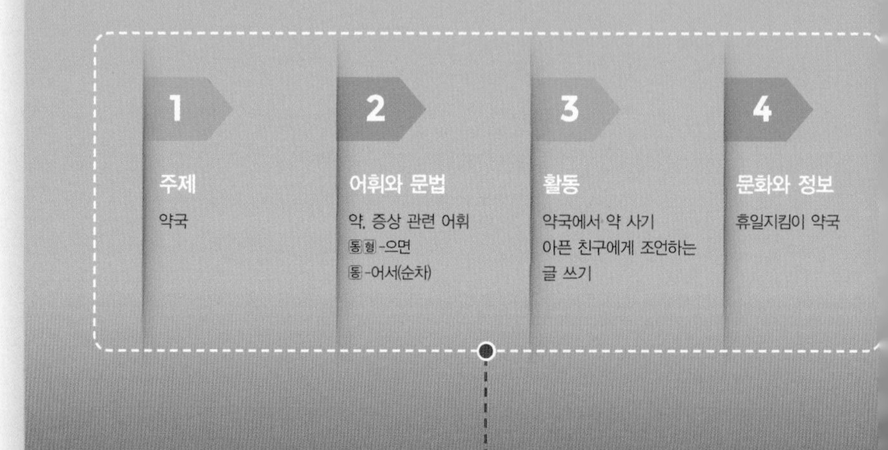

수업 목표 및 내용

- **주제:** 약국
- **어휘와 문법**
  - 어휘: 약의 종류, 증상 관련 어휘를 익힌다.
  - 문법: '동형-으면', '동-어서(순차)'의 의미와 형태를 익혀 사용할 수 있다.
- **활동**
  - 말하기: 약국에서 증상을 말하고 약을 사는 대화를 할 수 있다.
  - 듣기: 약국에서 약을 사는 대화를 듣고 이해할 수 있다.
  - 읽기: 약 봉투에 쓰인 약 복용법을 읽고 이해할 수 있다.
  - 쓰기: 아픈 증상에 대한 인터넷 질문 글에 댓글을 쓸 수 있다.
- **문화와 정보:** 휴일지킴이 약국

수업 전개

도입 / 어휘와 문법 1 — 1차시

- 증상 관련 어휘
- 동형-으면

익힘책 pp. 34-37

어휘와 문법 2 — 2차시

- 약의 종류
- 동-어서

익힘책 pp. 34-37

단원 도입

• 이 사람들은 어디가 아파요?
• 여러분은 언제 약국에 갔어요?

도입

1. 교재 그림을 이용하여 학생들과 이야기하며 이 과의 주제를 노출한다.
   그림❶ 여기는 어디예요? 이 여자는 어디가 아파요? 무슨 약을 사고 싶어요?
   그림❷ 이 남자는 어디를 다쳤어요? 무슨 약이 필요해요? 약사는 무엇을 줘요?
   그림❸ 여러분은 어디가 아팠어요? 약국에서 무슨 약을 샀어요?
2. 대화 내용을 정리하며 이 단원에서는 '아픈 증상, 그때 필요한 약' 등에 대해 공부한다는 것을 알려 준다.

이 단원을 지도할 때는…

이 단원과 관계있는 단원들은 아래와 같습니다. 관련 단원의 학습 내용을 확인하셔서 지도에 참고하시면 좋을 것 같습니다.

- 주제: 병원 단원
  – 1권 16과
- 어휘: 신체, 병원
  – 1권 16과
- 문법: 이유 표현 -어서
  – 1권 16과

말하기와 듣기 3차시	읽기와 쓰기 4차시	문화와 정보 / 발음 / 마무리 5차시
·약국에서 증상 말하기 ·필요한 약을 사는 대화 듣기	·약 봉투 읽기 ·증상 질문에 댓글 쓰기	·휴일지킴이 약국
익힘책 p. 38	익힘책 p. 39	

어휘와 문법 1

- **열이 나다:** 머리나 몸이 뜨거워요. 38도예요. 열이 나요.
- **머리/이/배가 아프다:** 스트레스가 많으면 머리가 아파요. 두통이에요. 이가 썩으면 이가 아파요. 치통이에요. 음식을 잘못 먹으면 배가 아파요. 복통이에요.
- **설사를 하다:** 음식을 잘못 먹었어요. 계속 화장실에 가요. 계속 설사를 하면 몸에 힘이 없어요.

- **콧물이 나다:** 감기에 걸려서 콧물이 나요. 콧물을 화장지로 닦았어요.

  발음 콧물[콘물]
- **기침을 하다:** 감기에 걸려서 '콜록콜록'하고 기침을 해요.
- **목이 붓다:** 감기에 걸리면 목이 부어요. 말을 할 수 없어요. 음식을 먹을 때도 아파요.
- **팔이 부러지다:** 팔의 뼈가 부러졌어요. 1달 동안 깁스를 하고 있어요.
- **다리를 다치다:** 길에서 넘어졌어요. 다리에서 피가 나요. 다리를 다쳤어요.

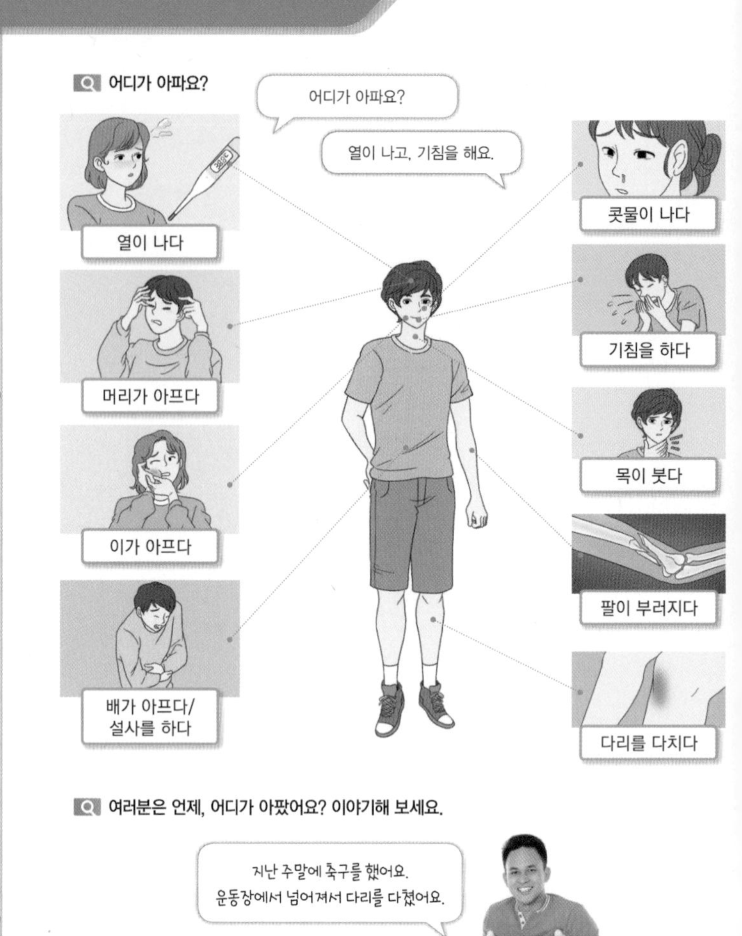

54 사회통합프로그램(KIIP) 한국어와 한국문화 초급 2

어휘 1 (증상 관련 어휘)

1 도입, 제시

1. 아픈 증상을 표현하는 단어 중에서 어떤 것을 알고 있는지 물으며 오늘 배울 어휘는 증상을 말할 때 사용하는 표현임을 알려 준다.

   여러분은 어디가 아파요? 어떻게 아파요?
   감기에 걸리면 어떤 증상이 있어요?

2. 교사를 따라 어휘를 소리 내어 한 번 읽는다. 이때 발음에 주의하게 한다.
3. 어휘의 의미를 설명한다. 어휘가 사용된 문장을 예로 제시하거나 의미를 풀어서 설명해 준다. 상황에 따라 유의어나 반의어 등을 추가로 설명할 수 있다.
4. 배운 어휘를 소리 내어 읽도록 한다. 이때 '-어요' 형태로 단어를 읽는 등 변화를 줄 수 있다.

2 연습

1. 각각의 아픈 증상 사진을 보면서 언제 어디가 아팠는지 아팠던 경험을 이야기해 본다.
2. 언제 어디가 아팠는지 짝과 함께 증상을 말해 보도록 한다.
3. 학생들끼리 이야기한 것은 교사가 정리해 주며 같이 이야기한다.

   감기에 걸렸어요. 어디가 어떻게 아팠어요?

4. 다양한 질병과 그에 맞는 증상을 이야기하는 활동으로 확장할 수 있다.

익힘책 34쪽을 풀게 하거나 과제로 제시한다.

동 형 -으면

앞 내용이 뒤 내용의 조건이나 가정이 될 때 사용해요.

예문
- 가: 가족들이 한국에 오면 뭐 하고 싶어요?
  나: 같이 제주도에 가고 싶어요.
- 시간이 있으면 밥 먹을까요?
- 방학을 하면 고향에 가서 부모님을 만날 거예요.

-으면	• 먹다 → 먹으면 • 있다 → 있으면
-면	• 다치다 → 다치면 ★만들다 → 만들면

1 이 사람들은 고민이 있어요. 좋은 방법을 이야기해 주세요.

보기

어제부터 기침을 계속 하다 / 따뜻한 차를 마시다

1) 요즘 배가 많이 나오다 / 자전거를 타다
2) 요즘 밤에 잠이 안 오다 / 커피를 조금만 마시다
3) 자주 다리가 붓다 / 마사지를 하다

2 여러분은 어떻게 할 거예요? 이야기해 보세요.

5과 많이 아프면 이 약을 드세요 55

동형-으면

어떤 상황에 대한 조건을 말할 때 사용한다. 또 불가능하거나 불확실한 미래를 가정할 때도 쓴다. '만약(에)', '만일(에)'와 같이 쓸 수 있다.

- 가: 내일 등산 갈까요?
  나: 비가 안 오면 같이 가요.
- 가: 아침을 안 먹어서 배가 고파요.
  나: 배가 고프면 밥을 먹으러 갈까요?
- 만약 돈이 많으면 세계 여행을 하고 싶어요.
- 열심히 공부하면 시험에 합격할 거예요.

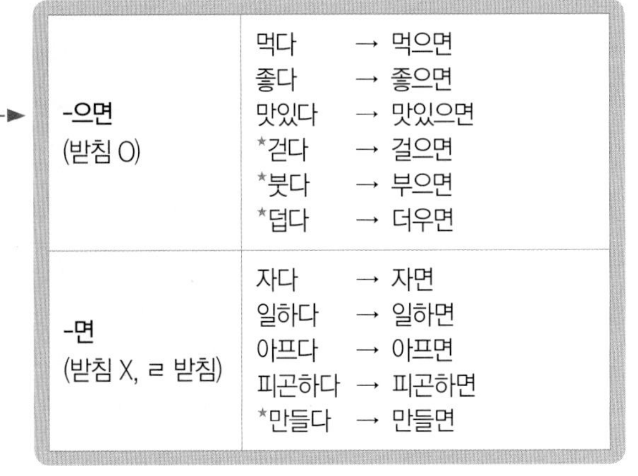

-으면 (받침 O)	먹다 → 먹으면 좋다 → 좋으면 맛있다 → 맛있으면 *걷다 → 걸으면 *붓다 → 부으면 *덥다 → 더우면
-면 (받침 X, ㄹ 받침)	자다 → 자면 일하다 → 일하면 아프다 → 아프면 피곤하다 → 피곤하면 *만들다 → 만들면

문법 1 (동형-으면)

1 도입, 제시

1. 도입 그림과 대화를 통해 문법이 사용되는 상황을 인지시킨다.
   - 안젤라 씨의 얼굴이 어때요? 아픈 친구에게 어떻게 말하면 좋아요?
2. 교재의 대표 예문을 보면서 문법의 의미를 설명한다.
   - 안젤라 씨가 머리가 아프고 열이 많이 나요. 그러면 어떻게 하는 게 좋아요? 두 가지가 있어요. 병원에 가요. 또 하나는 약국에 가요. '조금 아파요' 어떻게 해요? '조금 아프면 약국에 가세요.' 언제 병원에 가요? '많이 아프면 병원에 가요.' 이렇게 어떤 일의 조건을 말할 때 '-으면'을 사용해요.
3. 학생들과 교재의 예문들을 읽으면서 문법의 의미를 설명하고 이해시킨다.
4. 문법의 형태 정보를 제시하고 설명한다.
5. 추가 예문을 제시하고 문법의 의미와 사용법을 정확하게 이해시킨다.

2 연습 1

1. 〈보기〉의 대화를 교사와 함께 완성해 본다.
2. 나머지 문제를 〈보기〉의 대화처럼 짝과 완성하도록 한다.
3. 연습한 것을 발표하게 하거나 교사가 전체 학생을 대상으로 답하게 하여 확인한다. 그리고 오류가 있으면 수정해 준다.

3 연습 2

1. '한국어를 잘하면?', '가족들이 한국에 오면?', '돈이 많으면?' 등의 주제에 대해 가정하여 이야기해 보고 반대의 경우도 문장을 만들어 보도록 한다.
2. 친구와 대화한 것을 발표하게 하고 오류가 있으면 수정해 준다.

익힘책 36쪽을 풀게 하거나 과제로 제시한다. 익힘책은 연습 활동 난이도에 따라 교재 연습 문제 전후로 활용한다.

어휘와 문법 2

- **해열제:** 열이 많이 나요. 열이 높아요. 그럼 열을 내리는 약을 먹어야 해요. 해열제예요.
- **두통약:** 머리가 아프면 이 약을 먹어요. 그럼 머리가 안 아파요. 머리가 아플 때, 이가 아플 때, 배가 아플 때 먹을 수 있는 약은 진통제라고 해요.
- **감기약:** 감기에 걸렸어요. 감기약을 먹어요.
- **소화제:** 음식을 너무 많이 먹었어요. 또 급하게 먹었어요. 그래서 소화가 안돼요. 소화제를 먹어요.
- **지사제:** 설사를 해요. 지사제를 먹으면 설사가 멈춰요. (어휘 1에서 '설사를 하다'를 배웠으므로 제시할 수 있음)

- **파스를 붙이다:** 운동을 많이 해서 다음 날 어깨가 아파요. 어깨가 올라가지 않아요. 이때 파스를 붙여요.
- **밴드를 붙이다:** 요리를 했어요. 칼에 손가락을 베었어요. 피가 나요. 거기에 물이 들어가면 안 돼요. 밴드를 붙여요.
  발음 붙이다[부치다]
- **연고를 바르다:** 넘어졌어요. 다리에서 피가 나요. 피가 나는 곳에 바르는 약이 연고예요.
- **소독약을 바르다:** 넘어졌어요. 다리에서 피가 나요. 연고를 바르기 전에 다친 곳을 깨끗하게 해야 해요. 그때 소독약을 발라요.
  발음 소독약[소동냑]

Q 어디가 아파요? 무슨 약이 필요해요?

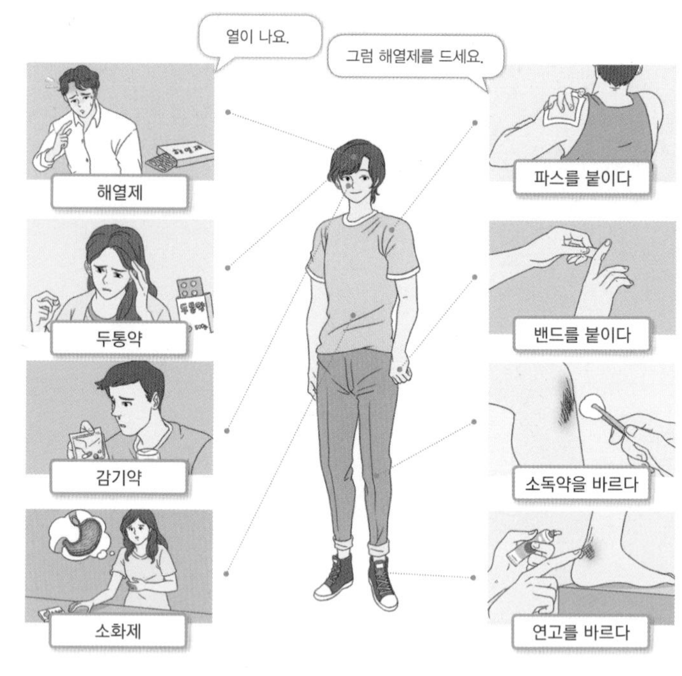

Q 여러분은 어디가 아팠어요? 약국에서 무슨 약을 샀어요?

저는 지난번에 머리가 아파서 두통약을 샀어요.

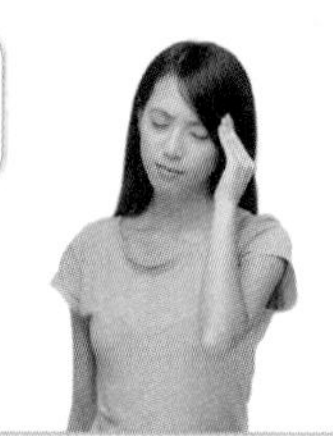

56 사회통합프로그램(KIIP) 한국어와 한국문화 초급 2

어휘 2 (약의 종류)

1 도입, 제시

1. 학생들이 어디가 아픈지, 그때 먹는 약은 무엇인지 물으면서 오늘 배울 단어는 약국에서 살 수 있는 약 이름임을 알려 준다.

   여러분은 어디가 아파요? 그곳이 아프면 무슨 약이 필요해요? 오늘은 약 이름을 공부해요.

2. 교사를 따라 어휘를 소리 내어 한 번 읽는다. 이때 발음에 주의하게 한다.
3. 어휘의 의미를 설명한다. 어휘가 사용된 문장을 예로 제시하거나 의미를 풀어서 설명해 준다. 상황에 따라 유의어나 반의어 등을 추가로 설명할 수 있다.
4. 배운 어휘를 소리 내어 읽도록 한다.

2 연습

1. 학생들에게 언제 어디가 아팠는지, 그때 약국에서 무슨 약을 샀는지 질문을 던진다.
2. 자신이 아파서 약을 샀던 경험에 대해 짝과 함께 말해 보도록 한다.
3. 학생들끼리 이야기한 것은 교사가 정리해 주며 같이 이야기한다.

   OO 씨는 어디가 아팠어요? 약국에서 무슨 약을 샀어요?

익힘책 35쪽을 풀게 하거나 과제로 제시한다.

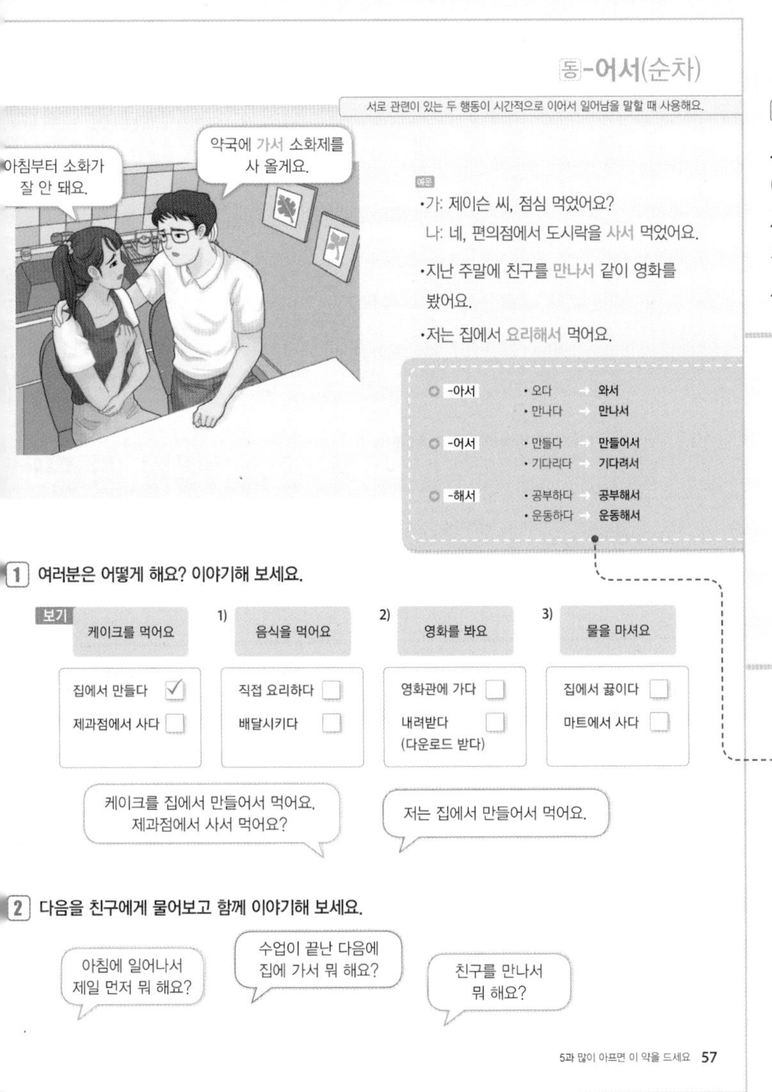

동-어서(순차)

서로 관련이 있는 두 행동이 시간적으로 이어서 일어남을 말할 때 사용해요.

예문

- 가: 제이슨 씨, 점심 먹었어요?
  나: 네, 편의점에서 도시락을 사서 먹었어요.
- 지난 주말에 친구를 만나서 같이 영화를 봤어요.
- 저는 집에서 요리해서 먹어요.

-아서	• 오다 → 와서 • 만나다 → 만나서
-어서	• 만들다 → 만들어서 • 기다리다 → 기다려서
-해서	• 공부하다 → 공부해서 • 운동하다 → 운동해서

1 여러분은 어떻게 해요? 이야기해 보세요.

보기 케이크를 먹어요 — 집에서 만들다 ☑ / 제과점에서 사다 ☐

1) 음식을 먹어요 — 직접 요리하다 ☐ / 배달시키다 ☐

2) 영화를 봐요 — 영화관에 가다 ☐ / 내려받다 (다운로드 받다) ☐

3) 물을 마셔요 — 집에서 끓이다 ☐ / 마트에서 사다 ☐

케이크를 집에서 만들어서 먹어요. 제과점에서 사서 먹어요?

저는 집에서 만들어서 먹어요.

2 다음을 친구에게 물어보고 함께 이야기해 보세요.

아침에 일어나서 제일 먼저 뭐 해요?

수업이 끝난 다음에 집에 가서 뭐 해요?

친구를 만나서 뭐 해요?

5과 많이 아프면 이 약을 드세요 57

동-어서

서로 관련 있는 두 행동을 시간 순서에 따라 연결해서 이야기할 때 사용한다. '-어서'는 '-어'로 줄여서 쓸 수 있다. 시간의 순서를 나타내는 '-고'와 비슷하지만 '-어서'는 앞과 뒤의 행위가 아주 밀접한 관계가 있을 때 쓰이고, '-고'는 시간의 선후 관계가 명확할 때 사용한다.

- 가: 어머! 휴대폰을 찾았어요?
  나: 네, 친구가 교실에서 찾아서 줬어요.
- 가: 어제 뭐 했어요?
  나: 마트에 가서 장을 봤어요.
- 지난 주말에 떡볶이를 만들어서 먹었어요.
- 친구를 만나서 영화관에 갔어요.

-아서 (ㅏ, ㅗ O)	받다 → 받아서 가다 → 가서 보다 → 봐서 *돕다 → 도와서
-어서 (ㅏ, ㅗ X)	먹다 → 먹어서 붙이다 → 붙여서 *쓰다 → 써서 *걷다 → 걸어서 *붓다 → 부어서
-해서 (하다)	요리하다 → 요리해서 전화하다 → 전화해서 검색하다 → 검색해서

문법 2 (동-어서)

1 도입, 제시

1. 도입 그림과 대화를 통해 문법이 사용되는 상황을 인지시킨다.

후엔 씨는 어디가 아파요? 민수 씨는 어디에 갈 거예요? 거기에서 무엇을 할 거예요?

2. 교재의 대표 예문을 보면서 문법의 의미를 설명한다.

후엔 씨는 아침부터 소화가 안 돼요. 그래서 민수 씨가 약국에 갈 거예요. 그리고 그 약국에서 소화제를 살 거예요. 민수 씨가 어떻게 말해요?. '약국에 가서 소화제를 사 올게요.' 먼저 약국에 가요. 그다음에 그 약국에서 소화제를 사요. 가는 곳도 약국이에요. 사는 곳도 약국이에요. 같은 것을 두 번 말할 필요가 없어요. 이처럼 서로 관련이 있는 두 행동을 바로 이어서 이야기할 때 '-어서'를 사용해요.

3. 학생들과 교재의 예문들을 읽으면서 문법의 의미를 설명하고 이해시킨다.

4. 문법의 형태 정보를 제시하고 설명한다.

5. 추가 예문을 제시하고 문법의 의미와 사용법을 정확하게 이해시킨다.

2 연습 1

1. 〈보기〉의 대화를 교사와 함께 완성해 본다.

2. 나머지 문제를 〈보기〉의 대화처럼 짝과 완성하도록 한다.

3. 연습한 것을 발표하게 하거나 교사가 전체 학생을 대상으로 답하게 하여 확인한다. 그리고 오류가 있으면 수정해 준다.

3 연습 2

1. 아침에 일어나서 무엇을 하는지, 수업이 끝난 다음에 집에 가서 무엇을 하는지, 친구와 만나서 뭐 하는지 묻고 대답하면서 '-어서'를 활용하여 자신의 이야기를 하도록 한다.

2. 친구와 대화한 것을 발표하게 하고 오류가 있으면 수정해 준다.

익힘책 37쪽을 풀게 하거나 과제로 제시한다. 익힘책은 연습 활동 난이도에 따라 교재 연습 문제 전후로 활용한다.

말하기와 듣기

1 2)

약사: 어떻게 오셨어요?
이링: 열이 나고 머리가 아파요.
약사: 언제부터 아팠어요?
이링: 오늘 아침부터 아팠어요.
약사: 그럼 이 약을 지금 드세요. 그래도 계속 아프면 병원에 가 보세요. 그리고 집에 가서 푹 쉬세요.

2

가: 어떻게 오셨어요?
나: 감기약을 사러 왔어요.(감기약을 사고 싶어요.)
가: 어디가 아프세요?
나: 기침도 나고 목도 아파요.
가: 언제부터 아팠어요?
나: 어제부터 아팠어요.

5-L.mp3

잠시드(남): 파스 좀 주세요.
약 사(여): 어디에 붙이실 거예요?
잠시드(남): 어깨하고 허리요. 어제 무거운 걸 들었어요.
약 사(여): 어떻게 아프세요? 팔 들 수 있어요?
잠시드(남): 네, 그런데 들면 좀 아파요.
약 사(여): 이거 붙여 보세요.

1 약국에서 약사와 이야기해요. 다음과 같이 이야기해 보세요.

약사: 어떻게 오셨어요?
이링: 배가 아프고 설사를 해요.
약사: 언제부터 아팠어요?
이링: 오늘 아침부터 아팠어요.
약사: 그럼 이 약을 지금 드세요. 그래도 계속 아프면 하루에 두 번, 아침과 저녁에 드세요. 그리고 죽을 끓여서 드세요.

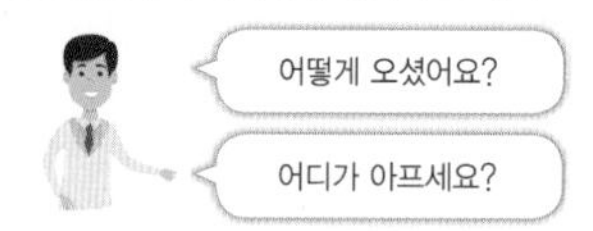

1) 배가 아프고 설사를 하다 | 하루에 두 번, 아침과 저녁에 먹다, 죽을 끓여서 먹다
2) 열이 나고 머리가 아프다 | 병원에 가 보다, 집에 가서 푹 쉬다

2 아파서 약국에 왔어요. 약국에서 약을 사 보세요.

잠시드 씨가 아파서 약국에 갔어요. 잘 듣고 답해 보세요.

1) 잠시드 씨는 어디가 아파요?
어깨하고 허리가 아파요.

2) 약국에서 어떤 약을 샀어요?

①  ②  ③  ④ 

58 사회통합프로그램(KIIP) 한국어와 한국문화 초급 2

약국에서 증상 말하기

1 대화문 연습

1. 약국에서 약을 사는 상황에 대해 이야기하며 교재의 그림을 이용해 어떤 상황인지 추측해 보도록 한다.
   - 여기는 어디예요?
     여자는 어디가 아파요?
     이 여자는 무슨 약이 필요해요?
2. 지시문을 이용하여 대화 상황을 학생들에게 명확하게 알려 준다.
3. 대화를 들려주고 간단한 질문을 하여 대화 내용을 이해했는지 확인한다.
   - 여자는 어디가 아파요?
     언제부터 아팠어요?
     약을 언제 먹어요?
4. 교사와 함께 대화문을 읽으면서 자연스럽게 말하는 연습을 한다. 두 번 정도 반복해서 연습한다.
5. 교체 어휘를 활용하여 짝과 함께 연습하게 한다.
6. 연습이 끝나면 한두 팀을 발표시키거나 교사가 전체 학생을 대상으로 확인한다.

2 확장 연습

1. 아플 때 약국에 와서 약을 사는 말하기를 한다고 알려 준다.
2. 짝과 같이 아픈 증상을 말하고 필요한 약을 사는 방법에 대해 이야기하게 한다. 대화를 할 때는 다음과 같은 내용을 포함하여 말하도록 지시한다.
   - 약사와 환자가 되어 어디가 어떻게 아픈지 증상을 이야기 하세요. 그리고 무슨 약이 필요한지, 약을 어떻게 먹는지에 대해서도 이야기해 보세요.
3. 이야기가 끝나면 한두 팀을 발표시키거나 교사가 전체 학생을 대상으로 확인하고 오류를 수정해 준다.

약국에서 하는 대화 듣기

1. 지시문을 이용하여 등장인물과 대화 상황을 설명한다.
2. 문제를 읽고 들어야 하는 정보를 파악하게 한다.
3. 듣기 파일을 두 번 듣고 문제를 풀게 한다.
4. 교재 질문의 답을 확인한 후 해당 대화를 같이 읽으며 내용을 확인한다. 필요한 경우 새로운 어휘, 표현을 설명한다.

1 다음 글을 읽고 질문에 답해 보세요.

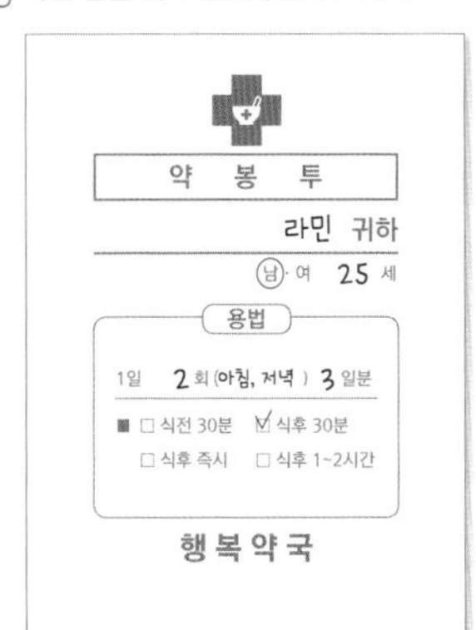

1) 약 봉투의 내용과 같으면 ○, 다르면 X 하세요.
  ❶ 이 약은 하루에 세 번 먹어요. (X)
  ❷ 이 약은 점심에 먹지 않아요. (○)
  ❸ 라민 씨는 스물다섯 살이에요. (○)

2) 이 약은 며칠 동안 먹어요?
  3일 동안 먹어요.

3) 이 약은 언제 먹어요?
  식후 30분에 먹어요.

2 아픈 사람이 인터넷에 질문을 했어요. 어떻게 하면 좋을까요? 댓글을 써 보세요.

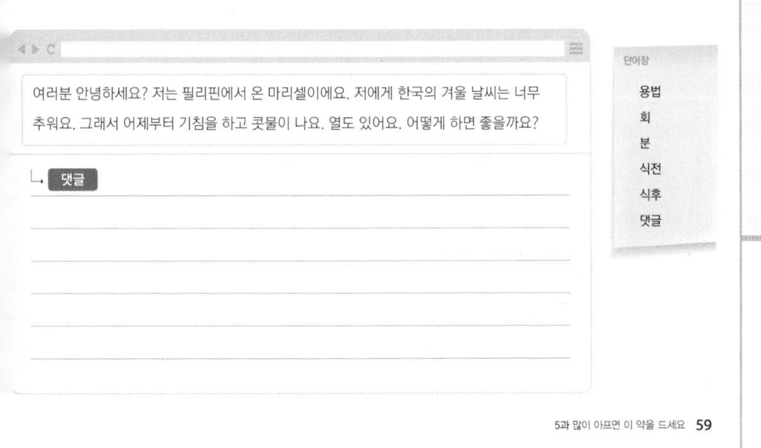

5과 많이 아프면 이 약을 드세요 59

- **봉투:** 약을 샀어요. 약을 봉투에 담아서 줘요.
- **용법:** 약을 어떻게 먹어요? 하루에 몇 번, 언제 먹어요? 용법은 약을 먹는 방법이에요. 약을 먹을 때는 용법을 잘 보세요.
  발음 용법[용뻡]
- **식전:** 식사하기 전에 먼저 약을 먹어요. 30분 후에 밥을 먹어요. 식전 30분에 약을 먹어요.
  발음 식전[식쩐]
- **식후:** 식사가 끝난 후에 약을 먹어요. 식사한 다음 30분 후에 약을 먹어요. 식후 30분에 먹어요.
  발음 식후[시쿠]

약 봉투 읽기

1. 그림을 보며 글의 내용을 유추하게 한다.
  이 봉투는 뭐예요? 어디에서 받아요? 여기에 무엇이 써 있어요?

2. 글을 훑어 읽게 한 후 주제, 중심 내용 등을 간단히 말해 보도록 한다.
  누가 아파요? 이 약은 하루에 몇 번 먹어요? 언제 먹어요? 며칠 동안 먹어요?

3. 글을 다시 읽으면서 문제를 풀게 한다.

4. 답을 같이 확인한 후, 본문을 다시 읽으며 모르는 어휘가 없는지 확인한다. 필요한 경우 새로운 어휘, 표현을 설명한다.

증상에 대한 질문 글에 댓글 쓰기

1. 어떤 글을 쓸지 알려 주고 글에 들어갈 내용을 생각해 보게 한다.
  아픈 사람이 인터넷에 질문을 했어요. 오늘은 그 사람의 질문에 좋은 방법을 알려 주는 댓글을 쓸 거예요.
  아픈 사람에게 좋은 방법을 알려 줄 때 필요한 내용은 무엇인가요?

2. 교재 질문에 대해 자신이 쓸 내용을 간단하게 메모하도록 한다. 교사는 학생들이 쓴 메모에 오류가 없는지 확인해 준다.

메모 날씨가 추우면 어디가 자주 아파요?
감기에 걸렸어요. 증상이 어때요?
어떻게 하면 감기가 빨리 나을 수 있어요?
무슨 약을 먹는 게 좋아요?
그 방법을 언제 해 봤어요?

3. 메모한 내용을 바탕으로 글로 완성하게 한다.

문화와 정보

• 편의점이나 휴게소에서 간단한 비상약을 살 수 있어요.
밤 시간이나 휴일에 갑자기 몸이 아프면 어떻게 해요? 약국이 문을 닫아서 약을 살 수 없어요. 하지만 약국이 문을 닫은 후에도 가까운 편의점에서 간단한 비상약을 살 수 있어요. 편의점에서는 감기약, 소화제, 해열제, 진통제, 파스 등을 팔아요. 또 고속 도로 휴게소에서도 비상약을 살 수 있으니까 갑자기 아플 때 편리하게 이용할 수 있어요.

휴일지킴이 약국

한국에서는 편의점에서도 해열제, 진통제, 소화제, 감기약, 파스를 살 수 있습니다. 하지만 대부분의 약들은 약국에서 삽니다. 휴일에 약이 필요하면 어떻게 할까요? 그러면 휴일지킴이 약국을 찾아보세요. 휴일지킴이 약국은 휴일에도 문을 엽니다. 휴일지킴이 약국 홈페이지에 접속하면 휴일지킴이 약국을 찾을 수 있습니다. 그리고 필요한 약 정보도 확인할 수 있습니다.

1) 약을 어디에서 살 수 있어요?
2) 휴일지킴이 약국은 어떤 약국이에요?
3) 여러분 고향에서는 어디에서 약을 살 수 있어요?

휴일지킴이 약국

1. 이 단원의 문화와 정보가 무엇에 대한 것인지 알려 준다.

한국에서 약을 사 봤지요? 휴일에는 어디에서 약을 살 수 있어요?
오늘은 '휴일지킴이 약국'에 대해 알아봅시다.

2. 교재의 그림(사진)을 보면서 주제에 대해 알고 있는 것을 상기시키고 말해 보게 한다. 이때 관련 시각 자료를 추가로 활용할 수 있다.

여러분은 보통 어디에서 약을 사요?
휴일에 갑자기 약이 필요하면 어떻게 해요?
휴일에 약국을 어떻게 찾을 수 있어요?

3. 교재를 같이 읽으면서 내용을 설명한다. 이때 중요한 정보가 있는 부분에 밑줄을 긋거나 표시하게 하는 것도 좋다.

4. 질문 1, 2의 답을 찾아보고 답하게 한다.

약을 어디에서 살 수 있어요?
휴일지킴이 약국은 어떤 약국이에요?

5. 3번 질문을 이용하여 학습자 자신의 경험을 말해 보도록 한다.

여러분 고향에서는 어디에서 약을 살 수 있어요?

단원 마무리

발음

5-P.mp3

1. 다음을 듣고 따라 읽으세요.
   1) 놓지[노치]
   2) 어떻게[어떠케]
   3) 좋지요[조치요]

2. 다음을 듣고 연습해 보세요.
   1) 가: 여기에 물건을 놓지 마세요.
      나: 네. 알겠습니다.
   2) 가: 어떻게 오셨어요?
      나: 머리가 아파요.
   3) 가: 같이 밥을 먹을까요?
      나: 좋지요.

배운 어휘 확인

☐ 열이 나다	☐ 소화제
☐ 콧물이 나다	☐ 파스
☐ 머리가 아프다	☐ 밴드
☐ 기침을 하다	☐ 붙이다
☐ 이가 아프다	☐ 소독약
☐ 목이 붓다	☐ 연고
☐ 배가 아프다	☐ 바르다
☐ 설사를 하다	☐ 용법
☐ 부러지다	☐ 회
☐ 다치다	☐ 분
☐ 해열제	☐ 식전
☐ 두통약	☐ 식후
☐ 감기약	☐ 댓글

- **격음화**
  - 앞 음절의 받침 'ㅎ' 뒤에 'ㄱ, ㄷ, ㅈ'가 올 경우 격음 [ㅋ, ㅌ, ㅊ]로 발음된다.

- 이 단원에서 배운 어휘 중 기억나는 것을 말해 보세요.
- 이 단원에서 배운 문법은 뭐예요?
- 한국에서 아픈 적이 있어요?
- 약국에서 필요한 약을 살 수 있어요?
- 휴일지킴이 약국에 대해 알고 있어요?

발음 10분

1. 교재 1번 발음을 들려주고 '놓지', '어떻게', '좋지요'의 발음이 어떻게 들리는지 학습자 스스로 확인해 보도록 한다.

2. 받침 'ㅎ' 다음에 오는 '지'가 '치', '게'가 '케'로 발음된다는 것을 알려 준다.

주의 'ㅎ' 앞뒤에 'ㄱ, ㄷ, ㅂ, ㅈ'가 올 경우 격음으로 발음되는 규칙에 대해 간단히 설명할 수 있다. 한편 이런 발음의 순서가 서로 뒤바뀌어도 같은 현상이 나타난다는 것을 알고 있는 게 좋다.

3. 교재 1번 발음을 다시 듣고 교사를 따라 말해 본다.

4. 교재 2번 대화를 듣고 따라 말해 본다.

5. 짝과 함께 대화를 읽으며 연습하게 한 후에 확인한다.

마무리 10분

1. 단원에서 학습한 어휘 중 기억하는 것을 먼저 말해 보게 한다.

2. 배운 어휘 목록의 어휘들을 읽으면서 의미를 상기시킨다.

3. 단원에서 학습한 문법(동형-으면, 동-어서(순차))을 상기시키며 의미와 사용법을 기억하는지 확인한다.

4. 단원의 목표와 성취도를 확인한다.

5. 익힘책을 과제로 제시하고 마무리한다.

6

맛있는 음식을 먹을 때 행복해요

1	2	3	4
주제	어휘와 문법	활동	문화와 정보
기분과 감정	기분, 감정 관련 어휘 동형-겠- 동형-을 때	기분에 대해 말하기 친구나 가족에게 이메일 쓰기	이모티콘

수업 목표 및 내용

- **주제:** 기분과 감정
- **어휘와 문법**
  - 어휘: 기분, 감정 관련 어휘를 익힌다.
  - 문법: '동형-겠-', '동형-을 때'의 의미와 형태를 익혀 사용할 수 있다.
- **활동**
  - 말하기: 친구의 얼굴을 보고 기분을 묻는 대화를 할 수 있다.
  - 듣기: 기분과 감정에 관한 대화를 듣고 이해할 수 있다.
  - 읽기: 한국 생활에 대한 이메일을 읽고 이해할 수 있다.
  - 쓰기: 친구나 가족에게 한국 생활을 소개하는 글을 쓸 수 있다.
- **문화와 정보:** 이모티콘

수업 전개

도입 / 어휘와 문법 1 (1차시)
- 좋은 기분과 감정
- 동형-겠-

익힘책 pp. 40-43

어휘와 문법 2 (2차시)
- 좋지 않은 기분과 감정
- 동형-을 때

익힘책 pp. 40-43

단원 도입

- 이 사람들은 기분이 어때요?
- 여러분은 언제 기분이 좋아요?
  언제 기분이 안 좋아요?

도입

1. 교재 그림을 이용하여 학생들과 이야기하며 이 과의 주제를 노출한다.

그림❶ 가족이 같이 식사를 해요. 이 가족 기분이 어때 보여요? 음식 맛이 어떤 것 같아요? 여러분은 맛있는 음식을 먹으면 기분이 어때요?

그림❷ 이 사람들은 무엇을 받았어요? 장학금을 받으면 기분이 어때요? 여러분은 언제 기분이 좋아요?

그림❸ 이 여자는 얼굴이 어때 보여요? 왜 그런 것 같아요? 여러분은 언제 기분이 안 좋아요?

2. 대화 내용을 정리하며 이 단원에서는 '기분, 감정' 등에 대해 공부한다는 것을 알려 준다.

이 단원을 지도할 때는…

이 단원과 관계있는 단원들은 아래와 같습니다. 관련 단원의 학습 내용을 확인하셔서 지도에 참고하시면 좋을 것 같습니다.
학습자들은 일반적으로 감정이나 기분을 표현할 때 '기분이 좋다, 기분이 나쁘다'와 같은 표현을 빈번하게 사용하는데 그런 표현보다는 더 다양한 어휘로 감정을 세분화하여 표현할 수 있도록 지도하는 것이 바람직합니다.

말하기와 듣기 3차시	읽기와 쓰기 4차시	문화와 정보 / 발음 / 마무리 5차시
·좋지 않은 기분과 감정에 대해 말하기 ·좋은 기분과 감정에 대한 대화 듣기 익힘책 p. 44	·한국 생할 이메일 읽기 ·한국 생활 이메일 쓰기 익힘책 p. 45	·이모티콘

어휘와 문법 1

- **기분이 좋다:** 시험을 잘 봤어요. 선생님께서 칭찬해 주셨어요. 친구들에게 꽃 선물도 받았어요. 기분이 어때요? 기분이 좋아요.
  발음 좋아요[조아요]
- **신나다:** 내일 아이가 소풍을 갈 거예요. 그래서 밤에 잠도 안 자요. 아이 기분이 어때요? 신나요. 오랜만에 고향에 가려고 가족들 선물까지 다 준비했어요. 내일 비행기를 탈 거예요. 신나요.
- **기쁘다:** 우리 아이가 학교에서 처음 상을 받았어요. 아이가 너무 좋아해요. 저도 기뻐요.

- **행복하다:** 아기를 낳았어요. 엄마가 되어서 아기를 안고 있어요. 아기가 너무 예뻐서 눈물이 날 것 같아요. 아기를 보고 있으면 행복해요.
  발음 행복해요[행보캐요]
- **반갑다:** 처음 만나서 인사해요. 만나서 반갑습니다. 오랜만에 고향 친구를 만나서 반가워요.
- **즐겁다:** 친구와 같이 놀이공원에 가서 재미있게 놀아요. 맛있는 음식도 먹고 이야기도 하고 기분이 좋아요. 즐거워요. 오늘은 즐겁게 보냈어요.

Q 지금 기분이 어때요?

상을 받았어요. 그래서 기뻐요.

기분이 좋다

Q 여러분은 무엇을 하면 기분이 좋아요?

64 사회통합프로그램(KIIP) 한국어와 한국문화 초급 2

어휘 1 (좋은 기분과 감정)

1 도입, 제시

1. 기분과 감정을 표현하는 단어로 어떤 것을 알고 있는지 물으며 오늘의 어휘는 좋은 기분과 좋은 감정을 말할 때 사용하는 표현임을 알려 준다.
   여러분은 무엇을 하면 기분이 좋아요? 언제 기분이 좋아요? 오늘은 기분과 감정을 공부해요.
2. 교사를 따라 어휘를 소리 내어 한 번 읽는다. 이때 발음에 주의하게 한다.
3. 어휘의 의미를 설명한다. 어휘가 사용된 문장을 예로 제시하거나 의미를 풀어서 설명해 준다. 상황에 따라 유의어나 반의어 등을 추가로 설명할 수 있다.
4. 배운 어휘를 소리 내어 읽도록 한다. 이때 '-아/어요' 형태로 단어를 읽는 등 변화를 줄 수 있다.

2 연습

1. 무엇을 하면 기분이 좋은지, 언제 기분이 좋은지 기분이 좋았을 때의 경험을 이야기해 본다.
2. 무엇을 하면 기분이 좋은지 짝과 대화하도록 한다.
3. 학생들끼리 이야기한 것은 교사가 정리해 주며 같이 이야기한다.
   여러분은 무엇을 하면 기분이 좋아요?
   그때 기분이 어때요?
4. 다양한 상황에서의 기분과 감정에 대해 이야기하는 활동으로 확장할 수 있다.

익힘책 40쪽을 풀게 하거나 과제로 제시한다.

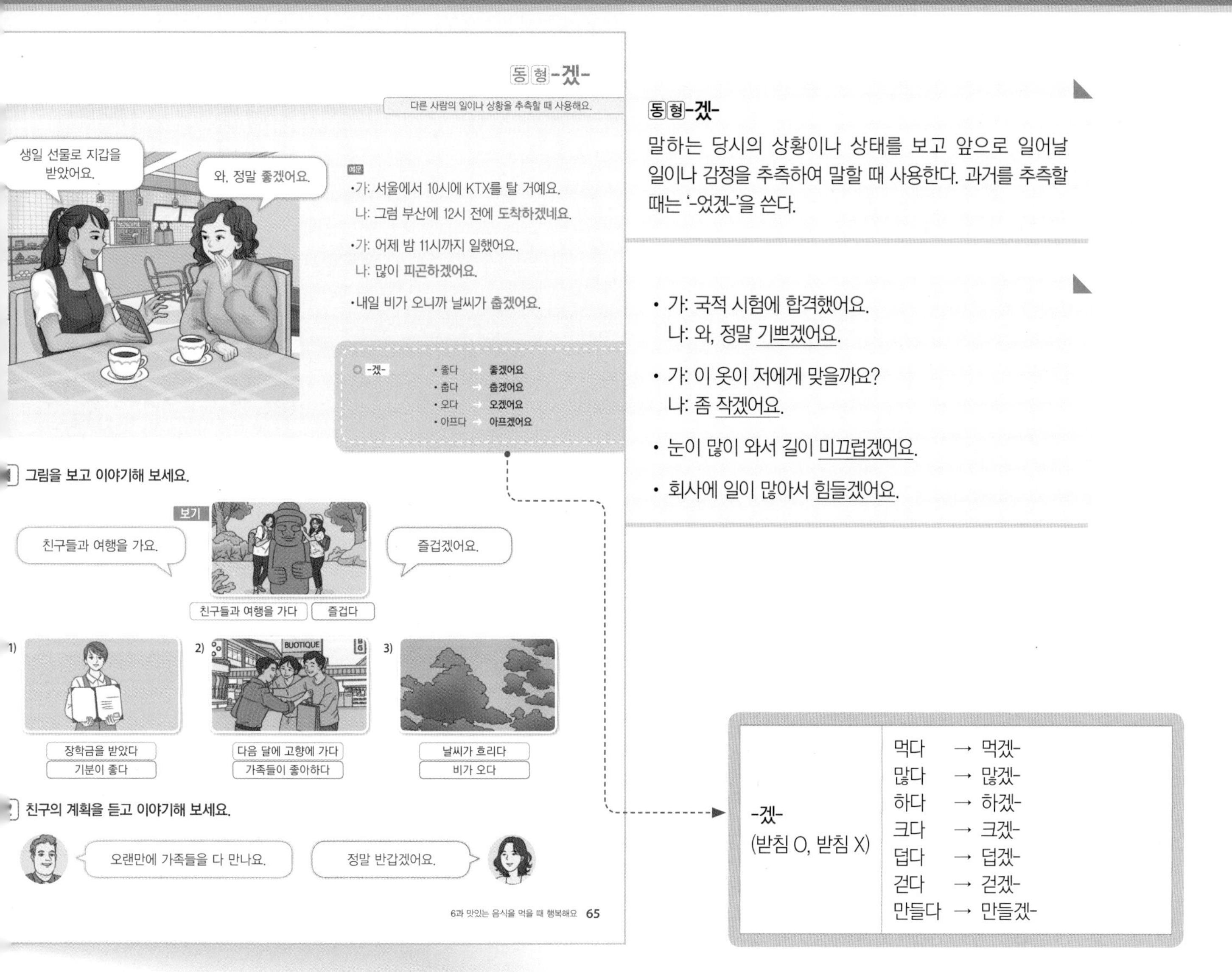

동형-겠-

다른 사람의 일이나 상황을 추측할 때 사용해요.

예문

- 가: 서울에서 10시에 KTX를 탈 거예요.
  나: 그럼 부산에 12시 전에 도착하겠네요.
- 가: 어제 밤 11시까지 일했어요.
  나: 많이 피곤하겠어요.
- 내일 비가 오니까 날씨가 춥겠어요.

-겠-
- 좋다 → 좋겠어요
- 춥다 → 춥겠어요
- 오다 → 오겠어요
- 아프다 → 아프겠어요

1 그림을 보고 이야기해 보세요.

보기

친구들과 여행을 가요. / 즐겁겠어요.

친구들과 여행을 가다 / 즐겁다

1) 장학금을 받았다 / 기분이 좋다

2) 다음 달에 고향에 가다 / 가족들이 좋아하다

3) 날씨가 흐리다 / 비가 오다

2 친구의 계획을 듣고 이야기해 보세요.

오랜만에 가족들을 다 만나요. / 정말 반갑겠어요.

6과 맛있는 음식을 먹을 때 행복해요 65

동형-겠-

말하는 당시의 상황이나 상태를 보고 앞으로 일어날 일이나 감정을 추측하여 말할 때 사용한다. 과거를 추측할 때는 '-었겠-'을 쓴다.

- 가: 국적 시험에 합격했어요.
  나: 와, 정말 기쁘겠어요.
- 가: 이 옷이 저에게 맞을까요?
  나: 좀 작겠어요.
- 눈이 많이 와서 길이 미끄럽겠어요.
- 회사에 일이 많아서 힘들겠어요.

-겠- (받침 O, 받침 X)	먹다 → 먹겠- 많다 → 많겠- 하다 → 하겠- 크다 → 크겠- 덥다 → 덥겠- 걷다 → 걷겠- 만들다 → 만들겠-

문법 1 (동형-겠-)

1 도입, 제시

1. 도입 그림과 대화를 통해 문법이 사용되는 상황을 인지시킨다.

> 두 사람이 커피를 마시며 이야기하고 있어요. 후엔 씨가 지갑을 보여 주네요. 후엔 씨는 기분이 어떤 것 같아요?

2. 교재의 대표 예문을 보면서 문법의 의미를 설명한다.

> 후엔씨가 새 지갑을 보여 줘요. 그 지갑을 생일 선물로 받았어요. 우리는 후엔 씨의 기분을 조금 알 수 있어요. 그래서 말해요. '와, 정말 좋겠어요.' 이렇게 내가 직접 한 것은 아니지만 그 사람의 기분을 추측해서 말할 때 '-겠-'을 사용해요.

3. 학생들과 교재의 예문들을 읽으면서 문법의 의미를 설명하고 이해시킨다.

4. 문법의 형태 정보를 제시하고 설명한다.

5. 추가 예문을 제시하고 문법의 의미와 사용법을 정확하게 이해시킨다.

2 연습 1

1. <보기>의 대화를 교사와 함께 완성해 본다.

2. 나머지 문제를 <보기>의 대화처럼 짝과 완성하도록 한다.

3. 연습한 것을 발표하게 하거나 교사가 전체 학생을 대상으로 답하게 하여 확인한다. 그리고 오류가 있으면 수정해 준다.

3 연습 2

1. '장학금을 받았을 때', '다음 달에 고향에 갈 때', '날씨가 흐릴 때'의 상황이나 상태를 보고 기분이나 감정을 추측하여 이야기해 보도록 한다.

2. 친구와 대화한 것을 발표하게 하고 오류가 있으면 수정해 준다.

익힘책 42쪽을 풀게 하거나 과제로 제시한다. 익힘책은 연습 활동 난이도에 따라 교재 연습 문제 전후로 활용한다.

어휘와 문법 2

- **기분이 안 좋다:** 시험을 못 봤어요. 친구와 싸웠어요. 기분이 어때요? 기분이 안 좋아요.
- **슬프다:** 강아지가 죽어서 울고 싶어요. 너무 슬퍼요. 할머니께서 돌아가셔서 슬퍼요.
- **외롭다:** 한국에 혼자 살아요. 고향에 있는 가족이 보고 싶어요. 친구도 없고 혼자 있어서 외로워요. 외로울 때 가족사진을 봐요.
- **화나다:** 친구가 약속 시간에 늦어요. 오랫동안 기다려도 안 와요. 친구가 전화도 안 받아서 화가 나요.

- **걱정되다:** 남편이 아파서 병원에서 검사를 받았어요. 내일 검사 결과를 알 수 있어요. 안 좋은 생각이 들어요. 걱정돼요.
- **짜증나다:** 빨리 가야 해요. 그런데 날씨도 덥고 길도 많이 막혀서 갈 수 없어요. 짜증나요. 날씨도 더운데 버스 안에 사람들도 많고 시끄러워서 짜증나요.
- **답답하다:** 한국말로 이야기하고 싶어요. 그런데 한국말을 잘 못해서 답답해요. 한국 사람도 제 말을 잘 못 알아들어서 답답해요.

  발음 답답해요[답따패요]

어휘 2 (좋지 않은 기분과 감정)

1 도입, 제시

1. 무엇을 하면 기분이 안 좋은지 물으며 오늘 배우는 단어는 기분이 안 좋을 때의 감정을 표현하는 어휘임을 알려 준다.

   여러분은 무엇을 하면 기분이 안 좋아요? 언제 기분이 안 좋아요? 오늘은 기분이 좋지 않을 때의 감정을 한국어로 표현하는 방법에 대해 공부해요.

2. 교사를 따라 어휘를 소리 내어 한 번 읽는다. 이때 발음에 주의하게 한다.
3. 어휘의 의미를 설명한다. 어휘가 사용된 문장을 예로 제시하거나 의미를 풀어서 설명해 준다. 상황에 따라 유의어나 반의어 등을 추가로 설명할 수 있다.
4. 배운 어휘를 소리 내어 읽도록 한다.

2 연습

1. 학생들에게 무엇을 하면 기분이 안 좋은지 언제 안 좋은 감정이 드는지 질문을 던진다.
2. 짝과 함께 자신의 좋지 않은 기분과 감정에 대해 말해 보도록 한다.
3. 학생들끼리 이야기한 것은 교사가 정리해 주며 같이 이야기한다.

   OO 씨는 무엇을 하면 기분이 안 좋아요? 언제 그런 감정이 들어요?

익힘책 41쪽을 풀게 하거나 과제로 제시한다.

동형-을 때

어떤 행위나 상황이 일어난 순간이나 동안을 나타내요.

예문

• 가: 언제 부모님이 많이 생각나요?
  나: 아플 때 부모님이 생각나요.

• 윗사람과 식사할 때 숟가락을 먼저 들지 마세요.

• 숙제가 많아서 힘들 때 한국 친구가 도와줘요.

-을 때	• 먹다 → 먹을 때 • 많다 → 많을 때
-ㄹ 때	• 가다 → 갈 때 ★힘들다 → 힘들 때

Tip 과거의 시간을 나타낼 때는 '-었을 때'를 사용한다.

1 그림을 보고 이야기해 보세요.

2 여러분의 기분을 친구와 이야기해 보세요.

6과 맛있는 음식을 먹을 때 행복해요 67

동형-을 때

어떤 행위나 상황이 일어나는 동안이나 시간을 나타낼 때 사용한다. 과거의 시간을 나타낼 때는 '-었을 때'를 쓴다. 일부 시간을 나타내는 명사 뒤에 '때'를 써서 '방학 때, 시험 때, 초등학교 때, 장마 때'와 같이 쓴다. 그러나 '아침, 점심, 저녁, 오전, 오후, 요일, 주, 주말' 등은 어휘 의미 안에 이미 시간의 의미가 있기 때문에 명사 '때'와는 같이 쓰지 않는다.

• 가: 주말에 시간 있을 때 뭐 해요?
  나: 주로 집안일을 해요.

• 가: 기분이 좋을 때 어떻게 해요?
  나: 춤도 추고 노래도 불러요.

• 시험 볼 때 옆 사람과 이야기하지 마세요.

• 방학 때 고향에 갈 거예요.

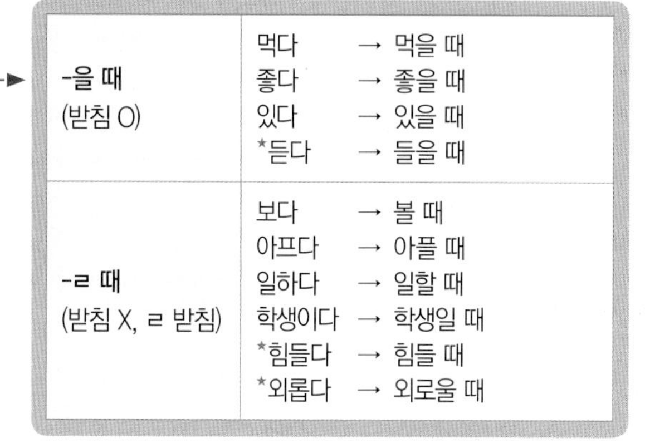

-을 때 (받침 O)	먹다 → 먹을 때 좋다 → 좋을 때 있다 → 있을 때 *듣다 → 들을 때
-ㄹ 때 (받침 X, ㄹ 받침)	보다 → 볼 때 아프다 → 아플 때 일하다 → 일할 때 학생이다 → 학생일 때 *힘들다 → 힘들 때 *외롭다 → 외로울 때

문법 2 (동형-을 때)

1 도입, 제시

1. 도입 그림과 대화를 통해 문법이 사용되는 상황을 인지시킨다.

   🎙 두 사람이 교실에서 이야기하고 있어요. 여자의 기분이 어떤 것 같아요? 여자는 언제 기분이 좋은 것 같아요?

2. 교재의 대표 예문을 보면서 문법의 의미를 설명한다.

   🎙 고천 씨에게 질문해요. '고천 씨는 언제 행복해요?' 옆에 그림을 보세요. 가족들과 웃으면서 식사하고 있어요. 그럼 '가족들과 맛있는 음식을 먹을 때 행복해요.'라고 말해요. '음식을 먹을 때'처럼 어떤 일이 일어나는 시간을 말할 때 '-을 때'를 사용해요.

3. 학생들과 교재의 예문들을 읽으면서 문법의 의미를 설명하고 이해시킨다.

4. 문법의 형태 정보를 제시하고 설명한다.

5. 추가 예문을 제시하고 문법의 의미와 사용법을 정확하게 이해시킨다.

2 연습 1

1. 〈보기〉의 대화를 교사와 함께 완성해 본다.

2. 나머지 문제를 〈보기〉의 대화처럼 짝과 완성하도록 한다.

3. 연습한 것을 발표하게 하거나 교사가 전체 학생을 대상으로 답하게 하여 확인한다. 그리고 오류가 있으면 수정해 준다.

3 연습 2

1. 언제 기분이 좋은지, 언제 기분이 안 좋은지, 친구와 묻고 대답하면서 '-을 때'를 활용하여 자신의 감정과 상황에 대해 이야기를 하도록 한다.

2. 친구와 대화한 것을 발표하게 하고 오류가 있으면 수정해 준다.

익힘책 43쪽을 풀게 하거나 과제로 제시한다. 익힘책은 연습 활동 난이도에 따라 교재 연습 문제 전후로 활용한다.

말하기와 듣기

[1] 2)

아나이스: 안젤라 씨, 무슨 일 있어요? 얼굴이 안 좋네요.
안 젤 라: 제일 친한 친구가 고향으로 돌아갔어요.
아나이스: 정말요? 많이 외롭겠어요.
안 젤 라: 네, 이런 일이 있을 땐 정말 슬퍼요.
빨리 고향에 가서 친구를 만나고 싶어요.

[2]

가: 얼굴이 안 좋아 보여요. 무슨 일 있어요?
나: 지갑을 잃어버렸어요. 그래서 짜증나고 속상해요.
가: 정말요? 많이 속상하겠어요.
나: 네, 지갑 안에 카드와 외국인 등록증이 있어요. 그런데 모두 잃어버려서 걱정돼요. 빨리 지갑을 찾았으면 좋겠어요.

고 천(여): 선생님, 저 다음 주 수업에 못 와요.
선생님(여): 왜요? 무슨 일 있어요?
고 천(여): 다음 주에 새 아파트로 이사를 가요. 이제 저희 집이 생겼어요.
선생님(여): 와, 축하해요. 고천 씨! 정말 좋겠어요.
고 천(여): 네, 너무 기뻐요. 돈을 모을 때는 진짜 힘들었어요. 하지만 요즘은 너무 좋아서 잠이 안 와요.
선생님(여): 정말 고생했어요. 이사 잘하세요!

[1] 친구에게 안 좋은 일이 생겼어요. 다음과 같이 이야기해 보세요.

아나이스: 안젤라 씨, 무슨 일 있어요? 얼굴이 안 좋네요.
안 젤 라: 아버지께서 몸이 안 좋으셔서 병원에 계세요.
아나이스: 정말요? 많이 걱정되겠어요.
안 젤 라: 네, 이런 일이 있을 땐 정말 슬퍼요.
빨리 고향에 가서 아버지를 보고 싶어요.

1) 아버지께서 몸이 안 좋으셔서 병원에 계시다 | 걱정되다 | 아버지를 보다
2) 제일 친한 친구가 고향으로 돌아갔다 | 외롭다 | 친구를 만나다

[2] 친구의 얼굴을 보고 서로 기분을 이야기해 보세요.

얼굴이 안 좋아요.
무슨 일 있어요?

지갑을 잃어버렸어요.
그래서 짜증나요.

고천 씨와 선생님이 이야기해요. 잘 듣고 답해 보세요.

1) 고천 씨는 다음 주 수업에 왜 못 와요?
새 아파트로 이사를 가요.

2) 고천 씨는 요즘 기분이 어때요?
너무 기뻐요.

68 사회통합프로그램(KIIP) 한국어와 한국문화 초급 2

1 대화문 연습

1. 기분이 좋지 않을 때의 감정에 대해 이야기하며 교재의 그림을 이용해 어떤 상황인지 추측해 보도록 한다.
   - 이 여자의 얼굴이 어때 보여요?
     무슨 일이 생긴 것 같아요?
     이 사람은 기분이 어떨까요?
2. 지시문을 이용하여 대화 상황을 학생들에게 명확하게 알려 준다.
3. 대화를 들려주고 간단한 질문을 하여 대화 내용을 이해했는지 확인한다.
   - 이 여자에게 무슨 일이 있어요?
     남자는 여자의 기분을 어떻게 추측했어요?
     여자는 이런 일이 있을 때 기분이 어때요?
4. 교사와 함께 대화문을 읽으면서 자연스럽게 말하는 연습을 한다. 두 번 정도 반복해서 연습한다.
5. 교체 어휘를 활용하여 짝과 함께 연습하게 한다.
6. 연습이 끝나면 한두 팀을 발표시키거나 교사가 전체 학생을 대상으로 확인한다.

2 확장 연습

1. 친구의 얼굴을 보고 서로의 기분에 대해서 말하기를 한다고 알려 준다.
2. 친구의 얼굴을 보고 서로 기분이 어떤지 이야기하게 한다. 대화를 할 때는 다음과 같은 내용을 포함하여 말하도록 지시한다.
   - 지금 친구의 얼굴이 왜 그런지 묻고 왜 그런 기분인지 이유를 물어보세요. 그리고 이야기를 들은 후 그 사람의 기분이나 감정이 어떨 것 같은지도 추측해서 이야기해 보세요.
3. 이야기가 끝나면 한두 팀을 발표시키거나 교사가 전체 학생을 대상으로 확인하고 오류를 수정해 준다.

좋은 기분과 감정에 대한 대화 듣기

1. 지시문을 이용하여 등장인물과 대화 상황을 설명한다.
2. 문제를 읽고 들어야 하는 정보를 파악하게 한다.
3. 듣기 파일을 두 번 듣고 문제를 풀게 한다.
4. 교재 질문의 답을 확인한 후 해당 대화를 같이 읽으며 내용을 확인한다. 필요한 경우 새로운 어휘, 표현을 설명한다.

읽기와 쓰기

1 다음 글을 읽고 질문에 답해 보세요.

받는 사람 나시르(nasir3792@tmail.com)
보낸 사람 잠시드(jamshid@tmail.com)
제목 한국 생활이 정말 즐거워요

나시르 씨,
안녕하세요?
요즘 어떻게 지내요?
저는 아주 잘 지내요. 작년에 처음 한국에 왔을 때는 정말 힘들고 외로웠어요.
그리고 한국 사람의 이야기를 이해하지 못해서 답답했어요.
하지만 지금은 좋은 친구도 많이 사귀고 한국말도 잘해요.
그래서 요즘은 한국 생활이 정말 즐거워요.
다음 달에는 친구들과 제주도로 여행을 갈 거예요. 정말 재미있겠지요?
다음에 나시르 씨하고도 함께 여행하고 싶어요. 우리 꼭 같이 가요.
그럼 다음에 또 연락할게요.

잠시드 드림

1) 잠시드 씨는 처음 한국에 왔을 때 어땠어요? 정말 힘들고 외로웠어요.
2) 잠시드 씨는 요즘 생활이 어때요? 정말 즐거워요.
3) 잠시드 씨는 다음 달에 무엇을 할 거예요? 친구들과 제주도로 여행을 갈 거예요.

2 여러분도 친구나 가족에게 한국 생활에 대해 이메일을 써 보세요.

받는 사람
보낸 사람
제목

- **작년:** 저는 한국에서 1년 살았어요. 1년 전에 한국에 왔어요. 1년 전이 작년이에요. 저는 작년에 한국에 왔어요. 작년에는 한국어를 잘 못했는데 올해는 작년보다 잘 할 수 있어요.
  발음 작년[장년]
- **이해하다:** 모르는 단어를 선생님이 천천히 잘 설명해 주셨어요. 그래서 무슨 뜻인지 이제 알아요. 이해할 수 있어요. 단어가 너무 어려워서 잘 몰라요. 이해하지 못해요.
- **꼭:** 빠지면 안 돼요. 빠짐없이 해야 되는 것을 강조할 때 사용해요. 이 약을 아침, 저녁에 꼭 드세요.
  중요한 모임이에요. 꼭 나오세요.

한국 생활 이메일 읽기

1. 그림을 보며 글의 내용을 유추하게 한다.

누가 메일을 썼어요?
누구한테 썼어요?
무엇에 대해서 썼어요?

2. 글을 훑어 읽게 한 후 주제, 중심 내용 등을 간단히 말해 보도록 한다.

잠시드 씨가 처음 한국에 왔을 때 어땠어요?
요즘 한국 생활은 어때요?
다음 달에 무슨 계획이 있어요?

3. 글을 다시 읽으면서 문제를 풀게 한다.

4. 답을 같이 확인한 후, 본문을 다시 읽으며 모르는 어휘가 없는지 확인한다. 필요한 경우 새로운 어휘, 표현을 설명한다.

한국 생활 이메일 쓰기

1. 어떤 글을 쓸지 알려 주고 글에 들어갈 내용을 생각해 보게 한다.

오늘은 친구나 가족에게 한국 생활에 대한 글을 쓸 거예요.
한국 생활을 알려 줄 때 필요한 내용은 뭐예요?
어떤 내용을 쓰면 가족들이 걱정을 안 할까요?
여러분은 언제 기분이 좋았어요?

2. 교재 질문에 대해 자신이 쓸 내용을 간단하게 메모하도록 한다. 교사는 학생들이 쓴 메모에 오류가 없는지 확인해 준다.

3. 메모한 내용을 바탕으로 글로 완성하게 한다.

문화와 정보

이모티콘

여러분은 문자를 보낼 때 어떻게 합니까? 요즘 사람들은 문자를 보낼 때 글자와 이모티콘(그림말)을 함께 보냅니다. 이렇게 하면 기분이나 감정을 잘 전할 수 있고 재미도 있습니다.

이모티콘은 나라마다 조금씩 다릅니다. 한국에서는 다음과 같이 사용합니다.

웃을 때	ㅋㅋ, ㅎㅎ, ^^
슬플 때	ㅠㅠ, ㅜㅜ
화났을 때	――
고마울 때	ㄱㅅ
'응'이라고 말할 때	ㅇㅇ, ㅇㅋ

여러분 나라에서는 어떤 이모티콘을 사용합니까?

1) 사람들은 왜 이모티콘을 사용해요?
2) 웃을 때 사용하는 이모티콘은 뭐예요?
3) 여러분은 어떤 이모티콘을 자주 사용해요?

MISS YOU YES! NO! HELLO! Hi THANK YOU LOVE MISS YOU

선생님: 라흐만 씨, 운전면허 시험에 합격했어요?
라흐만: 아니요, 떨어졌어요. ㅠㅠ
선생님: 시험이 어려웠어요?
라흐만: 아니요, 제가 공부를 많이 못 했어요.
선생님: 다음에는 꼭 합격할 거예요. 힘내요!!
라흐만: 감사합니다. 선생님^^

이모티콘

1. 이 단원의 문화와 정보가 무엇에 대한 것인지 알려 준다.

여러분! 문자를 보낼 때 그림도 많이 사용하지요?
글자 대신 쓰는 것이 이모티콘이에요.
이모티콘은 보통 그 문자를 보내는 사람의 기분을 표현해요.
오늘은 '이모티콘'에 대해 알아봅시다.

2. 교재의 그림(사진)을 보면서 주제에 대해 알고 있는 것을 상기시키고 말해 보게 한다. 이때 관련 시각 자료를 추가로 활용할 수 있다.

여러분은 기분이 좋을 때 어떤 이모티콘을 사용해요?
슬플 때 사용하는 이모티콘은 뭐예요?
여러분 나라에서는 어떤 이모티콘을 많이 사용해요?

3. 교재를 같이 읽으면서 내용을 설명한다. 이때 중요한 정보가 있는 부분에 밑줄을 긋거나 표시하게 하는 것도 좋다.

4. 질문 1, 2의 답을 찾아보고 답하게 한다.

사람들은 왜 이모티콘을 사용해요?
웃을 때 사용하는 이모티콘은 뭐예요?

5. 3번 질문을 이용하여 학습자 자신의 경험을 말해 보도록 한다.

여러분은 어떤 이모티콘을 자주 사용해요?

단원 마무리

발음

1. 다음을 듣고 따라 읽으세요.
   1) 즐겁겠네요[즐겁겐네요]
   2) 좋겠네요[조켄네요]
   3) 무슨 일[무슨 닐]

2. 다음을 듣고 연습해 보세요.
   1) 가: 오랜만에 가족들과 여행을 가요.
      나: 즐겁겠네요.
   2) 가: 이번에 장학금을 받았어요.
      나: 기분이 좋겠네요.
   3) 가: 고향에 무슨 일로 가요?
      나: 오빠가 결혼해요.

배운 어휘 확인

- 기분이 좋다
- 기쁘다
- 행복하다
- 신나다
- 반갑다
- 즐겁다
- 기분이 안 좋다
- 슬프다
- 외롭다
- 화나다
- 걱정되다
- 짜증나다
- 답답하다

- **비음화**
  - 받침 'ㅆ'은 받침 자리에서 [ㄷ]로 발음된다. 받침 'ㄷ' 뒤에 자음 'ㄴ, ㅁ'가 올 경우 받침 'ㄷ'은 [ㄴ]로 바뀌어서 발음된다.

- **'ㄴ' 음 첨가**
  - 합성어에서 앞 단어에 받침이 있고 뒤에 오는 단어에 '이, 야, 여, 요, 유, 얘, 예'와 같은 모음이 올 경우 그 사이에 [ㄴ]를 추가하여 발음한다.

- 이 단원에서 배운 어휘 중 기억나는 것을 말해 보세요.
- 이 단원에서 배운 문법은 뭐예요?
- 오늘이나 요즘 기분이 어때요? 왜 그런 기분이었어요?
- 가족이나 친구에게 한국 생활에 대해 알려 준 적이 있어요?
- 휴대 전화로 문자를 보낼 때 이모티콘을 자주 사용해요?

발음 10분

1. 교재 1번 발음을 들려주고 '즐겁겠네요', '좋겠네요', '무슨 일'의 발음이 어떻게 들리는지 학습자 스스로 확인해 보도록 한다.
2. '즐겁겠네요', '좋겠네요'에서 '겠'이 '겐'으로 발음된다는 것을 알려 준다. 받침 'ㅆ'이 먼저 받침소리 [ㄷ]이 된 후에 'ㄴ, ㅁ'가 올 경우 [ㄴ]으로 발음되는 비음화 현상을 알려 준다.
   '즐겁겠네요'에서 [즐겁겐네요]로 '좋겠네요'에서 [조켄네요]로 발음된다는 것을 설명해 준다.
   다음으로 합성어에서 앞 단어에 받침이 있고 뒤에 오는 단어에 '이, 야, 여, 요, 유, 얘, 예'와 같은 모음이 올 경우 그 사이에 [ㄴ]을 넣어 발음하는 'ㄴ' 음 첨가 현상도 알려 준다. '무슨 일'이 [무슨 닐]로 발음된다는 것을 설명해 준다.
3. 교재 1번 발음을 다시 듣고 교사를 따라 말해 본다.
4. 교재 2번 대화를 듣고 따라 말해 본다.
5. 짝과 함께 대화를 읽으며 연습하게 한 후에 확인한다.

마무리 10분

1. 단원에서 학습한 어휘 중 기억하는 것을 먼저 말해 보게 한다.
2. 배운 어휘 목록의 어휘들을 읽으면서 의미를 상기시킨다.
3. 단원에서 학습한 문법(동형-겠-, 동형-을 때)을 상기시키며 의미와 사용법을 기억하는지 확인한다.
4. 단원의 목표와 성취도를 확인한다.
5. 익힘책을 과제로 제시하고 마무리한다.

7

집들이니까 세제나 휴지를 가져갈게요

수업 목표 및 내용

- **주제:** 초대와 방문
- **어휘와 문법**
  - 어휘: 초대와 방문 관련 어휘를 익힌다.
  - 문법: '동-을래요?', '동형-으니까'의 의미와 형태를 익혀 사용할 수 있다.
- **활동**
  - 말하기: 특별한 날에 친구를 초대하는 대화를 할 수 있다.
  - 듣기: 초대와 방문에 관한 대화를 듣고 이해할 수 있다.
  - 읽기: 학교 회의에 초대하는 이메일을 읽고 이해할 수 있다.
  - 쓰기: 초대에 답장하는 이메일을 쓸 수 있다.
- **문화와 정보:** 집들이 선물

수업 전개

도입 / 어휘와 문법 1 (1차시)	어휘와 문법 2 (2차시)
·초대 관련 어휘 ·동-을래요?	·방문 관련 어휘 ·동형-으니까(이유)
익힘책 pp. 46-49	익힘책 pp. 46-49

단원 도입

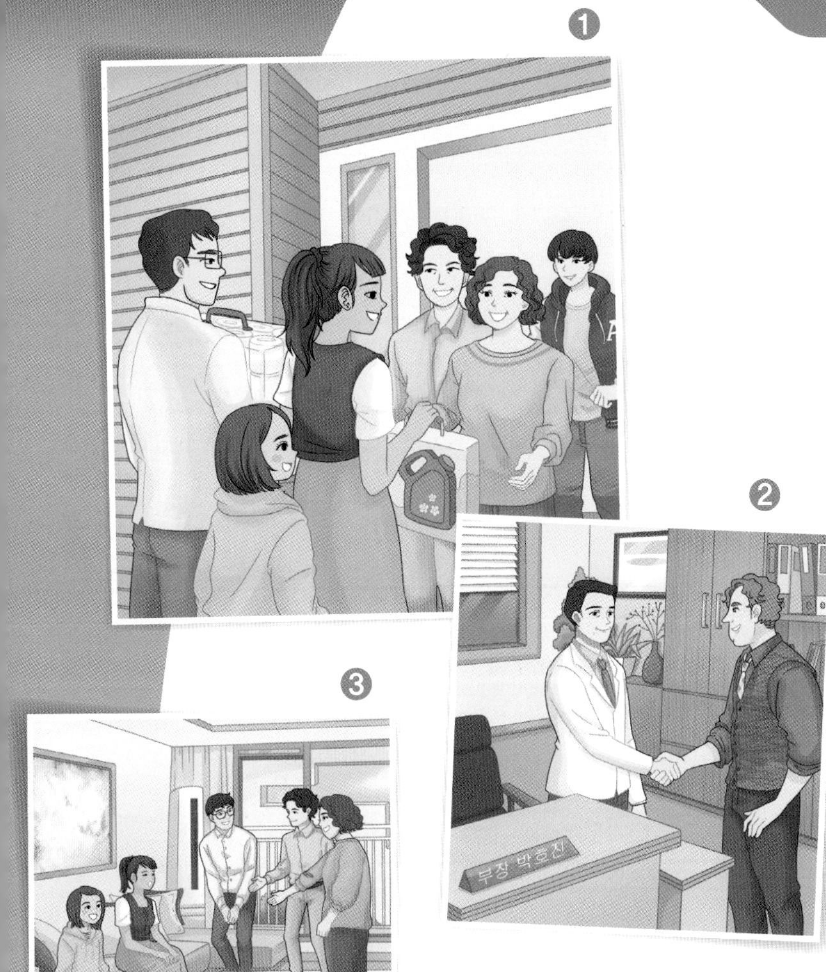

• 누가 어디에 갔어요?
• 여러분은 한국에서 다른 사람 집에 가 봤어요?

도입

1. 교재 그림을 이용하여 학생들과 이야기하며 이 과의 주제를 노출한다.

그림❶ 🎙 후엔 씨 가족은 어디에 갔어요? 무엇을 가지고 갔어요. 왜 그것을 가지고 갔을까요? 여러분은 특별한 날에 다른 사람 집을 방문할 때 무엇을 가지고 가요?

그림❷ 🎙 제이슨 씨가 어디에 갔어요? 두 사람은 어떻게 인사해요?

그림❸ 🎙 고천 씨가 후엔 씨 가족을 초대했어요. 무슨 날인 것 같아요? 여러분은 한국에서 다른 사람 집에 가 봤어요? 언제 무슨 일로 가 봤어요?

2. 대화 내용을 정리하며 이 단원에서는 '초대, 방문, 특별한 날' 등에 대해 공부한다는 것을 알려 준다.

이 단원을 지도할 때는…

이 단원과 관계있는 단원들은 아래와 같습니다. 관련 단원의 학습 내용을 확인하셔서 지도에 참고하시면 좋을 것 같습니다.

- **주제:** 특별한 날 단원
- **어휘:**
  - 1권 11과
- **문법:** 의견을 묻는 표현
  - 1권 14과
- **문법:** 이유, 원인 표현
  - 1권 16과

말하기와 듣기 3차시	읽기와 쓰기 4차시	문화와 정보 / 발음 / 마무리 5차시
·특별한 날에 초대하기 ·초대와 방문 대화 듣기	·회의에 초대하는 이메일 읽기 ·초대에 답장하는 메일 쓰기	·집들이 선물
익힘책 p. 50	익힘책 p. 51	

어휘와 문법 1

- **집들이:** 이사를 해서 친구들을 집으로 초대했어요. 다 같이 축하해요. 그것이 집들이예요. 집들이할 때 친구들과 맛있는 음식도 먹고 즐거운 시간을 보냈어요.
  발음 집들이[집뜨리]
- **휴지:** 커피를 쏟았어요. 휴지로 닦아요.
  화장실에는 항상 휴지가 있어요.
  비슷한 말: 화장지
- **세제:** 옷을 세탁할 때 세탁기에 세제를 넣어요. 세제를 넣어서 빨래를 해요. 빨래가 깨끗해요. 부엌에서 설거지할 때도 주방 세제를 사용해요.
- **선물을 가져가다:** 집들이에 초대를 받았어요. 빈손으로 가지 않고 선물을 가져가요.
- **손님을 맞이하다:** 손님이 집에 왔어요. 반갑게 인사하며 '어서 오세요. 들어오세요'라고 말해요. 손님을 맞이해요.
  발음 맞이하다[마지하다]
- **음식을 차리다:** 음식을 준비해서 상 위에 놓아요. 상에 음식을 차려요. 손님이 오기 전에 먼저 음식을 차려요.

- **돌잔치:** 아기가 한 살이 됐어요. 한 살은 돌이에요. 아기의 한 살 생일 잔치를 해요. 돌잔치를 해요.
- **장난감:** 아기가 가지고 놀아요. 우리 아이는 소리 나는 장난감을 좋아해요.
  발음 장난감[장난깜]
- **금반지:** 금으로 만든 반지예요. 아이 돌잔치에 금반지를 선물해요.
- **손님을 대접하다:** 손님에게 고마움을 표현하고 싶어요. 좋은 음식을 직접 만들거나 사 드려요.
  발음 대접하다[대저파다]

무슨 일로 다른 사람들을 초대해요? 그리고 무엇을 해요?

여러분 고향에서는 언제 손님을 초대해요? 손님을 초대한 다음에 뭘 해요?

생일에 손님을 초대해요.
손님을 초대하면 맛있는 음식을 차려서 손님에게 대접해요.

74 사회통합프로그램(KIIP) 한국어와 한국문화 초급 2

어휘 1 (초대 관련 어휘)

1 도입, 제시

1. 초대를 표현하는 단어로 어떤 것을 알고 있는지 물으며 오늘의 어휘는 다른 사람을 초대할 때 사용하는 표현임을 알려 준다.

   여러분은 다른 사람을 집으로 초대해 봤어요? 언제 무슨 일로 초대했어요? 손님을 초대한 날 여러분은 무엇을 했어요? 오늘은 다른 사람을 초대하는 표현을 공부해요.

2. 교사를 따라 어휘를 소리 내어 한 번 읽는다. 이때 발음에 주의하게 한다.
3. 어휘의 의미를 설명한다. 어휘가 사용된 문장을 예로 제시하거나 의미를 풀어서 설명해 준다. 상황에 따라 유의어나 반의어 등을 추가로 설명할 수 있다.
4. 배운 어휘를 소리 내어 읽도록 한다. 이때 '-어요' 형태로 단어를 읽는 등 변화를 줄 수 있다.

2 연습

1. 집들이와 돌잔치 사진을 보며 고향에서는 언제 사람들을 초대하는지 초대한 다음에 뭘 하는지 초대해 본 경험을 이야기해 본다.
2. 고향에서는 언제 무슨 일로 손님을 초대하는지 손님을 초대한 다음에는 뭘 하는지 짝과 대화하도록 한다.
3. 학생들끼리 이야기한 것은 교사가 정리해 주며 같이 이야기한다.

   여러분 고향에서는 언제 손님을 초대해요? 손님이 오기 전에 무슨 준비를 해요? 손님이 집에 오면 뭘 해요?

4. 생일이나 특별한 날에 손님을 초대하는 활동으로 확장할 수 있다.

익힘책 46쪽을 풀게 하거나 과제로 제시한다.

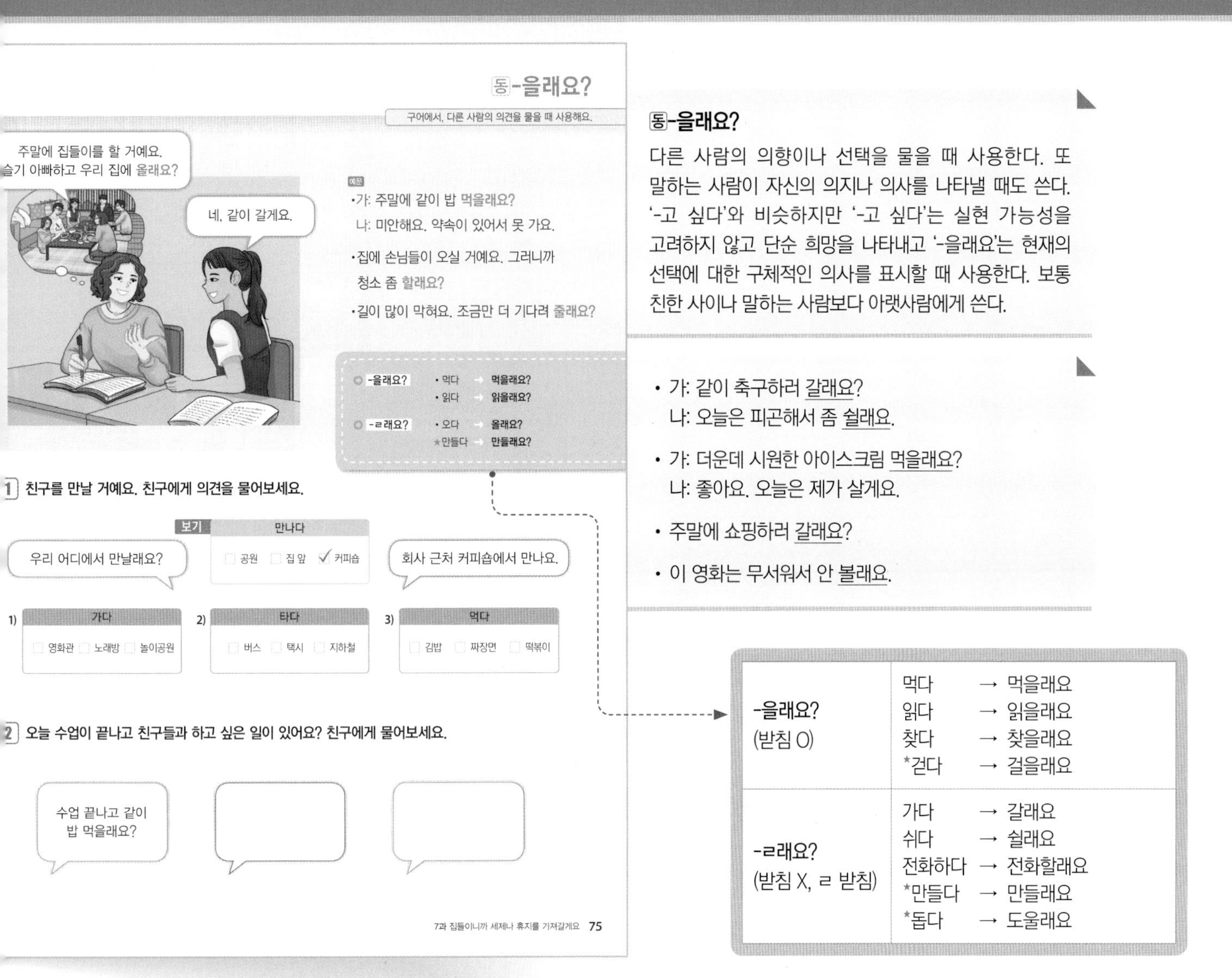

동-을래요?

구어에서, 다른 사람의 의견을 물을 때 사용해요.

주말에 집들이를 할 거예요.
슬기 아빠하고 우리 집에 올래요?

네, 같이 갈게요.

예문
- 가: 주말에 같이 밥 먹을래요?
  나: 미안해요. 약속이 있어서 못 가요.
- 집에 손님들이 오실 거예요. 그러니까 청소 좀 할래요?
- 길이 많이 막혀요. 조금만 더 기다려 줄래요?

-을래요?	먹다 → 먹을래요? 읽다 → 읽을래요?
-ㄹ래요?	오다 → 올래요? *만들다 → 만들래요?

1 친구를 만날 거예요. 친구에게 의견을 물어보세요.

보기 만나다: □ 공원 □ 집 앞 ✓ 커피숍

우리 어디에서 만날래요?

회사 근처 커피숍에서 만나요.

1) 가다: □ 영화관 □ 노래방 □ 놀이공원
2) 타다: □ 버스 □ 택시 □ 지하철
3) 먹다: □ 김밥 □ 짜장면 □ 떡볶이

2 오늘 수업이 끝나고 친구들과 하고 싶은 일이 있어요? 친구에게 물어보세요.

수업 끝나고 같이 밥 먹을래요?

7과 집들이니까 세제나 휴지를 가져갈게요 75

동-을래요?

다른 사람의 의향이나 선택을 물을 때 사용한다. 또 말하는 사람이 자신의 의지나 의사를 나타낼 때도 쓴다. '-고 싶다'와 비슷하지만 '-고 싶다'는 실현 가능성을 고려하지 않고 단순 희망을 나타내고 '-을래요'는 현재의 선택에 대한 구체적인 의사를 표시할 때 사용한다. 보통 친한 사이나 말하는 사람보다 아랫사람에게 쓴다.

- 가: 같이 축구하러 갈래요?
  나: 오늘은 피곤해서 좀 쉴래요.
- 가: 더운데 시원한 아이스크림 먹을래요?
  나: 좋아요. 오늘은 제가 살게요.
- 주말에 쇼핑하러 갈래요?
- 이 영화는 무서워서 안 볼래요.

-을래요? (받침 O)	먹다 → 먹을래요 읽다 → 읽을래요 찾다 → 찾을래요 *걷다 → 걸을래요
-ㄹ래요? (받침 X, ㄹ 받침)	가다 → 갈래요 쉬다 → 쉴래요 전화하다 → 전화할래요 *만들다 → 만들래요 *돕다 → 도울래요

문법 1 (동-을래요?)

1 도입, 제시

1. 도입 그림과 대화를 통해 문법이 사용되는 상황을 인지시킨다.

   🎙 두 사람이 교실에서 이야기하고 있어요. 고천 씨는 후엔 씨에게 무엇을 물어봐요?

2. 교재의 대표 예문을 보면서 문법의 의미를 설명한다.

   🎙 고천 씨는 주말에 집들이를 할 거예요. 집들이에 후엔 씨를 초대하고 싶어요. 그래서 후엔 씨에게 '오고 싶어요? 안 오고 싶어요?' 어느 쪽인지 물어봐요. 그럴 때 '우리 집에 올래요?' 이렇게 다른 사람이 무엇을 원하는지 어느 쪽을 선택하는지 물어볼 때 '-을래요?'를 사용해요.

3. 학생들과 교재의 예문들을 읽으면서 문법의 의미를 설명하고 이해시킨다.
4. 문법의 형태 정보를 제시하고 설명한다.
5. 추가 예문을 제시하고 문법의 의미와 사용법을 정확하게 이해시킨다.

2 연습 1

1. <보기>의 대화를 교사와 함께 완성해 본다.
2. 나머지 문제를 <보기>의 대화처럼 짝과 완성하도록 한다.
3. 연습한 것을 발표하게 하거나 교사가 전체 학생 대상으로 답하게 하여 확인한다. 그리고 오류가 있으면 수정해 준다.

3 연습 2

1. 수업 끝난 후에 무엇을 할지, 뭘 먹을지, 어디에 갈지 등에 대해 친구의 선택이나 의향을 묻는 대화를 해 보도록 한다.
2. 친구와 대화한 것을 발표하게 하고 오류가 있으면 수정해 준다.

익힘책 48쪽을 풀게 하거나 과제로 제시한다. 익힘책은 연습 활동 난이도에 따라 교재 연습 문제 전후로 활용한다.

어휘와 문법 2

- **미리 연락하다:** 다른 사람을 방문할 때는 그냥 바로 가면 안 돼요. 가기 전에 먼저 전화를 해요. 미리 연락해요.

  발음 연락하다[열라카다]

- **약속 시간을 정하다:** 친구와 만날 때 시간을 약속해요. 친구도 그 시간이 좋아요. 나도 그 시간이 좋아요. 그 시간으로 약속 시간을 정해요.
- **늦지 않게 도착하다:** 약속 시간에 늦으면 안 돼요. 약속 시간보다 조금 일찍 도착해요. 늦지 않게 도착해요.

  발음 늦지 않게 도착하다[느찌 안케 도차카다]

- **노크를 하다:** 다른 사람의 집이나 방, 또는 사무실에 들어갈 때 먼저 문을 두드려요. 똑똑똑, 노크를 해요. 두 번이나 세 번 정도 가볍게 노크를 해요.

- **인사를 나누나:** 다른 사람을 만나면 같이 인사를 해요. 서로 인사를 나누어요.
- **명함을 건네다:** 저는 한국어 선생님이에요. 한국어 선생님 명함이 있어요. 처음 만난 사람에게 제 명함을 줘요. 명함을 건네요. 내가 가지고 있는 물건을 다른 사람 손에 주는 것을 '건네다'라고 해요. 윗사람에게 물건을 건넬 때는 두 손으로 건네요.

Q 다른 사람을 방문할 때 어떻게 해요?

다른 사람의 집이나 사무실을 방문할 때 미리 연락을 해요. 그리고 약속 시간을 정하는 게 좋아요.

Q 여러분은 다른 사람을 방문할 때 어떻게 했어요?

저는 다른 사람의 집이나 사무실을 방문할 때, 먼저 인사를 한 다음에 명함을 건넸어요.

76 사회통합프로그램(KIIP) 한국어와 한국문화 초급 2

어휘 2 (방문 관련 어휘)

1 도입, 제시

1. 다른 사람을 방문할 때 어떻게 하는지 물으며 오늘 배우는 단어는 방문할 때 사용하는 어휘임을 알려 준다.

   여러분은 다른 사람 집이나 사무실에 방문해 봤어요? 방문할 때 어떻게 했어요? 오늘은 다른 사람 집이나 사무실에 방문할 때 사용하는 어휘를 공부해요.

2. 교사를 따라 어휘를 소리 내어 한 번 읽는다. 이때 발음에 주의하게 한다.
3. 어휘의 의미를 설명한다. 어휘가 사용된 문장을 예로 제시하거나 의미를 풀어서 설명해 준다. 상황에 따라 유의어나 반의어 등을 추가로 설명할 수 있다.
4. 배운 어휘를 소리 내어 읽도록 한다.

2 연습

1. 학생들에게 다른 사람의 집이나 사무실에 방문할 때 어떻게 했는지 질문을 던진다.
2. 짝과 함께 다른 사람의 집이나 사무실에 방문할 때 어떻게 했는지에 대해 말해 보도록 한다.
3. 학생들끼리 이야기한 것은 교사가 정리해 주며 같이 이야기한다.

   OO 씨는 다른 사람의 집이나 사무실에 방문할 때 어떻게 했어요?
   OO 씨의 나라에서는 다른 사람의 집이나 사무실을 방문할 때 어떻게 하는 게 좋아요?

익힘책 47쪽을 풀게 하거나 과제로 제시한다.

동 형-으니까

어떤 일의 이유나 원인을 말할 때 사용해요.

예문
- 가: 날씨가 좋으니까 산책하러 나갈까요?
  나: 지금은 좀 더우니까 이따가 갑시다.
- 밖에 비가 오니까 우산을 쓰세요.
- 집들이를 하니까 세제나 휴지를 사는 게 어때요?

-으니까	• 먹다 → 먹으니까 • 많다 → 많으니까
-니까	• 사다 → 사니까 ★힘들다 → 힘드니까

Tip '명이다'는 '명이니까'로 사용해요.

1 라흐만 씨의 생일 파티를 준비해요. 친구와 이야기해 보세요.

	이유	제안
보기 요일(시간)	토요일에 한국어 수업이 있다	일요일에 만나다
1) 파티 장소	행복 식당에 메뉴가 많다	거기로 가다
2) 선물	라흐만 씨가 꽃을 좋아하다	꽃을 선물하다
3) 할 일	라흐만 씨가 노래를 잘 부르다	식사 후에 노래방에 가다

생일 파티를 언제 할까요?

토요일에 한국어 수업이 있으니까 일요일에 해요.

2 한국 친구가 여러분의 고향에 갈 때 무엇을 준비하면 좋아요? 그 이유는 뭐예요?

우리 고향은 지금 추우니까 두꺼운 옷을 가져가세요.

7과 집들이니까 세제나 휴지를 가져갈게요 77

동형-으니까

앞 내용이 뒷 문장의 원인이나 이유를 나타낼 때 사용한다. 이유의 '-어서'와 바꿔 쓸 수 있지만 '-으니까'는 주로 주관적인 이유를, '-어서'는 객관적인 원인을 나타낸다. 또한 '-어서'와 달리 과거 표현 '-었'이나 미래 표현 '-겠-'과 붙여서 쓸 수 있다. 특히 문장의 뒷부분은 보통 명령문이나 청유문이 많이 쓰인다. 구어체에서 이유만을 말할 때는 '-으니까요' 와 같이 종결형으로 쓸 수 있다.

- 가: 길이 막히니까 택시를 탈까요?
  나: 택시는 비싸니까 지하철을 타요.
- 가: 날씨가 좋으니까 산책할까요?
  나: 오늘은 피곤하니까 내일 가요.
- 여기는 학교니까 담배를 피우지 마세요.
- 오늘 처음 만났으니까 서로 인사 나누세요.

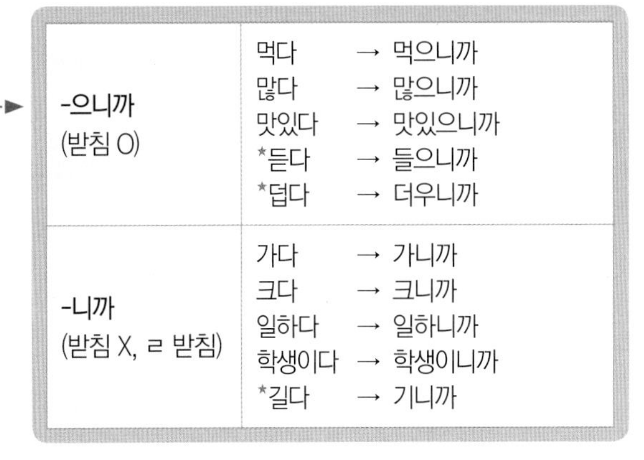

-으니까 (받침 O)	먹다 → 먹으니까 많다 → 많으니까 맛있다 → 맛있으니까 *듣다 → 들으니까 *덥다 → 더우니까
-니까 (받침 X, ㄹ 받침)	가다 → 가니까 크다 → 크니까 일하다 → 일하니까 학생이다 → 학생이니까 *길다 → 기니까

문법 2 (동형-으니까)

1 도입, 제시

1. 도입 그림과 대화를 통해 문법이 사용되는 상황을 인지시킨다.
   - 여기는 어디예요? 안젤라 씨는 지금 뭐 하고 있어요? 안젤라 씨의 상사가 지금 무슨 이야기를 하고 있어요?
2. 교재의 대표 예문을 보면서 문법의 의미를 설명한다.
   - 회사 상사가 안젤라 씨에게 무슨 말을 하고 있어요? '내일 늦지 마세요.' 이렇게 명령이나 부탁을 하고 싶어요. 그런데 왜 그런 명령을 해요. 그 이유는 '내일 중요한 회의가 있어요.' 이렇게 어떤 일의 원인이나 이유를 말할 때 -으니까를 사용해요.
3. 학생들과 교재의 예문들을 읽으면서 문법의 의미를 설명하고 이해시킨다.
4. 문법의 형태 정보를 제시하고 설명한다.
5. 추가 예문을 제시하고 문법의 의미와 사용법을 정확하게 이해시킨다.

2 연습 1

1. 〈보기〉의 대화를 교사와 함께 완성해 본다.
2. 나머지 문제를 〈보기〉의 대화처럼 짝과 완성하도록 한다.
3. 연습한 것을 발표하게 하거나 교사가 전체 학생을 대상으로 답하게 하여 확인한다. 그리고 오류가 있으면 수정해 준다.

3 연습 2

1. 한국 친구가 여러분의 고향에 갈 때 무엇을 준비하면 좋은지 그 이유는 무엇인지 '-으니까'를 활용하여 조언해 주세요.
2. 친구와 대화한 것을 발표하게 하고 오류가 있으면 수정해 준다.

익힘책 49쪽을 풀게 하거나 과제로 제시한다. 익힘책은 연습 활동 난이도에 따라 교재 연습 문제 전후로 활용한다.

말하기와 듣기

1 2)

고천: 후엔 씨, 이번 주 토요일에 딸 돌잔치를 할 거예요. 시간 있으면 우리 집에 올래요?
후엔: 네, 갈게요. 그런데 벌써 딸이 돌이에요? 필요한 거 생각해 보고 얘기해 주세요. 선물로 가져갈게요.
고천: 필요한 거 아무것도 없어요. 그냥 오세요.
후엔: 돌잔치니까 금반지나 장난감을 가져갈게요. 음식도 좀 만들어 가고요.

2

가: 다음 주에 생일 파티를 할 거예요. 시간이 괜찮으면 파티에 올래요?
나: 네, 꼭 갈게요. 그런데 벌써 생일이에요? 갖고 싶은 거 있으면 얘기해 주세요. 선물할게요.
가: 필요한 거 아무것도 없어요. 그냥 오세요.
나: 생일이니까 제가 케이크를 사 갈게요.

후엔(여): 슬기 아빠, 고천 씨가 이사를 해서 집들이에 우리 가족을 초대했어요. 같이 갈 수 있지요?
민수(남): 그럼요, 그럼 이따가 집들이 선물을 사러 갈래요?
후엔(여): 그래요. 고천 씨는 녹차를 좋아하니까 녹차를 선물할까요?
민수(남): 녹차도 괜찮지만 세제나 휴지는 어때요? 집들이 선물로 보통 세제나 휴지를 많이 해요.
후엔(여): 그래요? 그럼 그걸로 해요.

1 특별한 날에 친구를 초대하려고 해요. 다음과 같이 이야기해 보세요.

고천: 후엔 씨, 이번 주 토요일에 집들이를 할 거예요. 시간 있으면 우리 집에 올래요?
후엔: 네, 갈게요. 그런데 벌써 집 정리 다 했어요? 필요한 거 생각해 보고 얘기해 주세요. 선물로 가져갈게요.
고천: 필요한 거 아무것도 없어요. 그냥 오세요.
후엔: 집들이니까 세제나 휴지를 가져갈게요. 음식도 좀 만들어 가고요.

1) 집들이 | 집 정리를 다 했다 | 집들이, 세제나 휴지
2) 딸 돌잔치 | 딸이 돌이다 | 돌잔치, 금반지나 장난감

2 여러분은 언제 친구를 초대하고 싶어요? 특별한 날에 친구를 초대해 보세요.

다음 주에 생일 파티를 할 거예요. 시간이 괜찮으면 파티에 올래요?

네, 꼭 갈게요.

후엔 씨가 남편과 함께 집들이 선물을 고르고 있어요. 잘 듣고 답해 보세요.

1) 들은 내용과 같으면 O, 다르면 X 하세요.
❶ 후엔 씨 가족은 집들이에 초대받았어요. (O)
❷ 고천 씨는 녹차 선물을 받았어요. (X)
❸ 후엔 씨는 집들이 선물로 세제나 휴지를 살 거예요. (O)

2) 고천 씨는 왜 후엔 씨 가족을 초대했어요?
이사를 해서 집들이에 초대했어요.

78 사회통합프로그램(KIIP) 한국어와 한국문화 초급 2

특별한 날에 초대하기

1 대화문 연습

1. 특별한 날에 친구를 초대하는 것에 대해 이야기하며 교재의 그림을 이용해 어떤 상황인지 추측해 보도록 한다.

이 두 사람은 무슨 이야기를 하는 것 같아요?
고천 씨는 무슨 일로 초대하고 싶어요?
후엔 씨는 무슨 선물을 생각해요?

2. 지시문을 이용하여 대화 상황을 학생들에게 명확하게 알려 준다.

3. 대화를 들려주고 간단한 질문을 하여 대화 내용을 이해했는지 확인한다.

고천 씨는 왜 후엔 씨를 초대했어요?
언제 집들이를 할 거예요?
후엔 씨는 집들이 선물로 무엇을 가져갈 거예요?

4. 교사와 함께 대화문을 읽으면서 자연스럽게 말하는 연습을 한다. 두 번 정도 반복해서 연습한다.

5. 교체 어휘를 활용하여 짝과 함께 연습하게 한다.

6. 연습이 끝나면 한두 팀을 발표시키거나 교사가 전체 학생을 대상으로 확인한다.

2 확장 연습

1. 언제 친구를 초대하고 싶은지 특별한 날에 친구를 초대하는 말하기를 한다고 알려 준다.

2. 짝과 같이 특별한 날에 친구를 초대하는 것에 대해 이야기하게 한다. 대화를 할 때는 다음과 같은 내용을 포함하여 말하도록 지시한다.

언제 친구를 초대하고 싶은지 무슨 특별한 날인지 이야기해 보세요.
친구의 설명을 들은 후 초대에 갈 것인지, 갈 때 무엇을 가져갈 것인지 대답해 주세요.

3. 이야기가 끝나면 한두 팀을 발표시키거나 교사가 전체 학생을 대상으로 확인하고 오류를 수정해 준다.

초대와 방문 대화 듣기

1. 지시문을 이용하여 등장인물과 대화 상황을 설명한다.

2. 문제를 읽고 들어야 하는 정보를 파악하게 한다.

3. 듣기 파일을 두 번 듣고 문제를 풀게 한다.

4. 교재 질문의 답을 확인한 후 해당 대화를 같이 읽으며 내용을 확인한다. 필요한 경우 새로운 어휘, 표현을 설명한다.

읽기와 쓰기

1 다음 글을 읽고 질문에 답해 보세요.

받는 사람 제이슨(jasonmckay@kmail.com)
보낸 사람 박경일(kipark64@hanmail.com)
제목 다음 주에 학교에 오실래요?

제이슨 씨,

안녕하세요. 박경일입니다.
방학 잘 보내셨어요? 미국에서 돌아오셨지요?
곧 개학입니다. 그래서 원어민 선생님들과 함께 먼저 회의를 하고 싶습니다.
다음 주에 언제 시간이 괜찮으세요?
저는 다음 주에 계속 출근하니까 다음 주에 한 번 학교에 오실래요?
메일 확인하시면 답장 주세요.

교장 박경일 드림

1) 교장 선생님이 제이슨 씨에게 이메일을 왜 썼어요? 회의를 하고 싶어서 이메일을 썼어요.
2) 교장 선생님은 제이슨 씨를 언제 만나고 싶어요? 다음 주에 만나고 싶어 해요.
3) 메일을 읽은 다음에 제이슨 씨가 무엇을 할까요? 답장을 쓸 거예요.

2 위 메일에 답장을 써 보세요.

받는 사람 박경일(kipark64@hanmail.com)
보낸 사람 제이슨(jasonmckay@kmail.com)
제목 re: 다음 주에 학교에 오실래요?

단어장
방학
개학
원어민
확인
답장
교장

- **방학:** 한 학기가 끝났어요. 다음 주부터 학교에 오지 않고 집에서 쉬어요. 방학이에요. 방학 잘 보내고 다음 학기에 만나요.
- **개학:** 이번 주에 방학이 끝나요. 다음 주부터 다시 공부를 시작해요. 다음 주가 개학이에요.
- **원어민:** 우리 선생님은 미국 사람이에요. 미국 사람들은 영어가 자기 나라 말이에요. 원어민은 자기 나라 말을 사용하는 사람이에요. 미국 선생님이 우리에게 영어를 가르쳐요. 영어 원어민 선생님이에요.
- **출근하다:** 아침에 회사에 가요. 출근해요. 저녁에 집에 와요. 퇴근해요. 출근할 때와 퇴근할 때 길이 많이 막혀요.
- **확인하다:** 메일이 와서 메일을 봐요. 내용을 잘 읽어요. 메일을 확인해요. 메일을 확인한 다음에 연락해요.
- **답장:** 메일을 받은 다음에 그 사람에게 메일을 보내요. 답장을 써요. 메일을 확인하면 답장을 꼭 써요.
- **교장:** 회사에서는 사장님이 가장 높아요. 학교 선생님 중에서는 교장 선생님이 가장 높은 분이에요.

회의에 초대하는 이메일 읽기

1. 그림을 보며 글의 내용을 유추하게 한다.

누가 메일을 썼어요? 누구한테 썼어요?
왜 메일을 썼어요?

2. 글을 훑어 읽게 한 후 주제, 중심 내용 등을 간단히 말해 보도록 한다.

교장 선생님은 왜 이 메일을 썼어요?
교장 선생님은 언제 제이슨 씨를 만나고 싶어 해요?
메일을 읽은 다음에 제이슨 씨는 무엇을 할까요?

3. 글을 다시 읽으면서 문제를 풀게 한다.

4. 답을 같이 확인한 후, 본문을 다시 읽으며 모르는 어휘가 없는지 확인한다. 필요한 경우 새로운 어휘, 표현을 설명한다.

초대에 답장하는 이메일 쓰기

1. 어떤 글을 쓸지 알려 주고 글에 들어갈 내용을 생각해 보게 한다.

오늘은 초대를 받은 후에 이메일로 답장을 쓸 거예요.
답장에 필요한 내용에는 뭐가 있어요?

2. 교재 질문에 대해 자신이 쓸 내용을 간단하게 메모하도록 한다. 교사는 학생들이 쓴 메모에 오류가 없는지 확인해 준다.

3. 메모한 내용을 바탕으로 글로 완성하게 한다.

문화와 정보

참고

집들이는 그 집의 안녕을 기원한다는 의미가 있어요. 그래서 집들이에 갈 때 사람들은 특별한 선물을 준비해요. 보통 휴지나 세제를 선물하지만 꽃이나 화분, 양초, 주방용품이나 현금도 준비해요. 꽃은 기분을 좋게 만들어요. 화분은 공기를 깨끗하게 해 주고 새로운 생명이 자란다는 의미가 있어요. 양초는 그 집에 재물이 많아진다는 뜻이 있어요. 또 집을 예쁘게 꾸밀 수 있는 소품이나 주방용품도 선물해요. 요즘에는 필요한 것을 살 수 있게 현금을 주는 사람들도 많아요.

집들이 선물

한국에서는 새집으로 이사하면 가족이나 친구, 친척들을 집으로 초대합니다. 이것을 '집들이'라고 합니다. 집들이에 갈 때 사람들은 휴지, 세제 같은 생활용품을 선물합니다. 세제는 "세제의 거품처럼 돈을 많이 벌어서 부자가 되세요." 라는 뜻이 있습니다. 휴지는 잘 풀리기 때문에 모든 일이 잘 풀리기를 바라는 마음으로 휴지를 선물합니다.

1) 한국에서는 새집으로 이사하고 무엇을 해요?
2) 집들이에 갈 때 사람들이 왜 휴지와 세제를 선물해요?
3) 여러분 고향에서는 다른 사람 집에 갈 때 무엇을 선물해요?

80 사회통합프로그램(KIIP) 한국어와 한국문화 초급 2

집들이 선물

1. 이 단원의 문화와 정보가 무엇에 대한 것인지 알려 준다.

한국에서는 새집으로 이사를 하면 집들이를 해요. 집들이 갈 때 무엇을 선물할까요? 오늘은 '집들이 선물'에 대해 알아봅시다.

2. 교재의 그림을 보면서 주제에 대해 알고 있는 것을 상기시키고 말해 보게 한다. 이때 관련 시각 자료를 추가로 활용할 수 있다.

언제 집들이를 해요?
집들이에 누구를 초대해요?
집들이에 갈 때 무엇을 선물해요?

3. 교재를 같이 읽으면서 내용을 설명한다. 이때 중요한 정보가 있는 부분에 밑줄을 긋거나 표시하게 하는 것도 좋다.

4. 질문 1, 2의 답을 찾아보고 답하게 한다.

한국에서는 새집에 이사하고 무엇을 해요?
집들이에 갈 때 사람들이 왜 휴지와 세제를 선물해요?

5. 3번 질문을 이용하여 학습자 자신의 경험을 말해 보도록 한다.

여러분 고향에서는 다른 사람의 집에 갈 때 무엇을 선물해요?

단원 마무리

발음

1. 다음을 듣고 따라 읽으세요.
   1) 늦지 않게[늗찌 안케]
   2) 막히니까[마키니까]
   3) 괜찮지만[괜찬치만]

2. 다음을 듣고 연습해 보세요.
   1) 약속 시간에 늦지 않게 오세요.
   2) 가: 길이 많이 막히니까 좀 기다려 줄래요?
      나: 네, 천천히 오세요.
   3) 가: 녹차도 괜찮지만 세제나 휴지는 어때요?
      나: 그것도 좋아요.

- **격음화**
  - 'ㅎ' 앞뒤에 자음 'ㄱ, ㅈ'가 올 경우 격음 [ㅋ, ㅊ]로 발음된다.

배운 어휘 확인

□ 집들이	□ 약속 시간을 정하다
□ 휴지	□ 늦지 않게 도착하다
□ 세제	□ 노크를 하다
□ 손님을 맞이하다	□ 인사를 나누다
□ 음식을 차리다	□ 명함을 건네다
□ 선물을 가져가다	□ 방학
□ 돌잔치	□ 개학
□ 장난감	□ 원어민
□ 금반지	□ 확인
□ 손님을 대접하다	□ 답장
□ 미리 연락하다	□ 교장

- 이 단원에서 배운 어휘 중 기억나는 것을 말해 보세요.
- 이 단원에서 배운 문법은 뭐예요?
- 친구들을 집에 초대한 적이 있어요?
- 한국어로 이메일을 쓸 수 있어요?
- 한국 사람들은 집들이에 갈 때 어떤 선물을 해요?

발음 10분

1. 교재 1번 발음을 들려주고 '늦지 않게', '막히니까', '괜찮지만'의 발음이 어떻게 들리는지 학습자 스스로 확인해 보도록 한다.

2. 'ㅎ' 앞뒤에 자음 'ㄱ, ㅈ'가 올 경우 격음 [ㅋ, ㅊ]로 발음되는 규칙에 대해 설명할 수 있다. '않게'는 [안케]로 '막히니까'는 [마키니까], '괜찮지만'은 [괜찬치만]으로 발음된다는 것을 알려 준다.

3. 교재 1번 발음을 다시 듣고 교사를 따라 말해 본다.

4. 교재 2번 대화를 듣고 따라 말해 본다.

5. 짝과 함께 대화를 읽으며 연습하게 한 후에 확인한다.

마무리 10분

1. 단원에서 학습한 어휘 중 기억하는 것을 먼저 말해 보게 한다.

2. 배운 어휘 목록의 어휘들을 읽으면서 의미를 상기시킨다.

3. 단원에서 학습한 문법(동-을래요?, 동형-으니까)을 상기시키며 의미와 사용법을 기억하는지 확인한다.

4. 단원의 목표와 성취도를 확인한다.

5. 익힘책을 과제로 제시하고 마무리한다.

8

9월부터 한국어 수업을 듣기로 했어요

수업 목표 및 내용

- **주제:** 한국어 수업
- **어휘와 문법**
  - 어휘: 한국어 수업 신청, 한국어 과정 수료 관련 어휘를 익힌다.
  - 문법: '동-기 전에', '동-기로 하다'의 의미와 형태를 익혀 사용할 수 있다.
- **활동**
  - 말하기: 한국어 수업 신청에 대한 대화를 할 수 있다.
  - 듣기: 단계 평가 시험에 대한 대화를 듣고 이해할 수 있다.
  - 읽기: 한국어 과정에 대한 안내 문자를 읽고 이해할 수 있다.
  - 쓰기: 한국어 과정을 안내하는 글을 쓸 수 있다.
- **문화와 정보:** 사회통합프로그램

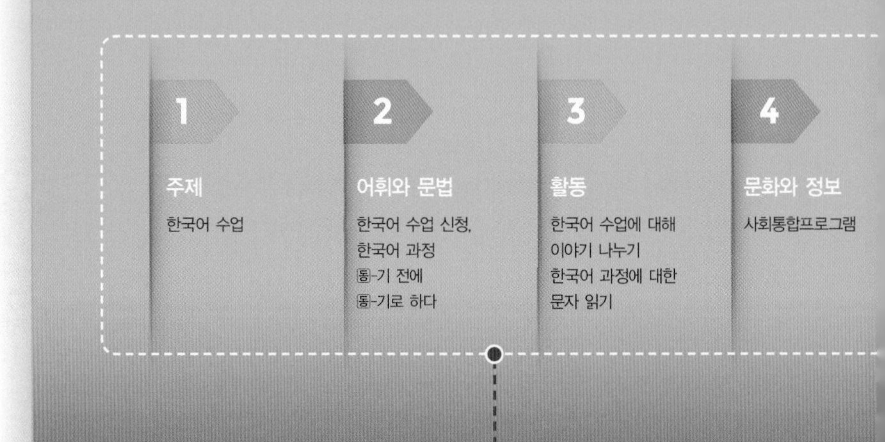

수업 전개

도입 / 어휘와 문법 1 1차시

- 한국어 수업 신청 관련 어휘
- 동-기 전에

익힘책 pp. 52-55

어휘와 문법 2 2차시

- 한국어 과정 수료 관련 어휘
- 동-기로 하다

익힘책 pp. 52-55

단원 도입

- 홈페이지에서 무엇을 신청할 수 있어요?
- 여러분은 무엇을 신청하고 싶어요?

도입

1. 교재 그림을 이용하여 학생들과 이야기하며 이 과의 주제를 노출한다.

   그림❶ 여기는 인터넷 홈페이지예요. 홈페이지 이름이 뭐예요? 여러분은 여기에 가입했어요? 여기에서 무엇을 신청할 수 있어요?

   그림❷ 이 책 이름이 뭐예요? 모두 몇 권이에요? 여러분은 지금 몇 단계 책을 공부해요?

   그림❸ 이 사람들은 무슨 공부를 할까요? 여러분은 이번 학기 수업이 끝나면 무슨 시험을 봐요? 시험에 합격하면 어떻게 할 거예요?

2. 대화 내용을 정리하며 이 단원에서는 '한국어 수업 신청, 한국어 과정 수료, 사회통합프로그램' 등에 대해 공부한다는 것을 알려 준다.

이 단원을 지도할 때는…

이 단원을 지도할 때는 실제 학습자들의 사회통합과정과 관련된 경험과 사회통합과정 홈페이지 등의 실자료를 충분히 활용하는 것이 더 효과적일 수 있습니다.

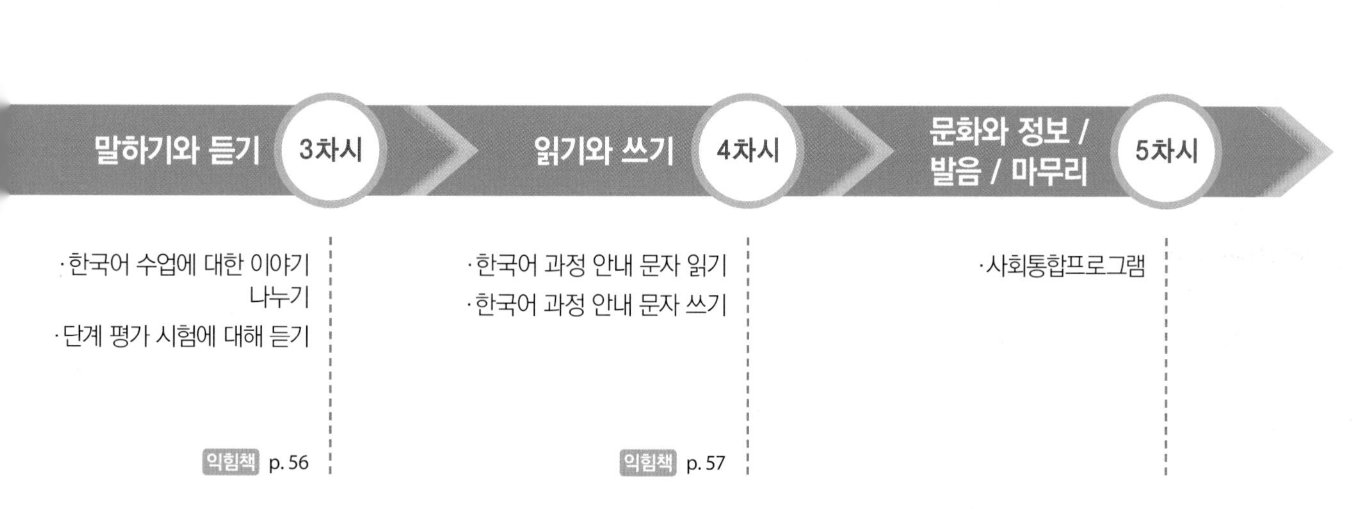

어휘와 문법 1

- **과정명:** 한국어 몇 단계 수업이에요? 과정 이름이에요. 몇 단계를 공부해요? 과정명이 뭐예요?
- **강사명:** 그 수업을 하시는 선생님 이름이 뭐예요? 강사명이 뭐예요?
- **신청 기간:** 신청은 언제부터 언제까지 해요? 신청 기간이 언제예요?
- **과정 기간:** 이 수업은 언제 시작하고 언제 끝나요? 과정 기간이 어떻게 돼요?
- **과정 시간:** 이 수업은 모두 몇 시간 공부해요? 2단계 과정 시간은 모두 100시간이에요
- **신청 인원:** 이 수업을 신청한 사람이 몇 명이에요? 신청 인원이 몇 명이에요?

  발음 신청 인원[신청 이눤]
- **정원:** 이 수업은 몇 명까지 들을 수 있어요? 정원이 모두 몇 명이에요?

- **과정 정보:** 과정에 대한 여러 가지 정보예요. 이 수업은 언제 시작해요? 하루에 몇 시간 공부해요? 무슨 요일에 해요? 이 수업에 대해 모두 알고 싶어요. 과정 정보를 알고 싶어요.
- **인정 시간:** 하루에 8시간 공부해요. 수업 인정 시간은 8시간이에요.

Q 한국어 수업을 신청하고 싶어요. 친구와 이야기해 보세요.

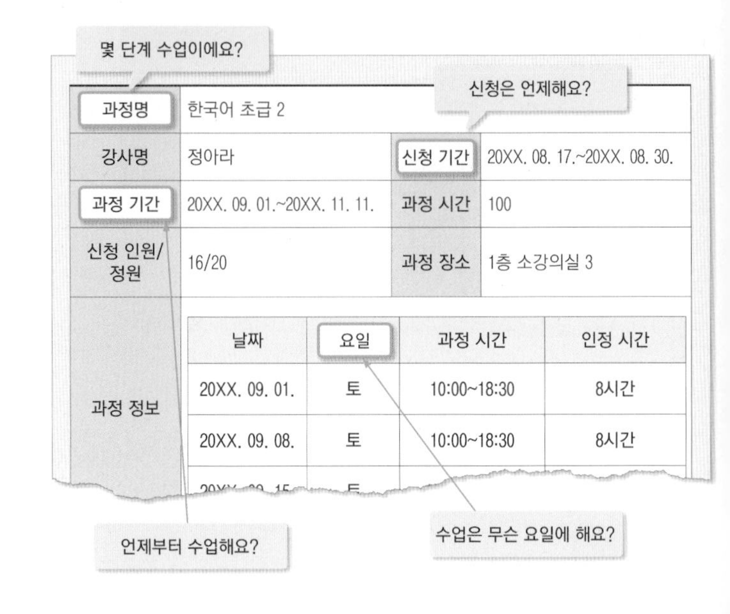

과정명	한국어 초급 2		
강사명	정아라	신청 기간	20XX. 08. 17.~20XX. 08. 30.
과정 기간	20XX. 09. 01.~20XX. 11. 11.	과정 시간	100
신청 인원/정원	16/20	과정 장소	1층 소강의실 3

과정 정보

날짜	요일	과정 시간	인정 시간
20XX. 09. 01.	토	10:00~18:30	8시간
20XX. 09. 08.	토	10:00~18:30	8시간

Q 여러분의 한국어 수업을 이야기해 보세요.

과정명이 뭐예요? / 과정 기간은 언제예요? / 인원은 몇 명이에요? / 장소는 어디예요? / 수업은 무슨 요일에 해요? / 수업 시간은 언제예요?

84 사회통합프로그램(KIIP) 한국어와 한국문화 초급 2

어휘 1 (한국어 수업 신청 관련 어휘)

1 도입, 제시

1. 한국어 수업을 신청할 때 표현하는 단어로 어떤 것을 알고 있는지 물으며 오늘의 어휘는 한국어 수업을 신청할 때 사용하는 표현임을 알려 준다.

   여러분은 지금 몇 단계에서 한국어를 공부해요? 언제 신청했어요? 무슨 요일에 공부해요? 오늘은 한국어 수업 신청에 대한 공부를 해요.
2. 교사를 따라 어휘를 소리 내어 한 번 읽는다. 이때 발음에 주의하게 한다.
3. 어휘의 의미를 설명한다. 어휘가 사용된 문장을 예로 제시하거나 의미를 풀어서 설명해 준다. 상황에 따라 유의어나 반의어 등을 추가로 설명할 수 있다.
4. 배운 어휘를 소리 내어 읽도록 한다.

2 연습

1. 사회통합정보망 마이 페이지를 보며 몇 단계 수업인지 신청 기간은 언제인지 과정 정보를 확인하며 과정 신청해 본 경험을 이야기해 본다.
2. 한국어 수업을 신청하고 싶으면 어떤 정보를 알아야 하는지 짝과 대화하도록 한다.
3. 학생들끼리 이야기한 것은 교사가 정리해 주며 같이 이야기한다.

   언제부터 수업해요? 수업은 무슨 요일에 해요?
   신청 기간은 언제예요?
   과정 기간은 어떻게 돼요?
4. 다른 단계의 한국어 수업을 신청하는 활동으로 확장할 수 있다.

익힘책 52쪽을 풀게 하거나 과제로 제시한다.

- 가: 갑자기 일이 생겨서 약속 시간에 조금 늦을 거예요.
  나: 그럼 출발하기 전에 전화 주세요.
- 밥을 먹기 전에 손을 씻으세요.
- 손님이 오기 전에 집을 청소해요.

-기 전에	
오다 → 오기 전에	
읽다 → 읽기 전에	
먹다 → 먹기 전에	
만들다 → 만들기 전에	

1 어떤 일을 하기 전에 뭘 할 거예요? 이야기해 보세요.

보기

기차에서 내리다 / 짐을 챙기다

1) 

외출하다 / 가스레인지를 확인하다

2) 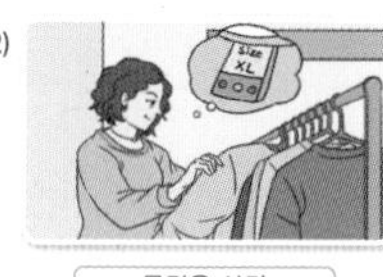

물건을 사다 / 사이즈를 확인하다

3) 

사무실을 나가다 / 에어컨을 끄다

2 2단계 수업이 끝나기 전에 무엇을 할 거예요?

2단계 수업이 끝나기 전에 토픽 시험을 볼 거예요.

8과 9월부터 한국어 수업을 듣기로 했어요 85

동-기 전에

어떤 행동이나 상태가 앞에 오는 사실보다 시간상 앞설 때 사용한다. 과거를 나타낼 때 앞 문장에는 '-었'을 쓸 수 없고 뒤 문장에 쓴다. 조사 '에'를 생략해서 '-기 전'으로 쓸 수 있다. 명사 뒤에는 '전에'를 쓴다.

- 가: 한국에 오기 전에 무슨 일을 했어요?
  나: 고향에서 회사에 다녔어요.
- 가: 이 옷이 저에게 맞을까요?
  나: 사기 전에 한번 입어 보세요.
- 버스에서 내리기 전에 카드를 찍으세요.
- 시험 보기 전에 휴대폰을 끄세요.

-기 전에 (받침 O, 받침 X)	먹다 → 먹기 전에 만나다 → 만나기 전에 신청하다 → 신청하기 전에 듣다 → 듣기 전에 만들다 → 만들기 전에

문법 1 (동-기 전에)

1 도입, 제시

1. 도입 그림과 대화를 통해 문법이 사용되는 상황을 인지시킨다.
   - 아나이스 씨와 안젤라 씨가 무엇을 보고 있어요? 두 사람은 게시판 앞에서 무슨 이야기를 해요?
2. 교재의 대표 예문을 보면서 문법의 의미를 설명한다.
   - 안젤라 씨는 수업을 신청할 거예요. 그럼 신청 전에 무엇을 먼저 알아야 해요? 수업 시간을 확인해야 돼요. 먼저 수업 시간을 확인해요. 그 다음에 수업을 신청할 거예요. 순서는 확인이 먼저 신청이 나중이에요. 그 두 가지 순서를 말할 때 '수업을 신청하기 전에 수업 시간을 확인해요.' 이렇게 앞의 일보다 뒤의 일이 먼저 일어날 때, 시간이 먼저일 때 '-기 전에'를 사용해요.
3. 학생들과 교재의 예문들을 읽으면서 문법의 의미를 설명하고 이해시킨다.
4. 문법의 형태 정보를 제시하고 설명한다.
5. 추가 예문을 제시하고 문법의 의미와 사용법을 정확하게 이해시킨다.

2 연습 1

1. 〈보기〉의 대화를 교사와 함께 완성해 본다.
2. 나머지 문제를 〈보기〉의 대화처럼 짝과 완성하도록 한다.
3. 연습한 것을 발표하게 하거나 교사가 전체 학생을 대상으로 답하게 하여 확인한다. 그리고 오류가 있으면 수정해 준다.

3 연습 2

1. '외출하기 전에', '물건을 사기 전에', '사무실을 나가기 전에' 등의 주제를 가지고 그 행동을 하기 전에 해야 하는 일에 대해 다양하게 이야기해 보도록 한다.
2. 친구와 대화한 것을 발표하게 하고 오류가 있으면 수정해 준다.

익힘책 54쪽을 풀게 하거나 과제로 제시한다. 익힘책은 연습 활동 난이도에 따라 교재 연습 문제 전후로 활용한다.

어휘와 문법 2

- **단계:** 한국어는 0단계부터 1단계, 2단계, 3단계, 4단계, 5단계까지 공부할 수 있어요. 우리는 2단계에서 공부해요.
- **이수:** 이수는 하나의 과정을 끝내는 것이에요. 2단계 공부를 모두 끝냈어요. 출석도 80% 넘고 2단계 시험에도 합격했어요. 2단계를 이수했어요. 2단계를 이수했으니까 3단계에서 공부할 수 있어요.
- **출석:** 공부하러 매일 센터에 와요. 오늘 센터에 왔어요. 오늘 출석했어요. 친구가 오늘 안 왔어요. 친구가 결석했어요.
  발음 출석[출썩] 반대말 결석
- **이상:** 2단계는 100시간 중에서 80시간 이상 출석해야 돼요. 이 말은 80시간보다 많다는 말이에요. 그것보다 적은 것은 이하라고 해요. 80시간 이하는 이수가 안 돼요.
- **평가:** 평가는 다른 말로 시험이에요. 2단계 수업이 끝나면 2단계를 열심히 공부했는지 시험을 봐요. 그 시험을 2단계 평가라고 해요.
  발음 평가[평까]

- **합격:** 기준보다 점수가 높아서 'PASS'하는 것을 합격이라고 해요. 이번 단계 평가에서 85점을 받아서 합격했어요. 친구는 58점을 받아서 불합격했어요.
  발음 합격[합껵]
- **재응시:** 시험에 불합격했어요. 다시 시험을 봐요. 그것을 재응시라고 해요. 중간평가 시험에 재응시할 수 있어요.
- **재수료:** 단계 평가에서 불합격했어요. 그럼 2단계를 2번 들으면 3단계에 갈 수 있어요. 두 번 해서 끝내는 것을 재수료라고 해요. 2단계에서 재수료 하면 3단계에 갈 수 있어요.
- **승급:** 아래 단계에서 위 단계로 올라갔어요. 2단계에서 3단계로 승급했어요.

Q 2단계를 수료하고 싶어요. 어떻게 해요?

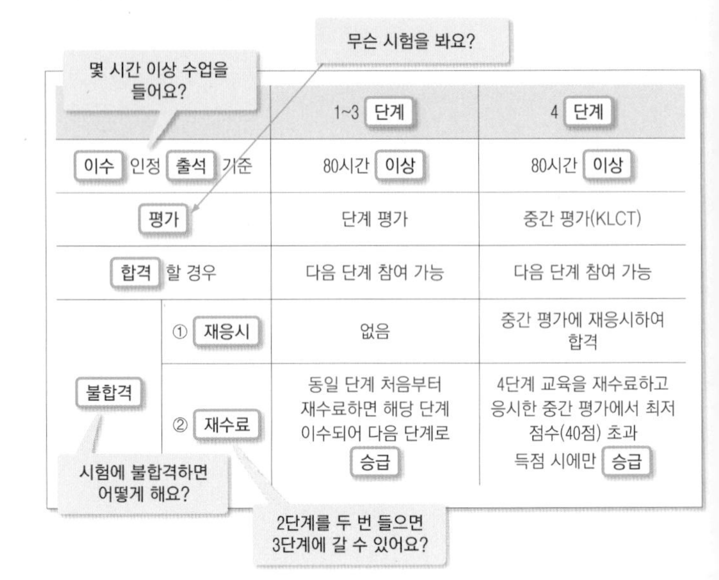

		1~3 단계	4 단계
이수 인정 출석 기준		80시간 이상	80시간 이상
평가		단계 평가	중간 평가(KLCT)
합격할 경우		다음 단계 참여 가능	다음 단계 참여 가능
불합격	① 재응시	없음	중간 평가에 재응시하여 합격
	② 재수료	동일 단계 처음부터 재수료하면 해당 단계 이수되어 다음 단계로 승급	4단계 교육을 재수료하고 응시한 중간 평가에서 최저 점수(40점) 초과 득점 시에만 승급

Q 여러분의 한국어 수업에 대해 이야기해 보세요.

86 사회통합프로그램(KIIP) 한국어와 한국문화 초급 2

어휘 2 (한국어 과정 수료 관련 어휘)

1 도입, 제시

1. 2단계를 수료하고 싶으면 어떻게 하는지 물으며 오늘 배우는 단어는 한국어 과정을 수료할 때 사용하는 어휘임을 알려 준다.

   여러분은 2단계를 잘 끝내고 싶지요? 3단계에 가고 싶지요? 이 2단계를 잘 끝내는 것을 수료라고 해요. 수료하고 싶어요. 그럼 어떻게 해요? 무슨 시험을 봐요? 오늘은 한국어 과정을 수료할 때 필요한 어휘를 공부해요.

2. 교사를 따라 어휘를 소리 내어 한 번 읽는다. 이때 발음에 주의하게 한다.
3. 어휘의 의미를 설명한다. 어휘가 사용된 문장을 예로 제시하거나 의미를 풀어서 설명해 준다. 상황에 따라 유의어나 반의어 등을 추가로 설명할 수 있다.
4. 배운 어휘를 소리 내어 읽도록 한다.

2 연습

1. 학생들에게 2단계를 수료하려면 몇 시간 이상 출석해야 하는지 무슨 시험을 봐야 하는지, 불합격할 경우 어떻게 할 수 있는지 질문을 던진다.
2. 짝과 함께 한국어 과정 수료 기준에 대해 말해 보도록 한다.
3. 학생들끼리 이야기한 것은 교사가 정리해 주며 같이 이야기한다.

   2단계를 수료하고 싶어요. 몇 시간 이상 수업을 들어야 돼요?
   무슨 시험을 봐요?
   시험에서 몇 점 이상을 받아야 돼요?

익힘책 53쪽을 풀게 하거나 과제로 제시한다.

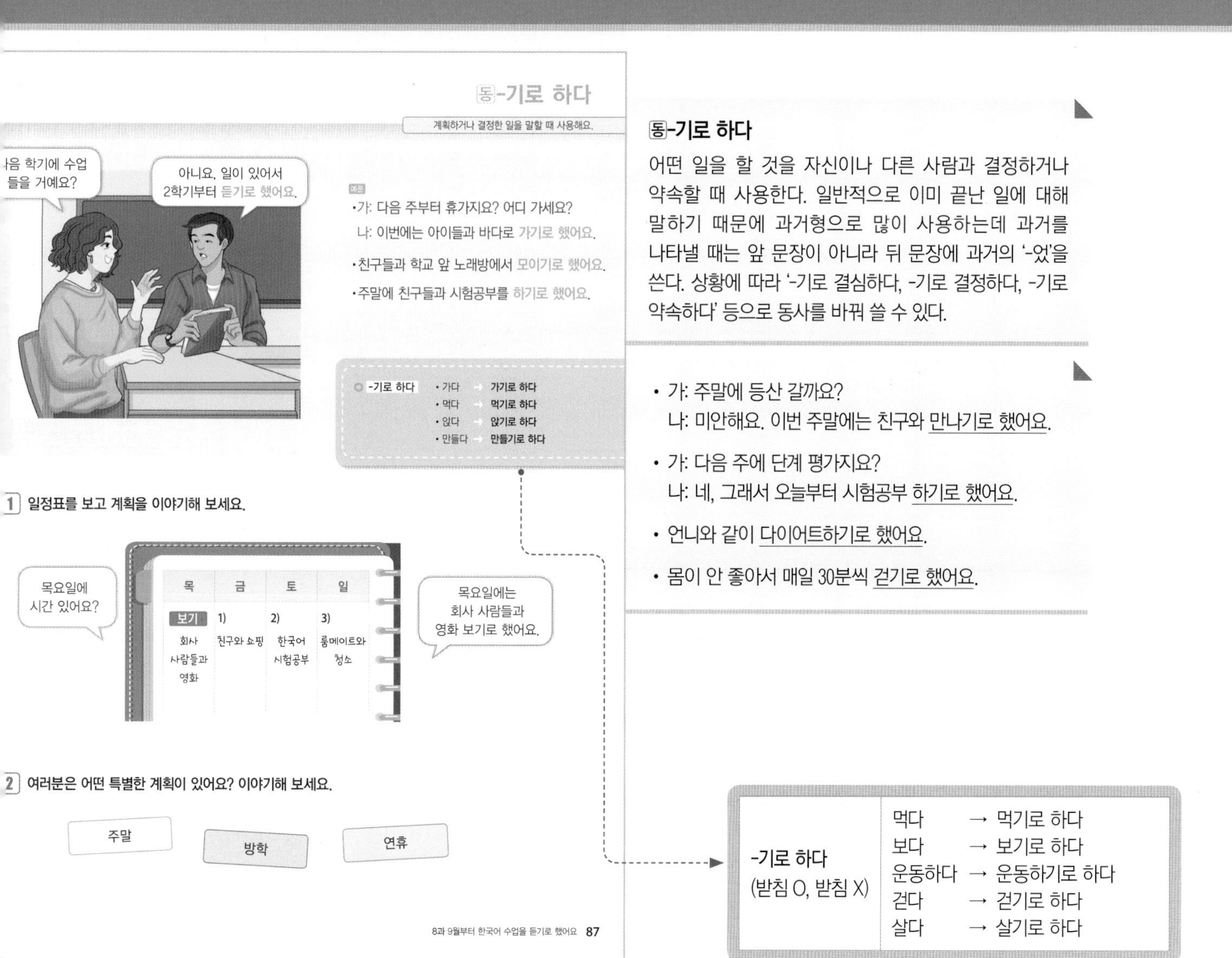

동-기로 하다

계획하거나 결정한 일을 말할 때 사용해요.

음 학기에 수업 들을 거예요?

아니요. 일이 있어서 2학기부터 듣기로 했어요.

예문

- 가: 다음 주부터 휴가지요? 어디 가세요?
  나: 이번에는 아이들과 바다로 가기로 했어요.
- 친구들과 학교 앞 노래방에서 모이기로 했어요.
- 주말에 친구들과 시험공부를 하기로 했어요.

-기로 하다
- 가다 → 가기로 하다
- 먹다 → 먹기로 하다
- 앉다 → 앉기로 하다
- 만들다 → 만들기로 하다

1 일정표를 보고 계획을 이야기해 보세요.

목요일에 시간 있어요?

목	금	토	일
보기 회사 사람들과 영화	1) 친구와 쇼핑	2) 한국어 시험공부	3) 룸메이트와 청소

목요일에는 회사 사람들과 영화 보기로 했어요.

2 여러분은 어떤 특별한 계획이 있어요? 이야기해 보세요.

주말 / 방학 / 연휴

8과 9월부터 한국어 수업을 듣기로 했어요 87

동-기로 하다

어떤 일을 할 것을 자신이나 다른 사람과 결정하거나 약속할 때 사용한다. 일반적으로 이미 끝난 일에 대해 말하기 때문에 과거형으로 많이 사용하는데 과거를 나타낼 때는 앞 문장이 아니라 뒤 문장에 과거의 '-었'을 쓴다. 상황에 따라 '-기로 결심하다, -기로 결정하다, -기로 약속하다' 등으로 동사를 바꿔 쓸 수 있다.

- 가: 주말에 등산 갈까요?
  나: 미안해요. 이번 주말에는 친구와 만나기로 했어요.
- 가: 다음 주에 단계 평가지요?
  나: 네, 그래서 오늘부터 시험공부 하기로 했어요.
- 언니와 같이 다이어트하기로 했어요.
- 몸이 안 좋아서 매일 30분씩 걷기로 했어요.

-기로 하다 (받침 O, 받침 X)	먹다 → 먹기로 하다 보다 → 보기로 하다 운동하다 → 운동하기로 하다 걷다 → 걷기로 하다 살다 → 살기로 하다

문법 2 (동-기로 하다)

1 도입, 제시

1. 도입 그림과 대화를 통해 문법이 사용되는 상황을 인지시킨다.
   - 두 사람이 어디에 있어요? 무슨 이야기를 해요?
2. 교재의 대표 예문을 보면서 문법의 의미를 설명한다.
   - 교실에서 다음 학기 수업에 대해 이야기하고 있어요. 라민 씨는 다음 학기에 수업을 들을 거예요? 라민 씨는 일이 있어서 다음 학기에는 수업을 못 들어요. 그것을 결정했어요. 혼자 결정하기도 하고 가족과 같이 이야기해서 이미 결정했어요. 결정이 끝났어요. 그럴 때 '일이 있어서 2학기부터 듣기로 했어요.' 이렇게 말해요. 이렇게 결심하거나 약속할 때 '-기로 하다'를 사용해요.
3. 학생들과 교재의 예문들을 읽으면서 문법의 의미를 설명하고 이해시킨다.
4. 문법의 형태 정보를 제시하고 설명한다.
5. 추가 예문을 제시하고 문법의 의미와 사용법을 정확하게 이해시킨다.

2 연습 1

1. 〈보기〉의 대화를 교사와 함께 완성해 본다.
2. 나머지 문제를 〈보기〉의 대화처럼 짝과 완성하도록 한다.
3. 연습한 것을 발표하게 하거나 교사가 전체 학생을 대상으로 답하게 하여 확인한다. 그리고 오류가 있으면 수정해 준다.

3 연습 2

1. 주말, 방학, 연휴 계획에 대해 '-기로 하다'를 활용하여 자신의 이야기를 하도록 한다.
2. 친구와 대화한 것을 발표하게 하고 오류가 있으면 수정해 준다.

익힘책 55쪽을 풀게 하거나 과제로 제시한다. 익힘책은 연습 활동 난이도에 따라 교재 연습 문제 전후로 활용한다.

1 2)

라흐만: 다음 주에 2단계가 끝나네요. 후엔 씨는 수업을 계속 들을 거예요?
후 엔: 네, 단계 평가 시험에 합격하면 3단계 수업을 신청할 거예요.
라흐만: 3단계도 토요일반에서 배울 거예요?
후 엔: 아니요, 시간이 맞지 않아서 평일반으로 바꾸기로 했어요.
라흐만: 아, 그래요? 저는 여기에서 계속 공부할 거예요. 아쉽네요.

2

가: 2단계가 끝나면 어떻게 할 거예요?
나: 단계 평가에 합격하면 3단계 수업을 신청할 거예요.
가: 3단계도 여기에서 배울 거예요?
나: 네, 집이 가깝고 시간도 좋아서 여기에서 계속 공부하기로 했어요.

선생님(여): 여러분, 다음 주에 단계 평가 시험이 있어요. 알고 있지요?
잠시드(남): 네, 선생님. 시험 본 다음에 점수는 어떻게 알 수 있어요?
선생님(여): 시험 이틀 후에 사회통합정보망 홈페이지에서 확인할 수 있어요. 마이페이지에 들어가서 보면 돼요.
잠시드(남): 네. 알겠어요. 감사합니다. 저, 시험을 보기 전에 모르는 문법을 질문하고 싶은데요.
선생님(여): 아, 그러세요? 이따 쉬는 시간에 물어보세요.

1 수업이 끝나고 라흐만 씨와 후엔 씨가 이야기해요. 다음과 같이 이야기해 보세요.

라흐만: 다음 주에 2단계가 끝나네요. 후엔 씨는 수업을 계속 들을 거예요?
후 엔: 네, 단계 평가 시험에 합격하면 3단계 수업을 신청할 거예요.
라흐만: 3단계도 여기에서 배울 거예요?
후 엔: 아니요, 집이 멀어서 가까운 데서 공부하기로 했어요.
라흐만: 아, 그래요? 저는 여기에서 계속 공부할 거예요. 아쉽네요.

1) 여기 | 집이 멀다, 가까운 데서 공부하다
2) 토요일반 | 시간이 맞지 않다, 평일반으로 바꾸다

2 2단계가 끝나면 어떻게 할 거예요? 친구와 이야기해 보세요.

선생님과 잠시드 씨가 이야기해요. 잘 듣고 답해 보세요.

1) 언제 시험이 있어요?
다음 주에 시험이 있어요.

2) 시험 점수는 어떻게 확인해요?
사회통합정보망 홈페이지에서 확인해요.

88 사회통합프로그램(KIIP) 한국어와 한국문화 초급 2

1 대화문 연습

1. 2단계가 끝나고 단계 평가에 합격하면 3단계 수업은 어디에서 어떻게 공부할 것인지에 대해 이야기하며 교재의 그림을 이용해 어떤 상황인지 추측해 보도록 한다.
   - 이 여자의 집은 센터와 가까운 것 같아요? 먼 것 같아요? 집이 멀면 계속 공부할 수 있을까요?
2. 지시문을 이용하여 대화 상황을 학생들에게 명확하게 알려 준다.
3. 대화를 들려주고 간단한 질문을 하여 대화 내용을 이해했는지 확인한다.
   - 여자는 수업을 계속 들을 거예요? 3단계도 여기에서 배울 거예요? 남자는 3단계 수업을 어디에서 공부할 거예요?
4. 교사와 함께 대화문을 읽으면서 자연스럽게 말하는 연습을 한다. 두 번 정도 반복해서 연습한다.
5. 교체 어휘를 활용하여 짝과 함께 연습하게 한다.
6. 연습이 끝나면 한두 팀을 발표시키거나 교사가 전체 학생을 대상으로 확인한다.

2 확장 연습

1. 2단계 수업이 끝나면 3단계 수업은 어디에서 어떻게 공부할 것인지 3단계 수업 계획에 대해 친구와 말하기를 한다고 알려 준다.
2. 짝과 같이 2단계 수업이 끝난 후에 어디에서 어떻게 공부할 것인지에 대해 이야기하게 한다. 대화를 할 때는 다음과 같은 내용을 포함하여 말하도록 지시한다.
   - 3단계 수업은 어디에서 공부할 것인지 왜 그곳에서 공부하는지 이야기해 보세요. 친구의 이야기를 들은 후 자신은 어디에서 공부할 것인지 왜 그렇게 하는지도 이야기해 보세요.
3. 이야기가 끝나면 한두 팀을 발표시키거나 교사가 전체 학생을 대상으로 확인하고 오류를 수정해 준다.

단계 평가 시험에 대해 듣기

1. 지시문을 이용하여 등장인물과 대화 상황을 설명한다.
2. 문제를 읽고 들어야 하는 정보를 파악하게 한다.
3. 듣기 파일을 두 번 듣고 문제를 풀게 한다.
4. 교재 질문의 답을 확인한 후 해당 대화를 같이 읽으며 내용을 확인한다. 필요한 경우 새로운 어휘, 표현을 설명한다.

읽기와 쓰기

1 한국어 과정 안내와 문자를 읽고 질문에 답해 보세요.

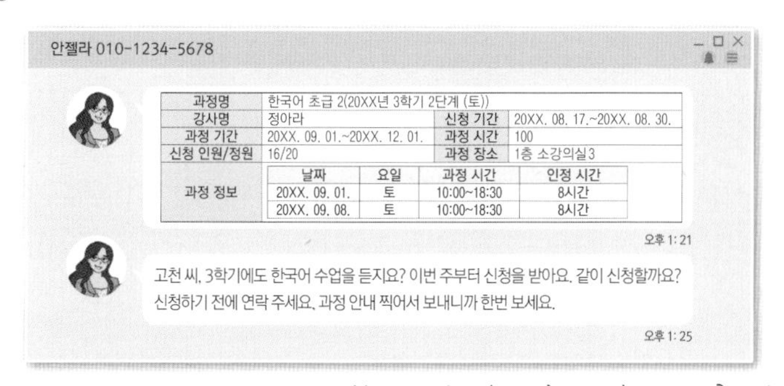

안젤라 010-1234-5678

과정명	한국어 초급 2(20XX년 3학기 2단계 (토))		
강사명	정아라	신청 기간	20XX. 08. 17.~20XX. 08. 30.
과정 기간	20XX. 09. 01.~20XX. 12. 01.	과정 시간	100
신청 인원/정원	16/20	과정 장소	1층 소강의실3

과정 정보

날짜	요일	과정 시간	인정 시간
20XX. 09. 01.	토	10:00~18:30	8시간
20XX. 09. 08.	토	10:00~18:30	8시간

오후 1:21

고천 씨, 3학기에도 한국어 수업을 듣지요? 이번 주부터 신청을 받아요. 같이 신청할까요? 신청하기 전에 연락 주세요. 과정 안내 찍어서 보내니까 한번 보세요.

오후 1:25

1) 안젤라 씨는 왜 문자를 보냈어요? 한국어 수업을 같이 신청하고 싶어서 문자를 보냈어요.

2) 한국어 초급 2 수업에 대한 설명으로 맞으면 ○, 틀리면 X 하세요.

❶ 이 수업은 9월 1일부터 신청해요. (X)

❷ 이 수업은 모두 20명까지 들을 수 있어요. (○)

❸ 이 수업은 토요일마다 6시간 동안 공부해요. (X)

3) 수업을 듣는 곳은 어디예요? 1층 소강의실 3이에요.

2 〈메모〉를 보고 한국어 수업을 같이 듣고 싶은 친구에게 문자를 써 보세요.

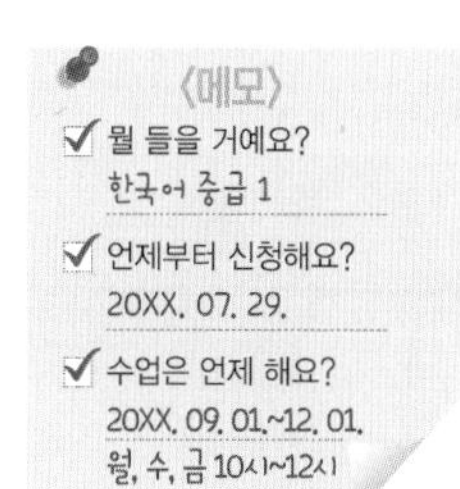

- **1층:** 우리 센터는 3층까지 있어요. 사무실은 1층에 있고 한국어 교실은 2층에 있어요.
- **소강의실:** 수업을 하는 교실을 강의실이라고 해요. 그런데 강의실 크기가 여러 가지예요. 작으면 소강의실, 크면 대강의실이라고 해요. 우리 센터는 소강의실이 3개 있어요. 우리 반은 소강의실 3에서 공부해요.

한국어 과정 안내 문자 읽기

1. 그림을 보며 글의 내용을 유추하게 한다.

누가 문자를 했어요?
누구에게 문자를 보냈어요?
무슨 내용의 문자인 것 같아요?

2. 글을 훑어 읽게 한 후 주제, 중심 내용 등을 간단히 말해 보도록 한다.

안젤라 씨는 왜 문자를 보냈어요? 이 수업은 언제부터 신청할 수 있어요?
모두 몇 명까지 들을 수 있어요?
무슨 요일에 수업을 해요?

3. 글을 다시 읽으면서 문제를 풀게 한다.

4. 답을 같이 확인한 후, 본문을 다시 읽으며 모르는 어휘가 없는지 확인한다. 필요한 경우 새로운 어휘, 표현을 설명한다.

한국어 과정 안내 문자 쓰기

1. 어떤 글을 쓸지 알려 주고 글에 들어갈 내용을 생각해 보게 한다.

오늘은 한국어 수업을 같이 듣고 싶은 친구에게 문자를 쓸 거예요.
친구에게 한국어 수업에 대해 무엇을 알려 주면 좋을까요?

2. 교재 질문에 대해 자신이 쓸 내용을 간단하게 메모하도록 한다. 교사는 학생들이 쓴 메모에 오류가 없는지 확인해 준다.

3. 메모한 내용을 바탕으로 글로 완성하게 한다.

문화와 정보

참고

사회통합프로그램에 참여하고 싶으면 먼저 회원 가입을 하고 사전 평가를 신청해요.

5단계까지 이수한 사람은 비자를 변경하거나 영주권을 받을 때, 또 국적을 받을 때 시험이 면제되거나 점수를 받는 등 이수 혜택이 있어요.

0단계부터 시작하거나 한국어능력시험(TOPIK) 등급이 있는 사람 등은 사전 평가를 보지 않고 단계 배정을 받는 방법도 있어요. 더 자세한 것은 사회통합정보망(www.socinet.go.kr)에서 확인할 수 있어요.

참고

•사회통합프로그램 단계 배정

구분 \ 교육명	한국어와 한국문화					한국사회이해	
단계	0단계	1단계	2단계	3단계	4단계	5단계	
과정	기초	초급1	초급2	중급1	중급2	기본	심화
총 교육시간	15시간	100시간	100시간	100시간	100시간	50시간	20시간
평가	없음	1단계 평가	2단계 평가	3단계 평가	중간 평가	영주용 종합평가	귀화용 종합평가
사전 평가	구술 3점 미만 (필기점수 무관)	3점~ 20점	21점~ 40점	41점~ 60점	61점~ 80점	81점 이상	

사회통합프로그램

한국에는 이민자의 한국 적응을 도와주는 다양한 프로그램이 있습니다. 가장 대표적인 프로그램은 사회통합프로그램입니다. 사회통합프로그램은 0단계부터 5단계까지 있습니다. 0~4단계는 '한국어와 한국문화'를, 마지막 5단계에서는 '한국사회이해'를 배웁니다. 5단계까지 이수하면 국적 취득 필기시험을 보지 않아도 됩니다. 사회통합프로그램 교육 기관이 점점 많아지고 있습니다. 그래서 이민자들의 사회통합프로그램 참가 기회가 많아졌습니다.

사회통합프로그램

1. 이 단원의 문화와 정보가 무엇에 대한 것인지 알려 준다.

- 여러분이 지금 공부하는 한국어 프로그램 이름이 뭐예요? 한국에는 외국인을 도와주는 여러 가지 프로그램이 있어요. 그중에서 오늘은 '사회통합프로그램'에 대해 알아봅시다.

2. 교재의 그림을 보면서 주제에 대해 알고 있는 것을 상기시키고 말해 보게 한다. 이때 관련 시각 자료를 추가로 활용할 수 있다.

- 여러분은 사회통합프로그램을 어떻게 알게 됐어요?
  이 프로그램은 어디에서 신청할 수 있어요?
  여러분은 몇 단계부터 수업을 들었어요?

3. 교재를 같이 읽으면서 내용을 설명한다. 이때 중요한 정보가 있는 부분에 밑줄을 긋거나 표시하게 하는 것도 좋다.

4. 질문 1, 2의 답을 찾아보고 답하게 한다.

- 사회통합프로그램은 어떤 프로그램이에요?
  요즘 사회통합프로그램 참가가 어려워요? 쉬워요?

5. 3번 질문을 이용하여 학습자 자신의 경험을 말해 보도록 한다.

- 여러분은 사회통합프로그램에서 무엇을 배우고 싶어요?

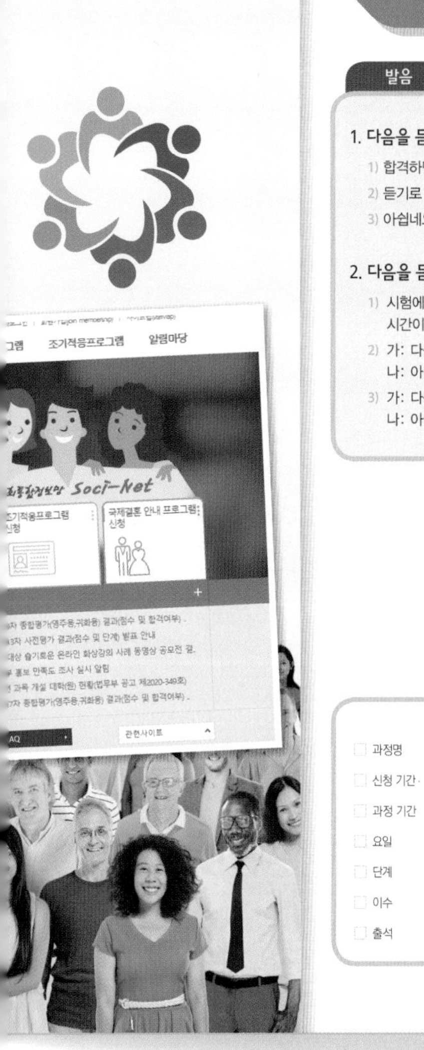

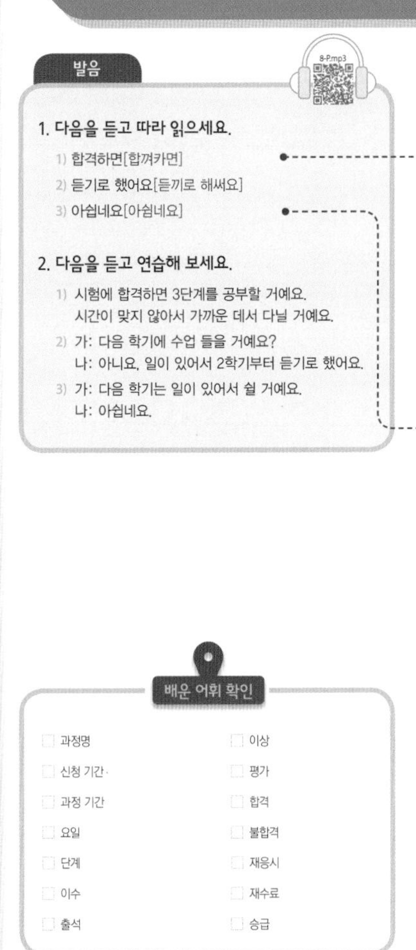

발음

1. 다음을 듣고 따라 읽으세요.
   1) 합격하면[합껴카면]
   2) 듣기로 했어요[듣끼로 해써요]
   3) 아쉽네요[아쉼네요]

2. 다음을 듣고 연습해 보세요.
   1) 시험에 합격하면 3단계를 공부할 거예요.
      시간이 맞지 않아서 가까운 데서 다닐 거예요.
   2) 가: 다음 학기에 수업 들을 거예요?
      나: 아니요. 일이 있어서 2학기부터 듣기로 했어요.
   3) 가: 다음 학기는 일이 있어서 쉴 거예요.
      나: 아쉽네요.

배운 어휘 확인

□ 과정명	□ 이상
□ 신청 기간	□ 평가
□ 과정 기간	□ 합격
□ 요일	□ 불합격
□ 단계	□ 재응시
□ 이수	□ 재수료
□ 출석	□ 승급

8과 9월부터 한국어 수업을 듣기로 했어요 91

- **경음화**
  – 받침 'ㄷ, ㅂ' 뒤에 'ㄱ'가 올 경우 경음 [ㄲ]로 발음된다.
- **격음화**
  – 받침 'ㄱ' 뒤에 'ㅎ' 가 올 경우 격음 [ㅋ]로 발음된다.
- **비음화**
  – 받침 'ㅂ' 뒤에 'ㄴ, ㅁ'가 올 경우 [ㅁ]로 발음된다.

- 이 단원에서 배운 어휘 중 기억나는 것을 말해 보세요.
- 이 단원에서 배운 문법은 뭐예요?
- 이 한국어 수업을 어떻게 신청했어요?
- 다음 학기 한국어 과정 신청 방법에 대해 알아요?
- 사회통합프로그램에 대해 잘 알고 있어요?

발음 10분

1. 교재 1번 발음을 들려주고 '합격하면', '듣기로', '아쉽네요'의 발음이 어떻게 들리는지 학습자 스스로 확인해 보도록 한다.

2. 받침 'ㄷ, ㅂ' 뒤에 'ㄱ'가 올 경우 경음 [ㄲ]로 발음되는 경음화와 받침 'ㄱ' 뒤에 'ㅎ' 가 올 경우 격음 [ㅋ]로 발음되는 규칙을 알려 준다. 그래서 '합격'이 [합껵]으로 '듣기로'는 [듣끼로]로 그리고 '합격하면'이 [합껴카면]인 것을 알려 준다.
다음으로 받침 'ㅂ' 뒤에 'ㄴ, ㅁ'가 올 경우 [ㅁ]으로 발음되는 비음화 현상도 알려 준다.
'아쉽네요'에서 [아쉼네요]로 발음된다는 것을 설명해 준다.

3. 교재 1번 발음을 다시 듣고 교사를 따라 말해 본다.

4. 교재 2번 대화를 듣고 따라 말해 본다.

5. 짝과 함께 대화를 읽으며 연습하게 한 후에 확인한다.

마무리 10분

1. 단원에서 학습한 어휘 중 기억하는 것을 먼저 말해 보게 한다.

2. 배운 어휘 목록의 어휘들을 읽으면서 의미를 상기시킨다.

3. 단원에서 학습한 문법(동-기 전에, 동-기로 하다)을 상기시키며 의미와 사용법을 기억하는지 확인한다.

4. 단원의 목표와 성취도를 확인한다.

5. 익힘책을 과제로 제시하고 마무리한다.

9

근처에 자주 가는 식당이 있어요

수업 목표 및 내용

- **주제:** 외식
- **어휘와 문법**
  - 어휘: 음식의 맛, 식당의 특징 관련 어휘를 익힌다.
  - 문법: '동형-을 것 같다', '동-는'의 의미와 형태를 익혀 사용할 수 있다.
- **활동**
  - 말하기: 동료와 회식 장소를 정하는 대화를 할 수 있다.
  - 듣기: 맛집 정보에 관한 대화를 듣고 이해할 수 있다.
  - 읽기: 맛집 방문 경험담을 읽고 이해할 수 있다.
  - 쓰기: 맛집을 소개하는 글을 쓸 수 있다.
- **문화와 정보:** 한국의 배달 앱

1	2	3	4
주제	어휘와 문법	활동	문화와 정보
외식	맛, 식당의 특징 동형-을 것 같다 동-는	회식 장소 정하기 맛집 소개하는 글 쓰기	한국의 배달 앱(App)

수업 전개

도입 / 어휘와 문법 1 (1차시)	어휘와 문법 2 (2차시)
· 음식의 맛 · 동형-을 것 같다	· 식당의 특징 · 동-는
익힘책 pp. 58-61	익힘책 pp. 58-61

단원 도입

❶

❷

❸

- 이 식당에 사람들이 왜 이렇게 많을까요?
- 여러분은 어떤 식당에 자주 가요? 왜 그 식당에 자주 가요?

도입

1. 교재 그림을 이용하여 학생들과 이야기하며 이 과의 주제를 노출한다.

   그림❶ 이 거리 주변에 어떤 식당이 보여요? 여러분은 어떤 식당에 자주 가요?

   그림❷ 여기는 한식당이에요. 여러분은 한식을 좋아해요? 한식은 맛이 어때요?

   그림❸ 이 두 사람은 어떤 식당에 들어갔어요? 이 식당은 어떻게 보여요?

2. 대화 내용을 정리하며 이 단원에서는 '외식, 맛집, 음식의 맛, 식당' 등에 대해 공부한다는 것을 알려 준다.

이 단원을 지도할 때는…

이 단원과 관계있는 단원들은 아래와 같습니다. 관련 단원의 학습 내용을 확인하셔서 지도에 참고하시면 좋을 것 같습니다.

- 주제: 음식, 식당 단원
  - 1권 7과
- 어휘: 맛
  - 1권 7과
- 문법: 추측 표현
  - 2권 6과

말하기와 듣기 3차시	읽기와 쓰기 4차시	문화와 정보 / 발음 / 마무리 5차시
·회식 장소 정하기 ·맛집 정보 듣기	·맛집 방문 경험담 읽기 ·자주 가는 식당 소개 글 쓰기	·한국의 배달 앱
익힘책 p. 62	익힘책 p. 63	

- **재료가 신선하다:** 요리할 때 재료가 신선하면 음식이 더 맛있어요.
- **국물이 시원하다:** 매운탕 국물이 정말 시원해요.
  발음 국물[궁물]
- **달다:** 설탕이 달아요.
- **쓰다:** 약이 써요.
- **시다:** 레몬이 시어요.
- **짜다:** 소금이 짜요.

- **매콤하다:** 떡볶이가 매콤해요.
- **짭짤하다:** 감자칩이 짭짤해요.
- **싱겁다:** 소금을 안 넣어서 국이 싱거워요.
- **조미료가 들어가다:** 조미료가 너무 많이 들어간 음식은 건강에 좋지 않을 것 같아요.
- **달콤하다:** 초콜릿이 달콤해요
- **새콤하다:** 식초를 넣어 냉면이 새콤해요

이 음식들을 먹어 봤어요? 맛이 어때요?

이 음식들은 맛이 어때요?

매콤하고 짭짤해요.

어휘 1 (음식의 맛)

1 도입, 제시

1. 음식 맛을 표현하는 단어로 어떤 것을 알고 있는지 물으며 오늘의 어휘는 음식 맛을 말할 때 사용하는 표현임을 알려 준다.

   여러분은 오늘 뭐 먹었어요? 그 음식은 맛이 어때요?
   오늘은 음식의 맛을 공부해요.

2. 교사를 따라 어휘를 소리 내어 한 번 읽는다. 이때 발음에 주의하게 한다.
3. 어휘의 의미를 설명한다. 어휘가 사용된 문장을 예로 제시하거나 의미를 풀어서 설명해 준다. 상황에 따라 유의어나 반의어 등을 추가로 설명할 수 있다.
4. 배운 어휘를 소리 내어 읽도록 한다. 이때 '-어요' 형태로 단어를 읽는 등 변화를 줄 수 있다.

2 연습

1. 각 음식 사진을 보며 어떤 음식인지 이름과 먹어 본 경험을 이야기해 본다.
2. 음식들의 맛이 어떤지 짝과 대화하도록 한다.
3. 학생들끼리 이야기한 것은 교사가 정리해 주며 같이 이야기한다.

   낙지볶음(샐러드, 매운탕, 화채)은 맛이 어때요?

4. 다양한 음식에 대해 맛을 이야기하는 활동으로 확장할 수 있다.

익힘책 58쪽을 풀게 하거나 과제로 제시한다.

동형-을 것 같다

어떤 일에 대한 추측을 나타낼 때 사용해요.

예문
- 가: 저 가방 좀 보세요. 예쁘죠?
  나: 네, 정말 예쁘네요. 그런데 좀 비쌀 것 같아요.
- 구름이 많이 끼었네요. 곧 비가 올 것 같아요.
- 동생이 이 선물을 받으면 아주 좋아할 것 같아요.

-을 것 같다	• 먹다 → 먹을 것 같다	★맵다 → 매울 것 같다
-ㄹ 것 같다	• 짜다 → 짤 것 같다	★달다 → 달 것 같다

1 그림을 보고 이야기해 보세요.

보기

이 식당에 자리가 있다 / 손님이 많아서 자리가 없다

1) 
여자 친구가 선물을 좋아하다 / 꽃이 예뻐서 좋아하다

2) 
약속 시간에 도착할 수 있다 / 길이 막혀서 좀 늦다

3) 
아이가 자전거를 잘 타다 / 아빠가 안 잡아 줘서 넘어지다

2 다음에 대해 친구들과 함께 말해 보세요.

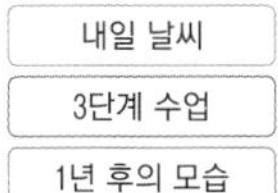

내일 날씨 / 3단계 수업 / 1년 후의 모습

9과 근처에 자주 가는 식당이 있어요 95

동형-을 것 같다

어떤 일에 대한 추측을 나타낼 때 사용한다. 여러 상황을 통해 추측하는 말을 할 때 주로 사용한다. 개인적인 의견을 표현하는 경우가 많으므로 학술적이고 공식적인 상황에서는 어울리지 않는다.

- 가: 우리 주말에 놀이공원에 갈까요?
  나: 그런데 연휴라서 사람이 많을 것 같아요. 좀 더 생각해 봐요.
- 가: 이링 씨, 자료 정리는 다 했어요?
  나: 거의 다 했고 30분 안으로 끝날 것 같습니다.
- 시험이 어려울 것 같아서 열심히 공부했습니다.
- 이 영화 예고편을 봤어요. 영화가 재미있을 것 같았어요.

-을 것 같다 (받침 O)	먹다 → 먹을 것 같다 좋다 → 좋을 것 같다 맛있다 → 맛있을 것 같다 *듣다 → 들을 것 같다
-ㄹ 것 같다 (받침 X, ㄹ 받침)	자다 → 잘 것 같다 사다 → 살 것 같다 일하다 → 일할 것 같다 학생이다 → 학생일 것 같다 *달다 → 달 것 같다

문법 1 (동형-을 것 같다)

1 도입, 제시

1. 도입 그림과 대화를 통해 문법이 사용되는 상황을 인지시킨다.

> 아나이스 씨와 제임스 씨가 식당에서 음식을 고르고 있어요. 두 사람은 메뉴판의 음식을 잘 알아요?

2. 교재의 대표 예문을 보면서 문법의 의미를 설명한다.

> 제임스 씨는 이 음식을 안 먹어 봤어요. 그래서 맛을 잘 모르지만 음식 사진에 고추가 다섯 개나 있어서 음식 맛을 쉽게 추측할 수 있어요. 그럴 때 '이 음식은 매울 것 같아요.'라고 말해요. 이렇게 추측해서 말할 때 '-을 것 같다'를 사용해요.

3. 학생들과 교재의 예문들을 읽으면서 문법의 의미를 설명하고 이해시킨다.

4. 문법의 형태 정보를 제시하고 설명한다.

5. 추가 예문을 제시하고 문법의 의미와 사용법을 정확하게 이해시킨다.

2 연습 1

1. 〈보기〉의 대화를 교사와 함께 완성해 본다.

2. 나머지 문제를 〈보기〉의 대화처럼 짝과 완성하도록 한다.

3. 연습한 것을 발표하게 하거나 교사가 전체 학생 대상으로 답하게 하여 확인한다. 그리고 오류가 있으면 수정해 준다.

3 연습 2

1. '내일 날씨', '3단계 수업', '수업이 끝나고 집에 갈 때의 교통' 등의 주제에 대해 추측하여 이야기해 보도록 한다.

2. 친구와 대화한 것을 발표하게 하고 오류가 있으면 수정해 준다.

익힘책 60쪽을 풀게 하거나 과제로 제시한다. 익힘책은 연습 활동 난이도에 따라 교재 연습 문제 전후로 활용한다.

어휘와 문법 2

- **(음식) 양이 많다:** 이 식당은 음식의 양이 많아요. 조금만 주문해도 많은 사람이 먹을 수 있어요.
- **밑반찬이 많이 나오다:** 순두부찌개만 주문했는데 5가지의 밑반찬이 나왔어요.
- **맛집으로 유명하다:** 이 식당은 맛집으로 유명해서 한 달 전에 예약하지 않으면 식사할 수 없어요.
- **자리가 없다:** 이 식당은 맛집으로 유명해서 식사 시간에는 자리가 없어요.
- **줄을 서다:** ('자리가 없다'와 연결하여) 그래서 보통 줄을 서서 1시간 정도 기다려야 해요.

- **분위기가 좋다:** 그 식당은 집 같은 편안한 분위기가 좋아요.
- **서비스가 좋다:** 이 식당은 생일에 식사하면 케이크와 음료를 서비스로 줘요. 서비스가 좋아요.
- **칸막이가 있다:** 이 식당의 탁자는 서로 칸막이가 있어서 큰 소리로 이야기해도 괜찮아요.

Q 이 식당은 어떤 특징이 있어요?

Q 여러분은 외식할 때 어떤 식당에 자주 가요? 왜 거기에 자주 가요?

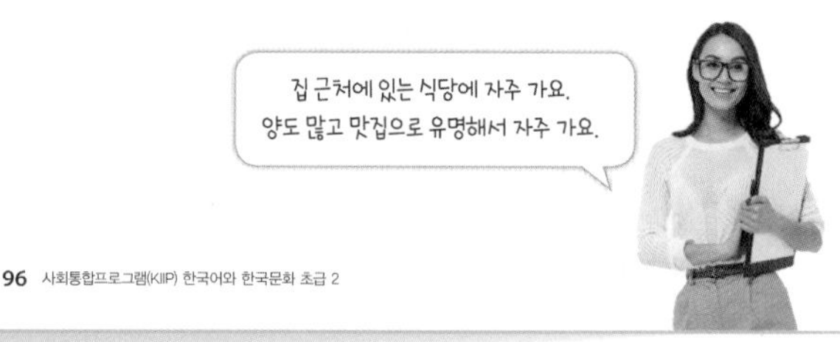

96 사회통합프로그램(KIIP) 한국어와 한국문화 초급 2

어휘 2 (식당의 특징)

1 도입, 제시

1. 자주 가는 식당은 어떤 식당인지 물으며 오늘 배우는 단어는 식당의 특징을 표현할 때 사용하는 어휘임을 알려 준다.

   여러분은 어떤 식당에 자주 가요? 왜 그 식당에 자주 가요?
   오늘은 식당을 설명할 수 있는 어휘를 공부해요.

2. 교사를 따라 어휘를 소리 내어 한 번 읽는다. 이때 발음에 주의하게 한다.
3. 어휘의 의미를 설명한다. 어휘가 사용된 문장을 예로 제시하거나 의미를 풀어서 설명해 준다. 상황에 따라 유의어나 반의어 등을 추가로 설명할 수 있다.
4. 배운 어휘를 소리 내어 읽도록 한다.

2 연습

1. 학생들에게 자주 가는 식당이 어디인지, 그 식당의 메뉴는 무엇인지, 음식 맛이 어떤지 질문을 던진다.
2. 짝과 함께 자신이 자주 가는 식당의 특징에 대해 말해 보도록 한다.
3. 학생들끼리 이야기한 것은 교사가 정리해 주며 같이 이야기한다.

   OO 씨가 자주 가는 식당은 어떤 곳이에요? 왜 그곳에 자주 가요?

익힘책 59쪽을 풀게 하거나 과제로 제시한다.

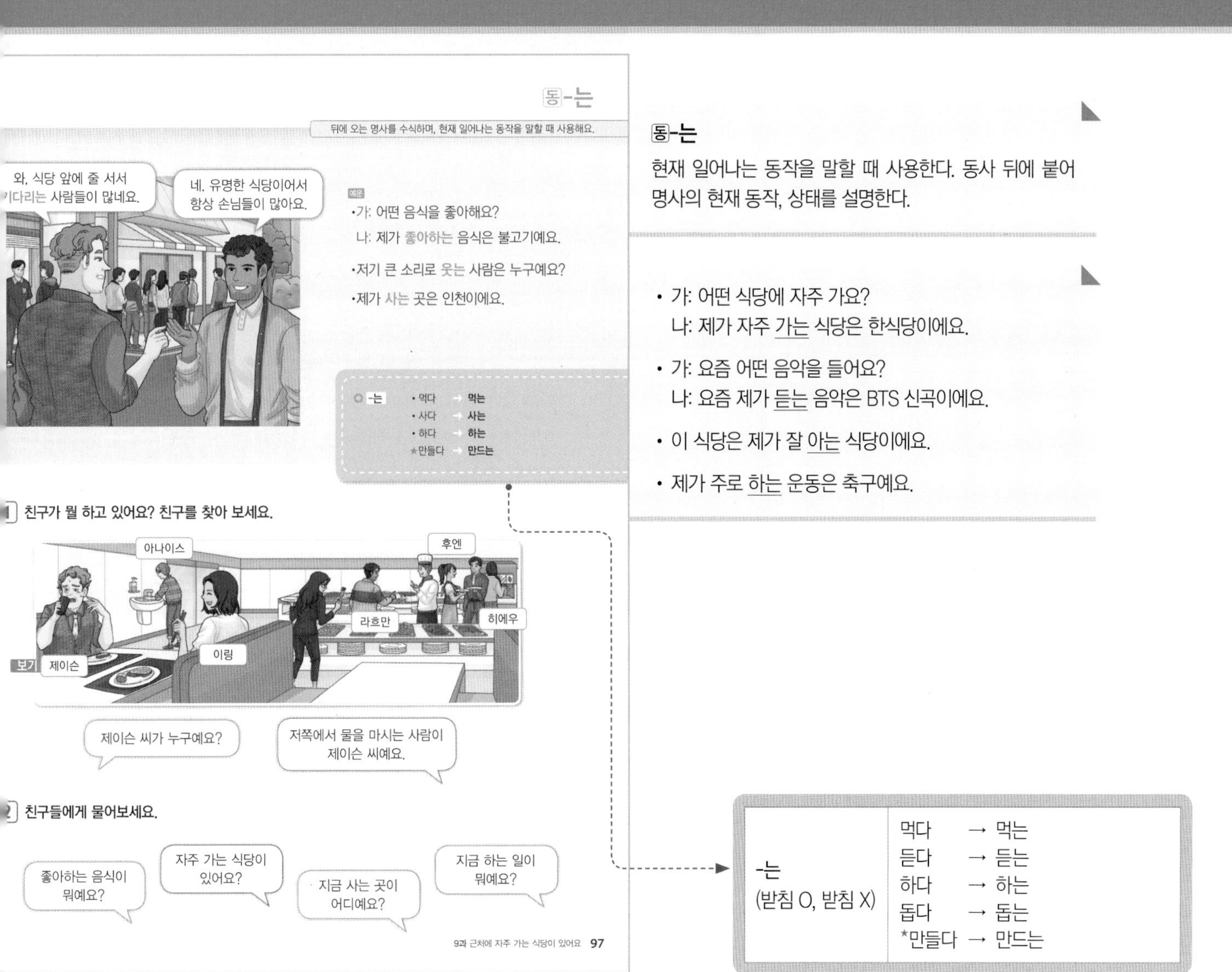

동-는

뒤에 오는 명사를 수식하며, 현재 일어나는 동작을 말할 때 사용해요.

예문
- 가: 어떤 음식을 좋아해요?
  나: 제가 좋아하는 음식은 불고기예요.
- 저기 큰 소리로 웃는 사람은 누구예요?
- 제가 사는 곳은 인천이에요.

-는
- 먹다 → 먹는
- 사다 → 사는
- 하다 → 하는
- ★만들다 → 만드는

1 친구가 뭘 하고 있어요? 친구를 찾아 보세요.

제이슨 씨가 누구예요?

저쪽에서 물을 마시는 사람이 제이슨 씨예요.

2 친구들에게 물어보세요.

좋아하는 음식이 뭐예요?

자주 가는 식당이 있어요?

지금 사는 곳이 어디예요?

지금 하는 일이 뭐예요?

9과 근처에 자주 가는 식당이 있어요 97

동-는

현재 일어나는 동작을 말할 때 사용한다. 동사 뒤에 붙어 명사의 현재 동작, 상태를 설명한다.

- 가: 어떤 식당에 자주 가요?
  나: 제가 자주 가는 식당은 한식당이에요.
- 가: 요즘 어떤 음악을 들어요?
  나: 요즘 제가 듣는 음악은 BTS 신곡이에요.
- 이 식당은 제가 잘 아는 식당이에요.
- 제가 주로 하는 운동은 축구예요.

-는 (받침 O, 받침 X)	먹다 → 먹는 듣다 → 듣는 하다 → 하는 돕다 → 돕는 *만들다 → 만드는

문법 2 (동-는)

1 도입, 제시

1. 도입 그림과 대화를 통해 문법이 사용되는 상황을 인지시킨다.
   - 이 식당은 맛집인 것 같아요. 식당 앞에 사람들이 줄을 서서 기다리고 있어요. 두 사람이 그 사람들을 가리키면서 이야기하고 있어요.
2. 교재의 대표 예문을 보면서 문법의 의미를 설명한다.
   - 그 사람들을 보고 제이슨 씨가 뭐라고 말해요? '식당 앞에 줄 서서 기다리는 사람들이 많네요.'라고 말해요. '줄 서서 기다리는 사람'처럼 현재 하고 있는 동작을 말할 때 '-는'을 사용해요.
3. 학생들과 교재의 예문들을 읽으면서 문법의 의미를 설명하고 이해시킨다.
4. 문법의 형태 정보를 제시하고 설명한다.
5. 추가 예문을 제시하고 문법의 의미와 사용법을 정확하게 이해시킨다.

2 연습 1

1. 〈보기〉의 대화를 교사와 함께 완성해 본다.
2. 나머지 문제를 〈보기〉의 대화처럼 짝과 완성하도록 한다.
3. 연습한 것을 발표하게 하거나 교사가 전체 학생 대상으로 답하게 하여 확인한다. 그리고 오류가 있으면 수정해 준다.

3 연습 2

1. 좋아하는 음식이 무엇인지, 자주 가는 식당이 있는지 묻고 대답하면서 '-는'을 활용하여 자신의 이야기를 하도록 한다.
2. 친구와 대화한 것을 발표하게 하고 오류가 있으면 수정해 준다.

익힘책 61쪽을 풀게 하거나 과제로 제시한다. 익힘책은 연습 활동 난이도에 따라 교재 연습 문제 전후로 활용한다.

말하기와 듣기

1 2)

아나이스: 잠시드 씨, 고향 사람 모임을 어디에서 하는 게 좋을까요?
잠 시 드: 이 근처에 제가 좋아하는 카페가 있어요. 거기에 갈래요?
아나이스: 거기는 어떤 곳이에요?
잠 시 드: 분위기도 좋고 커피 맛도 좋아요. 그래서 손님이 항상 많아요. 인터넷 검색하면 나와요. 여기 보세요.
아나이스: 와, 여기 정말 맛있을 것 같아요. 여기로 가요.

2

가: 우리 반 회식을 어디에서 하는 게 좋을까요?
나: 학교 근처에 맛집이 있어요. 거기 갈래요?
가: 어떤 곳이에요?
나: 분위기도 좋고 양이 많아요. 그래서 항상 줄 서서 먹는 곳이에요.
가: 좋아요. 그럼 거기로 가요.

이 링(여): 라흐만 씨 같이 밥 먹고 집에 갈래요?
라흐만(남): 좋아요. 학교 앞 중식당 어때요?
이 링(여): 음…… 거기는 며칠 전에도 갔으니까 버스 정류장 앞에 있는 분식집에 갑시다.
라흐만(남): 그 식당 괜찮아요? 한 번도 안 가 봤어요.
이 링(여): 밑반찬도 많이 나오고 음식에 조미료도 안 넣어요. 맛집으로도 유명하고요.
라흐만(남): 좋아요. 거기 가서 먹어요. 그런데 지금 점심시간이어서 자리가 없을 것 같아요. 빨리 갑시다.

1 회식 장소를 찾고 있어요. 다음과 같이 이야기해 보세요.

아나이스: 잠시드 씨, 우리 반 회식을 어디에서 하는 게 좋을까요?
잠 시 드: 이 근처에 제가 자주 가는 식당이 있어요. 거기 갈래요?
아나이스: 거기는 어떤 곳이에요?
잠 시 드: 재료도 신선하고 양도 많아요. 그래서 손님이 항상 많아요. 인터넷 검색하면 나와요. 여기 보세요.
아나이스: 와, 여기 정말 맛있을 것 같아요. 여기로 가요.

1) 우리 반 회식 | 자주 가다, 식당 | 재료가 신선하고 양이 많다
2) 고향 사람 모임 | 좋아하다, 카페 | 분위기가 좋고 커피 맛도 좋다

2 한국어 교실의 친구들과 회식을 할 거예요. 어떤 곳으로 갈 거예요? 이야기해 보세요.

라흐만 씨와 이링 씨가 같이 밥을 먹으러 갈 거예요. 잘 듣고 답해 보세요.

1) 두 사람은 어느 식당에 갈 거예요?
분식집

2) 두 사람이 가는 식당 설명으로 맞으면 O, 틀리면 X 하세요.
❶ 버스 정류장 앞에 있어요. (O)
❷ 밑반찬이 많이 나와요. (O)
❸ 항상 자리가 없어요. (X)

98 사회통합프로그램(KIIP) 한국어와 한국문화 초급 2

외식 장소 정하기

1 대화문 연습

1. 회식이 필요한 상황(생일, 축하할 일 등)에 대해 이야기하며 교재의 그림을 이용해 어떤 상황인지 추측해 보도록 한다.

   이 두 사람은 무엇을 보고 있는 것 같아요?
   이 남자가 간 식당은 어떤 식당인 것 같아요?
   여러분은 이런 식당 좋아요?

2. 지시문을 이용하여 대화 상황을 학생들에게 명확하게 알려 준다.
3. 대화를 들려주고 간단한 질문을 하여 대화 내용을 이해했는지 확인한다.

   이 두 사람은 무슨 모임을 하려고 해요?
   남자가 어느 식당을 말했어요?
   그 식당은 뭐가 좋아요?

4. 교사와 함께 대화문을 읽으면서 자연스럽게 말하는 연습을 한다. 두 번 정도 반복해서 연습한다.
5. 교체 어휘를 활용하여 짝과 함께 연습하게 한다.
6. 연습이 끝나면 한두 팀을 발표시키거나 교사가 전체 학생을 대상으로 확인한다.

2 확장 연습

1. 한국어 교실 친구들과 회식 장소를 정하는 말하기를 한다고 알려 준다.
2. 짝과 같이 회식 장소로 적당한 주변 식당에 대해 이야기하게 한다. 대화를 할 때는 다음과 같은 내용을 포함하여 말하도록 지시한다.

   어디를 추천하고 싶은지, 그곳을 추천하는 이유가 무엇인지도 이야기해 보세요. 친구의 설명을 들은 후 그 식당이 어떨 것 같은지 추측해서 이야기해 보세요.

3. 이야기가 끝나면 한두 팀을 발표시키거나 교사가 전체 학생을 대상으로 확인하고 오류를 수정해 준다.

맛집 정보 듣기

1. 지시문을 이용하여 등장인물과 대화 상황을 설명한다.
2. 문제를 읽고 들어야 하는 정보를 파악하게 한다.
3. 듣기 파일을 두 번 듣고 문제를 풀게 한다.
4. 교재 질문의 답을 확인한 후 해당 대화를 같이 읽으며 내용을 확인한다. 필요한 경우 새로운 어휘, 표현을 설명한다.

1 다음 글을 읽고 질문에 답해 보세요.

오늘 고향 친구가 우리 집에 놀러 와서 외식을 하기로 했습니다. 우리는 먼저 스마트폰으로 검색해 봤습니다. 그리고 맛집으로 유명한 근처 식당을 찾아갔습니다. 식당은 손님이 많아서 자리가 없었습니다. 줄을 서서 기다리는 사람도 몇 명 있었습니다. 우리도 20분 정도 기다린 다음에 들어갔습니다. 음식이 다 맛있을 것 같아서 메뉴 세 개를 시켰습니다. 처음에는 많을 것 같았지만 우리는 다 먹을 수 있었습니다.

1) 이 사람은 누구와 식당에 갔어요? 고향 친구와 식당에 갔어요.

2) 식당은 어떤 곳이에요? 맛집으로 유명해요.

3) 음식을 몇 개 주문했어요? 그 음식들을 남겼어요? 세 개 주문했어요. 다 먹었어요.

2 여러분이 자주 가는 맛집을 소개해 보세요.

- 어떤 식당이에요?
- 자주 가는 이유가 뭐예요?
- 그 식당 음식 맛이 어때요?

단어장
찾아가다

- **검색하다:** 맛집을 인터넷으로 검색해요.
  발음 검색하다[검새카다]
- **식당을 찾아가다:** 지도를 보고 식당을 찾아갔어요.

맛집 방문 경험담 읽기

1. 그림을 보며 글의 내용을 유추하게 한다.

여기는 어디예요? 사람들이 왜 줄을 서 있어요?
무엇에 대한 내용인 것 같아요?

2. 글을 훑어 읽게 한 후 주제, 중심 내용 등을 간단히 말해 보도록 한다.

누구와 식당에 갔어요? 어떤 식당에 갔어요?
얼마나 기다렸어요? 음식을 얼마나 시켰어요?

3. 글을 다시 읽으면서 문제를 풀게 한다.

4. 답을 같이 확인한 후, 본문을 다시 읽으며 모르는 어휘가 없는지 확인한다. 필요한 경우 새로운 어휘, 표현을 설명한다.

자주 가는 식당 소개하기

1. 어떤 글을 쓸지 알려 주고 글에 들어갈 내용을 생각해 보게 한다.

오늘은 맛집을 소개하는 글을 쓸 거예요.
식당 소개에 필요한 내용은 무엇인가요?

2. 교재 질문에 대해 자신이 쓸 내용을 간단하게 메모하도록 한다. 교사는 학생들이 쓴 메모에 오류가 없는지 확인해 준다.

3. 메모한 내용을 바탕으로 글로 완성하게 한다.

문화와 정보

한국의 배달 앱(App)

한국 사람들은 음식을 배달시킬 때 배달 앱(App)을 자주 이용합니다. 배달 앱으로 주문할 때는 먼저 앱을 열고 음식 종류와 식당을 선택합니다. 음식 종류와 식당을 선택하면 식당 메뉴를 볼 수 있습니다. 다음으로 먹고 싶은 음식을 선택합니다. 그 후에 '주문하기'를 누르고 주소, 전화번호를 쓴 다음에 계산합니다. 계산은 앱에서 카드로 하거나 배달 직원이 왔을 때 현금으로 할 수 있습니다. 배달 앱을 이용하면 아주 편리합니다.

1) 한국 사람들은 어떻게 음식을 배달시켜요?
2) 배달 앱을 이용하면 계산은 어떻게 해요?
3) 여러분 고향에서는 어떤 방법으로 음식을 배달시켜요?

한국의 배달 앱

1. 이 단원의 문화와 정보가 무엇에 대한 것인지 알려 준다.

한국에서 배달 음식 먹어 봤지요? 한국 사람들이 배달시킬 때 앱을 많이 이용해요. 오늘은 '한국의 배달 앱'에 대해 알아봅시다.

2. 교재의 그림(사진)을 보면서 주제에 대해 알고 있는 것을 상기시키고 말해 보게 한다. 이때 관련 시각 자료를 추가로 활용할 수 있다.

여러분이 사용해 본 배달 앱이 있어요?
배달 앱에는 어떤 것이 있어요?
배달 앱으로 주문하는 것이 복잡해요?

3. 교재를 같이 읽으면서 내용을 설명한다. 이때 중요한 정보가 있는 부분에 밑줄을 긋거나 표시하게 하는 것도 좋다.

4. 질문 1, 2의 답을 찾아보고 답하게 한다.

한국 사람들은 어떻게 음식을 배달시켜요?
배달 앱을 이용하면 계산은 어떻게 해요?

5. 3번 질문을 이용하여 학습자 자신의 경험을 말해 보도록 한다.

여러분 고향에서는 어떤 방법으로 음식을 배달시켜요?

단원 마무리

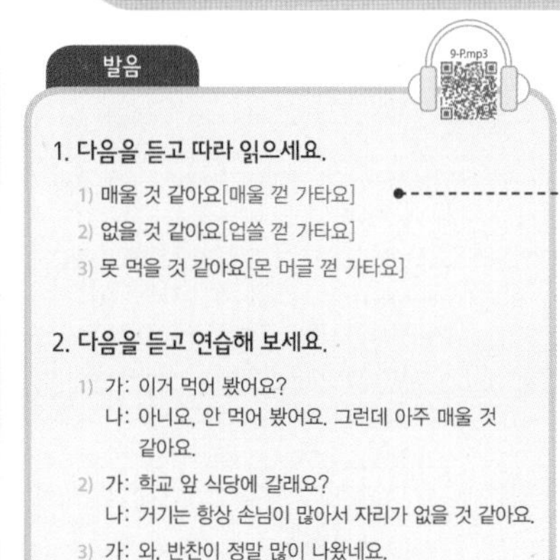
발음

9-P.mp3

1. 다음을 듣고 따라 읽으세요.
   1) 매울 것 같아요[매울 껃 가타요]
   2) 없을 것 같아요[업쓸 껃 가타요]
   3) 못 먹을 것 같아요[몬 머글 껃 가타요]

2. 다음을 듣고 연습해 보세요.
   1) 가: 이거 먹어 봤어요?
      나: 아니요, 안 먹어 봤어요. 그런데 아주 매울 것 같아요.
   2) 가: 학교 앞 식당에 갈래요?
      나: 거기는 항상 손님이 많아서 자리가 없을 것 같아요.
   3) 가: 와, 반찬이 정말 많이 나왔네요.
      나: 너무 많아서 다 못 먹을 것 같아요.

배운 어휘 확인

- □ 재료가 신선하다
- □ 국물이 시원하다
- □ 달다
- □ 쓰다
- □ 시다
- □ 짜다
- □ 매콤하다
- □ 짭짤하다
- □ 싱겁다
- □ 조미료가 들어가다
- □ 달콤하다
- □ 새콤하다
- □ 자리가 없다
- □ 맛집으로 유명하다
- □ 줄을 서다
- □ 양이 많다
- □ 밑반찬이 많이 나오다
- □ 분위기가 좋다
- □ 서비스가 좋다
- □ 칸막이가 있다
- □ 찾아가다

9과 근처에 자주 가는 식당이 있어요 101

- **관형형 '-(으)ㄹ' 뒤에 나타나는 경음화**
  - 관형형 '-(으)ㄹ' 뒤에 자음 'ㄱ, ㄷ, ㅂ, ㅈ'가 올 경우 경음 [ㄲ, ㄸ, ㅃ, ㅉ]로 발음된다.

- 이 단원에서 배운 어휘 중 기억나는 것을 말해 보세요.
- 이 단원에서 배운 문법은 뭐예요?
- 친구들과 어떤 곳에서 회식을 하고 싶어요?
- 맛집에 가 본 적이 있어요? 어떤 곳에 가 보고 싶어요?
- 스마트폰 배달 앱을 사용해 봤어요?

발음 10분

1. 교재 1번 발음을 들려주고 '것'의 발음이 어떻게 들리는지 학습자 스스로 확인해 보도록 한다.
2. '매울', '없을', '못 먹을' 다음에 오는 '것'이 '껏'으로 발음된다는 것을 알려 준다.

주의 관형형 '-(으)ㄹ' 뒤에 'ㄱ, ㄷ, ㅂ, ㅈ'가 올 경우 경음으로 발음되는 규칙에 대해 간단히 설명할 수 있다. 그러나 이 발음 규칙은 여러 번 반복해서 학습하게 되므로 이 단원에서는 '-을 것'이 '-을 껏'으로 발음된다는 것에 집중하는 것이 좋다.

3. 교재 1번 발음을 다시 듣고 교사를 따라 말해 본다.
4. 교재 2번 대화를 듣고 따라 말해 본다.
5. 짝과 함께 대화를 읽으며 연습하게 한 후에 확인한다.

마무리 10분

1. 단원에서 학습한 어휘 중 기억하는 것을 먼저 말해 보게 한다.
2. 배운 어휘 목록의 어휘들을 읽으면서 의미를 상기시킨다.
3. 단원에서 학습한 문법(동형-을 것 같다, 동-는)을 상기시키며 의미와 사용법을 기억하는지 확인한다.
4. 단원의 목표와 성취도를 확인한다.
5. 익힘책을 과제로 제시하고 마무리한다.

10

시청 옆에 있는데 가까워요

1	2	3	4
주제	어휘와 문법	활동	문화와 정보
길 안내	길 안내, 교통 동형-는데 동형-기 때문에	길 찾기 길 설명하는 글 쓰기	교통 표지판

수업 목표 및 내용

- **주제:** 길 안내
- **어휘와 문법**
  - 어휘: 길 안내, 교통수단 이용 관련 어휘를 익힌다.
  - 문법: '동형-는데', '동형-기 때문에'의 의미와 형태를 익혀 사용할 수 있다.
- **활동**
  - 말하기: 길을 묻고 가르쳐 주는 대화를 할 수 있다.
  - 듣기: 길 안내하는 대화를 듣고 이해할 수 있다.
  - 읽기: 초대장의 길 안내를 읽고 이해할 수 있다.
  - 쓰기: 길 설명하는 글을 쓸 수 있다.
- **문화와 정보:** 교통 표지판

수업 전개

도입 / 어휘와 문법 1 — 1차시

·길 안내 관련 어휘
·동형-는데

익힘책 pp. 64-67

어휘와 문법 2 — 2차시

·교통수단 이용 어휘
·동형-기 때문에

익힘책 pp. 64-67

단원 도입

❶

❸

- 이 사람들은 무엇을 해요?
- 여러분은 직장이나 학교에서 집까지 어떻게 가요?

도입

1. 교재 그림을 이용하여 학생들과 이야기하며 이 과의 주제를 노출한다.

   그림❶ 남자는 어디를 찾고 있어요? 그곳이 어디에 있는지 알아요? 여자는 무엇을 하고 있어요?

   그림❷ 여자는 지금 무엇을 보고 있어요? 여러분은 길을 모를 때 어떻게 해요?

   그림❸ 이 사람들은 무엇을 탔어요? 여러분은 한국어 센터에 올 때 어떻게 와요?

2. 대화 내용을 정리하며 이 단원에서는 '길 안내, 교통 수단 이용' 등에 대해 공부한다는 것을 알려 준다.

이 단원을 지도할 때는…

이 단원과 관계있는 단원들은 아래와 같습니다. 관련 단원의 학습 내용을 확인하셔서 지도에 참고하시면 좋을 것 같습니다.

- **주제:** 교통 단원
  - 1권 13과
- **문법:** 동형-는데
  - 1권 18과(대조)
- **문법:** 이유 표현
  - 1권 16과(-어서)
  - 2권 7과(-으니까)

말하기와 듣기 (3차시)	읽기와 쓰기 (4차시)	문화와 정보 / 발음 / 마무리 (5차시)
·길 찾기 ·길 안내 정보 듣기	·초대장의 길 안내 읽기 ·길 설명하는 글 쓰기	·교통 표지판
익힘책 p. 68	익힘책 p. 69	

어휘와 문법 1

- **횡단보도:** 길을 건너고 싶어요. 하얀색 선이 있는 곳에서 건너요. 횡단보도예요. 횡단보도를 건너요.
- **육교:** 길을 건너고 싶어요. 횡단보도가 없어요. 계단으로 올라가서 건너요. 육교로 길을 건너요.
  발음 육교[육꾜]
- **신호등:** 빨간불, 노란불, 초록불이 있어요. 초록불을 기다려요. 길을 건너요.
- **사거리:** 사거리는 네 개의 길이 만나는 곳이에요. 차들이 많이 다녀요. 큰길이 세 개 있으면 삼거리예요.
- **버스 정류장:** 버스를 타는 곳이에요. 사람들이 버스를 기다려요.
  발음 정류장[정뉴장]
- **지하철역:** 지하철을 타고 내리는 곳이에요.
  발음 지하철역[지하철력]

- **쭉 가다/똑바로 가다:** (교재의 그림을 보며) 병원이 어디에 있어요? 앞으로 가요. 앞으로 계속 가요. 왼쪽이나 오른쪽으로 가지 않아요.
- **왼쪽으로 가다:** (교재의 그림이나 교사의 손 모양을 가리키며) 여기에서 왼쪽으로 가요.
- **오른쪽으로 가다:** (교재의 그림이나 교사의 손 모양을 가리키며) 여기에서 오른쪽으로 가요.
- **맞은편에 있다:** (교재의 그림을 보며) 약국이 어디에 있어요? 약국 앞에 병원이 있어요. 병원 앞에 약국이 있어요. 길을 건너요. 맞은편에 있어요.

Q 이 근처에 무엇이 있어요?

Q 다음 장소에 어떻게 가요? 그림을 보고 이야기해 보세요.

약국 은행 PC방

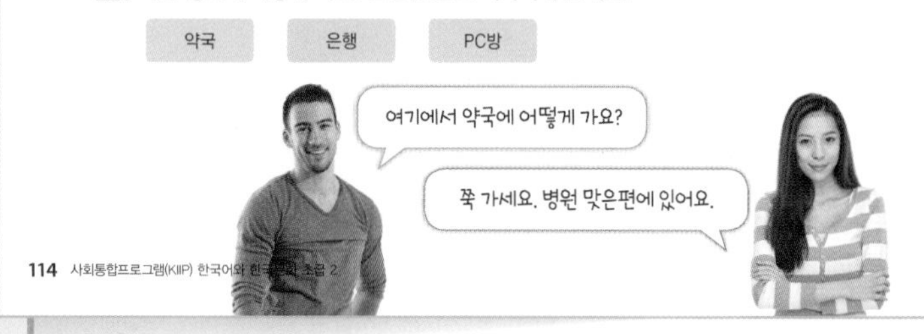

어휘 1 (길 안내)

1 도입, 제시

1. 길을 안내하는 단어로 어떤 것을 알고 있는지 물으며 오늘은 길을 안내할 때 사용하는 어휘를 배운다고 알려 준다.

   한국어 센터에서 편의점에 어떻게 가요? 한국말로 어떻게 말해요?
   오늘은 길 안내할 때 사용하는 단어를 공부해요.
2. 교사를 따라 어휘를 소리 내어 한 번 읽는다. 이때 발음에 주의하게 한다.
3. 어휘의 의미를 설명한다. 어휘가 사용된 문장을 예로 제시하거나 의미를 풀어서 설명해 준다. 상황에 따라 유의어나 반의어 등을 추가로 설명할 수 있다.
4. 배운 어휘를 소리 내어 읽도록 한다. 이때 '-어요' 형태로 단어를 읽는 등 변화를 줄 수 있다.

2 연습

1. 교재의 그림을 보며 어떤 건물이 있는지 이야기해 본다.
2. 교재의 그림 속 두 사람이 서 있는 곳에서 약국, 은행, PC방에 어떻게 가는지 짝과 대화하도록 한다.
3. 학생들끼리 이야기한 것은 교사가 정리해 주며 같이 이야기한다.

   은행은 어떻게 가요?
   PC방은 어떻게 가요?
4. 한국어 센터 근처에 무엇이 있는지 물어보며 센터에서 그곳에 가는 방법에 대해 이야기하는 활동으로 확장할 수 있다.

   여기(한국어 센터)에서 편의점/커피숍/은행에 어떻게 가요?

익힘책 64쪽을 풀게 하거나 과제로 제시한다.

동 형 -는데

뒤에 이어지는 내용에 대한 배경이나 상황을 설명할 때 사용해요.

예문
- 가: 죄송하지만 이 근처에 은행이 있어요?
  나: 시청 옆에 있는데 여기에서 가까워요.
- 배고픈데 우리 밥 먹으러 가요.
- 요즘 한국어를 배우는데 아주 재미있어요.

-는데	• 먹다 • 가다	→ 먹는데 → 가는데
-은데	• 많다 • 좋다	→ 많은데 → 좋은데
-ㄴ데	• 크다 • 유명하다	→ 큰데 → 유명한데

Tip '명이다'는 '명인데'를 사용해요.

1 그림을 보고 이야기해 보세요.

보기 비가 오는데 우산이 없어요.
비가 오다 / 우산이 없다

1) 학교 앞에 옷 가게가 많다 / 옷이 싸고 좋다
2) 부모님 생신이다 / 한국에 있어서 못 가다
3) 지하철을 탔다 / 자리가 없다

2 친구와 약속을 해 보세요.

10과 시청 옆에 있는데 가까워요 115

동형-는데

뒤에 이어지는 내용에 대한 배경이나 상황을 설명할 때 사용한다. 어떤 일을 설명하면서 뒤에 질문, 제안, 부탁, 명령하는 문장에서 주로 사용한다. '명이다'는 '명인데'를 사용하고, 과거의 일에 대해 말할 땐 '동형-았/었는데'를 사용한다.

이런 의미도 있어요!

앞서 1권 18과에서 대조의 '동형-는데'를 학습한 적이 있다. 형태는 동일하나 의미가 다르므로 학습자들이 혼동하지 않도록 지도한다.

이 부분을 신경 써 주세요!

'ㄴ'으로 인해 비음화 되는 단어가 많으므로 발음을 꼼꼼하게 짚어 준다.
예 먹는데[멍는데], 듣는데[든는데], 있는데[인는데], 탔는데[탄는데]

- 가: 마트에 가는데 필요한 거 있어요?
  나: 그러면 우유 좀 부탁해요.
- 가: 좀 졸린데 커피 마시러 갈래요?
  나: 네, 같이 가요.
- 머리가 아픈데 집에 약이 없어요.
- 주말에 영화를 봤는데 정말 재미있었어요.

-는데 (동사 받침 O, 받침 X, 있다, 없다)	먹다 → 먹는데 가다 → 가는데 듣다 → 듣는데 있다 → 있는데 *만들다 → 만드는데
-은데 (형용사 받침 O)	좋다 → 좋은데 적다 → 적은데 *춥다 → 추운데
-ㄴ데 (형용사 받침 X, ㄹ 받침)	바쁘다 → 바쁜데 유명하다 → 유명한데 *힘들다 → 힘든데

문법 1 (동형-는데)

1 도입, 제시

1. 도입 그림과 대화를 통해 문법이 사용되는 상황을 인지시킨다.

   안젤라 씨와 제임스 씨는 만나기로 했어요. 제임스 씨는 지금 뭐 하고 있어요? 버스를 기다리고 있어요. 그런데 아직 버스가 안 왔어요.

2. 교재의 대표 예문을 보면서 문법의 의미를 설명한다.

   안젤라 씨가 제임스 씨에게 '왜 안 와요?' 물어요. 그럼 어떻게 대답하면 좋을까요? 지금 자기의 상황을 먼저 설명하는 것이 좋아요. 버스를 기다리고 있는 상황이에요. 그런데 버스가 안 와요. 두 개의 문장을 하나로 연결하고 싶어요. 이럴 때 '-는데/(으)ㄴ데'를 사용해서 연결해요.

3. 학생들과 교재의 예문들을 읽으면서 문법의 의미를 설명하고 이해시킨다.
4. 문법의 형태 정보를 제시하고 설명한다.
5. 추가 예문을 제시하고 문법의 의미와 사용법을 정확하게 이해시킨다.

2 연습 1

1. 〈보기〉의 대화를 교사와 함께 완성해 본다.
2. 나머지 문제를 〈보기〉의 대화처럼 짝과 완성하도록 한다.
3. 연습한 것을 발표하게 하거나 교사가 전체 학생 대상으로 답하게 하여 확인한다. 그리고 오류가 있으면 수정해 준다.

3 연습 2

1. '-는데'를 활용하여 친구에게 지금의 상황을 말하면서 같이 하고 싶은 것을 제안하는 연습을 하도록 한다. 그리고 약속을 정하는 이야기까지 해 보도록 한다.
2. 친구와 대화한 것을 발표하게 하고 오류가 있으면 수정해 준다.

익힘책 66쪽을 풀게 하거나 과제로 제시한다. 익힘책은 연습 활동 난이도에 따라 교재 연습 문제 전후로 활용한다

어휘와 문법 2

- **버스를 타다:** 회사에 갈 때 버스를 타요. 버스 번호를 이야기할 땐 '100번 버스'라고 해요.
- **요금을 내다:** 버스나 지하철을 타면 돈을 내야 해요. 그것이 '요금'이에요. 요금은 교통 카드로 낼 수 있어요. 그냥 돈으로 낼 수도 있어요. 그 돈을 '현금'이라고 해요.
- **버스에서 내리다:** 버스를 탔어요. 도착 했어요. 버스에서 내려요.
- **지하철로 갈아타다:** 먼저 버스를 탔어요. 그다음에 지하철로 바꿔서 타요. 지하철로 갈아타요. 지하철 호선을 이야기할 때는 '지하철 2호선'이라고 해요.
- **1번 출구로 나가다:** 지하철에서 내렸어요. 나가는 곳이 많이 있어요. 나가는 곳을 '출구'라고 해요. 출구는 번호로 찾아야 해요.
- **회사가 보이다:** 1번 출구 앞에 회사가 있어요. 가까워요. 회사가 바로 눈에 보여요.

이 부분을 신경 써 주세요!

동사마다 앞에 오는 조사가 다르고 다양하다. 오류가 발생하지 않도록 조사와 동사를 잘 연결하여 제시한다.

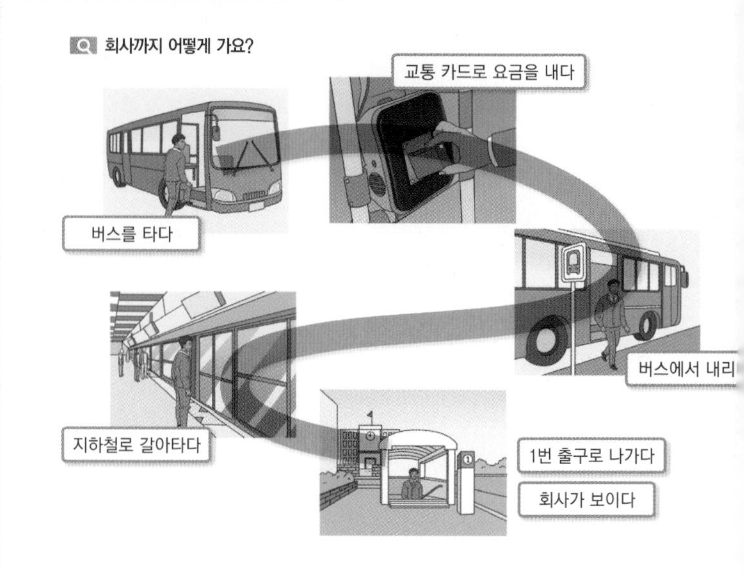

여러분은 한국어 교실에서 집까지 어떻게 가요?

학교 근처에서 20번 버스를 타요.
그리고 호수 공원에서 내려서 지하철로 갈아타요.
그리고 대인시장역에서 내려요.

116 사회통합프로그램(KIIP) 한국어와 한국문화 초급 2

어휘 2 (교통 수단 이용)

1 도입, 제시

1. 집에서 한국어 센터까지 어떻게 오는지 물으며 오늘은 버스나 지하철과 관련하여 사용하는 어휘를 배운다고 알려 준다.

   여러분은 집에서 한국어 센터까지 어떻게 와요?
   오늘은 버스나 지하철과 관련된 단어를 공부해요.

2. 교사를 따라 어휘를 소리 내어 한 번 읽는다. 이때 발음에 주의하게 한다.
3. 어휘의 의미를 설명한다. 어휘가 사용된 문장을 예로 제시하거나 의미를 풀어서 설명해 준다. 상황에 따라 유의어나 반의어 등을 추가로 설명할 수 있다.
4. 배운 어휘를 소리 내어 읽도록 한다. 이때 '-어요' 형태로 단어를 읽는 등 변화를 줄 수 있다.

2 연습

1. 교재의 그림을 보고 이링 씨는 집까지 어떻게 가는지 이야기해 본다.
2. 짝과 함께 한국어 교실에서 집까지 어떻게 가는지 자신의 이야기를 하도록 한다.
3. 학생들끼리 이야기한 것은 교사가 정리해 주며 같이 이야기한다.

   OO 씨는 한국어 교실에서 집까지 어떻게 가요?
   어떻게 와요?

4. 집에서 회사, 시장, 공항까지 가는 방법에 대해 이야기하는 활동으로 확장할 수 있다.

   집에서 회사/시장/공항까지 어떻게 가요?

익힘책 65쪽을 풀게 하거나 과제로 제시한다.

동형-기 때문에

앞 내용이 뒤 내용의 이유임을 나타내요.

예문
- 가: 라면을 자주 먹어요?
  나: 네, 싸고 맛있기 때문에 자주 먹어요.
- 도시에는 사람이 많기 때문에 교통이 복잡합니다.
- 운동을 열심히 하기 때문에 건강해요.

◎ -기 때문에
- 먹다 → 먹기 때문에
- 어렵다 → 어렵기 때문에
- 타다 → 타기 때문에
- 크다 → 크기 때문에

1 그림을 보고 이야기해 보세요.

1) 그 커피숍은 분위기가 좋다 / 손님이 많다
2) 제이슨 씨가 노래를 잘하다 / 인기가 많다
3) 부모님이 한국에 오시다 / 주말에 못 만나다

2 여러분은 물건을 살 때 주로 어디에서 사요? 왜 거기에서 사요?

싸고 좋은 물건이 많기 때문에 시장에 자주 가요.

디자인이 다양하기 때문에 시내에서 옷을 사요.

10과 시청 옆에 있는데 가까워요 117

동형-기 때문에

어떤 일의 이유를 말할 때 사용한다. 앞 내용이 뒤 내용의 이유임을 나타낸다. '명이다'는 '명이기 때문에'를 사용하고, 과거의 일에 대해 말할 땐 '동형-았/었기 때문에'를 사용한다. 사적인 상황에도 사용하지만 공적인 상황에도 잘 어울린다.

- 가: 주말에 놀러 못 가요?
  나: 네, 다음 주에 중요한 시험이 있기 때문에 갈 수 없어요.
- 가: 여기 왜 이렇게 사람이 많아요?
  나: 오늘 백화점이 세일을 하기 때문에 많은 것 같아요.
- 요즘 방학이기 때문에 학교에 안 가요.
- 어제 늦게 잤기 때문에 오늘 좀 피곤해요.

-기 때문에 (받침 O, 받침 X)	먹다 → 먹기 때문에 좋다 → 좋기 때문에 일하다 → 일하기 때문에 바쁘다 → 바쁘기 때문에

동형-기 때문에 vs 동형-어서 vs 동형-으니까

세 문법 모두 이유를 말할 때 사용하는 문법으로, '동형-기 때문에'는 '동형-어서'나 '동형-으니까'에 비해 좀 더 격식적인 상황에서 자연스럽게 사용된다.

	동형-기 때문에	동형-어서	동형-으니까
과거 결합	O	X	O
후행절 (청유, 명령)	X	X	O

명이기 때문에 vs 명때문에

'명이기 때문에'는 '명이다'와 '-기 때문에'가 결합된 것이고, '명때문에'는 '명'만으로 이유가 될 때 사용한다.

예 저는 학생이기 때문에 열심히 공부해요.
어제 감기 때문에 학교에 못 왔어요.

문법 2 (동형-기 때문에)

1 도입, 제시

1. 도입 그림과 대화를 통해 문법이 사용되는 상황을 인지시킨다.
   - 후엔 씨는 택시를 타고 싶어요. 그런데 지금 차가 많아서 길이 막혀요. 그래서 요금이 많이 나올 거예요.
2. 교재의 대표 예문을 보면서 문법의 의미를 설명한다.
   - 후엔 씨는 다리가 아파요. 택시를 타고 싶어요. 그런데 고천 씨는 택시 요금을 걱정하고 있어요. 고천 씨가 택시 요금이 많이 나오는 이유를 후엔 씨에게 말하고 싶어요. 그 이유는 길이 막히는 것이에요. 이렇게 어떤 일의 이유를 말할 때 '-기 때문에'를 사용해요.
3. 학생들과 교재의 예문들을 읽으면서 문법의 의미를 설명하고 이해시킨다.
4. 문법의 형태 정보를 제시하고 설명한다.
5. 추가 예문을 제시하고 문법의 의미와 사용법을 정확하게 이해시킨다.

2 연습 1

1. 〈보기〉의 대화를 교사와 함께 완성해 본다.
2. 나머지 문제를 〈보기〉의 대화처럼 짝과 완성하도록 한다.
3. 연습한 것을 발표하게 하거나 교사가 전체 학생 대상으로 답하게 하여 확인한다. 그리고 오류가 있으면 수정해 준다.

3 연습 2

1. 물건을 살 때 어디(시장, 백화점, 인터넷 등)에서 사는지, 왜 거기에서 사는지 묻고 대답하면서 '-기 때문에'를 활용하여 그렇게 생각하는 이유를 이야기해 보도록 한다.
2. 친구와 대화한 것을 발표하게 하고 오류가 있으면 수정해 준다.

익힘책 67쪽을 풀게 하거나 과제로 제시한다. 익힘책은 연습 활동 난이도에 따라 교재 연습 문제 전후로 활용한다.

말하기와 듣기

1 2)

라 흐 만: 저기요, 병원을 찾는데 어디에 있어요?
아주머니: 저기에서 횡단보도를 건너면 시청이 있어요. 시청 맞은편에 있어요.
라 흐 만: 감사합니다. 그런데 여기에서 얼마나 걸릴까요?
아주머니: 10분쯤 걸려요. 건물이 아주 크기 때문에 금방 찾을 수 있을 거예요.

2

가: 라민 씨 집에 어떻게 가요?
나: 여기에서 육교를 건너면 버스 정류장이 있어요. 버스 정류장 옆에 라민 씨의 집이 있어요.
가: 아나이스 씨 집에 어떻게 가요?
나: 시청 사거리에서 오른쪽으로 가면 지하철역이 있어요. 지하철역 바로 앞에 우리 집이 있어요.

라 민(남): 여보세요. 안젤라 씨, 어디예요? 오고 있어요?
안젤라(여): 네, 지금 거의 다 왔는데 아름 카페를 못 찾겠어요.
라 민(남): 아, 그래요? 혹시 우체국 보여요?
안젤라(여): 네, 보여요.
라 민(남): 그럼 우체국 앞에서 육교를 건너세요. 육교를 건너면 바로 아름 카페가 있어요. 카페가 크기 때문에 쉽게 찾을 수 있을 거예요.
안젤라(여): 네, 빨리 갈게요. 늦어서 미안해요, 라민 씨.

1 길을 몰라서 다른 사람에게 물어봐요. 다음과 같이 이야기해 보세요.

라 흐 만: 저기요, 한국은행을 찾는데 어디에 있어요?
아주머니: 왼쪽으로 쭉 가면 시청이 있어요. 시청 맞은편에 있어요.
라 흐 만: 감사합니다. 그런데 여기에서 얼마나 걸릴까요?
아주머니: 10분쯤 걸려요. 큰 도로 옆에 있기 때문에 금방 찾을 수 있을 거예요.

1) 한국은행 | 왼쪽으로 쭉 가다 | 큰 도로 옆에 있다
2) 병원 | 저기에서 횡단보도를 건너다 | 건물이 아주 크다

2 친구 집에 어떻게 가요? 그림을 보고 이야기해 보세요.

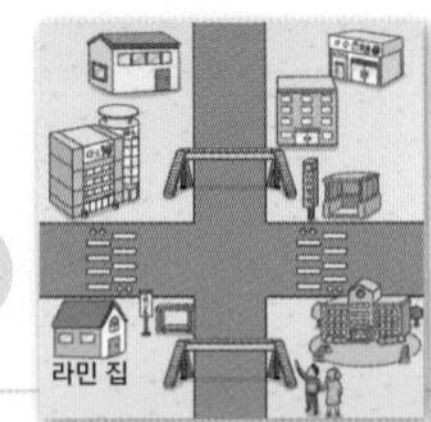

라민 씨와 안젤라 씨가 이야기해요. 잘 듣고 답해 보세요.

1) 안젤라 씨는 라민 씨를 어디에서 만나요?
아름 카페에서 만나요.

2) 안젤라 씨는 거기에 어떻게 가요?
우체국 앞에서 육교를 건너서 가요.

118 사회통합프로그램(KIIP) 한국어와 한국문화 초급 2

길 찾기

1 대화문 연습

1. 길을 모를 때 어떻게 하는지 이야기하며 교재의 그림을 이용해 어떤 상황인지 추측해 보도록 한다.
   - 남자는 어디에 가고 싶어요? 그곳에 어떻게 가는지 알아요?
     길을 모를 때는 어떻게 해요?
     여러분은 길을 모를 때 어떻게 해요?
2. 지시문을 이용하여 대화 상황을 학생들에게 명확하게 알려 준다.
3. 대화를 들려주고 간단한 질문을 하여 대화 내용을 이해했는지 확인한다.
   - 남자는 어디를 찾고 있어요? 그곳에 어떻게 가요? 거기까지 시간이 얼마나 걸려요?
4. 교사와 함께 대화문을 읽으면서 자연스럽게 말하는 연습을 한다. 두 번 정도 반복해서 연습한다.
5. 교체 어휘를 활용하여 짝과 함께 연습하게 한다.
6. 연습이 끝나면 한두 팀을 발표시키거나 교사가 전체 학생을 대상으로 확인한다.

2 확장 연습

1. 친구 집에 가는 방법에 대해 묻고 답하는 말하기를 한다고 알려 준다.
2. 먼저 교재의 그림을 보고 라민 씨 집에 가는 방법에 대해 간단하게 이야기하게 한다. 그리고 짝과 함께 실제 자기의 집 근처를 공책이나 종이 등에 간단히 그리고 가는 방법에 대해 이야기하는 연습을 하도록 한다.
3. 이야기가 끝나면 한두 팀을 발표시키거나 교사가 전체 학생을 대상으로 확인하고 오류를 수정해 준다.

길 안내 정보 듣기

1. 지시문을 이용하여 등장인물과 대화 상황을 설명한다.
2. 문제를 읽고 들어야 하는 정보를 파악하게 한다.
3. 듣기 파일을 두 번 듣고 문제를 풀게 한다.
4. 교재 질문의 답을 확인한 후 해당 대화를 같이 읽으며 내용을 확인한다. 필요한 경우 새로운 어휘, 표현을 설명한다.

읽기와 쓰기

1 다음 글을 읽고 질문에 답해 보세요.

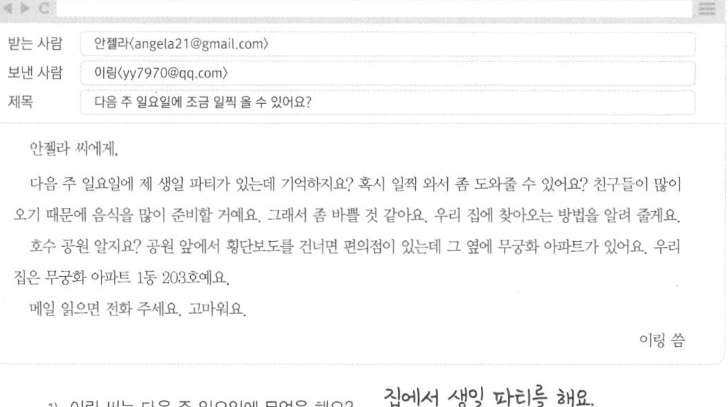

받는 사람 안젤라〈angela21@gmail.com〉
보낸 사람 이링〈yy7970@qq.com〉
제목 다음 주 일요일에 조금 일찍 올 수 있어요?

안젤라 씨에게,

다음 주 일요일에 제 생일 파티가 있는데 기억하지요? 혹시 일찍 와서 좀 도와줄 수 있어요? 친구들이 많이 오기 때문에 음식을 많이 준비할 거예요. 그래서 좀 바쁠 것 같아요. 우리 집에 찾아오는 방법을 알려 줄게요.

호수 공원 알지요? 공원 앞에서 횡단보도를 건너면 편의점이 있는데 그 옆에 무궁화 아파트가 있어요. 우리 집은 무궁화 아파트 1동 203호예요.

메일 읽으면 전화 주세요. 고마워요.

이링 씀

1) 이링 씨는 다음 주 일요일에 무엇을 해요? 집에서 생일 파티를 해요.

2) 이링 씨는 왜 음식을 많이 준비해요? 친구들이 많이 오기 때문에 많이 준비해요.

3) 이링 씨의 집은 어디에 있어요?

❶
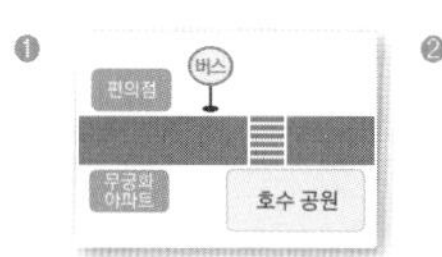

❷
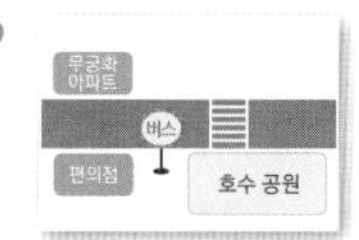

③
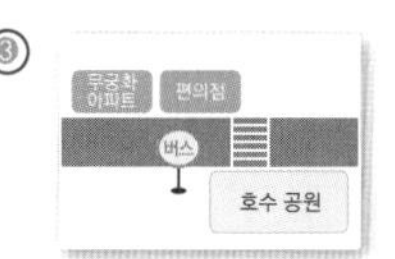

2 생일에 친구를 초대하고 싶어요. 여러분의 집에 가는 방법을 알려 주세요.

우리 집에 찾아오는 방법을 알려 줄게요. ____________________

____

____

____________________.

단어장
기억하다
방법
편의점
아파트

- **기억하다:** 다음 주에 이링 씨의 생일 파티가 있는 것을 잊지 않았어요. 기억해요.
  발음 기억하다[기어카다]
- **방법:** 우리 집에 어떻게 가요? 버스를 타요? 지하철을 타요? 걸어서 가요? 어떻게 가요? 그것이 방법이에요.
- **편의점:** 보통 24시간 문을 열어요. 편의점에서 이것저것 살 수 있어요.
- **아파트:** 우리 가족은 아파트에 살고 할머니는 주택에 사세요.

초대장의 길 안내 읽기

1. 이메일의 받는 사람, 보낸 사람, 제목을 보며 글의 내용을 유추하게 한다.

이것은 무엇이에요? 누가 이메일을 보냈어요? 누구한테 보냈어요? 왜 이메일을 보낸 것 같아요?

2. 글을 훑어 읽게 한 후 주제, 중심 내용 등을 간단히 말해 보도록 한다.

다음 주 일요일에 무슨 일이 있어요? 이링 씨는 안젤라 씨에게 무엇을 부탁했어요? 이링 씨는 어디에 살아요? 이링 씨 집에 어떻게 가요?

3. 글을 다시 읽으면서 문제를 풀게 한다.

4. 답을 같이 확인한 후, 본문을 다시 읽으며 모르는 어휘가 없는지 확인한다. 필요한 경우 새로운 어휘, 표현을 설명한다.

길 설명하는 글 쓰기

1. 어떤 글을 쓸지 알려 주고 글에 들어갈 내용을 생각해 보게 한다.

생일에 친구를 초대하고 싶어요. 초대장에 여러분의 집에 가는 방법을 쓸 거예요. 먼저 집에 가는 방법을 메모해요.

2. 자신이 쓸 내용을 간단하게 메모하도록 한다. 이때 먼저 교통편을 안내하고 두 번째로 집의 위치를 설명하도록 한다. 위치를 설명할 때는 집 근처에 있는 큰 건물이나 누구나 알 만한 장소를 시작점으로 정하도록 지도한다. 쓰기 전에 교사는 학생들이 쓴 메모에 오류가 없는지 확인해 준다.

3. 메모한 내용을 바탕으로 글로 완성하게 한다.

문화와 정보

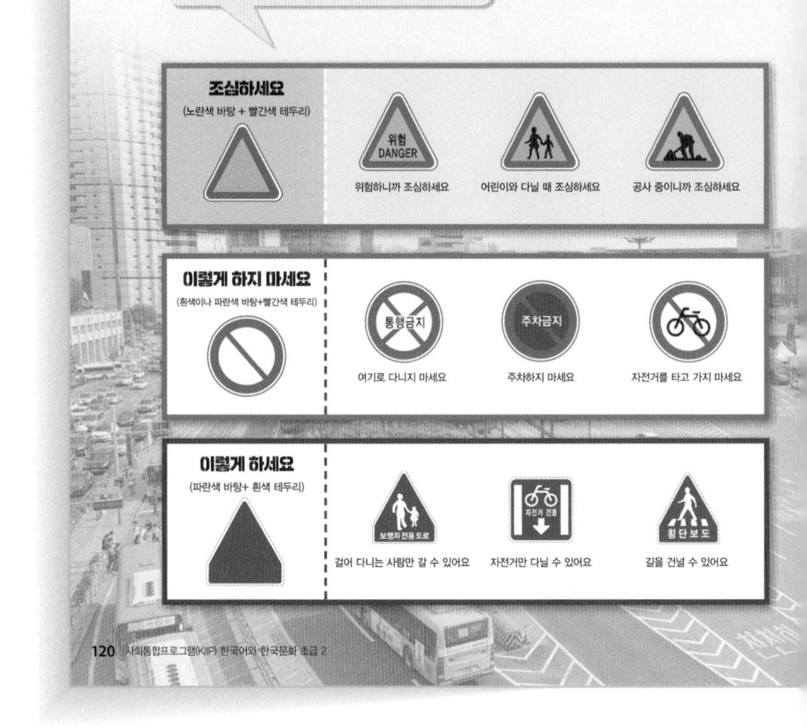

교통 표지판

여러분은 길에서 이런 것(,)을 자주 봅니까? 이것을 교통 표지판이라고 합니다. 교통 표지판은 모양, 색깔, 이미지, 글자로 구성됩니다. 는 주의하라는 의미입니다. 그리고 는 금지의 의미이고 는 가능하다는 것을 나타냅니다. 이렇게 교통 표지판의 모양과 색깔을 보면 의미를 알 수 있습니다.

1) 는 무슨 뜻이에요?
2) 는 무슨 뜻이에요?
3) 여러분 나라의 교통 표지판을 소개해 보세요.

교통 표지판

1. 이 단원의 문화와 정보가 무엇에 대한 것인지 알려 준다.

혹시 한국에서 운전을 해요? 길에서 이런 표지판 봤어요? 무슨 뜻인지 알아요? 오늘은 길에서 자주 볼 수 있는 '교통 표지판'에 대해 공부할 거예요.

2. 교재의 그림(사진)을 보면서 주제에 대해 알고 있는 것을 상기시키고 말해 보게 한다. 이때 관련 시각 자료를 추가로 활용할 수 있다.

교통 표지판은 길을 다닐 때 꼭 알아야 하는 것을 그림으로 표시한 거예요. (표지판을 하나씩 보여 주며) 이 표지판은 무슨 뜻인지 알아요?

3. 교재를 같이 읽으면서 내용을 설명한다. 이때 중요한 정보가 있는 부분에 밑줄을 긋거나 표시하게 하는 것도 좋다.

4. 질문 1, 2의 답을 찾아보고 답하게 한다.

는 무슨 뜻이에요?
는 무슨 뜻이에요?

5. 3번 질문을 이용하여 학습자 자신의 경험을 말해 보도록 한다.

여러분 고향의 교통 표지판을 소개해 보세요. 한국의 표지판과 그림이나 의미가 다른 것이 있어요?

단원 마무리

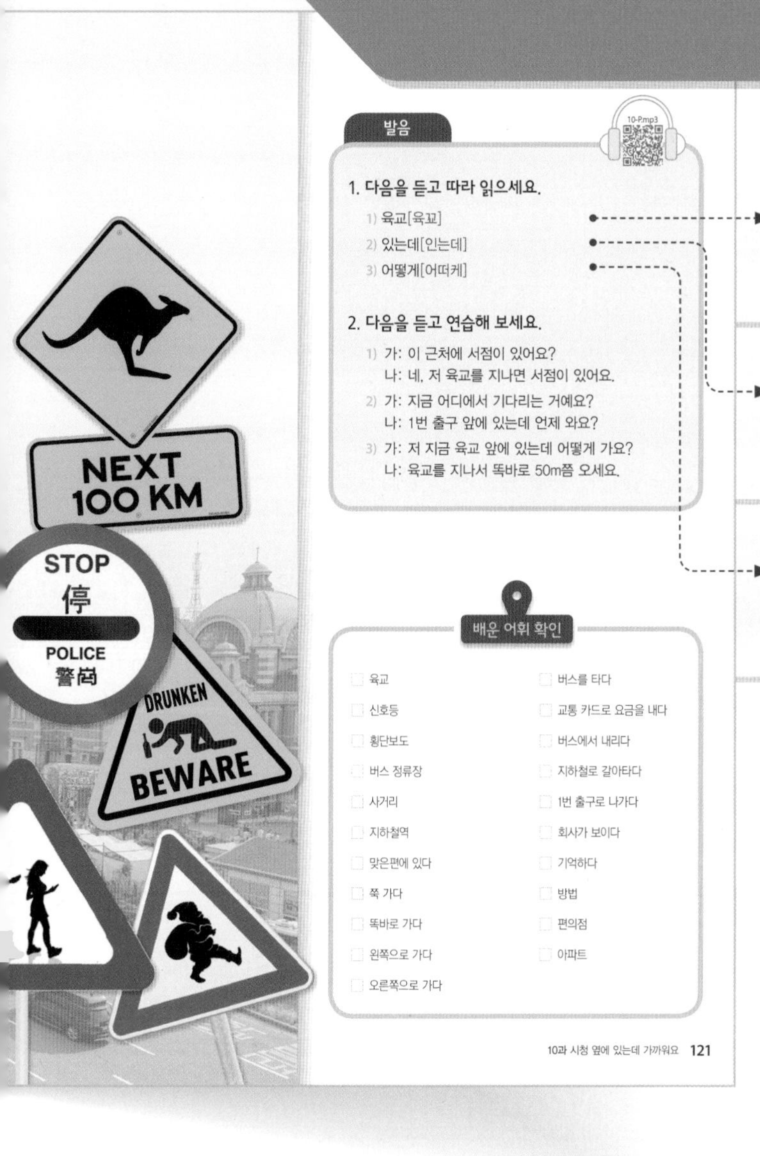

발음

10-P.mp3

1. 다음을 듣고 따라 읽으세요.
   1) 육교[육꾜]
   2) 있는데[읻는데]
   3) 어떻게[어떠케]

2. 다음을 듣고 연습해 보세요.
   1) 가: 이 근처에 서점이 있어요?
      나: 네, 저 육교를 지나면 서점이 있어요.
   2) 가: 지금 어디에서 기다리는 거예요?
      나: 1번 출구 앞에 있는데 언제 와요?
   3) 가: 저 지금 육교 앞에 있는데 어떻게 가요?
      나: 육교를 지나서 똑바로 50m쯤 오세요.

배운 어휘 확인

□ 육교	□ 버스를 타다
□ 신호등	□ 교통 카드로 요금을 내다
□ 횡단보도	□ 버스에서 내리다
□ 버스 정류장	□ 지하철로 갈아타다
□ 사거리	□ 1번 출구로 나가다
□ 지하철역	□ 회사가 보이다
□ 맞은편에 있다	□ 기억하다
□ 쭉 가다	□ 방법
□ 똑바로 가다	□ 편의점
□ 왼쪽으로 가다	□ 아파트
□ 오른쪽으로 가다	

10과 시청 옆에 있는데 가까워요 121

- **경음화**
  - 받침 'ㄱ, ㄷ, ㅂ' 뒤에 'ㄱ, ㄷ, ㅂ, ㅅ, ㅈ'가 올 경우 경음 [ㄲ, ㄸ, ㅃ, ㅆ, ㅉ]로 발음된다.
- **비음화**
  - 받침 'ㄱ, ㄷ, ㅂ'은 'ㄴ, ㅁ' 앞에서 [ㅇ, ㄴ, ㅁ]로 발음된다.
- **격음화**
  - 'ㅎ' 앞뒤로 'ㄱ, ㄷ, ㅈ'이 결합되는 경우 [ㅋ, ㅌ, ㅊ]로 발음된다.

- 이 단원에서 배운 어휘 중 기억나는 것을 말해 보세요.
- 이 단원에서 배운 문법은 뭐예요?
- 모르는 곳에 갈 때 길을 어떻게 찾아요?
- 친구에게 길을 가르쳐 주고 싶어요? 길을 설명할 수 있어요?
- 한국의 교통 표지판을 잘 알아요?

발음 10분

1. 교재 1번 발음을 들려주고 발음이 어떻게 들리는지 학습자 스스로 확인해 보도록 한다.

2. '육교'에서 받침 'ㄱ' 뒤에 'ㄱ'이 올 경우 [ㄲ]로 발음된다는 것을 알려 준다.
'있는데'에서 받침 'ㅆ'이 받침 자리에 오면 먼저 [ㄷ]로 발음된다는 것과 그다음으로 받침 'ㄷ' 뒤에 'ㄴ'이 올 경우 [ㄴ]로 발음된다는 것을 알려 준다.
'어떻게'에서 받침 'ㅎ' 뒤에 'ㄱ'가 올 경우 [ㅋ]로 발음된다는 것을 알려 준다.

주의 여러 번 반복해서 학습하게 되고, 발음 규칙이 하나로 통일된 것이 아니므로 하나씩 설명하되 확장시키지 말고 제시된 단어에만 집중하는 것이 좋다.

3. 교재 1번 발음을 다시 듣고 교사를 따라 말해 본다.

4. 교재 2번 대화를 듣고 따라 말해 본다.

5. 짝과 함께 대화를 읽으며 연습하게 한 후에 확인한다.

마무리 10분

1. 단원에서 학습한 어휘 중 기억하는 것을 먼저 말해 보게 한다.

2. 배운 어휘 목록의 어휘들을 읽으면서 의미를 상기시킨다.

3. 단원에서 학습한 문법(동형-는데, 동형-기 때문에)을 상기시키며 의미와 사용법을 기억하는지 확인한다.

4. 단원의 목표와 성취도를 확인한다.

5. 익힘책을 과제로 제시하고 마무리한다.

수업 목표 및 내용

- **주제:** 명절
- **어휘와 문법**
  - 어휘: 명절, 명절에 하는 일 관련 어휘를 익힌다.
  - 문법: '형-게', '동-으면서'의 의미와 형태를 익혀 사용할 수 있다.
- **활동**
  - 말하기: 명절에 하는 일을 말할 수 있다.
  - 듣기: 명절에 한 일에 대한 대화를 듣고 이해할 수 있다.
  - 읽기: 한국의 명절에 대한 글을 읽고 이해할 수 있다.
  - 쓰기: 명절을 소개하는 글을 쓸 수 있다.
- **문화와 정보:** 한국의 명절

수업 전개

도입 / 어휘와 문법 1 — 1차시

· 명절에 하는 일
· 형-게

익힘책 pp. 70-73

어휘와 문법 2 — 2차시

· 한국의 명절
· 동-으면서

익힘책 pp. 70-73

단원 도입

- 이 사람들은 누구예요? 모여서 무엇을 하고 있어요?
- 여러분 고향에서는 언제 가족이 함께 모여요?

도입

1. 교재 그림을 이용하여 학생들과 이야기하며 이 과의 주제를 노출한다.
   - 그림❶ 후엔 씨의 가족은 어디에 갔어요? 누구를 만나러 갔어요? 여러분은 언제 이렇게 가족이 함께 만나요?
   - 그림❷ 고천 씨의 가족은 무엇을 해요? 이날은 무슨 날인 것 같아요?
   - 그림❸ 이 사람들은 무엇을 해요? 이날은 무슨 날인 것 같아요? 그날 여러분은 무엇을 해요?
2. 대화 내용을 정리하며 이 단원에서는 '명절, 명절에 하는 일' 등에 대해 공부한다는 것을 알려 준다.

이 단원을 지도할 때는…

고향의 명절에 대해 소개하거나 이야기할 때 배우지 않은 표현이나 모국어로 된 표현이 언급될 수 있습니다. 학생 수준에 맞는 범위에서 필요한 어휘를 지도할 수 있습니다.

말하기와 듣기 (3차시)	읽기와 쓰기 (4차시)	문화와 정보 / 발음 / 마무리 (5차시)
·명절에 하는 일 말하기 ·명절에 한 일에 대한 대화 듣기 익힘책 p. 74	·한국의 명절에 대한 글 읽기 ·고향의 명절 소개하는 글 쓰기 익힘책 p. 75	·한국의 명절

어휘와 문법 1

- **고향에 내려가다:** 지금 사는 집은 수원이에요. 고향은 부산이에요. 부모님은 고향에 사세요. 그래서 명절에 부모님 댁, 고향에 가요. 고향에 내려가요.

  주의 고향이 사는 곳보다 위에 있을 경우, '고향에 내려가다'라고 하지 않고 '고향에 가다'라고 말할 수 있도록 지도해 주세요.
- **친척:** 고모, 이모, 삼촌, 사촌 모두 친척이에요. 가족보다 조금 먼 가족이에요.
- **가족이 모이다:** 명절이 되면 가족들이 모두 같이 고향에서 만나요. 고향 집에 가족이 모두 모여요.
- **서로 안부를 묻다:** 친척을 만나면 서로 "그동안 잘 지냈어요? 어떻게 지냈어요? 건강했어요?" 이렇게 인사해요. 서로 안부를 물어요.
- **성묘를 하다:** 명절에 돌아가신 할아버지, 할머니, 조상들의 묘에 가서 인사하고 절을 해요. 성묘를 해요.
- **차례를 지내다:** 명절 아침에 집에서 만든 음식으로 돌아가신 할아버지, 할머니, 조상들께 인사해요. 차례를 지내요.

- **윷놀이:** (교재의 그림을 보며) 윷놀이는 네 개의 윷을 가지고 노는 게임이에요. '윷놀이를 하다'라고 해요. 보통 가족들과 명절에 많이 해요.

  발음 윷놀이[윤노리]
- **연날리기:** (교재의 그림을 보며) 연날리기는 연을 바람에 날리는 놀이예요. '연날리기를 하다', '연을 날리다'라고 해요.
- **제기차기:** (교재의 그림을 보며) 제기차기는 제기를 가지고 발로 하는 놀이예요. '제기차기를 하다', '제기를 차다'라고 해요. 보통 가족들과 명절에 많이 해요.

  참고 윷놀이와 연날리기, 제기차기 모두 전통적으로는 설날에 하는 놀이지만 요즘에는 다른 명절에도 해요.

Q 여러분 고향에서는 명절에 무엇을 해요?

우리 고향에서도 명절에 가족이 모여요.
모여서 맛있는 음식도 먹고 재미있는 놀이도 해요.

124 사회통합프로그램(KIIP) 한국어와 한국문화 초급 2

어휘 1 (명절에 하는 일)

1 도입, 제시

1. 명절에 무엇을 하는지 알고 있는지 물으며 오늘은 명절에 하는 일과 관련된 어휘를 배운다고 알려 준다.

   명절은 설날이나 추석처럼 옛날부터 1년 중 가장 중요한 날이에요.
   여러분 고향에도 명절이 있지요? 여러분은 명절에 무엇을 해요?
   오늘은 명절과 관련된 단어를 공부해요.
2. 교사를 따라 어휘를 소리 내어 한 번 읽는다. 이때 발음에 주의하게 한다.
3. 어휘의 의미를 설명한다. 어휘가 사용된 문장을 예로 제시하거나 의미를 풀어서 설명해 준다. 상황에 따라 유의어나 반의어 등을 추가로 설명할 수 있다.
4. 배운 어휘를 소리 내어 읽도록 한다. 이때 '-어요' 형태로 단어를 읽는 등 변화를 줄 수 있다.

2 연습

1. 고향에서는 명절에 무엇을 하는지 물어본다.
2. 고향에서 명절에 무엇을 하는지 짝과 대화하도록 한다.
3. 학생들끼리 이야기한 것은 교사가 표현을 정리해 주며 같이 이야기한다.
4. 고향에서 명절에 하는 일이 한국과 어떻게 비슷하고 다른지에 대해 이야기하는 활동으로 확장할 수 있다.

익힘책 70쪽을 풀게 하거나 과제로 제시한다.

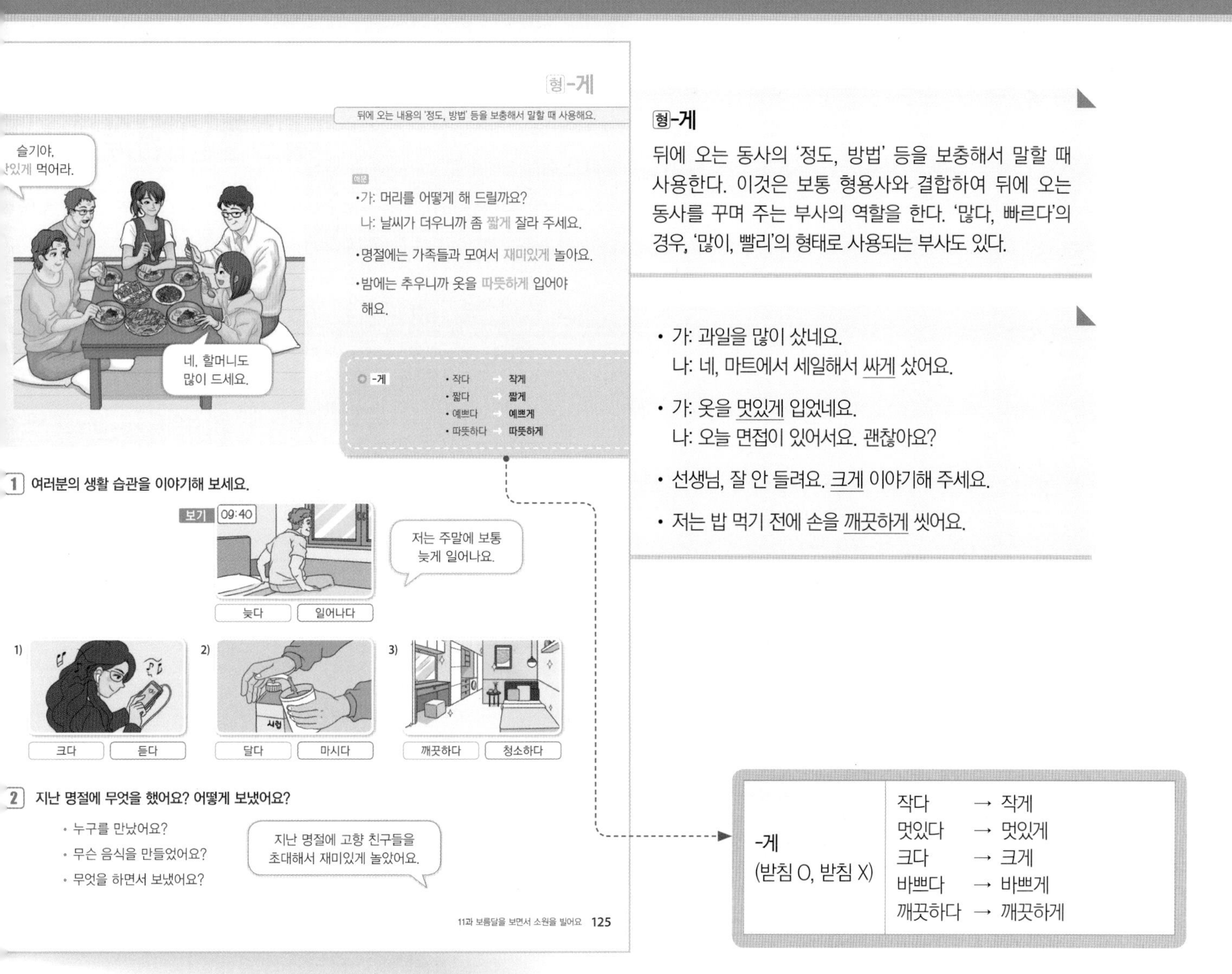

형-게

뒤에 오는 동사의 '정도, 방법' 등을 보충해서 말할 때 사용한다. 이것은 보통 형용사와 결합하여 뒤에 오는 동사를 꾸며 주는 부사의 역할을 한다. '많다, 빠르다'의 경우, '많이, 빨리'의 형태로 사용되는 부사도 있다.

- 가: 과일을 많이 샀네요.
  나: 네, 마트에서 세일해서 싸게 샀어요.
- 가: 옷을 멋있게 입었네요.
  나: 오늘 면접이 있어서요. 괜찮아요?
- 선생님, 잘 안 들려요. 크게 이야기해 주세요.
- 저는 밥 먹기 전에 손을 깨끗하게 씻어요.

-게 (받침 O, 받침 X)	작다 → 작게 멋있다 → 멋있게 크다 → 크게 바쁘다 → 바쁘게 깨끗하다 → 깨끗하게

문법 1 (형-게)

1 도입, 제시

1. 도입 그림과 대화를 통해 문법이 사용되는 상황을 인지시킨다.
   - 후엔 씨의 가족들은 밥을 먹고 있어요. 음식이 어떨 것 같아요? 보통 식사 전에 밥을 어떻게 먹으라고 이야기해요?
2. 교재의 대표 예문을 보면서 문법의 의미를 설명한다.
   - 밥을 먹기 전에 할머니가 슬기에게 밥을 어떻게 먹으라고 이야기해요? '맛있게 먹어라.'라고 해요. 그럼 슬기는 할머니에게 어떻게 말하면 좋을까요? '맛있게 먹겠습니다.' 이렇게 뒤에 오는 동사를 구체적으로 자세히 표현할 때 형용사에 '-게'를 붙여요.
3. 학생들과 교재의 예문들을 읽으면서 문법의 의미를 설명하고 이해시킨다.
4. 문법의 형태 정보를 제시하고 설명한다.
5. 추가 예문을 제시하고 문법의 의미와 사용법을 정확하게 이해시킨다.

2 연습 1

1. 〈보기〉의 대화를 교사와 함께 완성해 본다.
2. 나머지 문제를 〈보기〉의 대화처럼 짝과 완성하도록 한다.
3. 연습한 것을 발표하게 하거나 교사가 전체 학생 대상으로 답하게 하여 확인한다. 그리고 오류가 있으면 수정해 준다.

3 연습 2

1. 지난 명절에 무엇을 했는지, 어떻게 보냈는지, 음식을 어떻게 먹었는지 등에 묻고 대답하면서 '-게'를 활용하여 자신의 이야기를 해 보도록 한다.
2. 친구와 대화한 것을 발표하게 하고 오류가 있으면 수정해 준다.

익힘책 72쪽을 풀게 하거나 과제로 제시한다. 익힘책은 연습 활동 난이도에 따라 교재 연습 문제 전후로 활용한다.

어휘와 문법 2

- **설날(음력 1월 1일):** 설날은 음력 1월 1일이에요. 음력은 달을 기준으로 한 달력이에요. 보통 달력을 보면 작은 숫자를 볼 수 있어요. 그것이 음력이에요.
  발음 설날[설랄], 음력[음녁]
- **세배를 하다/받다:** 설날에 웃어른들께 절하는 것을 '세배'라고 해요. 부모님이나 친척 어른들께 세배를 해요. 세배할 때 "새해 복 많이 받으세요."라고 인사해요. 보통 웃어른께 세배를 하면 돈을 받는데 그 돈을 '세뱃돈'이라고 해요.
- **떡국:** 설날에 먹는 음식이에요. 설날에 떡국을 먹으면 한 살 많아진다는 말이 있어요. '떡국을 먹다'라고 해요.
- **윷놀이:** 윷놀이는 네 개의 윷을 가지고 노는 게임이에요. '윷놀이를 하다'라고 해요. 보통 가족들과 명절에 많이 해요.
  발음 윷놀이[윤노리]

- **추석(음력 8월 15일):** 추석은 가을에 있는 가장 큰 명절이에요. 음력 8월 15일이에요.
- **송편을 빚다:** 송편은 추석에 먹는 떡이에요. 재료는 쌀이에요. 송편을 만드는 것을 '송편을 빚다'라고 해요.
- **보름달:** 음력 15일에 가장 큰 달이 떠요. 그 달을 '보름달'이라고 해요. 그래서 추석에 보름달을 볼 수 있어요. 하늘에 보름달이 있을 때 '보름달이 뜨다'라고 해요.
- **소원을 빌다:** 한국 사람들은 보름달이 뜨면 소원을 빌어요. 소원은 내가 원하는 것, 바라는 것이에요.

이 부분을 신경 써 주세요!

설날, 추석으로 나눠 제시하되 어휘 1에서 학습한 어휘도 상기시켜 준다. 이때 설날, 추석에 모두 하는 일도 있으므로 그 부분도 함께 짚어 준다.

예 고향에 내려가다, 가족이 모이다, 차례를 지내다, 성묘를 하다 등

Q 한국의 명절을 알아보세요. 명절에 무엇을 해요?

Q 한국에서는 설날과 추석에 무엇을 해요?

설날에는 어른들께 세배를 하고 떡국을 먹어요.
추석에는…

126 사회통합프로그램(KIIP) 한국어와 한국문화 초급 2

어휘 2 (한국의 명절)

1 도입, 제시

1. 한국에 어떤 명절이 있는지 물으며 오늘은 한국의 명절과 관련된 어휘를 배운다고 알려 준다.
   한국에 어떤 명절이 있는지 알아요? 그날 무엇을 해요?
   오늘은 한국의 명절과 관련된 단어를 공부해요.
2. 교사를 따라 어휘를 소리 내어 한 번 읽는다. 이때 발음에 주의하게 한다.
3. 어휘의 의미를 설명한다. 어휘가 사용된 문장을 예로 제시하거나 의미를 풀어서 설명해 준다. 상황에 따라 유의어나 반의어 등을 추가로 설명할 수 있다.
4. 배운 어휘를 소리 내어 읽도록 한다. 이때 '-어요' 형태로 단어를 읽는 등 변화를 줄 수 있다.

2 연습

1. 한국에서 설날과 추석에 무엇을 하는지 물어본다.
2. 짝과 함께 한국의 설날과 추석에 대해 말해 보도록 한다.
3. 학생들끼리 이야기한 것은 교사가 정리해 주며 같이 이야기한다.
   설날에는 무엇을 해요?
   추석에는 무엇을 해요?
4. 한국의 명절에 대한 이야기가 끝나면 자기 나라에서 큰 명절에 하는 일에 대해 확장하여 이야기할 수 있다.

익힘책 71쪽을 풀게 하거나 과제로 제시한다.

동-으면서

두 가지 이상의 행동이 동시에 일어남을 나타내요.

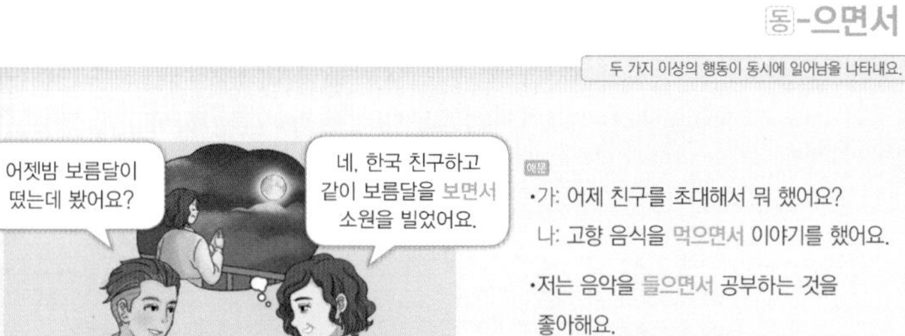

예문
- 가: 어제 친구를 초대해서 뭐 했어요?
  나: 고향 음식을 먹으면서 이야기를 했어요.
- 저는 음악을 들으면서 공부하는 것을 좋아해요.
- 저는 한국 회사에서 일하면서 한국어도 배우고 있어요.

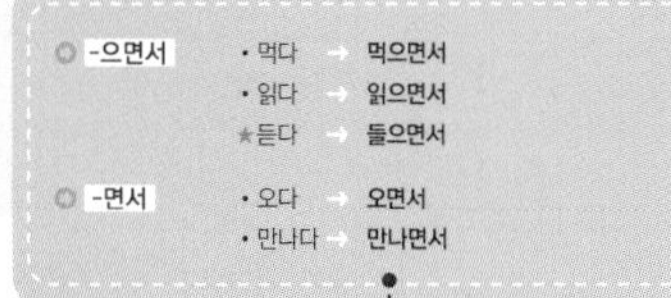

-으면서	• 먹다 →	먹으면서
	• 읽다 →	읽으면서
	★듣다 →	들으면서
-면서	• 오다 →	오면서
	• 만나다 →	만나면서

1 명절의 모습이에요. 사람들이 무엇을 해요?

보기

새해 인사를 하다 / 세배를 하다

새해 인사를 하면서 세배를 해요.

2 여러분은 두 가지 일을 같이 할 때가 있어요? 이야기해 보세요.

저는 TV를 보면서 밥을 먹어요.

저는 음악을 들으면서 운동해요.

11과 보름달을 보면서 소원을 빌어요 127

동-으면서

두 가지 행동을 동시에 할 때 사용한다. 그리고 앞뒤 문장의 주어가 같아야 한다.

- 가: 저 조금 늦을 것 같아요. 미안해요.
  나: 책 읽으면서 기다리고 있으니까 천천히 오세요.
- 가: 이 영화 봤어요?
  나: 네, 정말 슬퍼서 울면서 봤어요.
- 시간이 없는데 가면서 이야기할까요?
- 저는 노래 부르면서 춤추는 것을 좋아해요.

-으면서 (받침 O)	먹다 → 먹으면서 입다 → 입으면서 빗다 → 빗으면서 *듣다 → 들으면서
-면서 (받침 X, ㄹ 받침)	가다 → 가면서 마시다 → 마시면서 운동하다 → 운동하면서 *울다 → 울면서

문법 2 (동-으면서)

1 도입, 제시

1. 도입 그림과 대화를 통해 문법이 사용되는 상황을 인지시킨다.

   고천 씨는 어젯밤에 무엇을 했어요? 보름달을 봤어요. 보름달을 볼 때 무엇을 했을까요?

2. 교재의 대표 예문을 보면서 문법의 의미를 설명한다.

   보름달을 봤어요. 그때 같이 소원도 빌었어요. 이렇게 두 가지 행동을 같이 하는 것을 말할 때 '-으면서'를 사용해 앞뒤 문장을 연결할 수 있어요.

3. 학생들과 교재의 예문들을 읽으면서 문법의 의미를 설명하고 이해시킨다.
4. 문법의 형태 정보를 제시하고 설명한다.
5. 추가 예문을 제시하고 문법의 의미와 사용법을 정확하게 이해시킨다.

2 연습 1

1. 〈보기〉의 대화를 교사와 함께 완성해 본다.
2. 나머지 문제를 〈보기〉의 대화처럼 짝과 완성하도록 한다.
3. 연습한 것을 발표하게 하거나 교사가 전체 학생 대상으로 답하게 하여 확인한다. 그리고 오류가 있으면 수정해 준다.

3 연습 2

1. 두 가지 일을 같이 할 때가 있는지 묻고 대답하면서 '-으면서'를 활용하여 자신의 이야기를 해 보도록 한다.
2. 친구와 대화한 것을 발표하게 하고 오류가 있으면 수정해 준다.

익힘책 73쪽을 풀게 하거나 과제로 제시한다. 익힘책은 연습 활동 난이도에 따라 교재 연습 문제 전후로 활용한다.

말하기와 듣기

1 2)

이링: 내일부터 설 연휴네요. 팀장님은 이번 연휴에 고향에 가세요?
팀장: 네, 내일 아침 일찍 출발할 거예요. 이링 씨는 어떻게 보낼 거예요?
이링: 저는 고향의 명절 음식을 만들어 먹을 거예요. 한국 사람들은 보통 뭘 하면서 보내요?
팀장: 차례를 지내고 떡국을 먹어요. 오랜만에 친척들이 모이니까 명절 음식을 같이 먹으면서 재미있게 보내요.

2

가: 중국에서는 단오에 쫑즈라는 음식을 먹으면서 용선 경기를 봐요.
나: 베트남에서는 추석에 보름달을 보면서 소원을 빌어요. 그리고 월병도 먹어요.

제이슨(남): 라흐만 씨, 연휴 잘 보냈어요?
라흐만(남): 네, 저는 고향 친구들하고 같이 모여서 고향 음식을 만들어서 먹었어요. 제이슨 씨는요?
제이슨(남): 저는 동료들하고 한옥 마을에 가서 재미있게 보냈어요.
라흐만(남): 한옥 마을요? 거기 가서 뭐 했어요?
제이슨(남): 한복도 입어 보고 송편 만들기 체험이 있어서 송편도 만들어 봤어요. 한국 전통 놀이도 하고요.
라흐만(남): 와, 정말 재미있었겠네요.

1 이링 씨와 팀장님이 명절에 대해 이야기해요. 다음과 같이 이야기해 보세요.

이링: 내일부터 설 연휴네요. 팀장님은 이번 연휴에 고향에 가세요?
팀장: 네, 내일 아침 일찍 출발할 거예요. 이링 씨는 어떻게 보낼 거예요?
이링: 저는 고향 친구들을 초대해서 같이 보낼 거예요. 한국 사람들은 보통 뭘 하면서 보내요?
팀장: 차례를 지내고 어른들께 세배를 해요. 오랜만에 친척들이 모이니까 명절 음식을 같이 먹으면서 재미있게 보내요.

1) 고향 친구들을 초대해서 같이 보내다 | 어른들께 세배를 하다
2) 고향의 명절 음식을 만들어 먹다 | 떡국을 먹다

2 여러분 고향에는 어떤 명절이 있어요? 친구와 이야기해 보세요.

라흐만 씨와 제이슨 씨가 명절 연휴 이야기를 해요. 잘 듣고 답해 보세요.

1) 라흐만 씨는 연휴를 어떻게 보냈어요?
고향 친구들하고 같이 모여서 고향 음식을 만들어서 먹었어요.

2) 제이슨 씨가 연휴에 하지 않은 것을 고르세요.
① 한옥 마을에 갔어요.
② 송편을 만들었어요.
③ 한복을 입어 봤어요.
④ 고향 음식을 만들었어요.

128 사회통합프로그램(KIIP) 한국어와 한국문화 초급 2

명절에 하는 일 말하기

1 대화문 연습

1. 명절에 무엇을 하는지 이야기하며 교재의 그림을 이용해 어떤 상황인지 추측해 보도록 한다.
   - 두 사람은 무엇에 대해 이야기하는 것 같아요? 이링 씨는 외국인인데 명절에 한국에서 무엇을 할까요? 팀장님은 한국 사람인데 명절에 무엇을 할까요?
2. 지시문을 이용하여 대화 상황을 학생들에게 명확하게 알려 준다.
3. 대화를 들려주고 간단한 질문을 하여 대화 내용을 이해했는지 확인한다.
   - 내일은 무슨 날이에요? 팀장님은 설 연휴에 무엇을 해요? 이링 씨는 무엇을 해요?
4. 교사와 함께 대화문을 읽으면서 자연스럽게 말하는 연습을 한다. 두 번 정도 반복해서 연습한다.
5. 교체 어휘를 활용하여 짝과 함께 연습하게 한다.
6. 연습이 끝나면 한두 팀을 발표시키거나 교사가 전체 학생을 대상으로 확인한다.

2 확장 연습

1. 고향의 명절에 대한 말하기를 한다고 알려 준다.
2. 고향의 명절 중 하나를 정하고 그날 무슨 일을 하는지 이야기하게 한다. 대화를 할 때는 다음과 같은 내용을 포함하여 말하도록 지시한다.
   - 고향의 명절 중 어떤 명절에 대해 이야기하고 싶은지, 그날 보통 고향 사람들이 무엇을 하는지 이야기해 보세요.
3. 이야기가 끝나면 한두 팀을 발표시키거나 교사가 전체 학생을 대상으로 확인하고 오류를 수정해 준다.

명절에 한 일에 대한 대화 듣기

1. 지시문을 이용하여 등장인물과 대화 상황을 설명한다.
2. 문제를 읽고 들어야 하는 정보를 파악하게 한다.
3. 듣기 파일을 두 번 듣고 문제를 풀게 한다.
4. 교재 질문의 답을 확인한 후 해당 대화를 같이 읽으며 내용을 확인한다. 필요한 경우 새로운 어휘, 표현을 설명한다.

1 다음 글을 읽고 질문에 답해 보세요.

한국의 대표적인 명절은 설날과 추석입니다. 설날은 새해가 시작되는 날입니다. 설날에는 보통 가족, 친척들이 모여서 차례를 지내고 윗사람에게 세배를 합니다. 그러면 윗사람은 아랫사람에게 덕담을 하면서 세뱃돈을 줍니다. 설날에는 보통 떡국을 먹습니다.

추석은 한 해의 농사가 잘 끝난 것을 조상들에게 감사드리는 날입니다. 추석에는 보통 성묘를 가거나 집에서 차례를 지냅니다. 이날에는 송편을 먹고, 보름달을 보면서 소원을 빕니다.

1) 한국에는 어떤 명절이 있어요?
설날과 추석이 있어요.

2) 설날에 하는 것을 모두 고르세요.
❶ 차례를 지내요. ❷ 세배를 해요.
❸ 송편을 만들어요. ❹ 보름달을 봐요.

3) 추석은 무슨 날이에요?
한 해의 농사가 잘 끝난 것을 조상들에게 감사하는 날이에요.

2 여러분 고향의 명절을 소개해 보세요.

- 명절 이름이 뭐예요?
- 언제예요?
- 그날 뭐 해요?

단어장
대표적
덕담
한 해
농사
조상

- **대표적(이다):** 그곳에서 가장 유명해서 사람들이 많이 아는 것을 말할 때 사용해요. 한국의 대표적인 여행지는 제주도예요. 전주의 대표적인 음식은 비빔밥이에요.
- **덕담:** 새해에 할아버지께서 '건강하고 부자 되라.'라고 좋은 내용의 말인 덕담을 해 주셨어요.
  발음 덕담[덕땀]
- **한 해:** 한 해는 일 년과 같은 의미예요.
  발음 한 해[한해, 하내]
- **농사:** 저희 부모님은 농사를 지어요. 야채나 과일 등을 직접 키워요. 그래서 쌀이나 채소는 사 먹지 않고 고향에서 가지고 와서 먹어요.
- **조상:** 돌아가신 할아버지, 할머니를 조상이라고 해요.

한국의 명절에 대한 글 읽기

1. 그림을 보며 글의 내용을 유추하게 한다.
   이 사람들은 무엇을 하고 있어요? 무슨 날인 것 같아요?
2. 글을 훑어 읽게 한 후 주제, 중심 내용 등을 간단히 말해 보도록 한다.
   한국에는 큰 명절로 어떤 명절이 있어요? 한국 사람들은 설날에 무엇을 해요? 추석에는 무엇을 해요?
3. 글을 다시 읽으면서 문제를 풀게 한다.
4. 답을 같이 확인한 후, 본문을 다시 읽으며 모르는 어휘가 없는지 확인한다. 필요한 경우 새로운 어휘, 표현을 설명한다.

명절 소개하는 글 쓰기

1. 어떤 글을 쓸지 알려 주고 글에 들어갈 내용을 생각해 보게 한다.
   오늘은 여러분 고향의 명절을 소개하는 글을 쓸 거예요. 고향의 명절을 소개할 때 필요한 내용은 무엇이 있을까요?
2. 교재 질문에 대해 자신이 쓸 내용을 간단하게 메모하도록 한다. 교사는 학생들이 쓴 메모에 오류가 없는지 확인해 준다.
3. 메모한 내용을 바탕으로 글로 완성하게 한다.

문화와 정보

참고

한국의 단오와 중국의 단오는 이름과 날짜는 같지만 의미가 다른 날이에요. 한국의 단오는 한 해의 농사가 잘 되기를 바라는 날이지만 중국의 단오는 중국 초나라의 시인 '굴원'을 기리는 날이에요.

한국의 명절

요즘 한국 사람들은 설과 추석을 대표적인 명절이라고 생각합니다. 그러나 옛날에는 정월 대보름, 한식, 단오, 동지도 큰 명절이었습니다. 정월 대보름은 음력 1월 15일로 한 해의 첫 보름달이 뜨는 날입니다. 대보름에는 오곡밥과 나물, 호두나 땅콩 같은 부럼을 먹습니다. 한식은 양력 4월 5일이나 6일이고 찬 음식을 먹습니다. 단오는 한 해 농사의 풍년을 바라는 날로 음력 5월 5일입니다. 동지는 일 년 중 밤이 가장 긴 날입니다. 양력 12월 22일이나 23일이고 팥죽을 먹습니다.

부럼

1) 정월 대보름에는 무엇을 먹어요?
2) 단오는 언제예요?
3) 여러분 고향에는 어떤 명절이 있어요?

동지, 팥죽

130 사회통합프로그램(KIIP) 한국어와 한국문화 초급 2

한국의 명절

1. 이 단원의 문화와 정보가 무엇에 대한 것인지 알려 준다.

설날과 추석 말고 한국의 다른 명절을 알고 있어요?
오늘은 '한국의 다양한 명절'에 대해 알아봅시다.

2. 교재의 그림(사진)을 보면서 주제에 대해 알고 있는 것을 상기시키고 말해 보게 한다. 이때 관련 시각 자료를 추가로 활용할 수 있다.

이것은 무엇이에요? 이것을 언제 먹는지 알아요?

3. 교재를 같이 읽으면서 내용을 설명한다. 이때 중요한 정보가 있는 부분에 밑줄을 긋거나 표시하게 하는 것도 좋다.

4. 질문 1, 2의 답을 찾아보고 답하게 한다.

정월 대보름에는 무엇을 먹어요?
단오는 언제예요?

5. 3번 질문을 이용하여 학습자 자신의 경험을 말해 보도록 한다.

여러분 고향에는 어떤 명절이 있어요?
그때 먹는 음식은 뭐예요?

단원 마무리

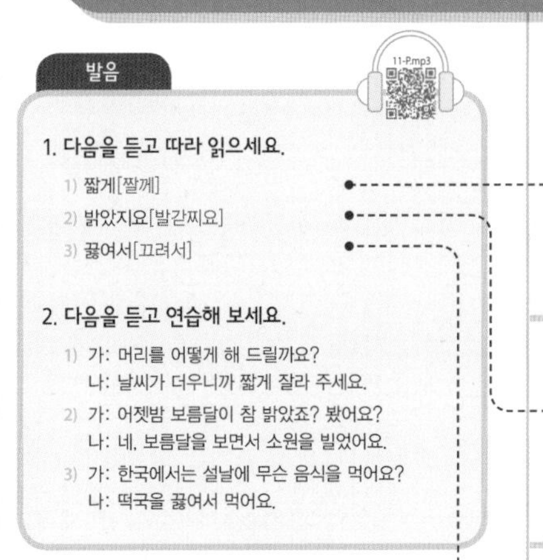
발음

1. 다음을 듣고 따라 읽으세요.
   1) 짧게[짤께]
   2) 밝았지요[발간찌요]
   3) 끓여서[끄려서]

2. 다음을 듣고 연습해 보세요.
   1) 가: 머리를 어떻게 해 드릴까요?
      나: 날씨가 더우니까 짧게 잘라 주세요.
   2) 가: 어젯밤 보름달이 참 밝았죠? 봤어요?
      나: 네. 보름달을 보면서 소원을 빌었어요.
   3) 가: 한국에서는 설날에 무슨 음식을 먹어요?
      나: 떡국을 끓여서 먹어요.

- **겹받침 'ㄼ'**
  - 겹받침 'ㄼ'은 단어의 끝 또는 자음 앞에서 'ㅂ'은 생략되고 [ㄹ]만 발음한다.
- **겹받침이 모음을 만날 때**
  - 겹받침 뒤에 모음이 올 경우, 두 번째 받침만 연음하여 발음한다.
- **겹받침 'ㅀ'**
  - 겹받침 'ㅎ' 뒤에 모음이 올 경우, 'ㅎ'을 발음하지 않는다.

배운 어휘 확인

□ 고향에 내려가다	□ 세배를 받다
□ 친척	□ 떡국
□ 가족이 모이다	□ 추석(음력 8월 15일)
□ 서로 안부를 묻다	□ 송편을 빚다
□ 성묘를 하다	□ 보름달
□ 차례를 지내다	□ 소원을 빌다
□ 윷놀이	□ 대표적
□ 연날리기	□ 덕담
□ 제기차기	□ 한 해
□ 설날(음력 1월 1일)	□ 농사
□ 세배를 하다	□ 조상

정월 대보름, 오곡밥과 나물

11과 보름달을 보면서 소원을 빌어요 131

- 이 단원에서 배운 어휘 중 기억나는 것을 말해 보세요.
- 이 단원에서 배운 문법은 뭐예요?
- 여러분 나라에는 무슨 명절이 있어요?
- 여러분 나라에서는 명절에 보통 무엇을 해요?
- 한국의 대표적인 명절은 뭐예요?

발음 10분

1. 교재 1번 발음을 들려주고 발음이 어떻게 들리는지 학습자 스스로 확인해 보도록 한다.

2. '짧게'에서 겹받침 'ㄼ'이 받침 자리에 오면 먼저 [ㄹ]로 발음된다는 것과 받침 'ㄹ' 뒤에 'ㄱ'이 올 경우 [ㄲ]로 발음된다는 것을 알려 준다.
'밝았지요'에서 겹받침 'ㄺ' 뒤에 모음이 올 경우 연음 현상이 일어나 뒤에 있는 받침이 연음된다는 것을 알려 준다.
'끓여서'에서 겹받침 'ㅀ' 뒤에 모음이 올 경우 'ㅎ'은 발음되지 않은 채로 연음된다는 것을 알려 준다.

주의 여러 번 반복해서 학습하게 되고, 발음 규칙이 하나로 통일된 것이 아니므로 하나씩 설명하되 확장시키지 말고 제시된 단어에만 집중하는 것이 좋다.

3. 교재 1번 발음을 다시 듣고 교사를 따라 말해 본다.

4. 교재 2번 대화를 듣고 따라 말해 본다.

5. 짝과 함께 대화를 읽으며 연습하게 한 후에 확인한다.

마무리 10분

1. 단원에서 학습한 어휘 중 기억하는 것을 먼저 말해 보게 한다.

2. 배운 어휘 목록의 어휘들을 읽으면서 의미를 상기시킨다.

3. 단원에서 학습한 문법(형-게, 동-으면서)을 상기시키며 의미와 사용법을 기억하는지 확인한다.

4. 단원의 목표와 성취도를 확인한다.

5. 익힘책을 과제로 제시하고 마무리한다.

12

실수를 자주 하는 편이에요

수업 목표 및 내용

- **주제:** 실수와 경험
- **어휘와 문법**
  - 어휘: 감정, 실수 관련 어휘를 익힌다.
  - 문법: '동-은 적이 있다', '동형-는 편이다'의 의미와 형태를 익혀 사용할 수 있다.
- **활동**
  - 말하기: 실수 경험에 관한 대화를 할 수 있다.
  - 듣기: 윗사람한테 한 실수에 관한 대화를 듣고 이해할 수 있다.
  - 읽기: 실수 경험담을 읽고 이해할 수 있다.
  - 쓰기: 실수 경험담을 쓸 수 있다.
- **문화와 정보:** 한국의 '우리' 문화

1	2	3	4
주제	어휘와 문법	활동	문화와 정보
실수와 경험	감정, 실수 동-은 적이 있다 동형-는 편이다	경험과 감정 말하기 실수 경험 쓰기	한국의 '우리' 문화

수업 전개

도입 / 어휘와 문법 1 (1차시)
- 다양한 감정
- 동-은 적이 있다

익힘책 pp. 76-79

어휘와 문법 2 (2차시)
- 실수 관련 어휘
- 동형-는 편이다

익힘책 pp. 76-79

단원 도입

❶

❷

❸

메뉴
돌김갈불
솥치비고
비찌탕기
빔개
밥

돌김갈불
솥치비고
비찌탕기

돌김갈불 하나 주세요

- 이 사람들에게 어떤 일이 생긴 것 같아요?
- 여러분도 한국말을 잘 못해서 실수를 자주 해요?

도입

1. 교재 그림을 이용하여 학생들과 이야기하며 이 과의 주제를 노출한다.

   그림❶ 이 여자는 버스에서 무슨 일이 생겼어요? 이때 기분이 어떨까요? 여러분도 이런 경험이 있어요?

   그림❷ 이 여자는 남자한테 무슨 말을 했어요? 반말을 했을 때 남자는 기분이 어떨까요? 여러분도 이런 실수를 해요?

   그림❸ 이 남자는 식당에서 무슨 일이 생겼어요? 점원이 남자의 말을 잘 이해했을까요? 이때 남자는 기분이 어떨까요? 여러분도 이런 실수를 해요?

2. 대화 내용을 정리하며 이 단원에서는 '한국에서 하는 실수, 실수했을 때의 감정' 등에 대해 공부한다는 것을 알려 준다.

이 단원을 지도할 때는…

이 단원과 관계있는 단원들은 아래와 같습니다. 관련 단원의 학습 내용을 확인하셔서 지도에 참고하시면 좋을 것 같습니다.

- 어휘: 감정
  - 2권 6과
- 문법: 경험 표현
  - 2권 3과 (-어 보다)

말하기와 듣기 3차시	읽기와 쓰기 4차시	문화와 정보 / 발음 / 마무리 5차시
·실수 경험 말하기 ·윗사람한테 한 실수 경험 듣기 익힘책 p. 80	·실수 경험에 대한 글 읽기 ·실수 경험담 쓰기 익힘책 p. 81	·한국의 '우리' 문화

어휘와 문법 1

- **당황하다:** 마트에 가서 계산을 하는데 지갑을 집에 놓고 왔어요. 중요한 약속이 있는데 늦게 일어났어요. 당황해요.
  발음 당황하다[당황하다, 당왕하다]
- **창피하다:** 사람이 많은데 길에서 넘어졌어요. 창피해요.
- **무섭다:** 공포 영화를 봐요. 친구에게 귀신 이야기를 들었어요. 무서워요.
- **속상하다:** 공부를 열심히 했는데 시험 점수가 안 좋아요. 가고 싶은 회사가 있어서 열심히 준비했는데 면접에 떨어졌어요. 속상해요.
- **우울하다:** 안 좋은 일이 있어요. 걱정이 있어요. 기분이 우울해요.
  발음 우울하다[우울하다, 우우라다]
- **그립다:** 고향에 있는 가족, 친구가 보고 싶어요. 그리워요.

이 부분을 신경 써 주세요!

'무섭다, 그립다'와 같은 'ㅂ불규칙' 어휘 활용에 아직 익숙하지 않은 학생들도 있으니 꼼꼼히 확인해 준다.

2권 6과에서 관련 어휘를 배웠어요!

- 기분, 감정 관련 어휘
  기분이 좋아요, 기뻐요, 신나요, 행복해요, 즐거워요, 반가워요, 기분이 안 좋아요, 슬퍼요, 걱정돼요, 외로워요, 화나요, 짜증나요, 답답해요

Q 여러분은 이럴 때 기분이 어때요?

당황하다

창피하다

무섭다

속상하다

우울하다

그립다

한국어 공부를 열심히 했어요.
그런데 점수가 나빠서 속상해요.

Q 여러분은 한국에 처음 왔을 때 어떤 경험을 했어요? 그때 기분이 어땠어요? 이야기해 보세요.

화장실 안에 휴지통이 없어서 당황했어요.

134 사회통합프로그램(KIIP) 한국어와 한국문화 초급 2

어휘 1 (다양한 감정)

1 도입, 제시

1. 오늘 기분이 어떤지, 왜 그런지 물으며 6과에서 배운 기분 어휘를 상기시킨다. 그리고 오늘은 기분, 감정을 말할 때 사용하는 어휘를 배운다고 알려 준다.

   여러분은 오늘 기분이 어때요? 왜요? 오늘은 다양한 감정 표현 단어를 공부해요.

2. 교사를 따라 어휘를 소리 내어 한 번 읽는다. 이때 발음에 주의하게 한다.
3. 어휘의 의미를 설명한다. 어휘가 사용된 문장을 예로 제시하거나 의미를 풀어서 설명해 준다. 상황에 따라 유의어나 반의어 등을 추가로 설명할 수 있다.
4. 배운 어휘를 소리 내어 읽도록 한다. 이때 '-어요' 형태로 단어를 읽는 등 변화를 줄 수 있다.

2 연습

1. 한국에 처음 왔을 때 한 경험과 그때의 기분에 대해 이야기해 본다.
2. 배운 표현을 활용하여 자신의 경험과 그때의 기분에 대해 짝과 대화하도록 한다.
3. 학생들끼리 이야기한 것은 교사가 정리해 주며 같이 이야기한다.

익힘책 76쪽을 풀게 하거나 과제로 제시한다.

동-은 적이 있다

과거 사건이나 경험을 이야기할 때 사용해요.

예문
- 가: 미호 씨, 비빔밥 먹어 봤어요?
  나: 네, 먹은 적이 있어요.
- 저는 가방을 잃어버린 적이 있어요.
- 고등학교 때는 밤을 새워 공부한 적이 많이 있어요.

- -은 적이 있다 • 먹다 → 먹은 적이 있다 • 읽다 → 읽은 적이 있다 ★걷다 → 걸은 적이 있다
- -ㄴ 적이 있다 • 가다 → 간 적이 있다 • 보다 → 본 적이 있다

1 한국에서 어떤 경험을 했는지 이야기해 보세요.

보기 한국 음식을 만들다: 갈비찜, 김밥, 김치

한국 음식을 만든 적이 있어요?

네, 갈비찜을 만든 적이 있어요. 조금 짰지만 맛있게 먹었어요. 그래서 기분이 좋았어요.

1) 다른 도시에 가 보다: 바닷가에 가다 / 혼자 여행을 떠나다 / 처음 간 도시에서 밤거리를 걷다
2) 안 좋은 일이 생기다: 한국 친구와 다투다 / 시험을 못 보다 / 아파서 병원에 가다
3) 실수하다: 윗사람에게 반말을 하다 / 길을 잃어버리다

2 여러분은 특별한 경험을 한 적이 있어요? 이야기해 보세요.

저는 공항에서 아이돌 가수를 만난 적이 있어요. 정말 멋있었어요.

12과 실수를 자주 하는 편이에요 135

동-은 적이 있다

과거 사건이나 경험을 이야기할 때 사용한다. 그런 경험이 없을 때는 '동-은 적이 없다'를 사용한다. 특별하거나 한 번 했던 경험을 강조하고 싶을 때 '동-어 보다'와 결합된 '동-어 본 적이 있다'의 형태로도 많이 사용된다.

- 가: 한국어로 된 책을 읽은 적이 있어요?
  나: 아니요, 어려워서 읽은 적이 없어요.
- 가: 제주도에 가 본 적이 있어요?
  나: 네, 한 번 가 본 적이 있어요.
- 저는 사장님께 반말을 한 적이 있는데 그때 사장님께서 화를 내셨어요.
- 저는 부산에 산 적이 있어서 부산의 유명한 음식을 잘 알아요.

-은 적이 있다 (받침 O)	먹다 → 먹은 적이 있다 앉다 → 앉은 적이 있다 입다 → 입은 적이 있다 *듣다 → 들은 적이 있다
-ㄴ 적이 있다 (받침 X, ㄹ 받침)	가다 → 간 적이 있다 배우다 → 배운 적이 있다 실수하다 → 실수한 적이 있다 *살다 → 산 적이 있다

동-은 적이 있다 vs 동-어 보다

두 문법 모두 경험을 말할 때 사용하는 문법으로, '동-은 적이 있다'는 단순히 경험의 유무를 말할 때 사용하지만 '동-어 보다'는 주어의 의지가 있고, 의도된 상황에서 좀 더 자연스럽게 사용된다.

예 교통사고가 난 적이 있어요. (O)
 교통사고가 나 봤어요. (△)

문법 1 (동-은 적이 있다)

1 도입, 제시

1. 도입 그림과 대화를 통해 문법이 사용되는 상황을 인지시킨다.
   - 제임스 씨와 이링 씨가 실수한 경험에 대해 이야기하고 있어요. 이링 씨는 전에 어떤 실수를 한 것 같아요?
2. 교재의 대표 예문을 보면서 문법의 의미를 설명한다.
   - 이링 씨는 한국에서 과거에 재미있는 실수를 했어요. 이렇게 자신의 과거의 경험에 대해 말할 때 '-은 적이 있다'를 사용해서 말해요.
3. 학생들과 교재의 예문들을 읽으면서 문법의 의미를 설명하고 이해시킨다.
4. 문법의 형태 정보를 제시하고 설명한다.
5. 추가 예문을 제시하고 문법의 의미와 사용법을 정확하게 이해시킨다.

2 연습 1

1. 〈보기〉의 대화를 교사와 함께 완성해 본다.
2. 나머지 문제를 〈보기〉의 대화처럼 짝과 완성하도록 한다.
3. 연습한 것을 발표하게 하거나 교사가 전체 학생 대상으로 답하게 하여 확인한다. 그리고 오류가 있으면 수정해 준다.

3 연습 2

1. 지금까지 살면서 특별한 경험을 한 적이 있는지 묻고 대답하면서 '-은 적이 있다'를 활용하여 자신의 이야기를 해 보도록 한다. '유명한 사람을 본 일' '사고나 수술을 한 일' '한국에서의 특별한 경험' 등에 대해 이야기해 보도록 할 수 있다.
2. 친구와 대화한 것을 발표하게 하고 오류가 있으면 수정해 준다.

익힘책 78쪽을 풀게 하거나 과제로 제시한다. 익힘책은 연습 활동 난이도에 따라 교재 연습 문제 전후로 활용한다.

어휘와 문법 2

- **윗사람에게 반말을 하다:** (교재의 그림을 보며) 후엔 씨가 시어머니께 '이거 맛있어' 반말을 했어요. 한국에서 윗사람에게 반말을 하면 안 돼요. 윗사람은 나보다 나이가 많은 사람이나 높은 사람이에요. 부모님, 교수님, 사장님 등이 윗사람이에요. 윗사람에게는 '이거 맛있어요' 이렇게 높임말을 해요.
- **높임말을 잘못 사용하다:** "사장님께서 저한테 드렸어요" 이렇게 높임말을 잘못 사용하면 안 돼요. "사장님께서 저한테 주셨어요"라고 말해요.
- **윗사람의 이름을 부르다:** (교재의 그림을 보며) 아나이스 씨가 교수님께 '수진~' 이렇게 이름을 불렀어요. 한국에서 윗사람에게 이름을 부르면 안 돼요. 교수님께는 '교수님', 사장님께는 '사장님' 이렇게 불러요.
- **한 손으로 물건을 드리다:** (교재의 그림을 보며) 슬기가 할아버지께 한 손으로 물건을 드렸어요. 한국에서 윗사람에게 한 손으로 물건을 드리면 안 돼요. 윗사람한테 물건을 양손으로 드려요.

- **한국 사람 이야기를 못 알아듣다:** (교재의 그림을 보며) 잠시드 씨는 한국 사람이 하는 말을 이해하지 못했어요. 말을 이해하지 못하는 것을 못 알아듣는다고 해요.
  발음 못 알아듣다[모다라듣따]
- **글자를 잘못 읽다:** (교재의 그림을 보며) 라흐만 씨는 메뉴판의 글자를 '돌김갈불'이라고 잘못 읽고 주문했어요. 이렇게 메뉴판이나 책의 글자를 잘못 읽을 때가 있어요.
- **잘못 발음하다:** (교재의 그림을 보며) 제이슨 씨는 한국어 발음이 어려워요. '커피'라고 해야 하는데 '코피'라고 했어요. 잘못 발음했어요.
- **신발을 신고 들어가다:** (교재의 그림을 보며) 아나이스 씨의 고향에서는 집에 들어갈 때 신발을 신고 들어가요. 그렇지만 한국에서는 집에 들어갈 때 신발을 신고 들어가면 안 돼요.
- **노약자석에 앉다:** 버스나 지하철의 노란색 자리는 나이가 많은 사람, 몸이 불편한 사람이 앉는 자리, 노약자석이에요. 그래서 건강하고 젊은 사람은 노약자석에 앉으면 안 돼요.
- **사람을 잘못 보다:** (교재의 그림을 보며) 안젤라 씨가 후엔 씨라고 생각하고 인사를 했어요. 그런데 그 사람은 후엔 씨가 아니었어요. 사람을 잘못 봤어요.

이 부분을 신경 써 주세요!

'부르다'와 같은 '—탈락' 어휘 활용에 아직 익숙하지 않은 학생들도 있으니 꼼꼼히 확인해 준다.

Q 한국에서 이런 경험을 한 적이 있어요?

윗사람에게 반말을 하다 / 높임말을 잘못 사용하다

윗사람의 이름을 부르다

한 손으로 물건을 드리다

한국 사람 이야기를 못 알아듣다

글자를 잘못 읽다

잘못 발음하다

신발을 신고 들어가다

노약자석에 앉다

사람을 잘못 보다

시어머니께 반말을 한 적이 있어요.

Q 여러분은 한국에서 어떤 실수를 했어요? 이야기해 보세요.

버스에서 아무 생각 없이 노약자석에 앉았어요.
사람들이 이상하게 쳐다봐서 당황했어요.

136 사회통합프로그램(KIIP) 한국어와 한국문화 초급 2

어휘 2 (실수)

1 도입, 제시

1. 한국에서 어떤 실수를 했는지 물으며 오늘은 한국에서 하는 실수와 관련된 어휘를 배운다고 알려 준다.

   여러분은 한국에서 어떤 실수를 했어요? 윗사람에게 어떤 실수를 했어요? 한국말을 잘 몰라서 어떤 실수를 했어요? 오늘은 실수에 관한 단어를 공부해요.

2. 교사를 따라 어휘를 소리 내어 한 번 읽는다. 이때 발음에 주의하게 한다.
3. 어휘의 의미를 설명한다. 어휘가 사용된 문장을 예로 제시하거나 의미를 풀어서 설명해 준다. 상황에 따라 유의어나 반의어 등을 추가로 설명할 수 있다.
4. 배운 어휘를 소리 내어 읽도록 한다. 이때 '-어요' 형태로 단어를 읽는 등 변화를 줄 수 있다.

2 연습

1. 한국에서 어떤 실수를 했는지, 그때 기분이 어땠는지 물어본다.
2. 짝과 함께 실수 경험과 그때의 감정에 대해 말해 보도록 한다.
3. 학생들끼리 이야기한 것은 교사가 정리해 주며 같이 이야기한다.

   언제, 어떤 실수를 했어요?
   그런 실수를 했을 때 기분이 어땠어요?

익힘책 77쪽을 풀게 하거나 과제로 제시한다.

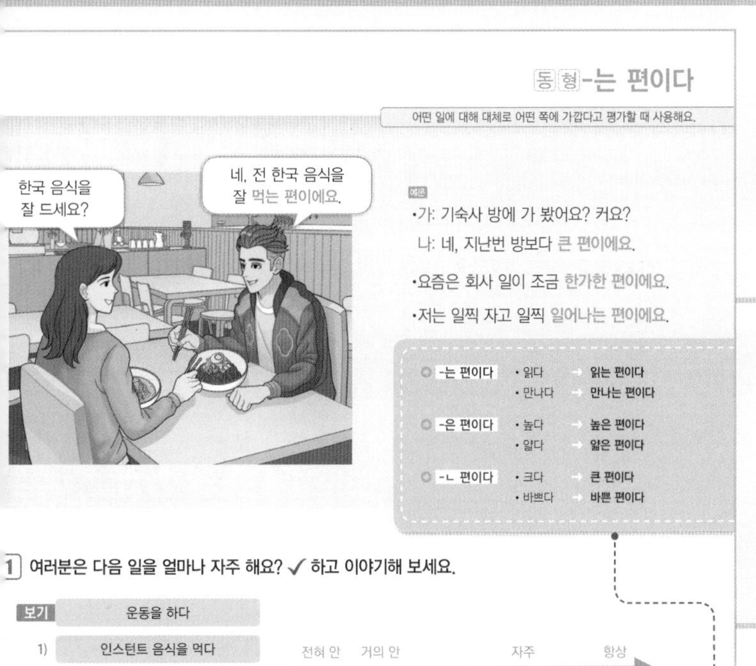

1 여러분은 다음 일을 얼마나 자주 해요? ✓ 하고 이야기해 보세요.

보기	운동을 하다
1)	인스턴트 음식을 먹다
2)	술을 마시다
3)	친구를 만나다
4)	고향 친구나 가족에게 전화하다

전혀 안 / 거의 안 / 자주 / 항상
0% / 50% / 100%

운동을 자주 하는 편이에요?

아니요, 회사 일이 바빠서 거의 안 하는 편이에요.

2 한국어 수업과 우리 반 친구에 대해 이야기해 보세요.

우리 수업은 숙제가 많은 편이에요.

어휘가 쉬운 편이에요.

12과 실수를 자주 하는 편이에요 137

동 형-는 편이다

어떤 일에 대해 양쪽의 상황이 있을 때 대체로 어떤 쪽에 가깝다고 평가할 때 사용한다. 동사와 결합할 때는 '자주, 많이, 잘, 조금, 거의'와 같은 부사를 함께 사용한다. 과거의 일에 대해 말할 때는 '동-은 편이다'를 사용한다.

- 가: 안젤라 씨는 한국 친구가 많아요?
  나: 네, 동아리 활동을 하고 있어서 한국 친구가 많은 편이에요.
- 가: 요즘 이 드라마 재미있는데 제이슨 씨도 봐요?
  나: 아니요, 저는 드라마를 거의 안 보는 편이에요.
- 저는 일할 때는 편한 옷을 자주 입는 편이에요.
- 우리 형은 수영 선수라서 어깨가 넓은 편이에요.

-는 편이다 (동사 받침 O, 받침X, 있다, 없다)	먹다 → 먹는 편이다 듣다 → 듣는 편이다 보다 → 보는 편이다 *만들다 → 만드는 편이다 맛있다 → 맛있는 편이다
-은 편이다 (형용사 받침 O)	적다 → 적은 편이다 높다 → 높은 편이다 *맵다 → 매운 편이다
-ㄴ 편이다 (형용사 받침 X, ㄹ 받침)	바쁘다 → 바쁜 편이다 유명하다 → 유명한 편이다 *힘들다 → 힘든 편이다

문법 2 (동 형-는 편이다)

1 도입, 제시

1. 도입 그림과 대화를 통해 문법이 사용되는 상황을 인지시킨다.
   - 두 사람이 식당에서 한국 음식을 먹고 있어요. 그런데 잠시드 씨는 외국 사람인데 한국 음식을 잘 먹는 것 같아요.
2. 교재의 대표 예문을 보면서 문법의 의미를 설명한다.
   - (쌍방향 가로 화살표(↔)를 그리고 왼쪽엔 '못 먹다', 오른쪽엔 '잘 먹다'라고 판서하며) 잠시드 씨는 한국 음식을 잘 먹어요. '잘 먹다' 이쪽에 더 가까워요. 이렇게 어느 쪽에 더 가까운지 말할 때 '-는 편이다'를 사용해요.
3. 학생들과 교재의 예문들을 읽으면서 문법의 의미를 설명하고 이해시킨다.
4. 문법의 형태 정보를 제시하고 설명한다.
5. 추가 예문을 제시하고 문법의 의미와 사용법을 정확하게 이해시킨다.

2 연습 1

1. 〈보기〉의 대화를 교사와 함께 완성해 본다.
2. 나머지 문제를 〈보기〉의 대화처럼 짝과 완성하도록 한다.
3. 연습한 것을 발표하게 하거나 교사가 전체 학생 대상으로 답하게 하여 확인한다. 그리고 오류가 있으면 수정해 준다.

3 연습 2

1. 한국어 수업의 숙제 양이 어떤지, 우리 반 친구들이 어떤지, 한국의 여러 가지 물가가 어떤지 등에 대해 묻고 대답하면서 '-는 편이다'를 활용하여 자신의 이야기를 해 보도록 한다.
2. 친구와 대화한 것을 발표하게 하고 오류가 있으면 수정해 준다.

익힘책 79쪽을 풀게 하거나 과제로 제시한다. 익힘책은 연습 활동 난이도에 따라 교재 연습 문제 전후로 활용한다.

말하기와 듣기

1 2)

고천: 후엔 씨는 한국말을 잘하니까 좋겠어요.
후엔: 아니에요. 저도 아직 한국어를 잘 못해요. 며칠 전에도 시장에서 물건값을 잘못 알아들었어요. 그때 속상했어요.
고천: 그 정도는 괜찮은 편이에요. 저는 며칠 전에 집 주소를 잘못 써서 물건이 다른 집으로 갔어요.
후엔: 한국말은 정말 쉽지 않아요.

2

가: 한국에서 실수를 한 적이 있어요?
나: 저는 식당에서 음식 이름을 잘못 발음해서 점원이 제 말을 못 알아들은 적이 있어요. 그때 정말 창피했어요.
다: 저는 처음 한국에 왔을 때 높임말을 몰라서 사장님께 반말한 적이 있어요. 사장님 얼굴을 보고 정말 당황했어요.

안젤라(여): 드미트리 씨, 얼굴이 왜 그래요? 무슨 일 있어요?
드미트리(남): 제가 과장님께 펜을 한 손으로 드려서 화가 나신 것 같아요.
안젤라(여): 한국 문화하고 고향 문화가 좀 다르지요? 저도 실수를 자주 하는 편이에요.
드미트리(남): 예전에는 과장님 이름을 부른 적도 있어요.
안젤라(여): 하하. 저도 과장님께 반말을 한 적이 있어요. 그때 과장님이 많이 당황하셨어요.
드미트리(남): 앞으로 조심해야겠어요.

1 고천 씨와 후엔 씨가 실수에 대해 이야기해요. 다음과 같이 이야기해 보세요.

고천: 후엔 씨는 한국말을 잘하니까 좋겠어요.
후엔: 아니에요. 저도 가끔 실수를 해요. 며칠 전에도 시장에서 물건값을 잘못 알아들었어요. 그때 창피했어요.
고천: 그 정도는 괜찮은 편이에요. 저는 며칠 전에 택시 기사님이 제 말을 잘못 알아들어서 다른 곳으로 갔어요.
후엔: 한국말은 정말 쉽지 않아요.

1) 가끔 실수하다 | 창피하다 | 택시 기사님이 제 말을 잘못 알아들어서 다른 곳으로 가다
2) 아직 한국어를 잘 못하다 | 속상하다 | 집 주소를 잘못 써서 물건이 다른 집으로 가다

2 여러분은 한국에서 실수를 한 적이 있어요? 이야기해 보세요.

안젤라 씨와 드미트리 씨가 이야기해요. 잘 듣고 답해 보세요.

1) 드미트리 씨의 실수가 아닌 것을 모두 고르세요.
① 과장님께 화를 냈어요.
② 과장님께 반말을 했어요.
③ 과장님의 이름을 불렀어요.
④ 과장님께 한 손으로 물건을 드렸어요.

2) 안젤라 씨는 어떤 실수를 했어요?
과장님께 반말을 했어요.

138 사회통합프로그램(KIIP) 한국어와 한국문화 초급 2

실수 경험 말하기

1 대화문 연습

1. 한국에서 어떤 실수를 했는지 이야기하며 교재의 그림을 이용해 어떤 상황인지 추측해 보도록 한다.
   - 후엔 씨가 식당에서 얼마를 내야 돼요? 그런데 얼마를 내려고 해요? 여러분은 이런 실수를 한 적이 있어요?
2. 지시문을 이용하여 대화 상황을 학생들에게 명확하게 알려 준다.
3. 대화를 들려주고 간단한 질문을 하여 대화 내용을 이해했는지 확인한다.
   - 후엔 씨는 어떤 실수를 했어요? 그때 기분이 어땠어요? 고천 씨는 한국에서 어떤 실수를 했어요? 왜 이런 실수를 했어요?
4. 교사와 함께 대화문을 읽으면서 자연스럽게 말하는 연습을 한다. 두 번 정도 반복해서 연습한다.
5. 교체 어휘를 활용하여 짝과 함께 연습하게 한다.
6. 연습이 끝나면 한두 팀을 발표시키거나 교사가 전체 학생을 대상으로 확인한다.

2 확장 연습

1. 한국에서 한 실수에 대한 말하기를 한다고 알려 준다.
2. 짝과 같이 한국에서 실수를 한 적이 있는지, 왜 그런 실수를 했는지, 그때 기분이 어땠는지 이야기하게 한다. 대화를 할 때는 다음과 같은 내용을 포함하여 말하도록 지시한다.
   - 한국에서 언제, 어떤 실수를 했는지, 왜 그런 실수를 했는지, 그때 기분이 어땠는지 이야기해 보세요.
3. 이야기가 끝나면 한두 팀을 발표시키거나 교사가 전체 학생을 대상으로 확인하고 오류를 수정해 준다.

윗사람한테 한 실수 경험 듣기

1. 지시문을 이용하여 등장인물과 대화 상황을 설명한다.
2. 문제를 읽고 들어야 하는 정보를 파악하게 한다.
3. 듣기 파일을 두 번 듣고 문제를 풀게 한다.
4. 교재 질문의 답을 확인한 후 해당 대화를 같이 읽으며 내용을 확인한다. 필요한 경우 새로운 어휘, 표현을 설명한다.

읽기와 쓰기

1 다음 글을 읽고 질문에 답해 보세요.

저는 출근할 때 마을버스를 자주 탑니다. 그런데 한국어를 잘 못해서 버스에서 당황한 기억이 있습니다. 보통 단말기에 교통 카드를 대면 "삑", 또는 "환승입니다"라고 합니다. 그리고 내릴 때는 "하차입니다"라고 합니다. 그런데 그날은 교통 카드를 댔을 때 "잔액이 부족합니다"라고 했습니다. 저는 '잔액'의 뜻을 몰라서 당황했습니다. 그때 한국인 동료가 무슨 말인지 알려 주면서 버스 요금을 내 주었습니다. 너무 고마웠습니다.

1) 잠시드 씨는 회사에 갈 때 어떻게 가요?
버스를 타고 가요.

2) 잠시드 씨는 왜 당황했어요?
❶ 버스를 잘못 타서
❷ 버스 요금을 몰라서
❸ 교통 카드 잔액이 부족해서

3) 한국인 동료는 어떻게 도와주었어요?
버스 요금을 내 줬어요.

2 한국에서 실수한 경험을 써 보세요.

언제:

어디에서:

무슨 실수를 했어요?

단어장
단말기
대다
환승
하차
잔액
동료

12과 실수를 자주 하는 편이에요 139

- **단말기:** 버스에서 교통 카드로 요금을 낼 때 카드를 대는 기계예요. 그것을 단말기라고 해요. 보통 버스 요금을 카드로 내기 때문에 단말기를 사용해요.
- **대다:** 단말기에 교통 카드를 대요.
- **환승:** 버스나 지하철로 갈아타요. 환승해요.
- **하차:** 버스에서 내려요. 하차해요.
- **잔액:** 원래 있던 돈에서 쓰고 남은 돈을 잔액이라고 해요.
- **동료:** 같은 직장에서 같이 일하는 사람을 동료라고 해요.

실수 경험에 대한 글 읽기

1. 그림을 보며 글의 내용을 유추하게 한다.
   - 잠시드 씨에게 어떤 문제가 생긴 것 같아요? 잠시드 씨의 표정이 어때요?
2. 글을 훑어 읽게 한 후 주제, 중심 내용 등을 간단히 말해 보도록 한다.
   - 잠시드 씨는 버스를 탈 때 뭘로 요금을 내요? 그런데 버스에서 무슨 일이 있었어요? 그때 기분이 어땠어요?
3. 글을 다시 읽으면서 문제를 풀게 한다.
4. 답을 같이 확인한 후, 본문을 다시 읽으며 모르는 어휘가 없는지 확인한다. 필요한 경우 새로운 어휘, 표현을 설명한다.

실수 경험담 쓰기

1. 어떤 글을 쓸지 알려 주고 글에 들어갈 내용을 생각해 보게 한다.
   - 오늘은 자기의 실수 경험을 글로 쓸 거예요. 실수에 대해 쓸 때 필요한 내용은 무엇이 있을까요?
2. 교재 질문에 대해 자신이 쓸 내용을 간단하게 메모하도록 한다. 교사는 학생들이 쓴 메모에 오류가 없는지 확인해 준다.
3. 메모한 내용을 바탕으로 글로 완성하게 한다.

문화와 정보

한국의 '우리' 문화

여러분은 '우리 가족', '우리 회사', '우리 반'처럼 '우리'라는 말을 들어본 적이 있습니까? 원래 '우리'는 말하는 사람과 듣는 사람을 함께 의미하는 말입니다. 그러나 한국 사람들은 '나'를 의미할 때에도 '우리'를 씁니다. '나'보다도 '내가 속한 공동체'를 중요하게 생각하기 때문입니다.

1) '우리 학교', '우리 회사'에서 '우리'는 무엇을 의미해요?
2) 한국 사람들은 왜 '우리'라는 말을 사용해요?
3) 여러분 고향에도 '우리'와 비슷한 말이 있어요?

140 사회통합프로그램(KIIP) 한국어와 한국문화 초급 2

한국의 '우리' 문화

1. 이 단원의 문화와 정보가 무엇에 대한 것인지 알려 준다.

한국 사람들이 '우리'라는 말을 자주 사용하지요?
오늘은 '우리'에 대해 알아봅시다.

2. 교재의 그림(사진)을 보면서 주제에 대해 알고 있는 것을 상기시키고 말해 보게 한다. 이때 관련 시각 자료를 추가로 활용할 수 있다.

'우리'는 말하는 사람과 듣는 사람을 함께 의미하는 말이에요. 그런데 한국 사람은 '나'를 의미할 때도 '우리'를 사용해요. 그러면 한국 사람들은 어느 상황에서 '우리'라는 말을 사용할까요?

3. 교재를 같이 읽으면서 내용을 설명한다. 이때 중요한 정보가 있는 부분에 밑줄을 긋거나 표시하게 하는 것도 좋다.

4. 질문 1, 2의 답을 찾아보고 답하게 한다.

한국 사람이 자주 하는 말인 '우리 학교', '우리 회사'에서 우리는 무엇을 의미해요?
한국 사람들은 왜 '우리'라는 말을 사용해요?

5. 3번 질문을 이용하여 학습자 자신의 경험을 말해 보도록 한다.

여러분 고향에도 '우리'와 비슷한 말이 있어요?

단원 마무리

발음

1. 다음을 듣고 따라 읽으세요.
   1) 물건값[물건깝]
   2) 잃어버렸어요[이러버려써요]
   3) 얇은 편이에요[얄븐 펴니에요]

2. 다음을 듣고 연습해 보세요.
   1) 물건값을 잘못 알아들었어요.
   2) 가: 무슨 일 있어요?
      나: 지갑을 잃어버렸어요.
   3) 가: 지금 입고 있는 옷이 어때요?
      나: 이 옷은 얇은 편이에요.

- **겹받침 'ㅄ'**
  - 겹받침 'ㅄ'은 단어의 끝 또는 자음 앞에서 'ㅅ'은 탈락하고 [ㅂ]만 발음한다.
- **겹받침 'ㅀ'**
  - 받침 'ㅎ' 뒤에 모음이 올 경우, 'ㅎ'을 발음하지 않는다.
- **겹받침이 모음을 만날 때**
  - 겹받침 뒤에 모음이 올 경우, 두 번째 받침만 연음하여 발음한다.

배운 어휘 확인

- □ 당황하다
- □ 창피하다
- □ 무섭다
- □ 속상하다
- □ 우울하다
- □ 그립다
- □ 반말을 하다
- □ 이름을 부르다
- □ 한 손으로 물건을 드리다
- □ 못 알아듣다
- □ 글자를 잘못 읽다
- □ 잘못 발음하다
- □ 신발을 신고 들어가다
- □ 노약자석에 앉다
- □ 사람을 잘못 보다
- □ 단말기
- □ 대다
- □ 환승
- □ 하차
- □ 잔액
- □ 동료

12과 실수를 자주 하는 편이에요 141

- 이 단원에서 배운 어휘 중 기억나는 것을 말해 보세요.
- 이 단원에서 배운 문법은 뭐예요?
- 한국에서 어떤 실수를 했어요? 기분이 어땠어요?
- 여러분은 한국에서 어떤 일이 있었어요? 그때 기분이 어땠어요?
- 여러분은 한국의 '우리' 문화에 대해서 잘 알아요?

발음 10분

1. 교재 1번 발음을 들려주고 발음이 어떻게 들리는지 학습자 스스로 확인해 보도록 한다.
2. '물건값'에서 겹받침 'ㅄ'이 받침 자리에 오면 [ㅂ]만 발음된다는 것을 알려 준다.
   '잃어버렸어요'에서 겹받침 'ㅀ' 뒤에 모음이 올 경우 'ㅎ'은 발음되지 않고 앞의 것만 연음된다는 것을 알려 준다.
   '얇은 편이에요'에서 겹받침 'ㄼ' 뒤에 모음이 올 경우 연음 현상이 일어나 뒤에 있는 받침이 연음된다는 것을 알려 준다.

주의 여러 번 반복해서 학습하게 되고, 발음 규칙이 하나로 통일된 것이 아니므로 하나씩 설명하되 확장시키지 말고 제시된 단어에만 집중하는 것이 좋다.

3. 교재 1번 발음을 다시 듣고 교사를 따라 말해 본다.
4. 교재 2번 대화를 듣고 따라 말해 본다.
5. 짝과 함께 대화를 읽으며 연습하게 한 후에 확인한다.

마무리 10분

1. 단원에서 학습한 어휘 중 기억하는 것을 먼저 말해 보게 한다.
2. 배운 어휘 목록의 어휘들을 읽으면서 의미를 상기시킨다.
3. 단원에서 학습한 문법(동형-은 적이 있다, 동형-는 편이다)을 상기시키며 의미와 사용법을 기억하는지 확인한다.
4. 단원의 목표와 성취도를 확인한다.
5. 익힘책을 과제로 제시하고 마무리한다.

13

소포를 보내려고 하는데요

1	2	3	4
주제	**어휘와 문법**	**활동**	**문화와 정보**
우체국과 은행	우체국, 은행 관련 어휘 통-으려고 하다 통-어야 되다	우체국에서 소포 보내기 택배 신청서 쓰기	한국의 주소

수업 목표 및 내용

- **주제:** 우체국과 은행
- **어휘와 문법**
  - 어휘: 우체국, 은행 관련 어휘를 익힌다.
  - 문법: '통-으려고 하다', '통-어야 되다'의 의미와 형태를 익혀 사용할 수 있다.
- **활동**
  - 말하기: 우체국에서 택배 보내는 대화를 할 수 있다.
  - 듣기: 은행에서 통장을 만드는 대화를 듣고 이해할 수 있다.
  - 읽기: 우체국 이용에 대한 설명문을 읽고 이해할 수 있다.
  - 쓰기: 택배 신청서를 쓸 수 있다.
- **문화와 정보:** 한국의 주소

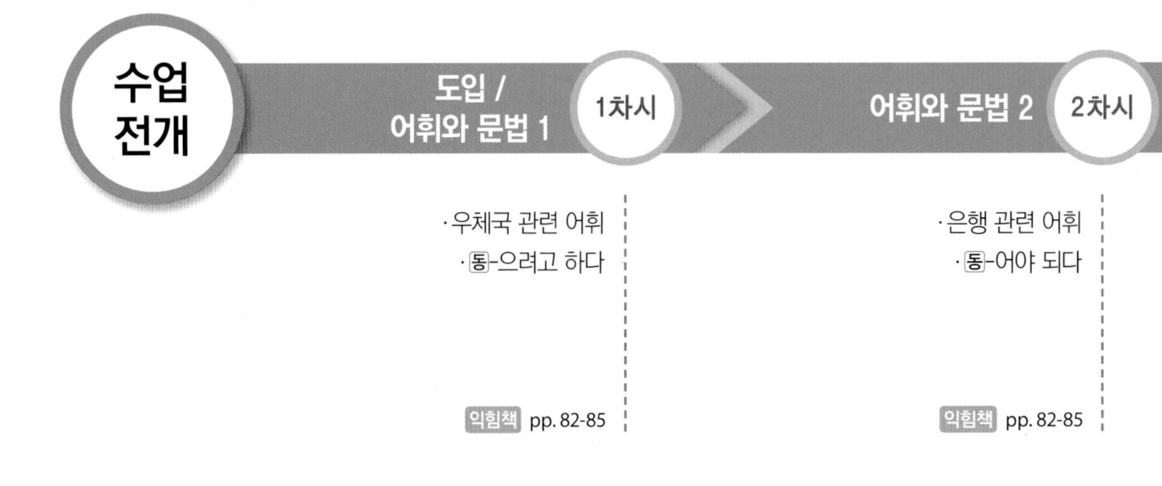

• 이 사람들은 어디에서 무엇을 해요?
• 여러분은 우체국이나 은행에 자주 가요?

도입

1. 교재 그림을 이용하여 학생들과 이야기하며 이 과의 주제를 노출한다.

   그림❶ 후엔 씨는 어디에 있어요? 거기에서 무엇을 하는 것 같아요? 여러분은 한국에서 우체국에 가 본 적이 있어요? 뭐 하러 가 봤어요?

   그림❷ 라민 씨는 어디에 있어요? 거기에서 무엇을 하는 것 같아요? 여러분도 이것을 자주 이용해요?

   그림❸ 라흐만 씨는 어디에 있어요? 거기에서 무엇을 하는 것 같아요? 여러분은 한국에서 은행에 가 본 적이 있어요? 뭐 하러 가 봤어요?

2. 대화 내용을 정리하며 이 단원에서는 '우체국, 은행' 등에서 필요한 말에 대해 공부한다는 것을 알려 준다.

이 단원을 지도할 때는…

말하기와 듣기 활동에서 이루어지는 대화는 우체국이나 은행의 직원과 손님으로 역할이 뚜렷합니다. 학생들이 역할과 상황에 맞는 적절한 대화를 하고 이해할 수 있도록 구조를 잘 잡아 이끌어 가시면 좋겠습니다.

말하기와 듣기 3차시	읽기와 쓰기 4차시	문화와 정보 / 발음 / 마무리 5차시
·우체국에서 택배 보내기 ·은행에서 통장 만드는 대화 듣기	·우체국 이용 설명문 읽기 ·택배 신청서 쓰기	·한국의 주소
익힘책 p. 86	익힘책 p. 87	

어휘와 문법 1

- **편지를 보내다:** 고향에 있는 친구에게 편지를 썼어요. 우체국에 가서 편지를 고향에 보내요. '편지를 부치다'도 사용해요.
- **소포/택배를 보내다:** 편지가 아니라 물건을 보내요. 우체국에서 소포를 보내요. 택배를 보내요. 보통 소포를 보낼 때 일반과 특급으로 보낼 수 있어요. 특급은 좀 더 빨리 보내는 거예요.

  참고 소포는 포장해서 우편으로 보내는 물건을 뜻하고, 택배는 물건을 고객이 원하는 장소까지 직접 배달해 주는 것을 뜻해요.
- **등기:** 편지나 서류를 보낼 때 좀 더 안전하게 보낼 수 있는 방법이에요. 잘 도착했는지 확인할 수 있어요. 중요한 서류는 등기로 보내요.
- **국제 특급 우편(EMS):** 한국에서 다른 나라로 편지나 소포/택배를 보낼 때 좀 더 빠르게 보낼 수 있는 방법이에요. 편지/소포/택배를 EMS로 보내 주세요.

Q 우체국에서 무엇을 해요?

- **편지 봉투:** (교재의 그림을 보며) 편지를 다 쓴 후에 여기에 편지를 넣어요. 편지 봉투예요.
- **주소를 쓰다:** (교재의 그림을 보며) 보내는 사람과 받는 사람의 집이 어디인지 써요. 편지 봉투의 왼쪽 윗부분에 보내는 사람의 주소를 써요. 오른쪽 아랫부분에 받는 사람의 주소를 써요.
- **우편 번호를 쓰다:** (교재의 그림을 보며) 주소 말고 번호도 써요. 도시마다 지역마다 번호도 있어요. 우편 번호예요. 우편 번호는 주소 아래에 써요.
- **우표를 붙이다:** (교재의 그림을 보며) 편지 봉투에 주소와 우편 번호를 다 쓴 다음에 요금을 우푯값으로 내요. 편지에 우표를 붙여요.

  발음 붙이다[부치다]

Q 편지를 보낼 때 무엇을 써요?

144 사회통합프로그램(KIIP) 한국어와 한국문화 초급 2

어휘 1 (우체국 관련 어휘)

1 도입, 제시

1. 우체국에 가 본 적이 있는지, 무엇을 하러 갔는지 물으며 오늘은 우체국과 관련된 어휘를 배운다고 알려 준다.

   여러분은 우체국에 가 본 적이 있어요? 거기에 무엇을 하러 갔어요? 오늘은 우체국과 관련된 어휘를 공부해요.

2. 교사를 따라 어휘를 소리 내어 한 번 읽는다. 이때 발음에 주의하게 한다.
3. 어휘의 의미를 설명한다. 어휘가 사용된 문장을 예로 제시하거나 의미를 풀어서 설명해 준다. 상황에 따라 유의어나 반의어 등을 추가로 설명할 수 있다.
4. 배운 어휘를 소리 내어 읽도록 한다. 이때 '-어요' 형태로 단어를 읽는 등 변화를 줄 수 있다.

2 연습

1. 우체국에 자주 가는지, 거기에서 무엇을 하는지 물어본다.
2. 우체국에 가 본 경험에 대해 짝과 대화하도록 한다.

   최근에 고향에 편지나 소포를 보낸 적이 있어요?

3. 학생들끼리 이야기한 것은 교사가 정리해 주며 같이 이야기한다.

익힘책 82쪽을 풀게 하거나 과제로 제시한다.

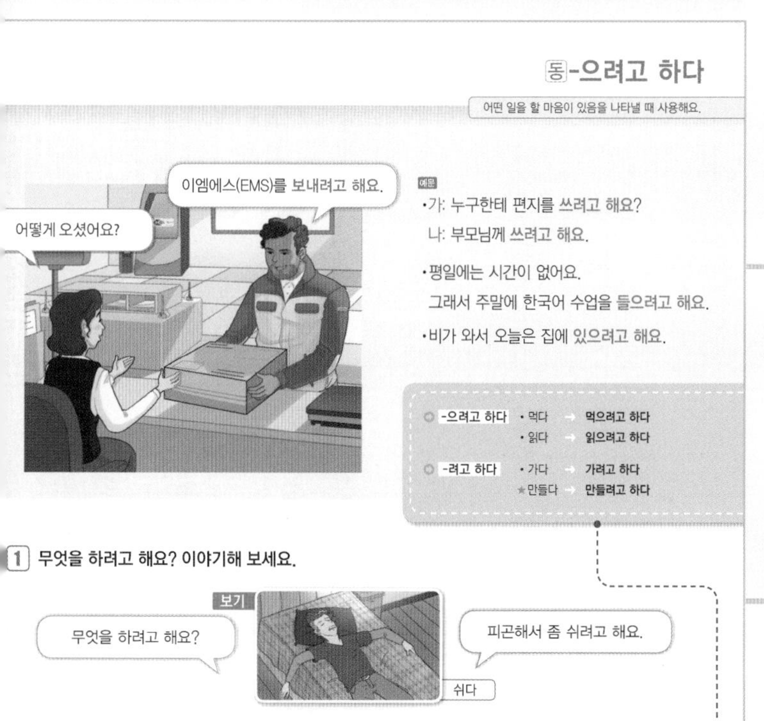

동-으려고 하다

어떤 일을 하고자 하는 의지나 목적을 나타낼 때 사용한다. 하지만 어떤 일을 하려고 했지만 결국 하지 못한 일에 대해 말할 땐 '동-으려고 했다'를 사용한다.

- 가: 주말에 뭐 할 거예요?
  나: 저는 고향 음식을 만들어서 먹으려고 해요.
- 가: 우체국에 가려고 하는데요. 여기에서 어떻게 가면 돼요?
  나: 여기에서 오른쪽으로 가면 우체국이 나와요.
- 오랜만에 가족들과 가까운 곳으로 여행 가려고 해요.
- 이번 학기에는 한국어 수업도 듣고 컴퓨터도 배우려고 해요.

-으려고 하다 (받침 O)	찾다 → 찾으려고 하다 먹다 → 먹으려고 하다 *듣다 → 들으려고 하다
-려고 하다 (받침 X, ㄹ 받침)	배우다 → 배우려고 하다 환전하다 → 환전하려고 하다 *만들다 → 만들려고 하다

문법 1 (동-으려고 하다)

1 도입, 제시

1. 도입 그림과 대화를 통해 문법이 사용되는 상황을 인지시킨다.
   라흐만 씨가 우체국에 갔어요. EMS를 보내고 싶은 것 같아요.
2. 교재의 대표 예문을 보면서 문법의 의미를 설명한다.
   라흐만 씨가 우체국에 갔어요. 직원에게 여기에 왜 왔는지 무엇을 하고 싶은지 직원에게 말해야 해요. 이렇게 그곳에 온 목적에 대해 말할 때 '-으려고 하다'를 사용해요.
3. 학생들과 교재의 예문들을 읽으면서 문법의 의미를 설명하고 이해시킨다.
4. 문법의 형태 정보를 제시하고 설명한다.
5. 추가 예문을 제시하고 문법의 의미와 사용법을 정확하게 이해시킨다.

2 연습 1

1. 〈보기〉의 대화를 교사와 함께 완성해 본다.
2. 나머지 문제를 〈보기〉의 대화처럼 짝과 완성하도록 한다.
3. 연습한 것을 발표하게 하거나 교사가 전체 학생 대상으로 답하게 하여 확인한다. 그리고 오류가 있으면 수정해 준다.

3 연습 2

1. '-으려고 하다'를 활용하여 요즘/수업이 끝난 다음에/주말에 어떤 계획이 있는지 자신의 이야기를 해 보도록 한다.
2. 친구와 대화한 것을 발표하게 하고 오류가 있으면 수정해 준다.

익힘책 84쪽을 풀게 하거나 과제로 제시한다. 익힘책은 연습 활동 난이도에 따라 교재 연습 문제 전후로 활용한다.

어휘와 문법 2

- **계좌를 개설하다(통장을 만들다):** 은행에 돈이 얼마나 있는지 볼 수 있는 것이 통장/계좌예요. 그런데 통장/계좌가 없으면 은행에 가서 통장을 만들어요. 계좌를 개설해요. 통장의 번호를 '계좌 번호'라고 해요.
- **입금하다(돈을 넣다):** 가지고 있는 현금을 통장에 넣어요. 입금해요.
- **출금하다(돈을 찾다):** 지금 현금이 없어서 통장에서 돈을 찾아요. 출금해요.
- **돈을 바꾸다(환전하다):** 고향 돈은 있는데 한국 돈은 없어요. 고향 돈을 한국 돈으로 바꿔요. 환전해요.
- **돈을 보내다(송금하다):** 고향에 있는 가족들에게 돈을 보내요. 송금해요.

- **신용 카드/체크 카드를 만들다:** 통장은 있는데 통장과 연결된 카드가 없어요. 카드를 만들어요. 카드 종류는 2개가 있어요. 신용 카드는 한 달에 쓴 돈이 한꺼번에 나가는 카드고, 체크 카드는 통장에 있는 돈이 그때그때 나가는 카드예요.
- **공과금을 납부하다:** 공과금은 집에서 사용하는 전기, 수도, 전화 등에 대한 요금이에요. 그 요금을 낼 때 '공과금을 납부하다'라고 해요.
- **현금 자동 인출기(ATM)를 이용하다:** 돈을 넣을 때, 돈을 찾을 때, ATM을 이용할 수 있어요. ATM은 은행 문 닫은 다음에도 이용할 수 있어서 편리해요.

Q 은행에서 무엇을 해요?

Q 여러분은 은행에 자주 가요? 거기에서 무엇을 해요?

저는 은행에 가서 통장을 만들었어요.

146 사회통합프로그램(KIIP) 한국어와 한국문화 초급 2

어휘 2 (은행 관련 어휘)

1 도입, 제시

1. 은행에 가 본 적이 있는지, 무엇을 하러 갔는지 물으며 오늘은 은행과 관련된 어휘를 배운다고 알려 준다.

   여러분은 은행에 가 본 적이 있어요? 거기에 무엇을 하러 갔어요?
   오늘은 은행과 관련된 어휘를 공부해요.

2. 교사를 따라 어휘를 소리 내어 한 번 읽는다. 이때 발음에 주의하게 한다.
3. 어휘의 의미를 설명한다. 어휘가 사용된 문장을 예로 제시하거나 의미를 풀어서 설명해 준다. 상황에 따라 유의어나 반의어 등을 추가로 설명할 수 있다.
4. 배운 어휘를 소리 내어 읽도록 한다. 이때 '-어요' 형태로 단어를 읽는 등 변화를 줄 수 있다.

2 연습

1. 은행에 자주 가는지, 거기에서 무엇을 하는지 물어본다.
2. 은행에 가 본 경험에 대해 짝과 대화하도록 한다.
3. 학생들끼리 이야기한 것은 교사가 정리해 주며 같이 이야기한다.

   얼마나 자주 은행에 가요?
   은행에 무엇을 하러 가요?

익힘책 83쪽을 풀게 하거나 과제로 제시한다.

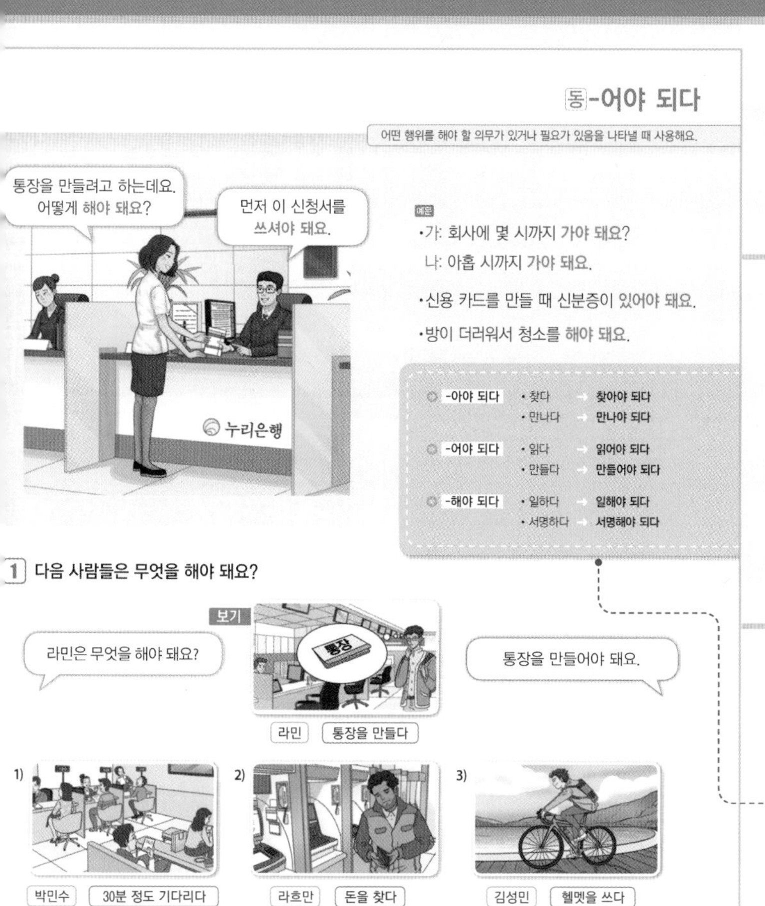

동-어야 되다

어떤 행위를 해야 할 의무가 있거나 필요가 있음을 나타낼 때 사용한다. '동-어야 하다'로 사용되기도 한다.

- 가: 갑자기 열이 많이 나는데 어떻게 해야 돼요?
  나: 그럴 땐 해열제를 먹어야 돼요.
- 가: 점심 먹으러 안 가요?
  나: 네, 퇴근 후에는 은행 문을 닫으니까 점심시간에 은행에 다녀와야 돼요.
- 한국에서 윗사람에게 높임말을 사용해야 돼요.
- 공기가 안 좋을 때는 마스크를 꼭 써야 돼요.

-아야 되다 (ㅏ, ㅗ O)	찾다 → 찾아야 되다 보다 → 봐야 되다
-어야 되다 (ㅏ, ㅗ X)	먹다 → 먹어야 되다 만들다 → 만들어야 되다 *쓰다 → 써야 되다 *듣다 → 들어야 되다
-해야 되다 (하다)	일하다 → 일해야 되다 이용하다 → 이용해야 되다

문법 2 (동-어야 되다)

1 도입, 제시

1. 도입 그림과 대화를 통해 문법이 사용되는 상황을 인지시킨다.
   이링 씨가 은행에 갔어요. 은행에서 통장을 만들려고 해요. 통장을 만들 때 뭐가 필요할까요?
2. 교재의 대표 예문을 보면서 문법의 의미를 설명한다.
   이링 씨는 은행에서 통장을 만들려고 해요. 그런데 통장을 만들 때 외국인 등록증, 여권 같은 신분증이 꼭 필요해요. 그리고 신청 서류 한 장 쓰는 것도 필요해요. 이렇게 꼭 필요하고 안 하면 안 되는 것 말할 때 '-어야 되다'를 사용해요.
3. 학생들과 교재의 예문들을 읽으면서 문법의 의미를 설명하고 이해시킨다.
4. 문법의 형태 정보를 제시하고 설명한다.
5. 추가 예문을 제시하고 문법의 의미와 사용법을 정확하게 이해시킨다.

2 연습 1

1. 〈보기〉의 대화를 교사와 함께 완성해 본다.
2. 나머지 문제를 〈보기〉의 대화처럼 짝과 완성하도록 한다.
3. 연습한 것을 발표하게 하거나 교사가 전체 학생 대상으로 답하게 하여 확인한다. 그리고 오류가 있으면 수정해 준다.

3 연습 2

1. 한국어를 잘하기 위해 필요한 것, 앞으로 하고 싶은 일에 꼭 필요한 것 등에 대해 '-어야 되다'를 활용하여 자신의 이야기를 해 보도록 한다.
2. 친구와 대화한 것을 발표하게 하고 오류가 있으면 수정해 준다.

익힘책 85쪽을 풀게 하거나 과제로 제시한다. 익힘책은 연습 활동 난이도에 따라 교재 연습 문제 전후로 활용한다.

말하기와 듣기

1 2)

후엔: 안녕하세요? 우즈베키스탄에 소포를 보내려고 하는데요.
직원: 이 안에 뭐가 들어 있어요?
후엔: 서류요.
직원: 일반하고 특급이 있는데 어떤 걸로 하실 거예요?
후엔: 특급으로 할게요. 오늘 보내면 우즈베키스탄에 언제 도착해요?
직원: 보통 4일에서 7일 정도 걸려요. 다음 주말까지는 도착할 거예요.

2

가: 미국에 택배를 보내려고 하는데요.
나: 안에 뭐가 들어 있어요?
가: 과자하고 기념품요.
나: 여기에 올려 놓으세요. 일반하고 특급이 있는데 어떤 걸로 하실 거예요?
가: 빨리 보내야 돼서 특급으로 할게요.
나: 네, 5일 안에 도착할 거예요.

라흐만(남): 안녕하세요? 예금 통장을 만들려고 하는데요.
직　원(여): 먼저 신분증 좀 주시겠어요?
라흐만(남): 네, 여기 있어요.
직　원(여): 그리고 이 신청서도 쓰셔야 돼요.
라흐만(남): 네, 알겠어요. 아참, 체크 카드도 만들어 주세요.
직　원(여): 교통 요금 할인 카드하고 쇼핑 할인 카드가 있어요. 어떤 걸로 하시겠어요?
라흐만(남): 교통 할인 카드로 해 주세요.

1 우체국에서 후엔 씨와 직원이 이야기해요. 다음과 같이 이야기해 보세요.

후엔: 안녕하세요? 베트남에 소포를 보내려고 하는데요.
직원: 이 안에 뭐가 들어 있어요?
후엔: 옷하고 화장품요.
직원: 일반하고 특급이 있는데 어떤 걸로 하실 거예요?
후엔: 일반으로 할게요. 오늘 보내면 베트남에 언제 도착해요?
직원: 보통 4일에서 7일 정도 걸려요. 다음 주말까지는 도착할 거예요.

1) 베트남 | 옷, 화장품 | 일반　　2) 우즈베키스탄 | 서류 | 특급

2 우체국에서 손님과 직원이 되어서 택배를 보내는 대화를 해 보세요.

택배를 보내려고 하는데요.
안에 뭐가 들어 있어요?
여기에 올려 놓으세요.

라흐만 씨가 은행에서 이야기해요. 잘 듣고 답해 보세요.

1) 라흐만 씨는 무엇을 만들려고 해요? 모두 고르세요.
□ 신분증　✓통장　✓체크 카드　□ 신용 카드

2) 라흐만 씨는 어떻게 해야 돼요?
신분증을 줘요. 그리고 신청서를 써요.

148 사회통합프로그램(KIIP) 한국어와 한국문화 초급 2

우체국에서 택배 보내기

1 대화문 연습

1. 우체국에 가서 어떻게 말할 것 같은지 이야기하며 교재의 그림을 이용해 어떤 상황인지 추측해 보도록 한다.
   - 후엔 씨는 어디에 갔어요? 거기에서 뭐 하는 것 같아요? 여러분도 우체국에서 고향으로 택배를 보낸 적이 있어요?
2. 지시문을 이용하여 대화 상황을 학생들에게 명확하게 알려 준다.
3. 대화를 들려주고 간단한 질문을 하여 대화 내용을 이해했는지 확인한다.
   - 후엔 씨는 무엇을 하러 우체국에 갔어요? 무엇을 보내려고 해요? 우체국에서 물건을 보낼 때 직원이 무엇을 물어봐요? 고향까지 도착하는 데 시간이 얼마나 걸려요?
4. 교사와 함께 대화문을 읽으면서 자연스럽게 말하는 연습을 한다. 두 번 정도 반복해서 연습한다.
5. 교체 어휘를 활용하여 짝과 함께 연습하게 한다.
6. 연습이 끝나면 한두 팀을 발표시키거나 교사가 전체 학생을 대상으로 확인한다.

2 확장 연습

1. 우체국에서 택배를 보내는 말하기를 한다고 알려 준다.
2. 짝과 같이 손님과 직원이 되어 우체국에서 택배를 보내는 상황으로 이야기하게 한다. 대화를 할 때는 다음과 같은 내용을 포함하여 말하도록 지시한다.
   - 어디로 어떤 물건을 보내고 싶은지, 일반하고 특급 중에 어떤 걸로 보내고 싶은지, 시간은 얼마나 걸리는지 이야기해 보세요.
3. 이야기가 끝나면 한두 팀을 발표시키거나 교사가 전체 학생을 대상으로 확인하고 오류를 수정해 준다.

은행에서 통장 만드는 대화 듣기

1. 지시문을 이용하여 등장인물과 대화 상황을 설명한다.
2. 문제를 읽고 들어야 하는 정보를 파악하게 한다.
3. 듣기 파일을 두 번 듣고 문제를 풀게 한다.
4. 교재 질문의 답을 확인한 후 해당 대화를 같이 읽으며 내용을 확인한다. 필요한 경우 새로운 어휘, 표현을 설명한다.

읽기와 쓰기

1 다음 글을 읽고 질문에 답해 보세요.

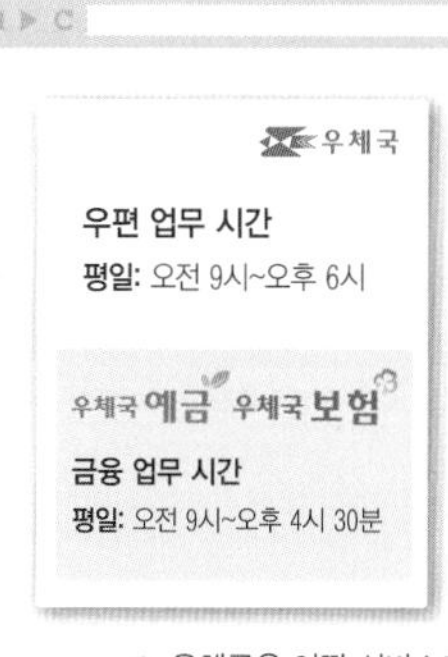

우체국에서는 편지나 소포 등 우편 서비스, 예금, 송금 등 은행 업무를 함께 해 줍니다. 그런데 우체국은 우편 업무 시간과 은행 업무 시간이 다릅니다. 우편 업무 시간은 9시부터 6시까지입니다. 그리고 금융 업무 시간은 9시부터 4시 30분까지입니다. 우체국에서 은행 서비스를 이용하고 싶으면 4시 30분까지 가야 됩니다.

주말에 입출금을 하려고 합니까? 우체국은 주말에 문을 닫습니다. 그러니까 우체국 ATM을 이용해 보세요. 매일 오전 7시부터 오후 11시 30분까지 이용할 수 있습니다.

1) 우체국은 어떤 서비스가 있어요? 우편 서비스와 은행 서비스가 있어요.
2) 우편 업무 시간과 은행 업무 시간은 어떻게 달라요? 우편 업무 시간은 9시부터 6시까지, 은행 업무 시간은 9시부터 4시 30분까지예요.
3) 주말에 돈을 찾으려고 해요. 어떻게 해야 돼요? 우체국 ATM을 이용하면 돼요.

2 누구에게 택배를 보내려고 해요? 택배 신청서를 써 보세요.

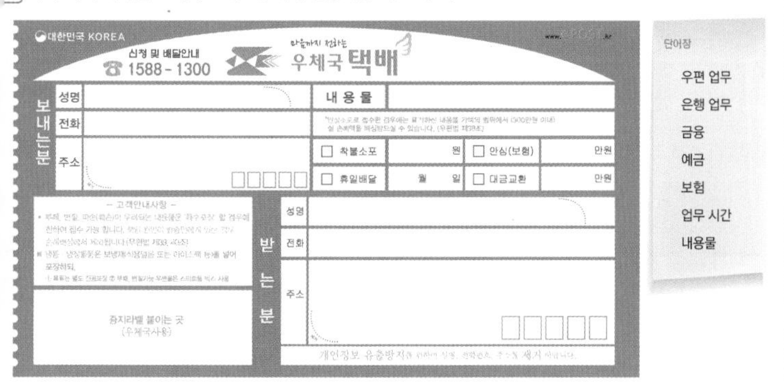

단어장
우편 업무
은행 업무
금융
예금
보험
업무 시간
내용물

- **우편 업무:** 우체국에는 편지나 소포를 보내러 가요. 그것을 우편 업무라고 해요.
- **은행 업무:** 우체국에는 편지를 보내는 일 말고 은행 일도 볼 수 있어요. 그것을 은행 업무라고 해요.
- **금융:** 돈과 관련된 일을 금융이라고 해요.
- **예금:** 우체국이나 은행에 돈을 맡기는 것을 예금이라고 해요.
- **보험:** 다쳤을 때나 아플 때를 위해 미리 돈을 내면 안 좋은 일이 생긴 사람에게 돈을 주는 것을 보험이라고 해요.
- **업무 시간:** 우체국이나 은행, 회사 등에서 문을 열고 일하는 시간을 업무 시간이라고 해요.
- **내용물:** 택배 안에 들어 있는 물건을 내용물이라고 해요.

우체국 이용 설명문 읽기

1. 우체국의 업무 시간 안내를 보며 글의 내용을 유추하게 한다.

우체국에서 편지를 보내고 싶으면 언제 가야 돼요?
우체국에서 편지 보내는 일 말고 다른 일도 할 수 있어요?

2. 글을 훑어 읽게 한 후 주제, 중심 내용 등을 간단히 말해 보도록 한다.

우체국에서 어떤 일을 할 수 있어요? 우편 업무 시간은 언제까지예요?
금융 업무 시간은 언제까지예요? 주말에도 우체국을 이용할 수 있어요?

3. 글을 다시 읽으면서 문제를 풀게 한다.

4. 답을 같이 확인한 후, 본문을 다시 읽으며 모르는 어휘가 없는지 확인한다. 필요한 경우 새로운 어휘, 표현을 설명한다.

택배 신청서 쓰기

1. 어떤 글을 쓸지 알려 주고 글에 들어갈 내용을 생각해 보게 한다.

오늘은 택배 신청서를 쓸 거예요.
택배를 보낼 때 이 신청서에 어디에 무엇을 어떻게 써야 할까요?

2. 교재 질문에 대해 자신이 쓸 내용을 교재의 택배 신청서에 쓰도록 한다. 교사는 학생들이 쓴 글에 오류가 없는지 확인해 준다.

문화와 정보

한국의 주소

한국은 도로명 주소를 사용합니다. 도로명 주소는 도로 이름과 건물 번호로 표기합니다. 한국의 주소를 쓸 때는 '도시 이름, 도로명과 건물 번호'처럼 큰 장소에서 작은 장소의 순서로 씁니다. 예를 들어 서울출입국 · 외국인청의 주소는 '서울특별시 양천구 목동동로 151 서울출입국 · 외국인청' 입니다.

1) 한국의 도로명 주소는 무엇으로 표기해요?
2) 한국의 주소를 쓰는 순서는 무엇이에요?
3) 여러분 고향에서는 주소를 어떻게 써요?

150 사회통합프로그램(KIIP) 한국어와 한국문화 초급 2

한국의 주소

1. 이 단원의 문화와 정보가 무엇에 대한 것인지 알려 준다.

한국에서 편지나 택배를 보낸 적이 있어요? 그때 받는 사람의 무엇을 알아야 돼요? 오늘은 '한국의 주소'에 대해 알아봅시다.

2. 교재의 그림(사진)을 보면서 주제에 대해 알고 있는 것을 상기시키고 말해 보게 한다. 이때 관련 시각 자료를 추가로 활용할 수 있다.

지금 살고 있는 집의 주소를 알아요?
한국의 주소는 여러분 고향 주소와 쓰는 순서가 조금 다르지요?
한국의 주소는 어떤 순서로 써요?

3. 교재를 같이 읽으면서 내용을 설명한다. 이때 중요한 정보가 있는 부분에 밑줄을 긋거나 표시하게 하는 것도 좋다.

4. 질문 1, 2의 답을 찾아보고 답하게 한다.

한국의 도로명 주소는 무엇으로 표기해요?
한국의 주소를 쓰는 순서를 무엇이에요?

5. 3번 질문을 이용하여 학습자 자신의 경험을 말해 보도록 한다.

여러분 고향에서는 주소를 어떻게 써요?

단원 마무리

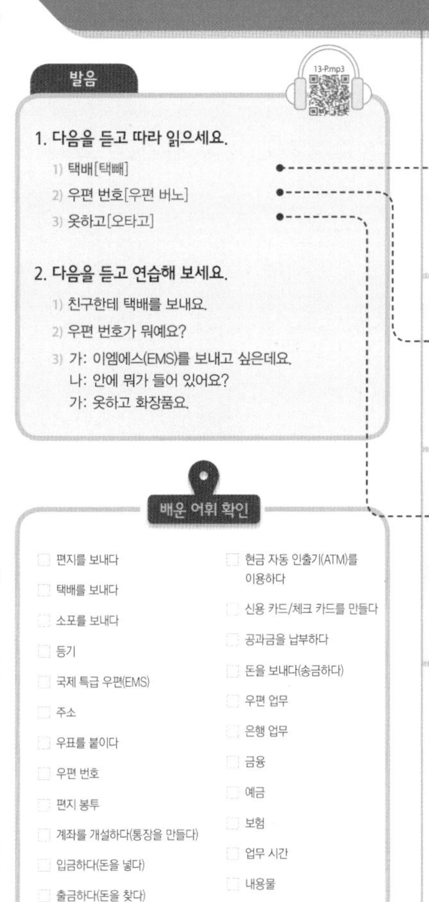

발음

1. 다음을 듣고 따라 읽으세요.
   1) 택배[택빼]
   2) 우편 번호[우편 버노]
   3) 옷하고[오타고]

2. 다음을 듣고 연습해 보세요.
   1) 친구한테 택배를 보내요.
   2) 우편 번호가 뭐예요?
   3) 가: 이엠에스(EMS)를 보내고 싶은데요.
      나: 안에 뭐가 들어 있어요?
      가: 옷하고 화장품요.

배운 어휘 확인

- 편지를 보내다
- 택배를 보내다
- 소포를 보내다
- 등기
- 국제 특급 우편(EMS)
- 주소
- 우표를 붙이다
- 우편 번호
- 편지 봉투
- 계좌를 개설하다(통장을 만들다)
- 입금하다(돈을 넣다)
- 출금하다(돈을 찾다)
- 돈을 바꾸다(환전하다)
- 현금 자동 인출기(ATM)를 이용하다
- 신용 카드/체크 카드를 만들다
- 공과금을 납부하다
- 돈을 보내다(송금하다)
- 우편 업무
- 은행 업무
- 금융
- 예금
- 보험
- 업무 시간
- 내용물

13과 소포를 보내려고 하는데요 151

- **경음화**
  - 받침 'ㄱ, ㄷ, ㅂ' 뒤에 'ㄱ, ㄷ, ㅂ, ㅅ, ㅈ'가 올 경우 경음 [ㄲ, ㄸ, ㅃ, ㅆ, ㅉ]로 발음된다.
- **'ㅎ'의 약화**
  - 'ㅎ'이 단어의 둘째 음절 이하의 자리에 놓이면 'ㅎ'은 현실 발음에서는 'ㅎ'을 발음하지 않기도 한다.
- **7종성 규칙 + ㅎ**
  - 'ㅅ'은 받침 자리에서 먼저 [ㄷ]으로 발음되고 그것이 다음 음절 초성으로 'ㅎ'을 만나면 격음화가 일어난다.

- 이 단원에서 배운 어휘 중 기억나는 것을 말해 보세요.
- 이 단원에서 배운 문법은 뭐예요?
- 여러분은 고향에 무슨 택배를 보내고 싶어요?
- 택배를 보낼 때 우체국에서 어떻게 말해야 돼요?
- 여러분은 한국의 주소에 대해 알아요?

발음 10분

1. 교재 1번 발음을 들려주고 발음이 어떻게 들리는지 학습자 스스로 확인해 보도록 한다.
2. '택배'에서 받침 'ㄱ' 뒤에 'ㅂ'이 올 경우 [ㅃ]로 발음된다는 것을 알려 준다.
   '우편 번호'에서 'ㅎ'는 소리가 약하게 발음되거나 아예 발음되지 않기도 한다는 것을 알려 준다. 따라서 받침 'ㄴ'이 연음되어 발음될 수 있다는 것도 알려 준다.
   '옷하고'에서 'ㅅ'이 받침 자리에 오면 먼저 [ㄷ]로 발음된다는 것과 그 다음으로 받침 'ㄷ' 뒤에 'ㅎ'이 올 경우 [ㅌ]로 발음된다는 것을 알려 준다.

주의 여러 번 반복해서 학습하게 되고, 발음 규칙이 하나로 통일된 것이 아니므로 하나씩 설명하되 확장시키지 말고 제시된 단어에만 집중하는 것이 좋다.

3. 교재 1번 발음을 다시 듣고 교사를 따라 말해 본다.
4. 교재 2번 대화를 듣고 따라 말해 본다.
5. 짝과 함께 대화를 읽으며 연습하게 한 후에 확인한다.

마무리 10분

1. 단원에서 학습한 어휘 중 기억하는 것을 먼저 말해 보게 한다.
2. 배운 어휘 목록의 어휘들을 읽으면서 의미를 상기시킨다.
3. 단원에서 학습한 문법(동[-으려고 하다, 동-어야 되다)을 상기시키며 의미와 사용법을 기억하는지 확인한다.
4. 단원의 목표와 성취도를 확인한다.
5. 익힘책을 과제로 제시하고 마무리한다.

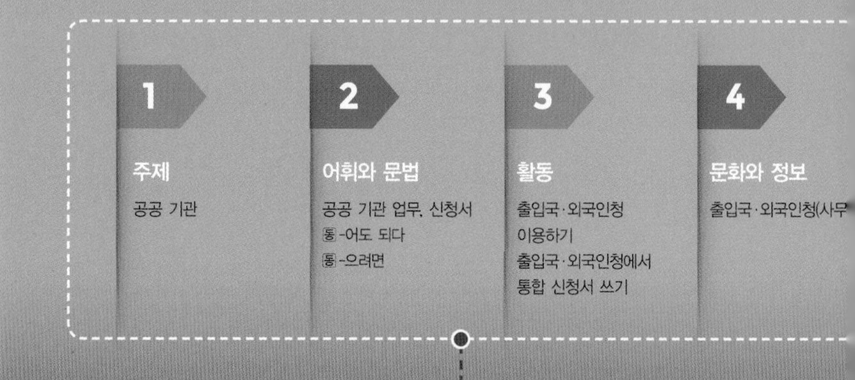

14

비자 연장 신청을 하려면 어떻게 해야 돼요?

수업 목표 및 내용

- **주제:** 공공 기관
- **어휘와 문법**
  - 어휘: 공공 기관에서 하는 업무와 신청서 관련 어휘를 익힌다
  - 문법: '동-어도 되다', '동-으려면'의 의미와 형태를 익혀 사용할 수 있다.
- **활동**
  - 말하기: 출입국·외국인청에서 필요한 업무와 관련된 대화를 할 수 있다.
  - 듣기: 출입국·외국인청 직원과의 대화를 듣고 이해할 수 있다.
  - 읽기: 출입국·외국인청의 통합 신청서를 읽고 이해할 수 있다.
  - 쓰기: 출입국·외국인청의 통합 신청서를 쓸 수 있다.
- **문화와 정보:** 출입국·외국인청

수업 전개

도입 / 어휘와 문법 1 (1차시)	어휘와 문법 2 (2차시)
·공공 기관의 업무 ·동-어도 되다	·출입국·외국인청 관련 서류 ·동-으려면
익힘책 pp. 88-91	익힘책 pp. 88-91

- 이 사람들은 지금 어디에서 무엇을 해요?
- 여러분은 공공 기관에 가서 주로 무엇을 해요?

도입

1. 교재 그림을 이용하여 학생들과 이야기하며 이 과의 주제를 노출한다.

   그림❶ 이 사람은 지금 어디에 있어요? 여기에서 무엇을(어떤 일을) 하고 싶을까요?

   그림❷ 여기는 어디인 것 같아요? 이 두 사람은 무엇을 하러 왔어요?

   그림❸ 이 남자는 지금 무엇을 하고 있어요? 이것을 우리 주변에서 어디에서 저렴하게 할 수 있어요?

2. 대화 내용을 정리하며 이 단원에서는 '다양한 공공 기관과 그곳에서 할 수 있는 일' 등에 대해 공부한다는 것을 알려 준다.

이 단원을 지도할 때는…

이 단원과 관계있는 단원과 주제는 아래와 같습니다. 아래의 내용을 참고하시면 더 풍부한 내용의 수업을 진행할 수 있을 것 같습니다

- **주제:** 이 과의 주제가 공공 기관인 만큼 학습자 주변의 주민 센터, 보건소 등과도 관련지어 설명할 수 있습니다.
- **문법:** 의도나 목적을 나타내는 -으려고 하다와 연관지어 설명할 수 있다.
  – 2권 13과

말하기와 듣기 3차시	읽기와 쓰기 4차시	문화와 정보 / 발음 / 마무리 5차시
·출입국·외국인청 이용에 필요한 대화하기 ·출입국·외국인청 관련 대화 듣기 익힘책 p. 92	·출입국·외국인청 통합 신청서 읽기 ·출입국·외국인청 통합 신청서 쓰기 익힘책 p. 93	·출입국·외국인청

어휘와 문법 1

- **신고하다:** 우리 생활에서 바뀐 것이 있으면 그것을 나라에 알려야 해요. 아이를 낳았어요. 다른 곳으로 이사를 갔어요. 결혼을 했어요. 이런 것을 나라에 알려요.
- **주소 변경 신고:** 이사를 가서 주소가 달라졌어요. 나라에 알려요.
- **출생 신고:** 우리 집에 아이가 태어났어요. 나라에 알려요.
- **혼인 신고:** 두 사람이 결혼해서 부부가 되었어요. 나라에 알려요.
- **증명서:** 두 사람이 부부입니다. 아이가 언제 태어났습니다. 언제 이사를 갔습니다. 서류를 보면 알 수 있어요. 그 서류가 증명서예요. 필요한 서류를 주민 센터에서 돈을 내고 받을 수 있어요.

- **보건소:** 나라에서 하는 집에서 가까운 곳에 있는 병원이에요. 아주 저렴한 가격으로 누구나 쉽게 이용할 수 있어요.
- **주사를 맞다:** 병원에서 제일 싫은 것이 뭐예요? 어른들도 주사 맞는 것을 싫어해요.
- **예방:** 아프기 전에 미리 하는 것
- **예방 주사:** 그 병에 걸리기 전에 걸리지 않도록 미리 맞는 주사예요. 예를 들면 독감 예방 주사가 있어요.
- **건강 검진:** 아픈 곳이 없는지 1년에 한 번 정도 몸을 체크하는 것이에요.
- **진단서:** 검진을 받고 며칠 후에 어디가 안 좋은지 어디가 괜찮은지 알 수 있는 서류예요.

Q 구청이나 행정 복지 센터(주민 센터)에서 무엇을 해요?

Q 보건소에서 무엇을 해요?

구청에서 무엇을 해요?

주소 변경 신고를 해요.

Q 여러분은 어떤 공공 기관을 이용해 봤어요? 거기에서 무엇을 했어요?

시청, 구청, 면사무소, 주민 센터, 보건소, 경찰서 등

저는 보건소에 가서 건강 검진을 받았어요.

어휘 1 (공공 기관 업무)

1 도입, 제시

1. 집 주변에 보건소, 주민 센터 등이 있는지 어떤 일 때문에 거기에 가는지 물으며 오늘의 어휘는 우리가 공공 기관에서 하고 싶은 일을 말할 때 사용하는 표현임을 알려 준다.

   여러분은 집에서 가까운 주민 센터나 보건소에 가 본 적이 있어요? 무슨 일 때문에 거기에 갔어요?

2. 교사를 따라 어휘를 소리 내어 한 번 읽는다. 이때 발음에 주의하게 한다.
3. 어휘의 의미를 설명한다. 어휘가 사용된 문장을 예로 제시하거나 의미를 풀어서 설명해 준다. 상황에 따라 유의어나 반의어 등을 추가로 설명할 수 있다.
4. 배운 어휘를 소리 내어 읽도록 한다. 이때 '-어요' 형태로 단어를 읽는 등 변화를 줄 수 있다.

2 연습

1. 각 업무 관련 그림을 보며 어디에서 무엇을 하고 있는지 그런 일을 해 본 경험이 있는지 이야기해 본다.
2. 공공 기관 방문 경험과 그곳에서 했던 일에 대해 짝과 대화하도록 한다.
3. 학생들끼리 이야기한 것은 교사가 정리해 주며 같이 이야기한다.

   여기 '전입 신고'라고 써 있어요. 여기에서 무엇을 할 수 있어요?

4. 교재에 나와 있는 업무 이외에 이 장소에서 할 수 있는 더 다양한 업무로 확장할 수 있다.

익힘책 88쪽을 풀게 하거나 과제로 제시한다.

동-어도 되다

어떤 행위나 상태를 허락하거나 허용함을 나타낼 때 사용해요.

예문
- 가: 이 옷 입어 봐도 돼요?
  나: 네, 입어 보세요.
- 인터넷으로 주소 변경 신고를 해도 돼요.
- 이 종이들을 버려도 돼요?

-아도 되다	• 받다 • 오다	→ 받아도 되다 → 와도 되다
-어도 되다	• 입다 • 만들다	→ 입어도 되다 → 만들어도 되다
-해도 되다	• 말하다 • 전화하다	→ 말해도 되다 → 전화해도 되다

Tip 부정적인 대답을 할 때는 '-(으)면 안 되다'를 사용해요.

1 그림을 보고 이야기해 보세요.

보기

1) 옷을 입어 보다
2) 여기에서 사진을 찍다
3) 주말에 건강 검진을 받으러 가다

2 여러분은 이럴 때 어떻게 말해요? 친구에게 이야기해 보세요.

14과 비자 연장 신청을 하려면 어떻게 해야 돼요? 155

동-어도 되다

어떤 일을 하고 싶을 때 자기보다 나이가 많거나 권위를 가지고 있는 사람에게 허락을 구하거나 그 행동을 허락을 해 줄 때 사용한다. 그 행동을 계속하는 것이 아니라 일회적으로 일어날 때 앞에 '-어 보다'를 붙여서 사용한다. 그리고 허락하지 않을 때 보통 '-(으)면 안 되다'를 사용한다.

- 가: 아이가 좀 아픈데 일찍 퇴근해도 돼요?
  나: 네, 얼른 가 보세요.
- 가: 제가 밤에 전화해도 돼요?
  나: 아니요, 밤에는 아이가 자서 전화 받을 수 없어요.
- 여기 있는 음식은 먹어도 돼요.
- 이쪽 창문은 열어도 돼요.

-아도 되다 (ㅏ, ㅗ O)	사다 → 사도 되다 만나다 → 만나도 되다 오다 → 와도 되다
-어도 되다 (ㅏ, ㅗ X)	먹다 → 먹어도 되다 신다 → 신어도 되다 *눕다 → 누워도 되다
-해도 되다 (하다)	전화하다 → 전화해도 되다 신고하다 → 신고해도 되다 연장하다 → 연장해도 되다

문법 1 (동-어도 되다)

1 도입, 제시

1. 도입 그림과 대화를 통해 문법이 사용되는 상황을 인지시킨다.

> 지금 이 여자가 어디에 전화한 것 같아요?
> 지금 무엇을 물어보고 있어요?

2. 교재의 대표 예문을 보면서 문법의 의미를 설명한다.

> 여러분이 아이를 낳았어요. 그러면 무엇을 해야 돼요?
> 그 출생 신고 하는 방법 잘 알아요? 그런데 여러분은 아이를 낳아서 외출하기가 힘들어요. 직원에게 남편이 가도 됩니까? 안 됩니까? 물어보고 싶어요. 어떻게 질문할 수 있어요?

3. 학생들과 교재의 예문들을 읽으면서 문법의 의미를 설명하고 이해시킨다.

4. 문법의 형태 정보를 제시하고 설명한다.

5. 추가 예문을 제시하고 문법의 의미와 사용법을 정확하게 이해시킨다.

2 연습 1

1. 〈보기〉의 대화를 교사와 함께 완성해 본다.

2. 나머지 문제를 〈보기〉의 대화처럼 짝과 완성하도록 한다.

3. 연습한 것을 발표하게 하거나 교사가 전체 학생 대상으로 답하게 하여 확인한다. 그리고 오류가 있으면 수정해 준다.

3 연습 2

1. 우리 생활에서 누군가의 허락을 받아야 하는 상황에 대해 이야기하고 그때 필요한 문장을 만들어 서로 이야기해 보도록 한다.

2. 친구와 대화한 것을 발표하게 하고 오류가 있으면 수정해 준다.

익힘책 90쪽을 풀게 하거나 과제로 제시한다. 익힘책은 연습 활동 난이도에 따라 교재 연습 문제 전후로 활용한다.

어휘와 문법 2

- **주민등록(증):** 한국 사람들은 카드가 하나씩 있어요. 그 사람 이름, 주소, 그리고 사람마다 하나씩 번호가 있어요. 그 사람을 알 수 있는 카드예요.
- **외국인 등록(증):** 외국인도 한국에 오래 있고 싶어요. 한국인의 주민등록증처럼 만들어요. 외국인이니까 외국인 등록증이에요.
- **국적 취득:** 다른 나라의 국적을 받는 것이에요.
- **귀화:** 자기 나라 국적을 버리고 그 나라 국적으로 바꾸는 것이에요.
- **영주권:** 외국인이지만 그 나라에서 오랫동안 살 수 있는 증명서예요.

- **외국인 등록:** 외국인이지만 한국에서 오래 살고 싶어요. 한국인처럼 번호를 주세요. 신청해요.
- **재발급:** 그 카드를 잃어버렸어요. 다시 받고 싶어요.
- **체류 기간:** 언제까지 그 곳에 살 수 있어요.
- **연장하다:** 더 오래 길게 살고 싶을 때 기간을 연장해요.
- **체류 자격 변경:** 처음에 일하러 왔어요. 취업 비자 받았어요. 그런데 한국 사람과 결혼했어요. 비자의 종류가 바뀌는 거예요.

Q 출입국·외국인청에서 무엇을 해요?

외국인 등록증 | 영주권 | 국적 취득/귀화

출입국 · 외국인청에서 무엇을 신청해요?

외국인 등록증을 신청해요.

Q 통합 신청서를 써 보세요.

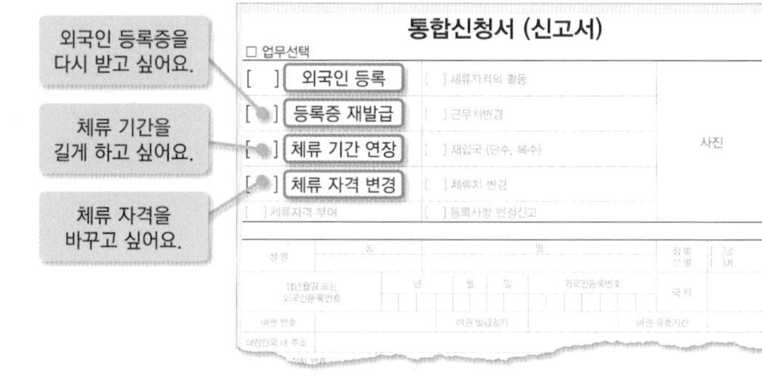

출입국 · 외국인청에서 무엇을 해요?

체류 기간을 연장해요.

Q 여러분은 출입국·외국인청에 가서 무엇을 했어요? 이야기해 보세요.

저는 출입국·외국인청에 가서 외국인 등록증을 재발급 받았어요.

156 사회통합프로그램(KIIP) 한국어와 한국문화 초급 2

어휘 2 (출입국·외국인청 관련 서류)

1 도입, 제시

1. 교사의 주민등록증을 보여 주며 학생들도 비슷한 카드를 가지고 있는지 그런 것을 표현할 때 사용하는 어휘를 배운다고 알려 준다.

   여러분은 한국에 여행하러 온 것이 아니지요?
   그러면 먼저 출입국·외국인청에서 무엇을 신청해야 해요?

2. 교사를 따라 어휘를 소리 내어 한 번 읽는다. 이때 발음에 주의하게 한다.
3. 어휘의 의미를 설명한다. 어휘가 사용된 문장을 예로 제시하거나 의미를 풀어서 설명해 준다. 상황에 따라 유의어나 반의어 등을 추가로 설명할 수 있다.
4. 배운 어휘를 소리 내어 읽도록 한다.

2 연습

1. 학생들이 가지고 있는 카드가 무엇인지 확인하고 요즘 신청해야 하는 업무가 무엇인지 물어본다.
2. 짝과 함께 자신에게 필요한 카드와 그것을 위해 필요한 신청 업무에 대해 말해 보도록 한다.
3. 학생들끼리 이야기한 것은 교사가 정리해 주며 같이 이야기한다.

   OO 씨가 얼마 전에 외국인 등록증을 잃어버렸어요.
   그럼 무엇을 신청해야 돼요?

익힘책 89쪽을 풀게 하거나 과제로 제시한다.

동-으려면

어떤 일을 이루기 위한 조건을 말할 때 사용해요.

외국인 등록증을 재발급 받고 싶은데요.

외국인 등록증을 재발급 받으려면 사진과 여권이 필요해요.

예문

- 가: 시청에 가려면 어떻게 해야 돼요?
  나: 100번 버스를 타세요.
- 비자 연장 신청을 하려면 방문 예약을 해야 돼요.
- 감기에 걸리지 않으려면 손을 자주 씻으세요.

-으려면 • 먹다 → 먹으려면 • 읽다 → 읽으려면

-려면 • 가다 → 가려면 *만들다 → 만들려면

1 그림을 보고 이야기해 보세요.

보기

한국어를 잘하려면 어떻게 해야 돼요?

한국어를 잘하려면 한국 드라마를 많이 봐야 돼요.

한국어를 잘하다 / 한국 드라마를 많이 보다

1) 건강을 지키다 / 운동을 자주 하다

2) 부자가 되다 / 돈을 아껴 쓰다

3) 비자 변경 신청을 하다 / 출입국 · 외국인청에 가다

2 여러분은 무엇을 하고 싶어요? 어떻게 해야 돼요?

14과 비자 연장 신청을 하려면 어떻게 해야 돼요? 157

동-으려면

어떤 일을 이루고자 할 때 그것을 이루려면 갖추어야 할 조건 등에 대해 말할 때 사용한다. 앞 과에서 배운 '-으려고 하다'와 '그러면'이 합쳐진 형태라고 설명할 수도 있다.

- 가: 인터넷에서 쇼핑을 해 보고 싶어요.
  나: 인터넷 쇼핑을 하려면 먼저 회원 가입을 해야 돼요.
- 가: 돈을 환전하고 싶은데요.
  나: 돈을 환전하려면 여권이 있어야 합니다.
- 한국에서 취업하려면 먼저 한국어를 잘 배워야 돼요.
- 가족 여행을 가려면 먼저 비행기표를 예약해야 해요.

-으려면 (받침 O)	먹다 → 먹으려면 입다 → 입으려면 읽다 → 읽으려면 *듣다 → 들으려면
-려면 (받침 X, ㄹ 받침)	사다 → 사려면 갈아타다 → 갈아타려면 예약하다 → 예약하려면 *돕다 → 도우려면 *알다 → 알려면

문법 2 (동-으려면)

1 도입, 제시

1. 도입 그림과 대화를 통해 문법이 사용되는 상황을 인지시킨다.
   - 이 사람은 어디에 간 것 같아요? '외국인 등록증을 재발급 받고 싶어요.' 말하고 있어요. 이 사람은 무엇을 잃어버렸어요? 다시 받을 때 그냥 안 되겠지요? 무슨 준비물이 필요할까요?
2. 교재의 대표 예문을 보면서 문법의 의미를 설명한다.
   - 이 사람은 무엇을 하고 싶어요? 그런데 그것을 하려면 그냥 되지 않아요. 몇 가지 꼭 필요한 것이 있어요. 그것이 꼭 있어야 돼요. 원하는 것과 필요한 것에 대해 말할 때 '-으려면'을 사용해서 원하는 것을 말하고 뒤에 꼭 필요한 것을 말할 수 있어요.
3. 학생들과 교재의 예문들을 읽으면서 문법의 의미를 설명하고 이해시킨다.
4. 문법의 형태 정보를 제시하고 설명한다.
5. 추가 예문을 제시하고 문법의 의미와 사용법을 정확하게 이해시킨다.

2 연습 1

1. 〈보기〉의 대화를 교사와 함께 완성해 본다.
2. 나머지 문제를 〈보기〉의 대화처럼 짝과 완성하도록 한다.
3. 연습한 것을 발표하게 하거나 교사가 전체 학생 대상으로 답하게 하여 확인한다. 그리고 오류가 있으면 수정해 준다.

3 연습 2

1. 우리 반 학생들이 현재 바라는 것이나 계획하고 있는 것에 대해 말하고 그것을 이루려면 필요한 것이 무엇인지에 대해 다양한 의견을 말하는 대화를 해 보도록 한다.
2. 친구와 대화한 것을 발표하게 하고 오류가 있으면 수정해 준다.

익힘책 91쪽을 풀게 하거나 과제로 제시한다. 익힘책은 연습 활동 난이도에 따라 교재 연습 문제 전후로 활용한다.

말하기와 듣기

1 2)

직원: 어서 오세요. 어떻게 오셨어요?
라민: 외국인 등록증 신청을 하려면 어떻게 해야 돼요?
직원: 여기 신청서를 쓰세요. 사진과 신분증을 가져오셨어요?
라민: 네, 여기 가져왔어요.
직원: 수수료는 3만 원입니다.
라민: 이번에 신청하면 언제 받을 수 있어요?
직원: 일주일 정도 걸립니다.

2 2)

직원: 어서 오세요. 어떻게 오셨어요?
라민: 체류 자격 변경 신청을 하려면 어떻게 해야 돼요?
직원: 여기 신청서를 쓰세요. 사진과 신분증을 가져오셨어요? 그리고 필요한 서류도 가지고 오셨지요?
라민: 네, 여기 가져왔습니다. 이번에 신청하면 얼마나 걸릴까요?
직원: 한 달 정도 걸립니다.

직원(여): 어서 오세요. 어떻게 오셨어요?
라민(남): 외국인 등록증을 재발급 받으려면 어떻게 해야 돼요?
직원(여): 여기 신청서를 쓰세요. 여권하고 사진은 가지고 오셨어요?
라민(남): 네, 여기 있어요. 그런데 외국인 등록증은 언제 받을 수 있어요?
직원(여): 보통 3주 정도 걸려요.
라민(남): 수업이 있을 땐 오기 힘든데 택배로 받아도 돼요?
직원(여): 네, 지금 신청하면 집에서 받을 수 있어요.

1 출입국·외국인청에서 비자 연장 신청을 하려고 해요. 다음과 같이 이야기해 보세요.

직원: 어서 오세요. 어떻게 오셨어요?
라민: 비자 연장 신청을 하려면 어떻게 해야 돼요?
직원: 여기 신청서를 쓰세요. 사진과 신분증은 가져오셨어요?
라민: 네, 여기 가져왔어요.
직원: 수수료는 6만 원입니다.
라민: 이번에 신청하면 체류 기간이 얼마나 연장돼요?
직원: 최대 2년까지 연장됩니다.

1) 비자 연장 신청을 하다 | 6만 원　　2) 외국인 등록증 신청을 하다 | 3만 원

2 여러분은 출입국·외국인청에 가서 주로 무엇을 해요? 손님과 직원이 되어 친구와 이야기해 보세요.

라민 씨와 직원이 이야기해요. 잘 듣고 답해 보세요.

1) 라민 씨는 왜 출입국·외국인청에 갔어요?
외국인 등록증을 재발급받으려고 갔어요.

2) 외국인 등록증을 재발급 받으려면 무엇을 가지고 가야 돼요?
여권과 사진을 가지고 가야 돼요.

158 사회통합프로그램(KIIP) 한국어와 한국문화 초급 2

출입국·외국인청 이용에 필요한 대화하기

1 대화문 연습

1. 출입국·외국인청에서 필요한 업무 등에 대해 이야기하며 교재의 그림을 이용해 이 사람이 어떤 업무 때문에 왔을지 추측해 보도록 한다.

   이 남자는 어디에 간 것 같아요?
   이 여자분은 어디에서 일하는 분인 것 같아요?
   이 남자는 무슨 일 때문에 여기에 왔을까요?

2. 지시문을 이용하여 대화 상황을 학생들에게 명확하게 알려 준다.
3. 대화를 들려주고 간단한 질문을 하여 대화 내용을 이해했는지 확인한다.

   이 남자는 무엇을 하러 여기에 왔어요?
   그것을 하려면 무엇이 필요해요?
   그것을 신청하면 시간이 얼마나 걸려요?

4. 교사와 함께 대화문을 읽으면서 자연스럽게 말하는 연습을 한다. 두 번 정도 반복해서 연습한다.
5. 교체 어휘를 활용하여 짝과 함께 연습하게 한다.
6. 연습이 끝나면 한두 팀을 발표시키거나 교사가 전체 학생을 대상으로 확인한다.

2 확장 연습

1. 출입국 외국인청에서 필요한 업무에 대해 직원과 대화를 할 것이라고 안내한다.
2. 짝과 같이 필요한 업무가 있어서 방문한 외국인과 외국인에게 필요한 정보를 알려 주는 직원이 되어 대화를 해 보도록 한다.

   이때 외국인 등록증 신청뿐만 아니라 비자 연장, 거주지 변경 신고, 체류 자격 변경 등에 대해서도 묻고 대답해 보세요.

3. 이야기가 끝나면 한두 팀을 발표시키거나 교사가 전체 학생을 대상으로 확인하고 오류를 수정해 준다.

출입국·외국인청 관련 대화 듣기

1. 지시문을 이용하여 등장인물과 대화 상황을 설명한다.
2. 문제를 읽고 들어야 하는 정보를 파악하게 한다.
3. 듣기 파일을 두 번 듣고 문제를 풀게 한다. 다음과 같은 추가 질문도 할 수 있다.

   신청한 것을 택배로도 받을 수 있어요?

4. 교재 질문의 답을 확인한 후 해당 대화를 같이 읽으며 내용을 확인한다. 필요한 경우 새로운 어휘, 표현을 설명한다.

읽기와 쓰기

1 다음 글을 읽고 질문에 답해 보세요.

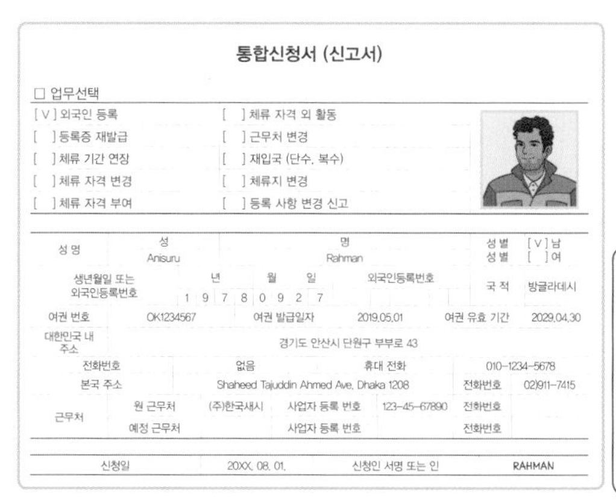

통합신청서 (신고서)

□ 업무선택

[V] 외국인 등록	[ ] 체류 자격 외 활동
[ ] 등록증 재발급	[ ] 근무처 변경
[ ] 체류 기간 연장	[ ] 재입국 (단수, 복수)
[ ] 체류 자격 변경	[ ] 체류지 변경
[ ] 체류 자격 부여	[ ] 등록 사항 변경 신고

성 명	성 Anisuru		명 Rahman		성별	[V] 남 [ ] 여
생년월일 또는 외국인등록번호	년 월 일 1 9 7 8 0 9 2 7		외국인등록번호		국 적	방글라데시
여권 번호	OK1234567	여권 발급일자	2019.05.01		여권 유효 기간	2029.04.30
대한민국 내 주소	경기도 안산시 단원구 부부로 43					
전화번호	없음	휴대 전화			010-1234-5678	
본국 주소	Shaheed Tajuddin Ahmed Ave, Dhaka 1208				전화번호	02)911-7415
근무처	원 근무처	(주)한국새시	사업자 등록 번호	123-45-67890	전화번호	
	예정 근무처		사업자 등록 번호		전화번호	
신청일	20XX. 08. 01.	신청인 서명 또는 인	RAHMAN			

1) 라흐만 씨는 무엇을 신청했어요?
2) 라흐만 씨는 한국에서 어디에 살아요?
3) 라흐만 씨는 어디에서 일해요?

1) 외국인 등록(외국인 등록증)을 신청했어요.
2) 경기도 안산시 단원구에 살아요.
3) (주)한국새시에서 일해요.

2 여러분은 공공 기관에 가서 주로 무엇을 해요? 신청서를 써 보세요.

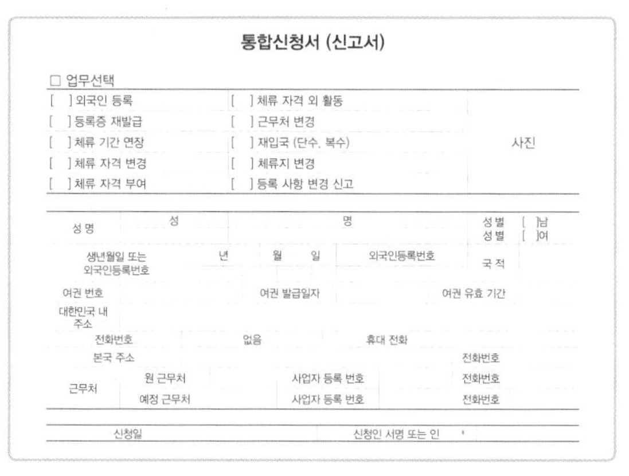

통합신청서 (신고서)

□ 업무선택

[ ] 외국인 등록	[ ] 체류 자격 외 활동	사진
[ ] 등록증 재발급	[ ] 근무처 변경	
[ ] 체류 기간 연장	[ ] 재입국 (단수, 복수)	
[ ] 체류 자격 변경	[ ] 체류지 변경	
[ ] 체류 자격 부여	[ ] 등록 사항 변경 신고	

성 명	성		명	성별	[ ]남 [ ]여
생년월일 또는 외국인등록번호	년 월 일		외국인등록번호	국 적	
여권 번호		여권 발급일자		여권 유효 기간	
대한민국 내 주소					
전화번호	없음	휴대 전화			
본국 주소				전화번호	
근무처	원 근무처	사업자 등록 번호		전화번호	
	예정 근무처	사업자 등록 번호		전화번호	
신청일		신청인 서명 또는 인			

단어장
- 근무처
- 체류지
- 부여
- 유효 기간
- 사업자 등록 번호
- 서명
- 인

- **성명:** 성명은 서류 등에서 이름을 말해요.
- **성:** 성은 이름에서 가족이 모두 같은 것이에요.
- **명:** 이름에서 성이 아니라 진짜 내 이름이에요.
- **성별:** 성별은 남자인지 여자인지예요.
- **발급 일자:** 그 서류를 받은 날짜예요.
- **유효 기간:** 그 서류나 등록증을 이 날짜까지 사용할 수 있어요.

출입국·외국인청 통합 신청서 읽기

1. 그림을 보며 글의 내용을 유추하게 한다.

여러분 이런 서류를 본 적이 있어요?
어디에서 봤어요?
지금까지 혼자 쓸 수 있었어요? 오늘 배우면 다른 사람 도움을 받지 않아도 이런 서류를 잘 쓸 수 있어요.

2. 서류 양식의 기입 항목들을 보며 각 항목에 어떤 내용을 적어야 하는지 살펴본다.

이 사람은 무엇을 신청했어요?
이 사람은 한국에서 어디에 살아요?
이 사람이 일하는 곳은 어디예요?

3. 글을 다시 읽으면서 문제를 풀게 한다.

4. 답을 같이 확인한 후, 본문을 다시 읽으며 모르는 어휘가 없는지 확인한다. 필요한 경우 새로운 어휘, 표현을 설명한다.

출입국·외국인청 통합 신청서 쓰기

1. 자신이 출입국·외국인청에 갔다고 생각하고 어떤 것에 대해 신청을 할지 먼저 생각하게 한다.

여러분 출입국·외국인청에 왜 갔어요?
거기에 가면 무엇을 신청할 거예요?
그럼 어디에 무엇을 적어야 해요?

2. 자신이 쓸 내용을 간단하게 이야기해 본다.

3. 이야기한 내용을 바탕으로 글로 서류의 빈칸을 채우게 한다.

문화와 정보

출입국·외국인청(사무소)

외국인이 국내에서 비자 연장 신청을 하거나 외국인 등록증을 발급받으려면 출입국 · 외국인청이나 출입국 · 외국인사무소에 가야 합니다.

출입국 · 외국인청과 출입국 · 외국인사무소는 전국에 19개소(출입국 · 외국인청 6개소, 출입국 · 외국인사무소 13개소)가 있습니다. 이곳에서 업무를 보려면 인터넷으로 사전 예약을 하고 방문해야 합니다. 그러나 증명서를 발급받거나 외국인 등록증을 받으러 갈 때는 예약하지 않아도 됩니다.

인터넷 사전 예약 방문 서비스를 이용하려면 먼저 하이코리아(www.hikorea.go.kr)에 접속해야 합니다.

1) 언제 출입국 · 외국인청을 방문해요?
2) 출입국 · 외국인청에 사전 예약을 하려면 어떻게 해야 돼요?
3) 여러분은 어느 출입국 · 외국인청에 가 봤어요?

출입국·외국인청(사무소)

1. 이 단원의 문화와 정보가 무엇에 대한 것인지 알려 준다.

> 여러분에게 가장 필요한 공공 기관은 어디예요?
> 얼마에 한 번씩 가요?
> 무슨 일 때문에 가요?

2. 교재의 그림(사진)을 보면서 주제에 대해 알고 있는 것을 상기시키고 말해 보게 한다. 이때 관련 시각 자료를 추가로 활용할 수 있다.

> 지도를 보면 여러분 집에서 가장 가까운 출입국·외국인청은 어디예요?
> 거기에서 많이 기다리지 않으려면 어떻게 하면 되는지 아세요?

3. 교재를 같이 읽으면서 내용을 설명한다. 이때 중요한 정보가 있는 부분에 밑줄을 긋거나 표시하게 하는 것도 좋다.

4. 질문 1, 2의 답을 찾아보고 답하게 한다.

> 언제 출입국·외국인청을 방문해요?
> 출입국·외국인청에 사전 예약을 하려면 어떻게 해야 돼요?

5. 3번 질문을 이용하여 학습자 자신의 경험을 말해 보도록 한다.

> 여러분은 어느 출입국·외국인청에 가 봤어요?
> 거기까지 집에서 얼마나 걸려요?

단원 마무리

발음

1. 다음을 듣고 따라 읽으세요.
   1) 외국인 등록증[외구긴 등녹쯩]
   2) 여권[여꿘]
   3) 신분증[신분쯩]

2. 다음을 듣고 연습해 보세요.
   1) 외국인 등록증을 신청해요.
   2) 외국인 등록증을 발급받으려면 여권이 필요해요.
   3) 가: 신분증은 가져오셨어요?
      나: 네, 여기 있어요.

배운 어휘 확인

□ 구청	□ 통합 신청서(신고서)
□ 주민 센터	□ 외국인 등록
□ 주소 변경 신고를 하다	□ 등록증 재발급
□ 출생 신고를 하다	□ 체류 기간 연장
□ 혼인 신고를 하다	□ 체류 자격 변경
□ 증명서를 받다	□ 근무처
□ 보건소	□ 체류지
□ 건강 검진을 받다	□ 부여
□ 예방 주사를 맞다	□ 유효 기간
□ 건강 진단서를 받다	□ 사업자 등록 번호
□ 외국인 등록증	□ 서명
□ 영주권	□ 인
□ 국적 취득/귀화	

14과 비자 연장 신청을 하려면 어떻게 해야 돼요? 161

- **한자의 경음화**
  - 한자로 이루어진 단어도 한자와 한자가 결합하여 경음화가 일어날 환경이 되면 경음화가 일어난다. 그 예가 '등록증[등녹쯩]'의 경우이다. 그런데 경음화가 일어날 환경이 아님에도 불구하고 해당 한자가 첫음절이 아닌 자리에 나타날 경우 이유없이 경음으로 발음되는 한자들이 있다. 예를 들어 '-과', '-가', '-법', '-권' 등의 한자가 그것이다. 단어로 예를 들면 '증명서'의 '증'은 경음으로 발음하지 않지만 '신분증'에서는 [신분쯩]으로 발음된다.

- 이 단원에서 배운 어휘 중 기억나는 것을 말해 보세요.
- 이 단원에서 배운 문법은 뭐예요?
- 여러분은 언제 출입국 · 외국인청에 가요?
- 출입국 · 외국인청에서 어떤 일을 할 수 있어요?
- 여러분은 출입국 · 외국인청의 이용 방법을 알아요?

발음 10분

1. 교재 1번 발음을 들려주고 '증, 권'의 발음이 어떻게 들리는지 학습자 스스로 확인해 보도록 한다.
2. 이러한 글자들이 '쯩'이 '꿘'으로 발음된다는 것을 알려 준다.
   이 밖의 글자로는 가격의 '-가' '-법' '-권' 등이 있다는 정보를 추가하여 줄 수 있다.
3. 교재 1번 발음을 다시 듣고 교사를 따라 말해 본다.
4. 교재 2번 대화를 듣고 따라 말해 본다.
5. 짝과 함께 대화를 읽으며 연습하게 한 후에 확인한다.

마무리 10분

1. 단원에서 학습한 어휘 중 기억하는 것을 먼저 말해 보게 한다.
2. 배운 어휘 목록의 어휘들을 읽으면서 의미를 상기시킨다.
3. 단원에서 학습한 문법(동-어도 되다, 동-으려면)을 상기시키며 의미와 사용법을 기억하는지 확인한다.
4. 단원의 목표와 성취도를 확인한다.
5. 익힘책을 과제로 제시하고 마무리한다.

15

무역 회사에서 번역 일을 하고 있어요

1	2	3	4
주제	어휘와 문법	활동	문화와 정보
직장 생활	업무 관련 어휘 동-고 있다 동-은	업무 지시 받기 업무 관련 메일 쓰기	한국 회사의 직위

수업 목표 및 내용

- **주제:** 직장 생활
- **어휘와 문법**
  - 어휘: 업무 관련 어휘를 익힌다.
  - 문법: '동-고 있다', '동-은'의 의미와 형태를 익혀 사용할 수 있다.
- **활동**
  - 말하기: 직장에서 업무 관련 대화를 할 수 있다.
  - 듣기: 업무 관련 대화를 듣고 이해할 수 있다.
  - 읽기: 업무 관련 메일을 읽고 이해할 수 있다.
  - 쓰기: 업무 관련 메일을 쓸 수 있다.
- **문화와 정보:** 한국 회사의 직위

수업 전개

도입 / 어휘와 문법 1 — 1차시

- 일하는 곳에서 자주 접하는 물건 이름
- 동-고 있다

익힘책 pp. 94-97

어휘와 문법 2 — 2차시

- 직장 업무
- 동-은

익힘책 pp. 94-97

단원 도입

도입

1. 교재 그림을 이용하여 학생들과 이야기하며 이 과의 주제를 노출한다.

   그림❶ 🎤 이 사람은 어디에서 일하는 것 같아요?
   손에 들고 있는 것이 무엇일까요?

   그림❷ 🎤 이 두 사람이 있는 곳은 어디일까요?
   두 사람은 지금 무슨 일을 하고 있어요?

   그림❸ 🎤 이 사람은 어디에서 일해요?
   이 일을 하려면 무엇을 잘해야 할까요?

2. 대화 내용을 정리하며 이 단원에서는 '직장, 업무' 등에 대해 공부한다는 것을 알려 준다.

이 단원을 지도할 때는…

이 단원에 나오는 관형형 문법은 결합하는 것이 무엇인지와 시제에 따라 각 과에 나누어 배치되어 있습니다. 기 학습한 내용을 참고하여 이 과의 내용을 지도하시면 좋겠습니다.

- **문법**: 관형형
  - 2권 1과: 형용사 관형형
  - 2권 9과: 동사 현재 관형형
  - 2권 16과: 동사 미래 관형형

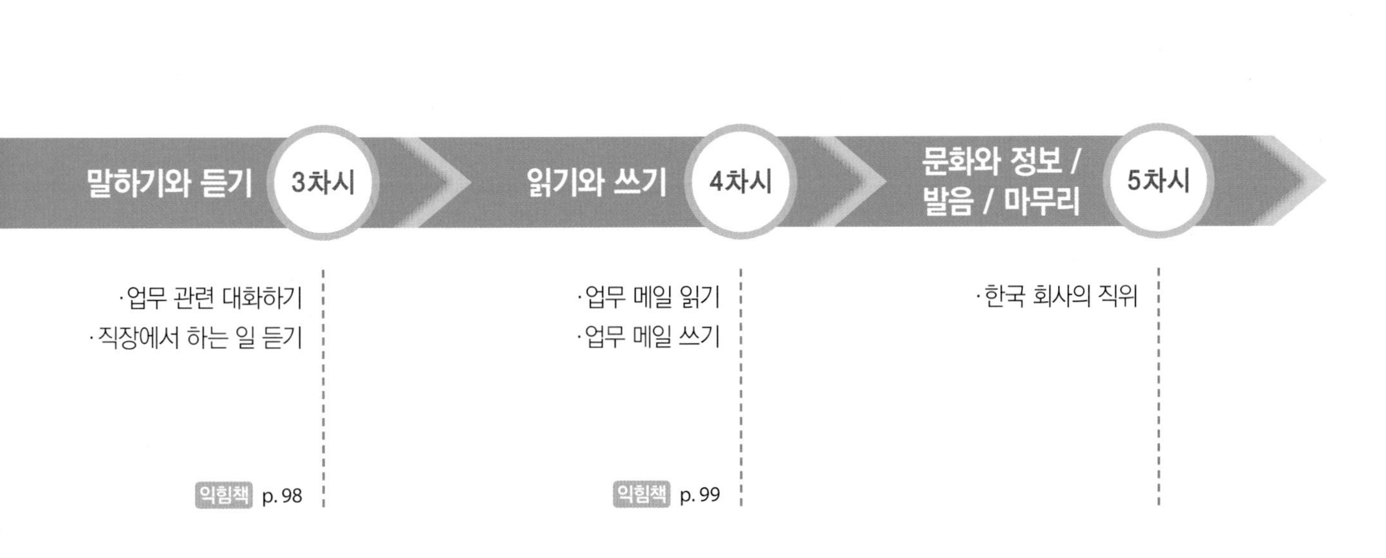

어휘와 문법 1

- **서류:** 회사에서 중요한 내용을 컴퓨터나 종이에 쓰는 것이에요.
- **명함:** 자신의 이름, 직업, 주소, 연락처 등을 적은 작은 종이예요.
- **사원증:** 그 회사 직원이라는 것을 알 수 있는 사진이 있는 카드예요.
  발음 사원증[사원쯩]
- **복사기:** 어떤 문서를 똑같은 것으로 여러 장 만들 수 있는 기계예요.
- **프린터:** 컴퓨터로 친 서류를 종이에 인쇄하는 기계예요.

- **출근부:** 그 직원이 회사에 몇 시에 왔는지 회사에서 몇 시에 나왔는지 쓰는 서류예요.
- **안전모:** 머리를 보호하기 위하여 쓰는 모자.
- **안전화:** 발을 보호하기 위하여 신는 신발.
- **기계:** 사람이 할 수 없는 일을 하는 것이에요.
- **공구:** 물건을 만들거나 고치는 데에 쓰는 물건이에요.

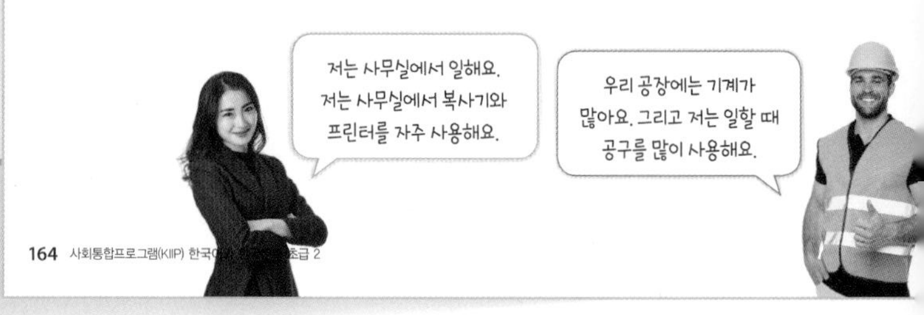

어휘 1 (일하는 곳)

1 도입, 제시

1. 일하는 곳에서 자주 볼 수 있고 사용하는 물건에 대한 단어로 어떤 것을 알고 있는지 물으며 오늘의 어휘는 일하는 곳에서 사용하는 물건의 이름을 배운다고 알려 준다.

   여러분 일하는 곳은 어디예요? 그곳에서 무엇을 자주 사용해요? 오늘은 그곳에서 사용하는 물건 이름을 공부해요.

2. 교사를 따라 어휘를 소리 내어 한 번 읽는다. 이때 발음에 주의하게 한다.
3. 어휘의 의미를 설명한다. 어휘가 사용된 문장을 예로 제시하거나 의미를 풀어서 설명해 준다. 상황에 따라 유의어나 반의어 등을 추가로 설명할 수 있다.
4. 배운 어휘를 소리 내어 읽도록 한다. 이때 '-어요' 형태로 단어를 읽는 등 변화를 줄 수 있다.

2 연습

1. 일하는 곳의 물건 사진을 보며 어떤 물건인지 이름과 사용한 경험을 이야기해 본다.
2. 일하는 곳에 따라 어떤 물건을 사용하는지 짝과 대화하도록 한다.
3. 학생들끼리 이야기한 것은 교사가 정리해 주며 같이 이야기한다.

   복사기를 자주 사용해요? 무엇을 할 때 사용해요?

4. 학생들이 원할 경우 교과서에 나오지 않은 다양한 물건들의 이름을 알려 주는 것으로 확장할 수 있다.

익힘책 94쪽을 풀게 하거나 과제로 제시한다.

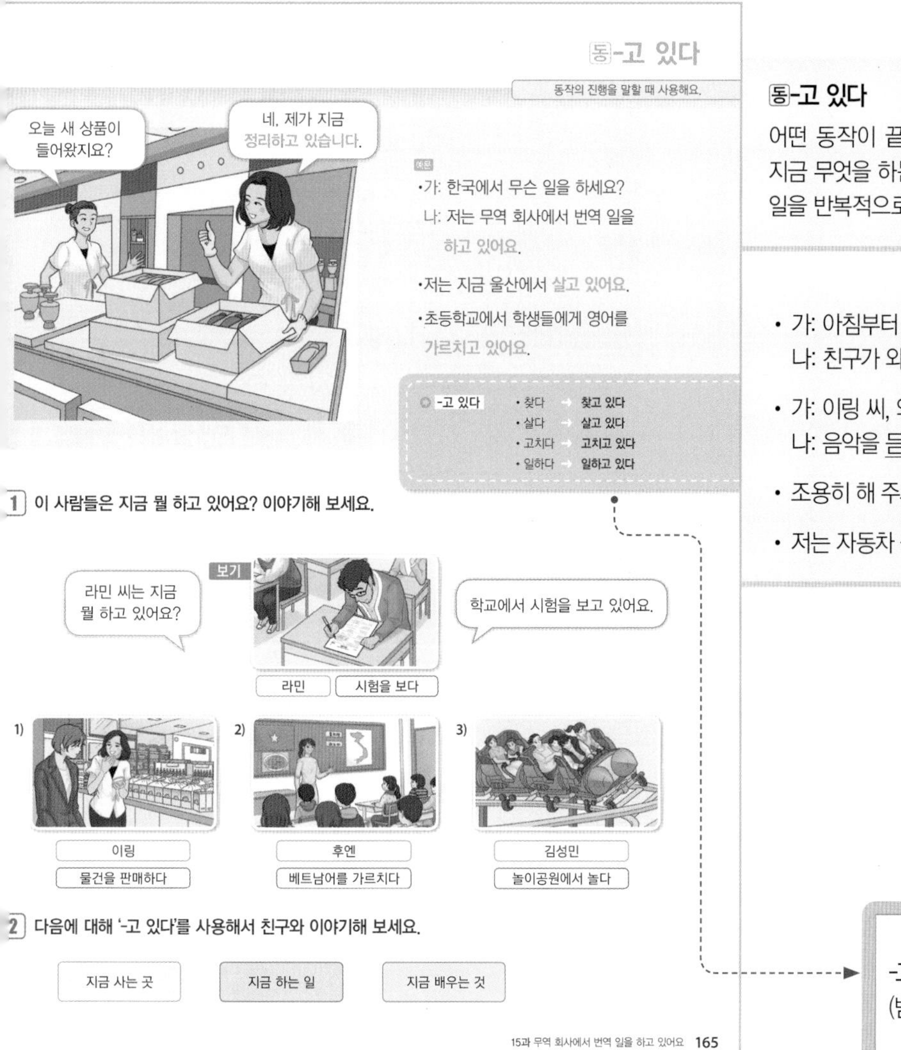

동-고 있다

동작의 진행을 말할 때 사용해요.

예문

- 가: 한국에서 무슨 일을 하세요?
  나: 저는 무역 회사에서 번역 일을 하고 있어요.
- 저는 지금 울산에서 살고 있어요.
- 초등학교에서 학생들에게 영어를 가르치고 있어요.

-고 있다
- 찾다 → 찾고 있다
- 살다 → 살고 있다
- 고치다 → 고치고 있다
- 일하다 → 일하고 있다

1 이 사람들은 지금 뭘 하고 있어요? 이야기해 보세요.

보기

1) 이링 / 물건을 판매하다

2) 후엔 / 베트남어를 가르치다

3) 김성민 / 놀이공원에서 놀다

2 다음에 대해 '-고 있다'를 사용해서 친구와 이야기해 보세요.

지금 사는 곳 / 지금 하는 일 / 지금 배우는 것

15과 무역 회사에서 번역 일을 하고 있어요 165

동-고 있다

어떤 동작이 끝나지 않고 지금도 진행 중임을 나타낸다. 지금 무엇을 하는지에 대해 설명할 때 사용한다. 또는 어떤 일을 반복적으로 지속한다는 의미를 나타내기도 한다.

- 가: 아침부터 뭘 하고 있어요?
  나: 친구가 와서 요리를 하고 있어요.
- 가: 이링 씨, 왜 대답을 안 해요?
  나: 음악을 듣고 있어서 몰랐어요.
- 조용히 해 주세요. 아기가 지금 잠을 자고 있어요.
- 저는 자동차 공장에 다니고 있어요.

-고 있다 (받침 O, 받침 X)	먹다 → 먹고 있다 가다 → 가고 있다 하다 → 하고 있다 만들다 → 만들고 있다

문법 1 (동-고 있다)

1 도입, 제시

1. 도입 그림과 대화를 통해 문법이 사용되는 상황을 인지시킨다.

   이링 씨가 지금 무슨 일을 해요? 지금 상사가 이링씨가 무슨 일을 하는지 알고 싶어요.

2. 교재의 대표 예문을 보면서 문법의 의미를 설명한다.

   이링 씨는 일을 아주 잘하는 사람이에요. 그래서 자기가 해야 하는 일을 잘 알아요. 이링 씨의 상사가 새 상품이 들어왔어요? 궁금해요. 이링 씨는 그 상품을 정리하는 일을 시작했어요. 그리고 아직 끝나지 않았어요. 지금 해요. 아직 끝나지 않은 일을 말할 때 '-고 있다'를 사용해요.

3. 학생들과 교재의 예문들을 읽으면서 문법의 의미를 설명하고 이해시킨다.
4. 문법의 형태 정보를 제시하고 설명한다.
5. 추가 예문을 제시하고 문법의 의미와 사용법을 정확하게 이해시킨다.

2 연습 1

1. <보기>의 대화를 교사와 함께 완성해 본다.
2. 나머지 문제를 <보기>의 대화처럼 짝과 완성하도록 한다.
3. 연습한 것을 발표하게 하거나 교사가 전체 학생 대상으로 답하게 하여 확인한다. 그리고 오류가 있으면 수정해 준다.

3 연습 2

1. '지금 사는 곳', '지금 하는 일', '지금 배우는 것' 등의 주제에 대해 이야기해 보도록 한다.

   지금 어디에 살고 있어요?
   지금 살고 있는 곳이 어디예요?

2. 친구와 대화한 것을 발표하게 하고 오류가 있으면 수정해 준다.

익힘책 96쪽을 풀게 하거나 과제로 제시한다. 익힘책은 연습 활동 난이도에 따라 교재 연습 문제 전후로 활용한다.

어휘와 문법 2

- **작성하다:** 서류는 자기 마음대로 쓰면 안 돼요. 여기에 무엇을 써야 하는지 정해져 있어요. 정해진 대로 쓰는 것을 작성한다고 해요.
- **번역하다:** 다른 나라말로 쓴 글을 다른 나라 말로 바꾸어 쓰는 것이에요.
  발음 번역하다[버녀카다]
- **출력하다:** 서류를 종이에 프린트해요.
  발음 출력하다[출려카다]
- **복사하다:** 서류를 똑같은 것으로 10부 만들어요.
- **팩스를 보내다:** 서류를 먼 곳에 있는 사람에게 전화처럼 보내는 것이에요.
- **이메일을 보내다:** 인터넷에서 편지를 써요.
- **확인 전화를 하다:** 이메일, 팩스가 잘 도착했어요? 잘 받았어요? 알고 싶어서 전화를 해요.

- **기계를 켜다/끄다:** 처음 출근하면 기계의 스위치 ON, 최근할 때 스위치 OFF해요.
- **물건을 옮기다:** 여기에 있는 것을 다른 곳으로 가지고 가요.
- **물건을 들다:** 물건을 다른 곳으로 옮기려면 손으로 들어야 돼요. 부탁해요. 이것 좀 들어 주세요.
- **물건을 올리다:** 아래에 있는 것을 위로 올려요.
- **물건을 내리다:** 위에 있는 것을 아래로 내려요.
- **물건을 만들다:** 공장에서는 새 물건을 만들고 그것을 팔아요.

Q 여러분은 직장에서 어떤 일을 해요?

Q 여러분은 직장에서 무슨 일을 해요? 이야기해 보세요.

저는 회사에서 서류를 번역해요.
보통 컴퓨터 앞에서 일해요.

166 사회통합프로그램(KIIP) 한국어와 한국문화 초급 2

어휘 2 (직장에서 하는 일)

1 도입, 제시

1. 직장에서 어떤 일을 하는지 물으며 오늘 배우는 단어는 직장에서 하는 일을 표현할 때 사용하는 단어임을 알려 준다.

   여러분은 직장에서 어떤 일들을 해요? 그 일을 자주 해요?
   직장에서 하는 일을 한국어로 어떻게 말하면 좋을까요?

2. 교사를 따라 어휘를 소리 내어 한 번 읽는다. 이때 발음에 주의하게 한다.
3. 어휘의 의미를 설명한다. 어휘가 사용된 문장을 예로 제시하거나 의미를 풀어서 설명해 준다. 상황에 따라 유의어나 반의어 등을 추가로 설명할 수 있다.
4. 배운 어휘를 소리 내어 읽도록 한다.

2 연습

1. 학생들에게 어떤 직장에 다니는지, 직장에서 하는 일은 무엇인지, 일할 때 사용하는 도구는 무엇인지 질문을 던진다. 앞에서 배운 어휘 1 단어들과 함께 결합하여 문장을 만들도록 유도한다.
2. 짝과 함께 자신이 직장에서 하는 일의 특징에 대해 말해 보도록 한다.
3. 학생들끼리 이야기한 것은 교사가 정리해 주며 같이 이야기한다.

   OO 씨가 다니는 직장은 어떤 곳이에요? 직장에서 어떤 일을 많이 해요?
   일할 때 무슨 물건을 자주 사용해요?

익힘책 95쪽을 풀게 하거나 과제로 제시한다.

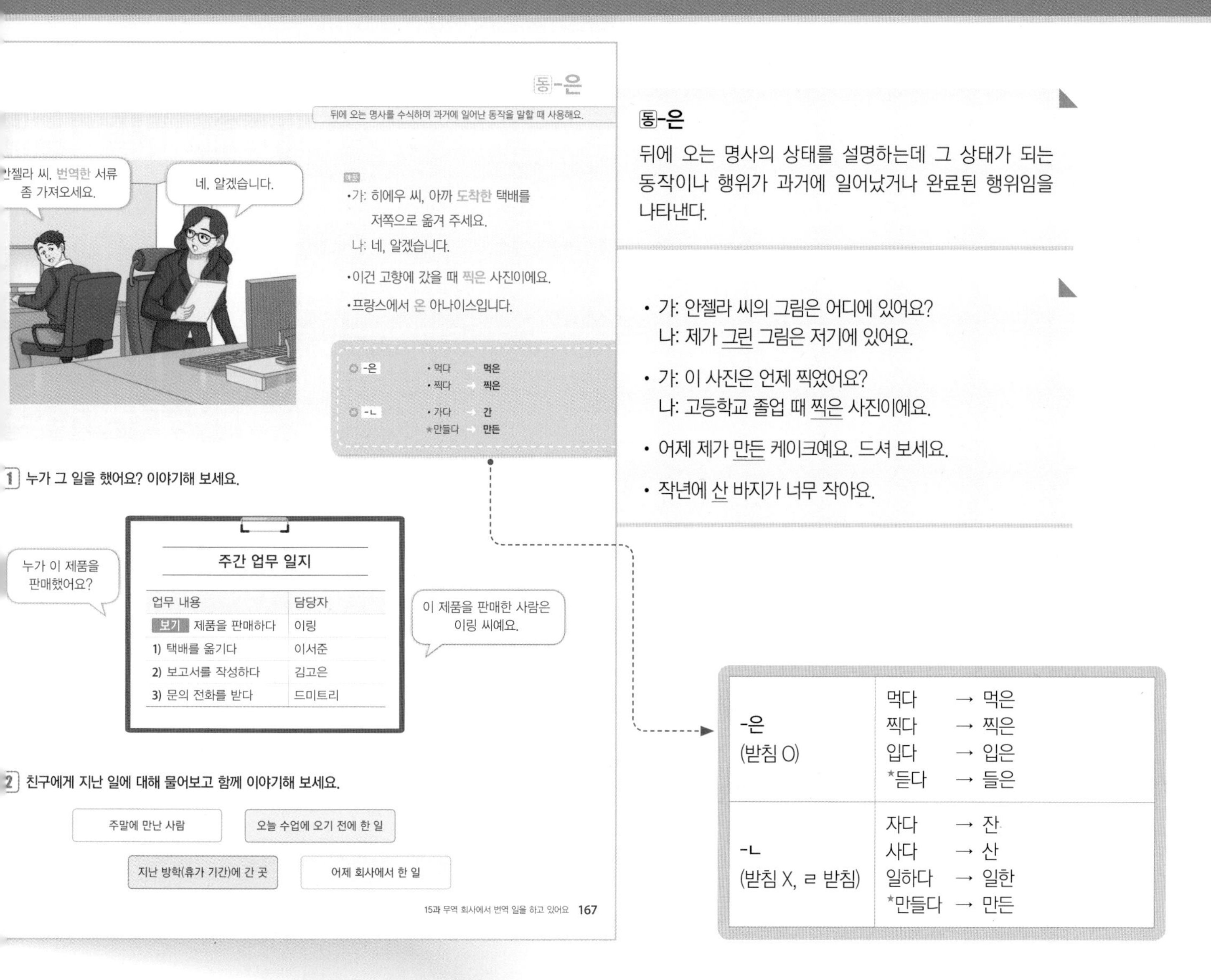

동-은

뒤에 오는 명사를 수식하며 과거에 일어난 동작을 말할 때 사용해요.

예문
- 가: 히에우 씨, 아까 도착한 택배를 저쪽으로 옮겨 주세요.
  나: 네, 알겠습니다.
- 이건 고향에 갔을 때 찍은 사진이에요.
- 프랑스에서 온 아나이스입니다.

-은	• 먹다 → 먹은 • 찍다 → 찍은
-ㄴ	• 가다 → 간 ★만들다 → 만든

1 누가 그 일을 했어요? 이야기해 보세요.

주간 업무 일지

업무 내용	담당자
보기 제품을 판매하다	이링
1) 택배를 옮기다	이서준
2) 보고서를 작성하다	김고은
3) 문의 전화를 받다	드미트리

2 친구에게 지난 일에 대해 물어보고 함께 이야기해 보세요.

주말에 만난 사람 / 오늘 수업에 오기 전에 한 일 / 지난 방학(휴가 기간)에 간 곳 / 어제 회사에서 한 일

15과 무역 회사에서 번역 일을 하고 있어요 167

동-은

뒤에 오는 명사의 상태를 설명하는데 그 상태가 되는 동작이나 행위가 과거에 일어났거나 완료된 행위임을 나타낸다.

- 가: 안젤라 씨의 그림은 어디에 있어요?
  나: 제가 그린 그림은 저기에 있어요.
- 가: 이 사진은 언제 찍었어요?
  나: 고등학교 졸업 때 찍은 사진이에요.
- 어제 제가 만든 케이크예요. 드셔 보세요.
- 작년에 산 바지가 너무 작아요.

-은 (받침 O)	먹다 → 먹은 찍다 → 찍은 입다 → 입은 *듣다 → 들은
-ㄴ (받침 X, ㄹ 받침)	자다 → 잔 사다 → 산 일하다 → 일한 *만들다 → 만든

문법 2 (동-은)

1 도입, 제시

1. 도입 그림과 대화를 통해 문법이 사용되는 상황을 인지시킨다.
   - 두 사람은 직장에 있는 것 같아요. 상사가 안젤라 씨에게 일이 끝났어요? 안 끝났어요? 물어봐요. 아마 그 일을 상사가 어제 안젤라 씨에게 시켰어요.
2. 교재의 대표 예문을 보면서 문법의 의미를 설명한다.
   - 그 일을 상사가 어제 안젤라 씨에게 시켰어요. 그래서 안젤라 씨는 오늘까지 그 일을 다 끝냈어요. 상사가 그 일을 어제 이야기했으니까 그 일은 과거를 표시해야 해요. 그럴 때 '번역한 서류'라고 말해요.
3. 학생들과 교재의 예문들을 읽으면서 문법의 의미를 설명하고 이해시킨다.
4. 문법의 형태 정보를 제시하고 설명한다.
5. 추가 예문을 제시하고 문법의 의미와 사용법을 정확하게 이해시킨다.

2 연습 1

1. 〈보기〉의 대화를 교사와 함께 완성해 본다.
2. 나머지 문제를 〈보기〉의 대화처럼 짝과 완성하도록 한다.
3. 연습한 것을 발표하게 하거나 교사가 전체 학생 대상으로 답하게 하여 확인한다. 그리고 오류가 있으면 수정해 준다.

3 연습 2

1. 짝과 지난 일에 대해 묻고 대답하면서 '-은'을 활용하여 자신의 이야기를 하도록 한다.
2. 짝과 대화한 것을 발표하게 하고 오류가 있으면 수정해 준다.

익힘책 97쪽을 풀게 하거나 과제로 제시한다. 익힘책은 연습 활동 난이도에 따라 교재 연습 문제 전후로 활용한다.

말하기와 듣기

1 2)

반장님: 라흐만 씨, 오늘도 안전모 잊지 말고 꼭 쓰세요.
라흐만: 네, 반장님.
반장님: 지금 무슨 일을 하고 있어요?
라흐만: 어제 들어온 물건들을 옮기고 있습니다. 그런데 오늘 작업은 얼마나 해야 돼요?
반장님: 3시까지요. 일이 다 끝나면 깨끗하게 정리하는 거 잊으면 안 돼요.

2

가: 한국에 오기 전에 고향에서 한 일이 뭐예요?
거기(회사, 직장)에서 한 일이 뭐예요?
나: 한국에 오기 전에 제가 한 일은 학교에서 선생님이었어요.

과 장(남): 안젤라 씨, 지금 무슨 일을 하고 있어요?
안젤라(여): 미국에서 어제 온 메일을 번역하고 있습니다.
과 장(남): 그럼 그 일이 끝나면 제가 오전에 준 서류 좀 복사해 줄래요? 이따가 3시에 회의가 있어요.
안젤라(여): 네, 과장님. 회의에는 몇 분이 참석하세요?
과 장(남): 모두 7명이 참석할 거예요. 복사한 다음에 회의 준비도 좀 해 주세요. 부탁해요.

1 라흐만 씨와 반장님이 업무 이야기를 해요. 다음과 같이 이야기해 보세요.

반장님: 라흐만 씨, 오늘도 안전모 잊지 말고 꼭 쓰세요.
라흐만: 네, 반장님.
반장님: 지금 무슨 일을 하고 있어요?
라흐만: 아까 도착한 물건들을 옮기고 있습니다. 그런데 오늘 작업은 얼마나 해야 돼요?
반장님: 3시까지요. 일이 다 끝나면 기계 전원 끄는 거 잊으면 안 돼요.

1) 아까 도착하다 | 기계 전원을 끄다 2) 어제 들어오다 | 깨끗하게 정리하다

2 여러분은 직장에서 어떤 일을 해요? 한국에 오기 전에 어떤 일을 했어요? 친구와 이야기해 보세요.

안젤라 씨가 사무실에서 일하고 있어요. 잘 듣고 답해 보세요.

1) 안젤라 씨는 지금 무슨 일을 하고 있어요?
메일을 번역하고 있어요.

2) 안젤라 씨가 해야 되는 일을 모두 고르세요.
① 서류 복사 ② 회의 준비
③ 회의 참석 ④ 서류 번역

168 사회통합프로그램(KIIP) 한국어와 한국문화 초급 2

업무 이야기

1 대화문 연습

1. 직장 업무 상황에 대해 이야기하며 교재의 그림을 이용해 어떤 상황인지 추측해 보도록 한다.
   - 이 두 사람은 어디에 있는 것 같아요?
     이 두 사람은 어떤 관계인 것 같아요?
     이런 곳에서 일할 때 무엇을 조심해야 할까요?
2. 지시문을 이용하여 대화 상황을 학생들에게 명확하게 알려 준다.
3. 대화를 들려주고 간단한 질문을 하여 대화 내용을 이해했는지 확인한다.
   - 이 두 사람은 어디에서 이야기해요?
     이 남자는 지금 무슨 일을 하고 있어요?
     반장님은 남자에게 무슨 일을 시켰어요?
4. 교사와 함께 대화문을 읽으면서 자연스럽게 말하는 연습을 한다. 두 번 정도 반복해서 연습한다.
5. 교체 어휘를 활용하여 짝과 함께 연습하게 한다.
6. 연습이 끝나면 한두 팀을 발표시키거나 교사가 전체 학생을 대상으로 확인한다.

2 확장 연습

1. 한국에 오기 전에 고향에서 한 일에 대해 이야기한다고 알려 준다.
2. 짝과 같이 자신이 과거에 한 일에 대해 이야기하게 한다. 대화를 할 때는 다음과 같은 내용을 포함하여 말하도록 지시한다.
   - 한국에 오기 전에 제가 한 일은
     한국에 오기 전에 제가 다닌 회사는
     한국에 오기 전에 제가 일한 곳은
3. 이야기가 끝나면 한두 팀을 발표시키거나 교사가 전체 학생을 대상으로 확인하고 오류를 수정해 준다.

직장에서 하는 일 듣기

1. 지시문을 이용하여 등장인물과 대화 상황을 설명한다.
2. 문제를 읽고 들어야 하는 정보를 파악하게 한다
3. 듣기 파일을 두 번 듣고 문제를 풀게 한다.
4. 교재 질문의 답을 확인한 후 해당 대화를 같이 읽으며 내용을 확인한다. 필요한 경우 새로운 어휘, 표현을 설명한다.

읽기와 쓰기

1 다음 글을 읽고 질문에 답해 보세요.

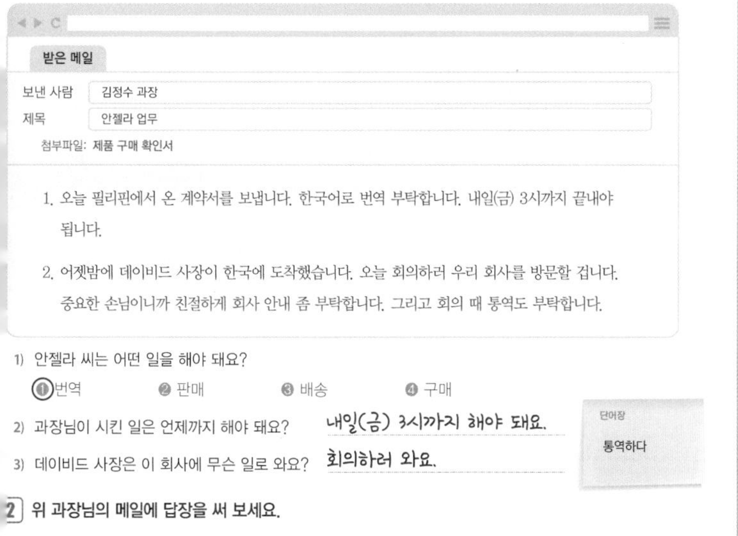

받은 메일

보낸 사람: 김정수 과장
제목: 안젤라 업무
첨부파일: 제품 구매 확인서

1. 오늘 필리핀에서 온 계약서를 보냅니다. 한국어로 번역 부탁합니다. 내일(금) 3시까지 끝내야 됩니다.

2. 어젯밤에 데이비드 사장이 한국에 도착했습니다. 오늘 회의하러 우리 회사를 방문할 겁니다. 중요한 손님이니까 친절하게 회사 안내 좀 부탁합니다. 그리고 회의 때 통역도 부탁합니다.

1) 안젤라 씨는 어떤 일을 해야 돼요?
① 번역 ② 판매 ③ 배송 ④ 구매

2) 과장님이 시킨 일은 언제까지 해야 돼요? 내일(금) 3시까지 해야 돼요.

3) 데이비드 사장은 이 회사에 무슨 일로 와요? 회의하러 와요.

단어장
통역하다

2 위 과장님의 메일에 답장을 써 보세요.

보내기 | 미리보기 | 저장하기

받는 사람: 김정수 과장님 [주소록]
제목: 업무 메일 확인했습니다.

- **받은 메일:** 다른 사람이 나에게 메일을 보냈어요. 내가 그 메일을 받았어요. 그것을 받은 메일이라고 해요.
- **보낸 사람:** 누가 나한테 메일을 보냈어요. 그 사람이 보낸 사람이에요.
- **계약서:** 회사와 회사, 사람과 사람이 중요한 약속을 쓴 서류입니다. 계약서를 쓰면 약속을 꼭 지켜야 합니다.
- **부탁하다:** 무슨 일을 언제까지 해 주세요. 다른 사람에게 이야기해요.

업무 메일 읽기

1. 글의 내용을 유추하게 한다.

어떤 종류의 글이에요? / 어디에서 많이 볼 수 있어요? 이렇게 회사에서 메일을 쓸 때는 무슨 내용이 많아요?

2. 글을 훑어 읽게 한 후 주제, 중심 내용 등을 간단히 말해 보도록 한다.

누가 보낸 메일이에요? / 안젤라 씨가 할 일이 뭐예요? / 번역은 언제까지 해요? / 회사에 누가 와요?
안젤라 씨는 통역도 해야 해요?

3. 글을 다시 읽으면서 문제를 풀게 한다.

4. 답을 같이 확인한 후, 본문을 다시 읽으며 모르는 어휘가 없는지 확인한다. 필요한 경우 새로운 어휘, 표현을 설명한다.

업무 메일 쓰기

1. 어떤 글을 쓸지 알려 주고 글에 들어갈 내용을 생각해 보게 한다.

오늘은 회사 일로 받는 메일에 답장을 쓸 거예요.
메일에 필요한 내용은 무엇인가요?

2. 교재 질문에 대해 자신이 쓸 내용을 간단하게 메모하도록 한다. 교사는 학생들이 쓴 메모에 오류가 없는지 확인해 준다.

3. 메모한 내용을 바탕으로 글로 완성하게 한다.

문화와 정보

한국 회사의 직위

회사에는 여러 직위가 있습니다. 최근에는 직위의 이름이 다양해졌지만 전통적인 직위 명칭은 사장 – 부사장 – 전무 – 상무 – 이사 – 부장 – 차장 – 과장 – 대리 – 사원입니다. 대체로 사원으로 입사한 후에 일정 기간 일을 하고 능력을 인정받으면 단계적으로 승진을 합니다.

1) 한국 회사에는 어떤 직위가 있어요?
2) 과장보다 높은 직위는 무엇이에요?
3) 여러분 나라의 회사에는 어떤 직위가 있어요?

170 사회통합프로그램(KIIP) 한국어와 한국문화 초급 2

한국 회사의 직위

1. 이 단원의 문화와 정보가 무엇에 대한 것인지 알려 준다.

- 한국에서 일을 해 봤지요? 회사에는 다양한 직위가 있어요.
  오늘은 '한국 회사의 직위'에 대해 알아봅시다.

2. 교재의 그림(사진)을 보면서 주제에 대해 알고 있는 것을 상기시키고 말해 보게 한다. 이때 관련 시각 자료를 추가로 활용할 수 있다.

- 여러분이 다니는 회사에는 어떤 직위의 사람이 있어요?
  회사에서 여러분의 직위는 뭐예요?
  여러분은 열심히 일해서 어떤 직위까지 승진하고 싶어요?

3. 교재를 같이 읽으면서 내용을 설명한다. 이때 중요한 정보가 있는 부분에 밑줄을 긋거나 표시하게 하는 것도 좋다.

4. 질문 1, 2의 답을 찾아보고 답하게 한다.

- 한국 회사에는 어떤 직위가 있습니까?
  과장보다 높은 직위는 무엇입니까?

5. 3번 질문을 이용하여 학습자 자신의 경험을 말해 보도록 한다.

- 여러분 나라의 회사에는 어떤 직위가 있습니까?
  한국과 비슷해요? 달라요?

단원 마무리

발음

1. 다음을 듣고 따라 읽으세요.
   1) 옮기고[옴기고]
   2) 읽고[일꼬]
   3) 앉고[안꼬]

2. 다음을 듣고 연습해 보세요.
   1) 가: 짐 다 옮겼어요?
      나: 지금 옮기고 있어요.
   2) 가: 지금 뭐 하고 있어요?
      나: 책을 읽고 있어요.
   3) 가: 학생들은 앞쪽에 앉고 선생님은 뒤쪽에 앉으세요.
      나: 네, 알겠습니다.

배운 어휘 확인

□ 서류	□ 출력하다
□ 명함	□ 복사하다
□ 사원증	□ 팩스
□ 복사기	□ 확인
□ 프린터	□ 켜다
□ 출근부	□ 끄다
□ 안전모	□ 들다
□ 안전화	□ 올리다
□ 기계	□ 싣다
□ 공구	□ 내리다
□ 작성하다	□ 옮기다
□ 번역하다	□ 통역하다

15과 무역 회사에서 번역 일을 하고 있어요 171

- **겹받침 뒤에 자음이 올 때 나타나는 경음화**
  - 겹받침 가운데 'ㄱ, ㄷ, ㅂ, ㅈ' 가운데 하나가 있고 다음 음절 초성으로 'ㄱ, ㄷ, ㅂ, ㅈ' 가 있을 경우 그 자음이 경음 [ㄲ, ㄸ, ㅃ, ㅉ]로 발음된다.

- 이 단원에서 배운 어휘 중 기억나는 것을 말해 보세요.
- 이 단원에서 배운 문법은 뭐예요?
- 여러분은 회사에서 어떤 일을 자주 해요?
- 일할 때 필요한 이메일을 쓸 수 있어요?
- 한국 회사의 직위에 대해 알고 있어요?

발음 10분

1. 교재 1번 발음을 들려주고 발음이 어떻게 들리는지 학습자 스스로 확인해 보도록 한다.
2. '옮기고', '읽고', '앉고'가 '옴기고', '일꼬', '안꼬'로 발음된다는 것을 알려 준다.
   먼저 겹받침은 받침 자리에서 하나만 소리가 나고 다른 하나는 소리가 나지 않는다는 것을 짚어 준다. 그리고 발음이 나지 않는 자음의 경우 뒷 음절 초성에 경음이 일어날 자음이 오면 경음화가 일어나지만 그렇지 않을 경우 일어나지 않는다고 설명한다.
   그 결과 '옮기고'는 경음화가 일어나지 않고 '읽고, 앉고'는 경음화가 일어나지 않는 차이를 이해시킨다.
3. 교재 1번 발음을 다시 듣고 교사를 따라 말해 본다.
4. 교재 2번 대화를 듣고 따라 말해 본다.
5. 짝과 함께 대화를 읽으며 연습하게 한 후에 확인한다.

마무리 10분

1. 단원에서 학습한 어휘 중 기억하는 것을 먼저 말해 보게 한다.
2. 배운 어휘 목록의 어휘들을 읽으면서 의미를 상기시킨다.
3. 단원에서 학습한 문법(동-고 있다, 동-은)을 상기시키며 의미와 사용법을 기억하는지 확인한다.
4. 단원의 목표와 성취도를 확인한다.
5. 익힘책을 과제로 제시하고 마무리한다.

수업 목표 및 내용

- **주제:** 행사(축제)
- **어휘와 문법**
  - 어휘: 행사 포스터, 게시판 관련 어휘를 익힌다.
  - 문법: '동-을', '동형-거든요(이유)'의 의미와 형태를 익혀 사용할 수 있다.
- **활동**
  - 말하기: 동료와 행사를 알리는 대화를 할 수 있다.
  - 듣기: 축제와 행사 프로그램에 관한 내용을 듣고 이해할 수 있다.
  - 읽기: 축제에 대한 글과 포스터를 읽고 이해할 수 있다
  - 쓰기: 행사를 소개하는 글을 쓸 수 있다.
- **문화와 정보:** 세계인의 날

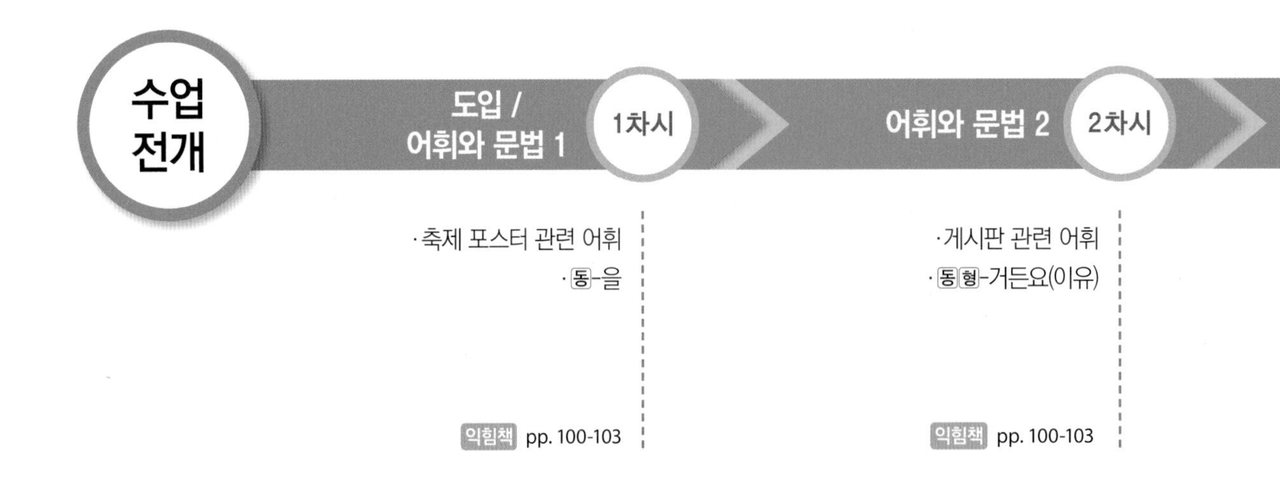

❶

❷

❸

- 이 포스터와 게시판에서 어떤 소식을 알 수 있어요?
- 여러분은 여러 소식들을 어떻게 알아요?

도입

1. 교재 그림을 이용하여 학생들과 이야기하며 이 과의 주제를 노출한다.

   그림❶ 어떤 포스터예요?
   여러분은 축제에 자주 가요?
   이런 것을 어디에서 많이 볼 수 있어요?

   그림❷ 게시판에서 어떤 소식을 볼 수 있어요?
   아파트나 우리 센터 게시판에는 어떤 글이 있어요?

   그림❸ 두 사람이 무엇을 보고 있어요?
   여러분은 게시판 내용 중에 무엇이 가장 관심 있어요?

2. 대화 내용을 정리하며 이 단원에서는 우리 주변에서 쉽게 볼 수 있는 다양한 포스터와 게시판 광고 등에 대해 공부한다는 것을 알려 준다.

이 단원을 지도할 때는…

이 단원은 포스터와 게시판 글이 많이 등장하므로 말하기와 쓰기에서 어떻게 표현을 달리하는지 구어와 문어의 차이점 등에 대해서도 언급하며 지도하면 좋을 것 같습니다.

말하기와 듣기 3차시	읽기와 쓰기 4차시	문화와 정보 / 발음 / 마무리 5차시
·행사 소식 전하기 ·축제 정보 듣기	·축제 포스터 읽기 ·행사(축제) 소개하는 글 쓰기	·세계인의 날
익힘책 p. 104	익힘책 p. 105	

어휘와 문법 1

- **대상:** 어떤 일을 할 때 그 일을 하거나 참여할 수 있는 사람이에요.
- **참가비:** 어떤 행사나 축제는 거기에 참가할 때 돈을 내야 할 때도 있어요. 참가할 수 있는 비용이에요.
- **공연:** 음악, 무용, 연극 등을 많은 사람들 앞에서 보여 주는 것이에요. 길에서 하면 길거리 공연이라고 해요.
- **체험:** 보기만 하는 것이 아니라 몸으로 직접 하는 것이에요.
- **신청:** 어떤 것을 하고 싶을 때 그것을 만든 사람에게 받아 주세요. 하는 것이에요. 수업 듣고 싶어요. 수강 신청, 참가하고 싶어요. 참가 신청이에요.
- **문의:** 궁금한 것을 물어봐요. 문의해요.
- **주최:** 어떤 행사나 모임을 직접 만든 사람이나 회사예요.
- **후원:** 이 축제나 행사를 할 수 있도록 돈을 낸 사람이나 회사예요.

Q 포스터를 보고 축제에 대해 이야기해 보세요.

상암 월드컵 경기장에서 한마음 걷기 축제를 해요.
이 행사에는 한국 사람, 외국 사람 모두 참가할 수 있어요.

Q 여러분이 경험한 행사에 대해 이야기해 보세요.

저는 아이와 함께 어린이날 행사에 참가했어요.
여러 가지 체험거리도 있어서 재미있었어요.

174 사회통합프로그램(KIIP) 한국어와 한국문화 초급 2

어휘 1 (축제 포스터 관련 어휘)

1 도입, 제시

1. 포스터에 나오는 단어로 어떤 것을 알고 있는지 물으며 오늘의 어휘는 행사 포스터 등에 자주 나오는 표현임을 알려 준다.

   여러분은 축제 가 봤어요? 축제 갈 때 그 축제가 무엇을 하는 축제인지 어떻게 알 수 있어요? 그것을 간단하게 알려 주는 것이 포스터예요. 오늘은 행사 포스터에 자주 나오는 단어를 공부해요.

2. 교사를 따라 어휘를 소리 내어 한 번 읽는다. 이때 발음에 주의하게 한다.
3. 어휘의 의미를 설명한다. 어휘가 사용된 문장을 예로 제시하거나 의미를 풀어서 설명해 준다. 상황에 따라 유의어나 반의어 등을 추가로 설명할 수 있다.
4. 배운 어휘를 소리 내어 읽도록 한다. 이때 '-어요' 형태로 단어를 읽는 등 변화를 줄 수 있다.

2 연습

1. 축제 포스터를 보며 어떤 행사인지 자신이 가 본 축제 경험을 이야기해 본다.
2. 축제에 갈 때 알아야 할 정보가 무엇인지 서로 궁금한 것을 묻고 대답하는 대화를 하도록 한다.
3. 학생들끼리 이야기한 것은 교사가 정리해 주며 같이 이야기한다.

   축제 참가 대상은 누구예요? 참가비는 얼마예요?

4. 다양한 축제에 대해 이야기하는 활동으로 확장할 수 있다.

익힘책 100쪽을 풀게 하거나 과제로 제시한다.

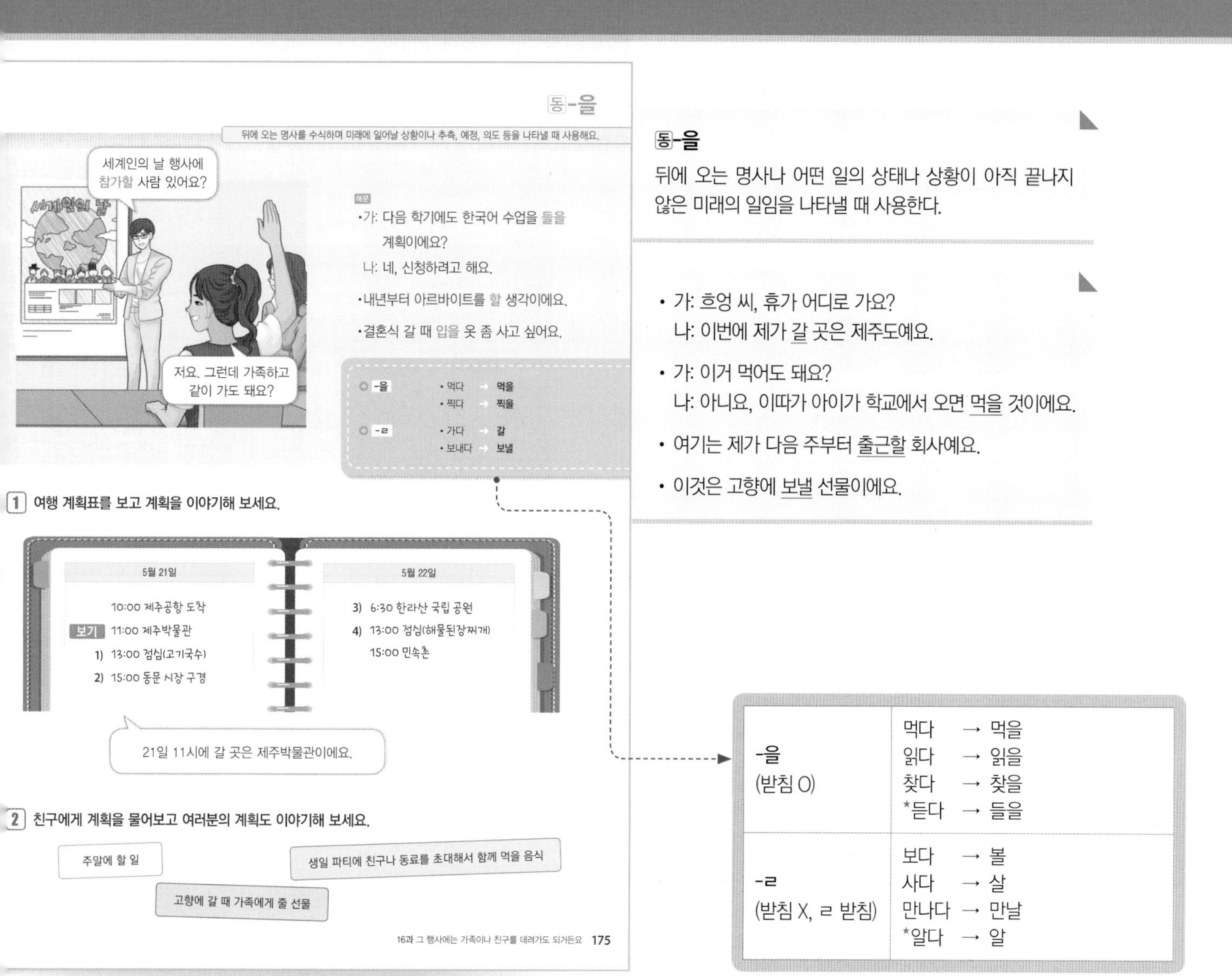

동-을

뒤에 오는 명사를 수식하며 미래에 일어날 상황이나 추측, 예정, 의도 등을 나타낼 때 사용해요.

예문
- 가: 다음 학기에도 한국어 수업을 들을 계획이에요?
  나: 네, 신청하려고 해요.
- 내년부터 아르바이트를 할 생각이에요.
- 결혼식 갈 때 입을 옷 좀 사고 싶어요.

-을	• 먹다 → 먹을 • 찍다 → 찍을
-ㄹ	• 가다 → 갈 • 보내다 → 보낼

1 여행 계획표를 보고 계획을 이야기해 보세요.

5월 21일	5월 22일
10:00 제주공항 도착 보기 11:00 제주박물관 1) 13:00 점심(고기국수) 2) 15:00 동문 시장 구경	3) 6:30 한라산 국립 공원 4) 13:00 점심(해물된장찌개) 15:00 민속촌

21일 11시에 갈 곳은 제주박물관이에요.

2 친구에게 계획을 물어보고 여러분의 계획도 이야기해 보세요.

주말에 할 일 / 생일 파티에 친구나 동료를 초대해서 함께 먹을 음식 / 고향에 갈 때 가족에게 줄 선물

16과 그 행사에는 가족이나 친구를 데려가도 되거든요 175

동-을

뒤에 오는 명사나 어떤 일의 상태나 상황이 아직 끝나지 않은 미래의 일임을 나타낼 때 사용한다.

- 가: 흐엉 씨, 휴가 어디로 가요?
  나: 이번에 제가 갈 곳은 제주도예요.
- 가: 이거 먹어도 돼요?
  나: 아니요, 이따가 아이가 학교에서 오면 먹을 것이에요.
- 여기는 제가 다음 주부터 출근할 회사예요.
- 이것은 고향에 보낼 선물이에요.

-을 (받침 O)	먹다 → 먹을 읽다 → 읽을 찾다 → 찾을 *듣다 → 들을
-ㄹ (받침 X, ㄹ 받침)	보다 → 볼 사다 → 살 만나다 → 만날 *알다 → 알

문법 1 (동-을)

1 도입, 제시

1. 도입 그림과 대화를 통해 문법이 사용되는 상황을 인지시킨다.

   여기는 어디예요?
   선생님이 학생들에게 무엇을 물어보고 있어요?

2. 교재의 대표 예문을 보면서 문법의 의미를 설명한다.

   축제가 다음 주예요. 아직 시작하지 않았어요. 미래의 일이에요. '누가 이 축제에 참가해요?' 선생님이 미래의 일을 미리 지금 조사하고 있어요. 그래서 미래의 일에 대해 물어보니까 '축제에 참가할 사람'이라고 물어봐요.

3. 학생들과 교재의 예문들을 읽으면서 문법의 의미를 설명하고 이해시킨다.
4. 문법의 형태 정보를 제시하고 설명한다.
5. 추가 예문을 제시하고 문법의 의미와 사용법을 정확하게 이해시킨다.

2 연습 1

1. 〈보기〉의 대화를 교사와 함께 완성해 본다.
2. 나머지 문제를 〈보기〉의 대화처럼 짝과 완성하도록 한다.
3. 연습한 것을 발표하게 하거나 교사가 전체 학생 대상으로 답하게 하여 확인한다. 그리고 오류가 있으면 수정해 준다.

3 연습 2

1. '주말에 할 일', '가족에게 줄 선물', '동료를 초대해서 함께 먹을 음식' 등 앞으로 할 일에 대해 이야기해 보도록 한다.
2. 친구와 대화한 것을 발표하게 하고 오류가 있으면 수정해 준다.

익힘책 102쪽을 풀게 하거나 과제로 제시한다. 익힘책은 연습 활동 난이도에 따라 교재 연습 문제 전후로 활용한다.

어휘와 문법 2

- **주민 :** 같은 곳에 사는 사람이에요. 아파트에 같이 살면 아파트 주민이에요.
- **모임이 열리다:** 사람들이 여러 명 모여요. 제가 모임을 열어요. 수요일에 모임이 열려요.
- **엘리베이터를 이용하다:** 엘리베이터를 타고 올라가요. 내려가요. 이렇게 기계를 사용하는 것을 이용해요. 말해요. 지하철, 버스, 택시를 자주 이용해요.
- **단수:** 물이 안 나와요. 전기가 안 들어오는 것은 '정전'이에요.
- **동호회 :** 같은 취미를 가진 사람들의 모임이에요.
- **회원을 모집하다:** 모임을 할 사람이 부족해요. 사람을 더 구해요.
- **분실물:** 잃어버린 물건이에요. 찾는 곳을 분실물 센터라고 해요.
- **뽑다:** 필요한 사람을 고르는 것이에요.
  신입 사원을 뽑아요.

Q 게시판에서 무엇을 알 수 있어요?

Q 여러분은 게시판에서 어떤 소식을 봤어요?

저는 게시판에서 동호회 회원 모집 알림을 봤어요.
축구 동호회에서 회원을 모집해요.

어휘 2 (게시판 관련 어휘)

1 도입, 제시

1. 게시판에 어떤 포스터가 있는지 물으며 오늘 배우는 단어는 게시판 포스터에서 자주 사용되는 어휘임을 알려 준다.

   여러분은 어디 게시판을 자주 봐요? 왜 그 게시판을 자주 봐요?
   오늘은 게시판 광고에 자주 나오는 어휘를 공부해요.

2. 교사를 따라 어휘를 소리 내어 한 번 읽는다. 이때 발음에 주의하게 한다.
3. 어휘의 의미를 설명한다. 어휘가 사용된 문장을 예로 제시하거나 의미를 풀어서 설명해 준다. 상황에 따라 유의어나 반의어 등을 추가로 설명할 수 있다.
4. 배운 어휘를 소리 내어 읽도록 한다.

2 연습

1. 학생들에게 주변에 게시판이 있는지 어떤 광고를 관심 있게 보는지 묻는다.
2. 짝과 함께 자신이 최근에 본 광고의 내용에 대해 정보를 주고받는 대화를 하도록 한다.
3. 학생들끼리 이야기한 것은 교사가 정리해 주며 같이 이야기한다.

   OO 씨는 요즘 게시판에서 어떤 광고를 봤어요. 그 광고는 무슨 내용이었어요?

익힘책 101쪽을 풀게 하거나 과제로 제시한다.

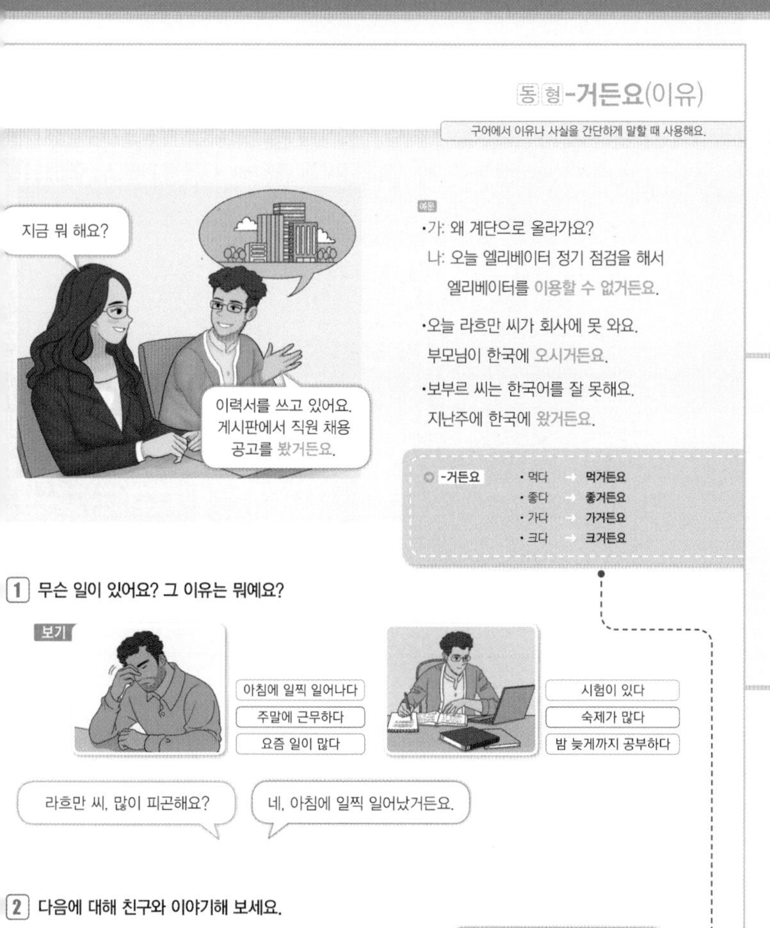

동 형 -거든요(이유)

구어에서 이유나 사실을 간단하게 말할 때 사용해요.

예문
- 가: 왜 계단으로 올라가요?
  나: 오늘 엘리베이터 정기 점검을 해서 엘리베이터를 이용할 수 없거든요.
- 오늘 라흐만 씨가 회사에 못 와요. 부모님이 한국에 오시거든요.
- 보부르 씨는 한국어를 잘 못해요. 지난주에 한국에 왔거든요.

-거든요
- 먹다 → 먹거든요
- 좋다 → 좋거든요
- 가다 → 가거든요
- 크다 → 크거든요

1 무슨 일이 있어요? 그 이유는 뭐예요?

보기

아침에 일찍 일어나다	시험이 있다
주말에 근무하다	숙제가 많다
요즘 일이 많다	밤 늦게까지 공부하다

라흐만 씨, 많이 피곤해요?

네, 아침에 일찍 일어났거든요.

2 다음에 대해 친구와 이야기해 보세요.

- 어떤 음식을 좋아해요?
- 운동을 자주 해요?
- 휴가에 뭘 하고 싶어요?
- 누구를 제일 만나고 싶어요?

저는 떡볶이를 좋아해요. 제가 매운 음식을 좋아하거든요.

16과 그 행사에는 가족이나 친구를 데려가도 되거든요 177

동 형 -거든요(이유)

상대방에게 어떤 이유나 사실을 당연한 듯이 말할 때 사용한다. 주로 구어에서 사용하며, 듣는 사람이 말하는 내용을 잘 모를 것이라고 생각하고 처음 알려 줄 때 주로 쓰인다. 이유가 과거의 일일 경우 앞에 '-았/었'을 붙여서 사용할 수 있다.

- 가: 왜 매일 이 식당만 가요?
  나: 이 식당 음식이 이 근처에서 제일 맛있거든요.
- 가: 집 물건들이 왜 다 포장되어 있어요?
  나: 이삿짐이에요. 내일 이사 가거든요.
- 저는 축구를 너무 좋아하거든요.
- 시험에 합격하기 위해 공부를 많이 했거든요.

-거든요 (받침 O, 받침 X)	가다 → 가거든요 듣다 → 듣거든요 하다 → 하거든요 만들다 → 만들거든요 크다 → 크거든요 작다 → 작거든요

문법 2 (동 형 -거든요(이유))

1 도입, 제시

1. 도입 그림과 대화를 통해 문법이 사용되는 상황을 인지시킨다.
   - 남자는 이력서를 쓰고 있어요. 남자는 여자와 게시판에서 직원 채용 공고를 본 이야기를 하고 있어요.
2. 교재의 대표 예문을 보면서 문법의 의미를 설명한다.
   - 이 남자가 바쁜 것 같아요. 그래서 이 여자가 '지금 뭐 해요? 라고 물었어요. 남자가 '이력서를 쓰고 있어요.'라고 대답했어요. 그런데 이 남자는 왜 이력서를 쓰는지 그 이유도 여자에게 말해 주고 싶어요. 이 여자는 이 이야기를 오늘 처음 들을 거예요. 이렇게 상대방에게 어떤 이유나 사실을 처음 알려 줄 때 '-거든요'를 사용해요.
3. 학생들과 교재의 예문들을 읽으면서 문법의 의미를 설명하고 이해시킨다.
4. 문법의 형태 정보를 제시하고 설명한다.
5. 추가 예문을 제시하고 문법의 의미와 사용법을 정확하게 이해시킨다.

2 연습 1

1. 〈보기〉의 대화를 교사와 함께 완성해 본다.
2. 나머지 문제를 〈보기〉의 대화처럼 짝과 완성하도록 한다.
3. 연습한 것을 발표하게 하거나 교사가 전체 학생 대상으로 답하게 하여 확인한다. 그리고 오류가 있으면 수정해 준다.

3 연습 2

1. 어떤 음식을 좋아하는지, 휴가에 뭘 하고 싶은지 묻고 대답하면서 '-거든요'를 활용하여 자신의 이야기를 하도록 한다.
2. 친구와 대화한 것을 발표하게 하고 오류가 있으면 수정해 준다.

익힘책 103쪽을 풀게 하거나 과제로 제시한다. 익힘책은 연습 활동 난이도에 따라 교재 연습 문제 전후로 활용한다.

말하기와 듣기

1 2)

이링: 왕흔 씨, 다음 주에 세계인의 날 행사에 같이 갈래요? 가족이나 친구를 데려가도 되거든요.
왕흔: 거기 가서 뭐 하는 거예요?
이링: 여러 나라 사람들이 모여서 서로의 문화를 소개하는 거예요. 또 공연도 볼 수 있고, 여러 가지 체험 거리도 있어요.
왕흔: 재미있겠어요. 뭘 준비해야 돼요?
이링: 특별히 준비할 건 없어요. 도시락하고 마실 물은 거기서 줄 거예요.

2

가: ○○ 씨는 요즘 어떤 행사(축제)에 가 보고 싶어요?
나: 저는 달리기를 좋아하거든요. 그래서 마라톤 축제에 가 보고 싶어요.
가: 정말요? 그럼 마라톤 축제 포스터나 광고를 본 적이 있어요?
나: 이번 가을에 한강에서 마라톤 축제를 할 거예요.

진행자(남): 안녕하십니까. 2021년 한마음 걷기 축제에 와 주신 여러분 반갑습니다.
올해도 많은 프로그램을 준비했거든요, 먼저 여러분도 잘 아시는 뮤지컬 배우와 아이돌 그룹의 공연이 있을 예정입니다.
오른쪽에서는 무료 진료와 건강 상담을 받을 수도 있고요, 왼쪽에서는 여러 나라의 전통 의상을 체험할 수도 있습니다. 그리고 걷기 축제에 참여하신 모든 분들께 기념품도 드립니다.
자, 그럼 다 같이 준비 운동을 한 다음에 걸어가 볼까요?

1 이링 씨가 왕흔 씨에게 행사 소식에 대해 이야기해요. 다음과 같이 이야기해 보세요.

이링: 왕흔 씨, 다음 주에 한마음 걷기 축제에 같이 갈래요? 가족이나 친구를 데려가도 되거든요.
왕흔: 거기 가서 뭐 하는 거예요?
이링: 여러 사람들이 모여서 함께 걷는 거예요. 또 공연도 볼 수 있고, 여러 가지 체험거리도 있어요.
왕흔: 재미있겠어요. 뭘 준비해야 돼요?
이링: 특별히 준비할 건 없어요. 도시락하고 마실 물은 거기서 줄 거예요.

1) 한마음 걷기 축제 | 여러 사람들이 모여서 함께 걷다
2) 세계인의 날 행사 | 여러 나라 사람들이 모여서 서로의 문화를 소개하다

2 여러분도 친구와 같이 가고 싶은 행사가 있어요? 친구에게 이야기해 보세요.

한마음 걷기 축제를 해요. 잘 듣고 답해 보세요.

1) 이 행사의 프로그램이 아닌 것을 고르세요.

① 공연 ② 무료 진료
③ 고민 상담 ④ 전통 의상 체험

2) 기념품은 누가 받을 수 있어요?
걷기 축제에 참여한 모든 사람들이 받을 수 있어요.

178 사회통합프로그램(KIIP) 한국어와 한국문화 초급 2

행사 소식 전하기

1 대화문 연습

1. 행사 소식에 대해 이야기하며 교재의 그림을 이용해 어떤 상황인지 추측해 보도록 한다.
   - 이 두 사람은 무엇에 대해 이야기 하고 있는 것 같아요?
     이 남자는 무엇을 소개하는 것 같아요?
     여러분은 어떤 축제를 좋아해요?
2. 지시문을 이용하여 대화 상황을 학생들에게 명확하게 알려 준다.
3. 대화를 들려주고 간단한 질문을 하여 대화 내용을 이해했는지 확인한다.
   - 이 두 사람은 어떤 축제에 대해 이야기를 해요?
     축제에서 무엇을 할 수 있어요?
     축제 준비물은 뭐가 있어요?
4. 교사와 함께 대화문을 읽으면서 자연스럽게 말하는 연습을 한다. 두 번 정도 반복해서 연습한다.
5. 교체 어휘를 활용하여 짝과 함께 연습하게 한다.
6. 연습이 끝나면 한두 팀을 발표시키거나 교사가 전체 학생을 대상으로 확인한다.

2 확장 연습

1. 한국어를 같이 공부하는 친구들과 가고 싶은 축제를 하나 정하는 말하기를 한다고 알려 준다.
2. 짝과 같이 가고 싶은 축제에 대해 이야기하게 한다. 대화를 할 때는 다음과 같은 내용을 포함하여 말하도록 지시한다.
   - 어떤 축제에 가고 싶은지 그 축제에 가면 무엇이 좋은지 이야기해 보세요.
     친구의 설명을 들은 후 그 축제는 어떤 준비물이 필요할지 궁금한 것을 소개한 친구에게 소개해 보세요.
3. 이야기가 끝나면 한두 팀을 발표시키거나 교사가 전체 학생을 대상으로 확인하고 오류를 수정해 준다.

축제 정보 듣기

1. 지시문을 이용하여 등장인물과 대화 상황을 설명한다.
2. 문제를 읽고 들어야 하는 정보를 파악하게 한다.
3. 듣기 파일을 두 번 듣고 문제를 풀게 한다.
4. 교재 질문의 답을 확인한 후 해당 대화를 같이 읽으며 내용을 확인한다. 필요한 경우 새로운 어휘

1 다음 글을 읽고 질문에 답해 보세요.

외국인 센터에서는 추석날 저녁에 한가위 외국인 축제를 개최합니다. 이번 축제에는 송편 만들기 행사, 외국인 케이팝(K-pop) 노래 대회, 한국어 퀴즈 대회 등 다양한 행사가 준비되어 있습니다. 국내에 거주하는 외국인이면 누구나 참여 가능합니다. 한가위 외국인 축제의 노래 대회, 퀴즈 대회에 참가할 사람들은 이번 달 말까지 외국인 센터 홈페이지에서 신청하시면 됩니다.

1) 이 행사에 참여할 수 있는 사람은 누구예요? 국내에 거주하는 모든 외국인이 참여할 수 있어요.

2) 이 행사에 어떤 프로그램이 있어요? 송편 만들기, 케이팝(K-pop) 노래 대회, 한국어 퀴즈 대회가 있어요.

3) 노래 대회나 퀴즈 대회에 참가할 사람은 어떻게 해야 돼요?
이번 달 말까지 외국인 센터 홈페이지에서 신청해야 해요.

2 여러분 고향에는 어떤 행사(축제)가 있어요?
그 행사(축제)에 대해서 메모하고, 소개하는 글을 써 보세요.

16과 그 행사에는 가족이나 친구를 데려가도 되거든요 179

- **한가위:** 한국의 큰 명절인 추석을 고유어로 한가위라고 해요.
- **개최하다:** 축제나 행사 등을 준비해서 하는 것이에요. 2018년에 평창에서 동계 올림픽대회를 개최했어요.
- **거주하다:** 여행이 아니라 어떤 장소나 지역에 사는 것을 말해요.

축제 포스터 읽기

1. 그림을 보며 글의 내용을 유추하게 한다.
   - 어떤 포스터예요? / 참가 대상이 누구예요?
     어떤 내용이 있는 것 같아요? 포스터의 내용을 하나하나 문장으로 쓰면 어떻게 쓸 수 있을까요?
2. 글을 훑어 읽게 한 후 주제, 중심 내용 등을 간단히 말해 보도록 한다.
   - 누가 축제를 개최해요? / 어떤 행사를 해요? / 누가 참가할 수 있어요? / 신청은 어디에서 어떻게 해요?
3. 글을 다시 읽으면서 문제를 풀게 한다.
4. 답을 같이 확인한 후, 본문을 다시 읽으며 모르는 어휘가 없는지 확인한다. 필요한 경우 새로운 어휘, 표현을 설명한다.

행사(축제) 소개하는 글 쓰기

1. 한국이나 자기 나라의 특별한 축제나 행사를 소개하는 글을 쓸 것이라고 알려 주고 글에 들어갈 내용을 생각해 보게 한다.
   - 행사(축제)를 소개하는 글을 쓸 거예요.
     행사(축제) 소개에 필요한 내용은 무엇인가요?
     어떻게 쓰면 그 글을 읽은 사람이 그 축제에 가고 싶을까요?
2. 교재 질문에 대해 자신이 쓸 내용을 간단하게 메모하도록 한다. 교사는 학생들이 쓴 메모에 오류가 없는지 확인해 준다.
3. 메모한 내용을 바탕으로 글을 완성하게 한다.

문화와 정보

세계인의 날

한국에 사는 이민자가 점점 늘어나면서 이민자와 한국인이 함께 어울리고 소통하는 장이 필요했습니다. 그래서 매년 5월 20일을 '세계인의 날(Together day)'로 지정했습니다. 세계인의 날은 한국에 사는 이민자와 한국인이 모두 서로를 이해하고 함께 잘 살아가는 사회를 만들기 위한 날입니다. 세계인의 날에는 다양한 행사가 열립니다. 축하 공연, 전시회, 체험 행사, 세계 민속 공연, 사진 공모전 등 여러 행사가 개최됩니다.

1) 세계인의 날은 언제예요?
2) 세계인의 날에는 어떤 행사를 해요?
3) 여러분은 세계인의 날 행사에 참여한 적이 있어요?

세계인의 날

1. 이 단원의 문화와 정보가 무엇에 대한 것인지 알려 준다.

- 여러분 축제에 가 봤지요? 한국에는 축제가 많아요. 오늘은 여러분과 같은 한국에 사는 외국인이 가면 좋은 '세계인의 날' 축제에 대해 알아봅시다.

2. 교재의 그림(사진)을 보면서 주제에 대해 알고 있는 것을 상기시키고 말해 보게 한다. 이때 관련 시각 자료를 추가로 활용할 수 있다.

- 여러분은 세계인의 날 행사에 가 본 적이 있어요?
  세계인의 날 행사는 왜 해요?
  한국에 외국인을 위한 행사는 무엇이 있어요?

3. 교재를 같이 읽으면서 내용을 설명한다. 이때 중요한 정보가 있는 부분에 밑줄을 긋거나 표시하게 하는 것도 좋다.

4. 질문 1, 2의 답을 찾아보고 답하게 한다.

- 세계인의 날은 언제예요?
  세계인의 날에는 어떤 행사를 해요?

5. 3번 질문을 이용하여 학습자 자신의 경험을 말해 보도록 한다.

- 여러분은 세계인의 날 행사에 참여한 적이 있어요?

단원 마무리

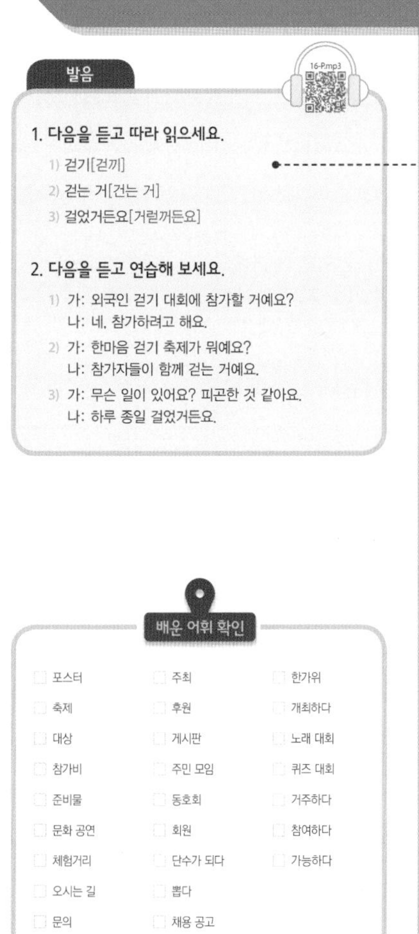
발음

1. 다음을 듣고 따라 읽으세요.
   1) 걷기[걷끼]
   2) 걷는 거[건는 거]
   3) 걸었거든요[거럳꺼든요]

2. 다음을 듣고 연습해 보세요.
   1) 가: 외국인 걷기 대회에 참가할 거예요?
      나: 네, 참가하려고 해요.
   2) 가: 한마음 걷기 축제가 뭐예요?
      나: 참가자들이 함께 걷는 거예요.
   3) 가: 무슨 일이 있어요? 피곤한 것 같아요.
      나: 하루 종일 걸었거든요.

배운 어휘 확인

포스터	주최	한가위
축제	후원	개최하다
대상	게시판	노래 대회
참가비	주민 모임	퀴즈 대회
준비물	동호회	거주하다
문화 공연	회원	참여하다
체험거리	단수가 되다	가능하다
오시는 길	뽑다	
문의	채용 공고	

16과 그 행사에는 가족이나 친구를 데려가도 되거든요 181

• **'걷다'의 결합하는 어미에 따른 발음 변화**
  - 'ㄷ'과 'ㄱ'이 결합하면 경음화가 일어난다.
  'ㄷ'이 뒤에 오는 비음 'ㄴ'을 만나 비음화가 일어난다.
  'ㅆ'은 받침 자리에서 먼저 'ㄷ'으로 바뀌고 이것이 경음화가 일어나는 'ㄱ, ㄷ, ㅂ, ㅈ'과 결합하여 경음화가 일어난다.

• 이 단원에서 배운 어휘 중 기억나는 것을 말해 보세요.
• 이 단원에서 배운 문법은 뭐예요?
• 외국인을 위한 어떤 행사가 있어요?
• 여러분 나라에서는 어떤 축제가 열려요?
• 세계인의 날 행사에 대해 알아요?

발음 10분

1. 교재 1번 발음을 들려주고 발음이 어떻게 들리는지 학습자 스스로 확인해 보도록 한다.
2. '걷기'는 '걷끼'로 '걷는'은 '건는'으로 '걸었거든요'는 '거럳꺼든요'로 발음된다는 것을 알려 준다.
   앞 음절 받침 자리에 'ㄱ, ㄷ, ㅂ, ㅈ'가 오고 다음 음절 초성 자리에 'ㄱ, ㄷ, ㅂ, ㅈ'이 만나면 경음화가 일어난다.
   한편 'ㄷ'이 뒤에 오는 비음 'ㄴ'을 만나 비음화가 일어난다.
   받침 'ㅆ'은 받침 자리에서 먼저 'ㄷ' 발음으로 바뀌고 뒷 음절 초성에 경음화가 일어나는 'ㄱ, ㄷ, ㅂ, ㅈ'과 결합하면 경음화가 일어난다.
3. 교재 1번 발음을 다시 듣고 교사를 따라 말해 본다.
4. 교재 2번 대화를 듣고 따라 말해 본다.
5. 짝과 함께 대화를 읽으며 연습하게 한 후에 확인한다.

마무리 10분

1. 단원에서 학습한 어휘 중 기억하는 것을 먼저 말해 보게 한다.
2. 배운 어휘 목록의 어휘들을 읽으면서 의미를 상기시킨다.
3. 단원에서 학습한 문법(동-을, 동형-거든요)을 상기시키며 의미와 사용법을 기억하는지 확인한다.
4. 단원의 목표와 성취도를 확인한다.
5. 익힘책을 과제로 제시하고 마무리한다.

17

잠을 푹 자면 좋겠어요

1	2	3	4
주제	어휘와 문법	활동	문화와 정보
건강	건강한 생활 습관 건강 이상 증상 동형-으면 좋겠다 명에	건강에 대해 조언하기 건강한 생활 습관에 대해 글 쓰기	민간요법

수업 목표 및 내용

- **주제:** 건강
- **어휘와 문법**
  - 어휘: 건강한 생활 습관, 건강 이상 증상 관련 어휘를 익힌다.
  - 문법: '동형-으면 좋겠다', '명에'의 의미와 형태를 익혀 사용할 수 있다.
- **활동**
  - 말하기: 건강에 대한 대화를 할 수 있다.
  - 듣기: 건강 고민에 관한 대화를 듣고 이해할 수 있다.
  - 읽기: 건강한 생활 습관을 소개하는 글을 읽고 이해할 수 있다.
  - 쓰기: 건강한 생활 습관을 소개하는 글을 쓸 수 있다.
- **문화와 정보:** 민간요법

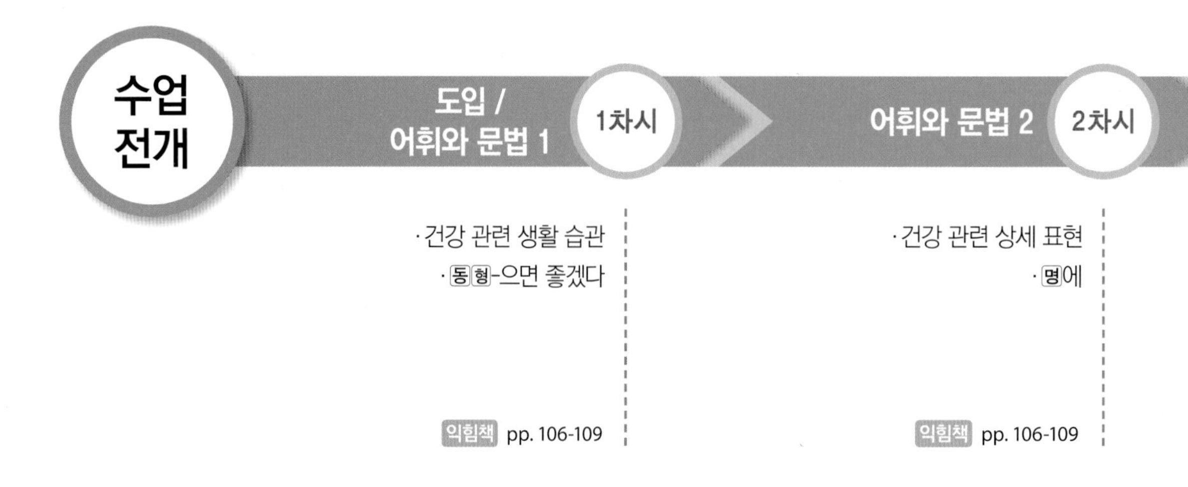

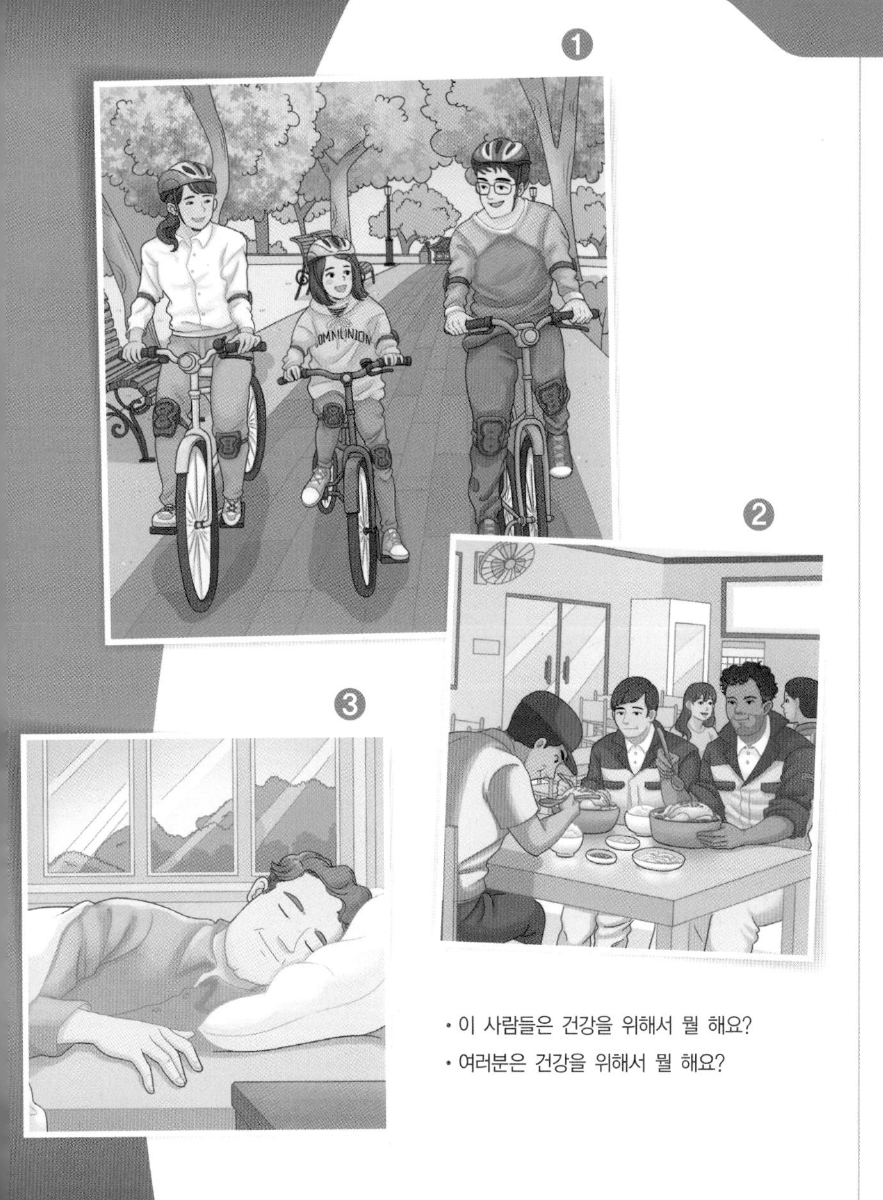

• 이 사람들은 건강을 위해서 뭘 해요?
• 여러분은 건강을 위해서 뭘 해요?

도입

1. 교재 그림을 이용하여 학생들과 이야기하며 이 과의 주제를 노출한다.

그림❶ 사람들이 공원에서 무엇을 해요?
여러분은 어떤 운동을 해요?

그림❷ 여기는 식당이에요. 여러분은 어떤 음식을 좋아해요? 평소에 어떤 음식을 자주 먹어요?
어떤 음식이 건강에 좋아요?

그림❸ 남자는 무엇을 하고 있어요?
여러분은 평소에 잠을 잘 자는 편이에요?

2. 대화 내용을 정리하며 이 단원에서는 '건강 생활, 건강 상태' 등에 대해 공부한다는 것을 알려 준다.

이 단원을 지도할 때는…

이 단원과 관계있는 단원들은 아래와 같습니다. 관련 단원의 학습 내용을 확인하셔서 지도에 참고하시면 좋을 것 같습니다.

- 문법: 조건 표현
  - 2권 5과: -으면

말하기와 듣기 3차시
- 건강 상태 대해 말하기
- 건강 고민 듣기

익힘책 p. 110

읽기와 쓰기 4차시
- 건강한 생활에 대한 글 읽기
- 건강한 습관 소개하는 글 쓰기

익힘책 p. 111

문화와 정보 / 발음 / 마무리 5차시
- 민간요법

어휘와 문법 1

- **충분히:** 부족하지 않은 정도나 만큼이에요. 돈을 충분히 벌고 싶어요. 잠을 충분히 자야 해요.
- **골고루:** 좋아하는 것만 먹지 않고 여러 가지를 다 먹어요.
- **규칙적이다:** 정해진 시간에 자거나 먹는 일을 하는 것이에요. 반댓말은 '불규칙하다'예요. 뒤에 동사가 오면 '규칙적으로'로 바뀌어요.
- **꾸준히:** 하다가 안 하다가 하지 않고 빠지지 않고 계속 하는 것이에요. 한국어 공부를 2년 동안 꾸준히 했어요. 뭐든지 꾸준히 하면 실력이 좋아져요.

- **잠이 부족하다:** 7-8시간 정도 자야 하는데 5시간 6시간밖에 못 자요.
- **편식이 심하다:** 자기가 좋아하는 음식만 먹어요.
- **식사가 불규칙하다:** '규칙적이다'의 반댓말이에요. 날마다 비슷한 시간에 식사하지 않고 이 시간에 먹었다가 저 시간에 먹었다가 해요.
- **운동을 거의 하지 않는다:** 주말에도 잠만 자고 운동을 거의 하지 않아요. '거의'는 안 하는 쪽에 가까워요. 그래서 항상 부정형하고 같이 사용해요.

Q 여러분의 건강은 어때요? 보통 어떻게 생활해요?

저는 건강한 편이에요. 운동을 꾸준히 하거든요.

Q 건강한 생활 습관에는 또 무엇이 있어요? 이야기해 보세요.

일찍 자고 일찍 일어나는 게 좋아요.

어휘 1 (건강 관련 생활 습관)

1 도입, 제시

1. 건강을 표현하는 단어로 어떤 것을 알고 있는지 물으며 오늘의 어휘는 건강에 대해 말할 때 사용하는 표현임을 알려 준다.

   🎙 여러분 건강은 어때요? 건강을 위해 무엇이 중요해요? 오늘은 건강을 위해 중요한 생활 습관에 대해 말하는 단어를 배워요.

2. 교사를 따라 어휘를 소리 내어 한 번 읽는다. 이때 발음에 주의하게 한다.
3. 어휘의 의미를 설명한다. 어휘가 사용된 문장을 예로 제시하거나 의미를 풀어서 설명해 준다. 상황에 따라 유의어나 반의어 등을 추가로 설명할 수 있다.
4. 배운 어휘를 소리 내어 읽도록 한다. 이때 '-어요' 형태로 단어를 읽는 등 변화를 줄 수 있다.

2 연습

1. 건강과 관련된 자신의 생활 습관에 대해 이야기해 본다.
2. 건강한 생활 습관이 무엇인지 짝과 대화하도록 한다.
3. 학생들끼리 이야기한 것은 교사가 정리해 주며 같이 이야기한다.

   🎙 건강한 생활을 위해 무엇을 하면 좋아요? 무엇을 하면 안 좋아요?

4. 건강한 음식에 대해 이야기하는 활동으로 확장할 수 있다.

익힘책 106쪽을 풀게 하거나 과제로 제시한다.

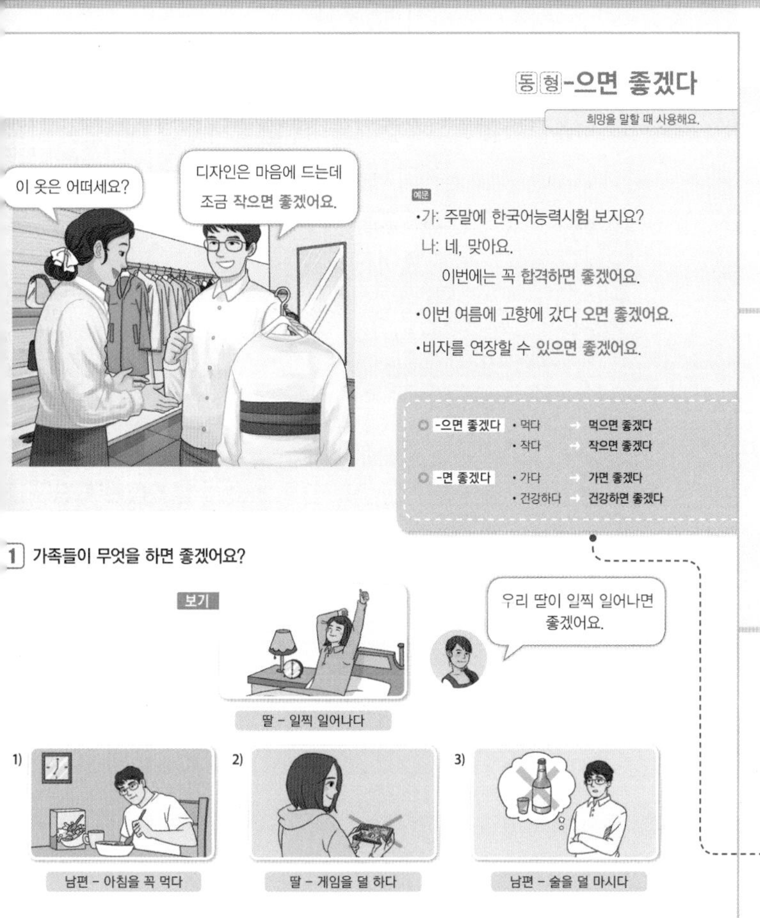

동형-으면 좋겠다

희망을 말할 때 사용해요.

예문
- 가: 주말에 한국어능력시험 보지요?
  나: 네, 맞아요.
  이번에는 꼭 합격하면 좋겠어요.
- 이번 여름에 고향에 갔다 오면 좋겠어요.
- 비자를 연장할 수 있으면 좋겠어요.

-으면 좋겠다 • 먹다 → 먹으면 좋겠다 • 작다 → 작으면 좋겠다
-면 좋겠다 • 가다 → 가면 좋겠다 • 건강하다 → 건강하면 좋겠다

1 가족들이 무엇을 하면 좋겠어요?

보기 딸 - 일찍 일어나다

1) 남편 - 아침을 꼭 먹다 2) 딸 - 게임을 덜 하다 3) 남편 - 술을 덜 마시다

2 여러분은 올해 꼭 하고 싶은 일이 있어요? 친구와 이야기해 보세요.

17과 잠을 푹 자면 좋겠어요 185

동형-으면 좋겠다

앞으로 어떤 일이 일어나거나 어떤 상황이 되기를 바랄 때, 또는 현실과 반대되는 상황을 소망하거나 불가능한 상황을 가정하여 표현할 때 사용한다. 가정의 의미를 더 강조하기 위해 앞에 과거 '-았/었'을 붙여 사용하기도 한다.

- 가: 이번 생일에 부모님께 받고 싶은 것이 있어요?
  나: 네, 새 핸드폰을 선물로 받으면 좋겠어요.
- 가: 이링 씨, 올해 꼭 하고 싶은 일이 뭐예요?
  나: 취직 시험에 꼭 합격하면 좋겠어요.
- 여름휴가 때 유럽 여행을 가면 좋겠어요.
- 우리 팀이 이번 대회에서 우승하면 좋겠어요.

-으면 좋겠다 (받침 O)	찾다 → 찾으면 좋겠다 작다 → 작으면 좋겠다 맛있다 → 맛있으면 좋겠다 *듣다 → 들으면 좋겠다
-면 좋겠다 (받침 X, ㄹ 받침)	가다 → 가면 좋겠다 사다 → 사면 좋겠다 행복하다 → 행복하면 좋겠다 *길다 → 길면 좋겠다

문법 1 (동형-으면 좋겠다)

1 도입, 제시

1. 도입 그림과 대화를 통해 문법이 사용되는 상황을 인지시킨다.
   - 남자 손님이 옷 가게에서 옷을 고르고 있어요. 남자는 옷의 사이즈를 물어보고 있어요.
2. 교재의 대표 예문을 보면서 문법의 의미를 설명한다.
   - 남자는 이 옷이 마음에 들었어요. 그런데 지금 손에 들고 있는 옷의 사이즈가 이 남자에게 너무 커요. 이 남자는 어떤 사이즈의 옷을 받고 싶어요? 지금 그것이 없는데 자기가 원하거나 받고 싶은 사이즈의 옷을 말하고 싶어요. 그럴 때 '-으면 좋겠다'를 사용해요.
3. 학생들과 교재의 예문들을 읽으면서 문법의 의미를 설명하고 이해시킨다.
4. 문법의 형태 정보를 제시하고 설명한다.
5. 추가 예문을 제시하고 문법의 의미와 사용법을 정확하게 이해시킨다.

2 연습 1

1. 〈보기〉의 대화를 교사와 함께 완성해 본다.
2. 나머지 문제를 〈보기〉의 대화처럼 짝과 완성하도록 한다.
3. 연습한 것을 발표하게 하거나 교사가 전체 학생 대상으로 답하게 하여 확인한다. 그리고 오류가 있으면 수정해 준다.

3 연습 2

1. 올해 꼭 하고 싶은 일이나 바라는 일에 대해 친구와 이야기해 보도록 한다.
2. 친구와 대화한 것을 발표하게 하고 오류가 있으면 수정해 준다.

익힘책 108쪽을 풀게 하거나 과제로 제시한다. 익힘책은 연습 활동 난이도에 따라 교재 연습 문제 전후로 활용한다.

어휘와 문법 2

50분

- **안색이 안 좋다:** 얼굴의 색깔을 안색이라고 해요. 기분이 안 좋거나 건강이 안 좋으면 안색이 안 좋아요.
- **힘(기운)이 없다:** 시험에 떨어져서 기운이 없어요. 회사에서 상사에게 꾸중을 들으면 기운이 없지요?
- **입맛이 없다:** 몸이 아프니까 음식을 먹고 싶은 생각이 없어요. 음식을 먹고 싶은 생각을 입맛이라고 해요. 다른 말로는 '식욕'이라고도 해요.
- **어지럽다:** 갑자기 의자에서 일어나면 어때요? 높은 곳에 올라가면 어때요?

- **얼굴에 뭐가 나다:** 피곤하거나 잘 쉬지 못하면 피부도 안 좋아져요. 얼굴에 빨갛게 뭐가 올라와요. 요즘 얼굴에 뭐가 자주 나요.
- **열이 나다:** 기침이 나고 열이 나요. 38도예요. 39도예요.
- **소화가 안 되다:** 음식을 먹었는데 배에 계속 있어요. 아래로 내려가지 않아요.
- **몸살이 나다:** 일이나 운동을 갑자기 심하게 하면 온몸이 아프고 일어날 수 없어요. 그것을 한국 사람은 몸살이라고 해요.

Q 지금 괜찮아요? 어디가 안 좋아요?

안색이 안 좋다

힘(기운)이 없다

입맛이 없다

어지럽다

얼굴에 뭐가 나다

열이 나다

소화가 안 되다

몸살이 나다

저는 소화가 안 돼요. 요즘 계속 그러네요.

Q 여러분은 피곤할 때 어디가 안 좋아요?

186 사회통합프로그램(KIIP) 한국어와 한국문화 초급 2

어휘 2 (건강 관련 상세 표현)

1 도입, 제시

1. 몸은 괜찮은지 건강 상태를 물으며 오늘 배우는 단어는 건강 상태를 표현할 때 사용하는 어휘임을 알려 준다.
   - 여러분 지금 건강은 괜찮아요? 어디가 안 좋아요? 오늘은 건강 상태를 설명할 수 있는 어휘를 공부해요.
2. 교사를 따라 어휘를 소리 내어 한 번 읽는다. 이때 발음에 주의하게 한다.
3. 어휘의 의미를 설명한다. 어휘가 사용된 문장을 예로 제시하거나 의미를 풀어서 설명해 준다. 상황에 따라 유의어나 반의어 등을 추가로 설명할 수 있다.
4. 배운 어휘를 소리 내어 읽도록 한다.

2 연습

1. 학생들에게 요즘 건강 상태를 상, 중, 하 중에서 골라보게 하고 그 이유로 어디가 어떻게 안 좋은지 질문을 던진다.
2. 짝과 함께 자신의 건강 상태에 대해 말해 보도록 한다.
3. 학생들끼리 이야기한 것은 교사가 정리해 주며 같이 이야기한다.
   - OO 씨는 요즘 건강이 어떤 편이에요? 건강이 안 좋은 곳이 있어요?

익힘책 107쪽을 풀게 하거나 과제로 제시한다.

명에

어디에 좋은지 나쁜지를 말할 때 사용해요.

예문
- 가: 요즘 계속 피곤한 것 같아요.
  나: 그러세요? 그럼 귤을 드세요. 귤은 피로 회복에 좋아요.
- 감기에 비타민 시(C)가 좋아요.
- 담배는 건강에 좋지 않아요. 담배를 끊으세요.

○ 에 • 눈 → 눈에 • 건강 → 건강에 • 감기 → 감기에 • 소화 → 소화에

Tip '명이 사람이면 '사람에게'를 사용해요.'

1 다음은 어디에 좋을까요? 어디에 안 좋을까요? 이야기해 보세요.

보기 사과 / 소화 ○ — 사과는 소화에 좋아요.

1) 충분한 잠 / 피부 ○
2) 따뜻한 차 / 감기 ○
3) 짠 음식 / 건강 X

2 여러분은 건강을 위해서 자주 먹는 음식이 있어요? 그 음식은 어디에 좋아요?

저는 아침마다 사과를 하나 먹어요. 사과는 피부에도 좋고 소화에도 좋거든요.

17과 잠을 푹 자면 좋겠어요 187

명에

어떤 것이 좋거나 안 좋을 때 그 대상이 되는 것에 붙여서 사용한다. 그래서 뒤에 '좋다, 안 좋다'와 자주 같이 사용한다.

- 가: 요즘 계속 잠을 못 자요.
  나: 커피를 줄이세요. 커피는 숙면에 안 좋아요.
- 가: 일이 많아서 요즘 몸이 자주 피곤해요.
  나: 홍삼을 좀 드세요. 홍삼이 피로 회복에 좋아요.
- 휴대 전화를 오래 보는 것은 눈 건강에 안 좋아요.
- 너무 매운 음식은 건강에 안 좋아요.

-에 (받침 O, 받침 X)	건강 → 건강에 다리 → 다리에 공부 → 공부에 눈 → 눈에

문법 2 (명에)

1 도입, 제시

1. 도입 그림과 대화를 통해 문법이 사용되는 상황을 인지시킨다.
   - 이링 씨가 당근을 잘 먹는 것이 회사 동료는 신기해요. 그래서 당근을 잘 먹는 이유를 물어봤어요.
2. 교재의 대표 예문을 보면서 문법의 의미를 설명한다.
   - 이링 씨가 당근을 잘 먹는 이유가 있어요. 당근은 좋은 음식이에요. 그런데 어디에 좋아요? 바로 눈(시력)에 좋아요. 이렇게 좋은 것, 안 좋은 것이 있을 때 어디를 말하고 싶을 때 조사 '에'를 사용해요.
3. 학생들과 교재의 예문들을 읽으면서 문법의 의미를 설명하고 이해시킨다.
4. 문법의 형태 정보를 제시하고 설명한다.
5. 추가 예문을 제시하고 문법의 의미와 사용법을 정확하게 이해시킨다.

2 연습 1

1. 〈보기〉의 대화를 교사와 함께 완성해 본다.
2. 나머지 문제를 〈보기〉의 대화처럼 짝과 완성하도록 한다.
3. 연습한 것을 발표하게 하거나 교사가 전체 학생 대상으로 답하게 하여 확인한다. 그리고 오류가 있으면 수정해 준다.

3 연습 2

1. 자주 먹는 음식이 무엇인지 그 음식이 어디에 좋은지 묻고 대답하면서 '에'를 활용하여 자신의 식습관에 대해 이야기를 하도록 한다.
2. 친구와 대화한 것을 발표하게 하고 오류가 있으면 수정해 준다.

익힘책 109쪽을 풀게 하거나 과제로 제시한다. 익힘책은 연습 활동 난이도에 따라 교재 연습 문제 전후로 활용한다.

말하기와 듣기

1 2)

아나이스: 제이슨 씨, 무슨 일 있어요? 안색이 안 좋아요.
제 이 슨: 요즘 소화가 안 돼요. 속이 좀 편안해지면 좋겠어요.
아나이스: 그러면 아침에 사과를 먹어 보세요. 소화에 좋거든요.
제 이 슨: 그래요? 오늘부터 한번 해 봐야겠어요.
아나이스: 며칠 해 보면 괜찮아질 거예요.
제 이 슨: 알려 줘서 고마워요.

2

가: 요즘 입맛이 없어요. 음식을 잘 먹으면 좋겠어요.
나: 요즘 회사 일 때문에 스트레스가 많아요? 좀 쉬면서 재미있는 일을 해 보세요. 그리고 커피 말고 따뜻한 차를 마셔 보세요. 몸이 따뜻해져서 잠이 잘 오거든요.

청취자(여): 안녕하세요? 서울에 사는 주부입니다. 저는 요즘 소화가 너무 안 돼서 걱정이에요.
전문가(남): 네, 보통 운동을 자주 하십니까?
청취자(여): 자주 하지 않지만 일주일에 한 번 2시간 정도 걸어요.
전문가(남): 밤에 빵이나 과자 같은 간식을 드십니까?
청취자(여): 네, 11시쯤 되면 배가 고파서 자주 먹게 돼요.
전문가(남): 그렇군요. 밤에 뭘 드시면 소화에 안 좋습니다. 그러니까 될 수 있으면 안 드시는 게 좋고요. 또 운동은 한 번에 많이 하는 것보다 자주 하는 것이 중요합니다. 또 물을 많이 드시면 좋겠습니다.

1 아나이스 씨와 제이슨 씨가 건강에 대해 이야기해요. 다음과 같이 이야기해 보세요.

아나이스: 제이슨 씨, 무슨 일 있어요? 안색이 안 좋아요.
제 이 슨: 요즘 밤에 잘 못 자요. 잠을 충분히 자면 좋겠어요.
아나이스: 그러면 자기 전에 따뜻한 물로 샤워를 해 보세요. 불면증에 좋거든요.
제 이 슨: 그래요? 오늘부터 한번 해 봐야겠어요.
아나이스: 며칠 해 보면 괜찮아질 거예요.
제 이 슨: 알려 줘서 고마워요.

1) 밤에 잘 못 자다, 잠을 충분히 자다 | 자기 전에 따뜻한 물로 샤워를 하다, 불면증에 좋다
2) 소화가 안 되다, 속이 좀 편안해지다 | 아침에 사과를 먹다, 소화에 좋다

2 몸이 안 좋을 때 여러분은 어떻게 해요? 여러분만의 특별한 방법에 대해 이야기해 보세요.

여자가 라디오에서 건강 고민을 이야기하고 있어요. 잘 듣고 답해 보세요.

1) 여자는 무엇에 대해 걱정해요?
소화가 안 돼서 걱정해요.

2) 남자가 알려 준 방법으로 맞는 것은 O, 틀린 것은 X 하세요.
❶ 간식을 조금만 드세요. (X)
❷ 운동을 더 자주 하세요. (O)
❸ 물을 많이 드세요. (O)

188 사회통합프로그램(KIIP) 한국어와 한국문화 초급 2

건강 상태 말하기

1 대화문 연습

1. 몸이 안 좋을 때 필요한 것에 대해 이야기하며 교재의 그림을 이용해 어떤 상황인지 추측해 보도록 한다.
   이 두 사람은 무엇을 하고 있는 것 같아요?
   이 남자는 어디가 아픈 것 같아요?
   여러분은 잠을 못 잘 때 어떻게 해요?
2. 지시문을 이용하여 대화 상황을 학생들에게 명확하게 알려 준다.
3. 대화를 들려주고 간단한 질문을 하여 대화 내용을 이해했는지 확인한다.
   이 두 사람은 무엇에 대해 이야기하고 있어요?
   남자는 어디가 안 좋다고 말했어요?
   소화에는 뭐가 좋아요?
4. 교사와 함께 대화문을 읽으면서 자연스럽게 말하는 연습을 한다. 두 번 정도 반복해서 연습한다.
5. 교체 어휘를 활용하여 짝과 함께 연습하게 한다.
6. 연습이 끝나면 한두 팀을 발표시키거나 교사가 전체 학생을 대상으로 확인한다.

2 확장 연습

1. 한국어 교실 친구들과 현재 건강 상태에 대해 말하기를 한다고 알려 준다.
2. 짝과 같이 건강에 대한 고민을 이야기하고 좋은 방법을 조언해 주도록 한다.
   요즘 몸이 안 좋은 곳이 있어요?
   건강이 어떻게 되면 좋겠어요?
   뭘 하면(뭘 먹으면) 좋을까요?
3. 이야기가 끝나면 한두 팀을 발표시키거나 교사가 전체 학생을 대상으로 확인하고 오류를 수정해 준다.

건강 고민 듣기

1. 지시문을 이용하여 등장인물과 대화 상황을 설명한다.
2. 문제를 읽고 들어야 하는 정보를 파악하게 한다.
3. 듣기 파일을 두 번 듣고 문제를 풀게 한다.
4. 교재 질문의 답을 확인한 후 해당 대화를 같이 읽으며 내용을 확인한다. 필요한 경우 새로운 어휘, 표현을 설명한다.

읽기와 쓰기

1 다음 글을 읽고 질문에 답해 보세요.

〈일상생활 속 건강한 생활 습관〉

첫째, 충분히 잠자기

충분히 잠을 자려면 먼저 커피를 많이 마시지 않아야 됩니다. 또 침대에 누워서 휴대 전화를 많이 보면 안 됩니다. 자기 전에 따뜻한 물로 샤워하고 마음이 편해지는 음악을 들으면 푹 잘 수 있습니다. 따뜻한 우유를 한 잔 마시는 것도 좋습니다.

둘째, 일상생활에서 운동하기

가까운 거리는 걸어서 갑니다. 엘리베이터와 에스컬레이터보다는 계단을 이용합시다. 생활 속의 가벼운 운동은 건강에 매우 좋습니다.

셋째, 건강에 좋은 음식 먹기

짠 음식이나 단 음식 등을 많이 먹지 않습니다. 몸에 좋지 않기 때문입니다. 채소와 과일을 많이 먹습니다. 당근은 눈 건강에 좋고, 오렌지나 귤은 피로 회복에 좋습니다.

1) 건강한 생활 습관이 아닌 것은 뭐예요?
❶ 푹 자기 ❷ 자주 운동하기 ❸ 편식하기 ❹ 야채 많이 먹기

2) 자기 전에 무엇을 하면 쉽게 잘 수 있어요?
따뜻한 물로 샤워하고 마음이 편해지는 음악을 들으면 돼요.

3) 다음 중 건강에 좋지 않은 음식은 뭐예요? 모두 고르세요.
❶ 짠 것 ❷ 매운 것 ❸ 단 것 ❹ 쓴 것

2 여러분만의 건강한 생활 습관과 이유를 써 보세요.

〈나만의 건강한 생활 습관〉

첫째,

둘째,

셋째,

단어장
불면증

- **일상생활:** 우리가 날마다 하는 생활을 일상생활이라고 해요.
- **푹:** '아주 많이, 충분하게'라는 뜻이에요. 보통 '푹 자다', '푹 쉬다'와 같은 모양으로 자주 사용해요.
- **피로 회복:** 피곤한 몸이 다시 처음처럼 좋은 상태로 돌아가는 것이에요.

건강한 생활에 대한 글 읽기

1. 제목을 보며 글의 내용을 유추하게 한다.

이 글을 왜 썼어요? 누가 읽으면 좋을 것 같아요?
무엇에 대한 내용인 것 같아요?
건강에 도움이 되는 내용이 몇 가지 있어요?

2. 글을 훑어 읽게 한 후 주제, 중심 내용 등을 간단히 말해 보도록 한다.

충분히 자는 것이 왜 좋아요? 일상생활에서 운동하는 것이 왜 좋아요?
건강한 음식을 먹는 것이 왜 좋아요?

3. 글을 다시 읽으면서 문제를 풀게 한다.

4. 답을 같이 확인한 후, 본문을 다시 읽으며 모르는 어휘가 없는지 확인한다. 필요한 경우 새로운 어휘, 표현을 설명한다.

건강한 습관 소개하는 글 쓰기

1. 어떤 글을 쓸지 알려 주고 글에 들어갈 내용을 생각해 보게 한다.

오늘은 여러분이 건강을 위해서 하는 일을 소개하는 글을 쓸 거예요.
건강한 생활 습관에 필요한 내용은 무엇인가요?

2. 교재 질문에 대해 자신이 쓸 내용을 간단하게 메모하도록 한다. 교사는 학생들이 쓴 메모에 오류가 없는지 확인해 준다.

3. 메모한 내용을 바탕으로 글로 완성하게 한다.

민간요법

한국에서는 옛날부터 몸이 아플 때 병원에 가거나 약을 먹지 않고 병을 고치는 방법들이 전해지고 있습니다. 예를 들어 소화가 되지 않을 때 어머니들은 아픈 아이의 배를 손으로 쓸어 주었습니다. 이렇게 아픈 배를 낫게 하는 어머니의 손을 '약손'이라고 불렀습니다. 기침이 심할 때는 배를 끓여서 먹으면 기침이 사라지고, 술을 많이 마신 다음 날에는 콩나물국을 먹으면 술이 잘 깹니다. 이러한 민간요법은 과학적인 근거가 없는 것도 있지만 어떤 방법은 의학적으로 그 효과가 입증되어 지금까지 사랑받고 있습니다.

1) 한국의 민간요법에는 어떤 방법이 있어요?
2) 이러한 민간요법은 모두 과학적인 방법이에요?
3) 여러분 고향에는 어떤 민간요법이 있어요?

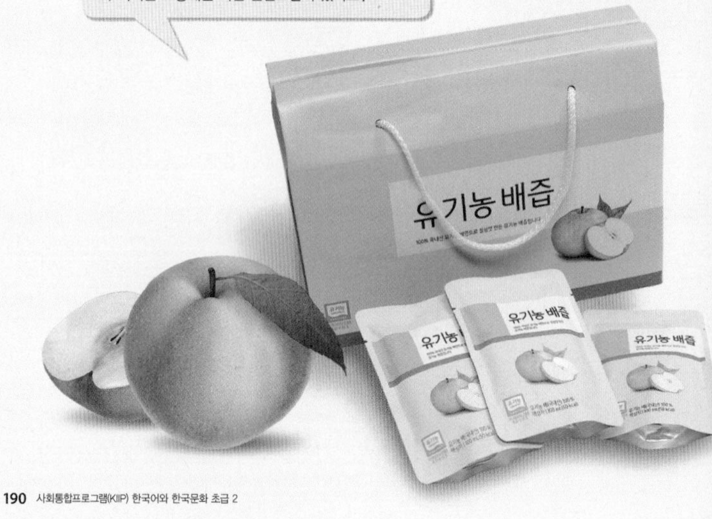

190 사회통합프로그램(KIIP) 한국어와 한국문화 초급 2

민간요법

1. 이 단원의 문화와 정보가 무엇에 대한 것인지 알려 준다.

한국에는 옛날부터 병원에 가지 않고 집에서 스스로 치료하는 민간요법이 여러 가지 있어요. 오늘은 '한국의 민간요법'에 대해 알아봅시다.

2. 교재의 그림(사진)을 보면서 주제에 대해 알고 있는 것을 상기시키고 말해 보게 한다. 이때 관련 시각 자료를 추가로 활용할 수 있다.

여러분 나라에도 옛날에 병원이나 약국이 많지 않기 때문에 집에서 치료하는 여러 가지 방법이 있었지요?
여러분 집에서 자주 사용한 방법이 있어요?

3. 교재를 같이 읽으면서 내용을 설명한다. 이때 중요한 정보가 있는 부분에 밑줄을 긋거나 표시하게 하는 것도 좋다.

4. 질문 1, 2의 답을 찾아보고 답하게 한다.

한국의 민간요법에는 어떤 방법이 있어요?
이러한 민간요법은 모두 과학적인 방법인가요?

5. 3번 질문을 이용하여 학습자 자신의 경험을 말해 보도록 한다.

여러분 고향이나 집에는 어떤 민간요법이 있어요?

단원 마무리

1. 다음을 듣고 따라 읽으세요.

1) 좋겠어요[조케써요]
2) 불규칙한 편이에요[불규치칸 펴니에요]
3) 하지 않지만[하지 안치만]

2. 다음을 듣고 연습해 보세요.

1) 잠을 충분히 자면 좋겠어요.
2) 가: 요즘 소화가 안 돼요?
   나: 네, 식사가 불규칙한 편이에요.
3) 가: 운동을 자주 하세요?
   나: 자주 하지 않지만 가끔 1시간 정도 걸어요.

배운 어휘 확인

- □ 잠을 충분히 자다
- □ 음식을 골고루 먹다
- □ 식사를 규칙적으로 하다
- □ 운동을 꾸준히 하다
- □ 잠이 부족하다
- □ 편식이 심하다
- □ 식사가 불규칙하다
- □ 운동을 거의 하지 않다
- □ 안색이 안 좋다
- □ 힘(기운)이 없다
- □ 입맛이 없다
- □ 어지럽다
- □ 얼굴에 뭐가 나다
- □ 열이 나다
- □ 소화가 안 되다
- □ 몸살이 나다
- □ 불면증

17과 잠을 푹 자면 좋겠어요 191

- **받침 'ㅎ'의 발음**
  - 받침 'ㅎ'은 다음 음절에 'ㄱ, ㄷ, ㅂ, ㅈ'이 오면 격음화가 일어나 [ㅋ, ㅌ, ㅍ, ㅊ]로 발음된다. 이것은 순서가 바뀌어도 격음화가 일어난다.

- 이 단원에서 배운 어휘 중 기억나는 것을 말해 보세요.
- 이 단원에서 배운 문법은 뭐예요?
- 여러분의 요즘 건강은 어때요?
- 건강을 위해 어떤 습관을 가지고 있어요?
- 여러분이 알고 있는 민간요법은 뭐예요?

발음 10분

1. 교재 1번 발음을 들려주고 발음이 어떻게 들리는지 학습자 스스로 확인해 보도록 한다.

2. '좋겠어요', '불규칙한', '하지 않지만'이 '조케써요', '불규치칸', '하지 안치만'으로 발음된다는 것을 알려 준다.
받침 'ㅎ'이 다음 음절에 'ㄱ, ㄷ, ㅂ, ㅈ'과 만났을 때는 격음화가 일어나 [ㅋ, ㅌ, ㅍ, ㅊ]으로 발음되고 그것은 순서가 바뀌어도 격음화가 일어난다고 설명한다

3. 교재 1번 발음을 다시 듣고 교사를 따라 말해 본다.

4. 교재 2번 대화를 듣고 따라 말해 본다.

5. 짝과 함께 대화를 읽으며 연습하게 한 후에 확인한다.

마무리 10분

1. 단원에서 학습한 어휘 중 기억하는 것을 먼저 말해 보게 한다.

2. 배운 어휘 목록의 어휘들을 읽으면서 의미를 상기시킨다.

3. 단원에서 학습한 문법(동형-으면 좋겠다, 명에)을 상기시키며 의미와 사용법을 기억하는지 확인한다.

4. 단원의 목표와 성취도를 확인한다.

5. 익힘책을 과제로 제시하고 마무리한다.

18

이 수업을 신청하는 게 어때요?

수업 목표 및 내용

- **주제:** 문화생활
- **어휘와 문법**
  - 어휘: 문화 센터 수업, 수강 신청 관련 어휘를 익힌다.
  - 문법: '동-는 게 어때요?', '형-어 보이다'의 의미와 형태를 익혀 사용할 수 있다.
- **활동**
  - 말하기: 문화 센터 수업에 대해 대화를 할 수 있다.
  - 듣기: 문화 센터 수업 신청 대화를 듣고 이해할 수 있다.
  - 읽기: 문화 센터 수업을 소개하는 글을 읽고 이해할 수 있다.
  - 쓰기: 수강하고 싶은 수업을 소개하는 글을 쓸 수 있다.
- **문화와 정보:** 문화가 있는 날

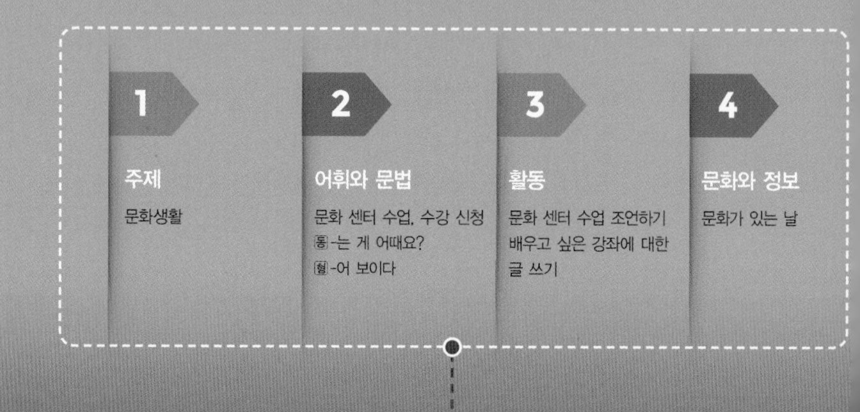

수업 전개

도입 / 어휘와 문법 1 (1차시)

- 문화 센터 강좌
- 동-는 게 어때요?

익힘책 pp. 112-115

어휘와 문법 2 (2차시)

- 수업 신청
- 형-어 보이다

익힘책 pp. 112-115

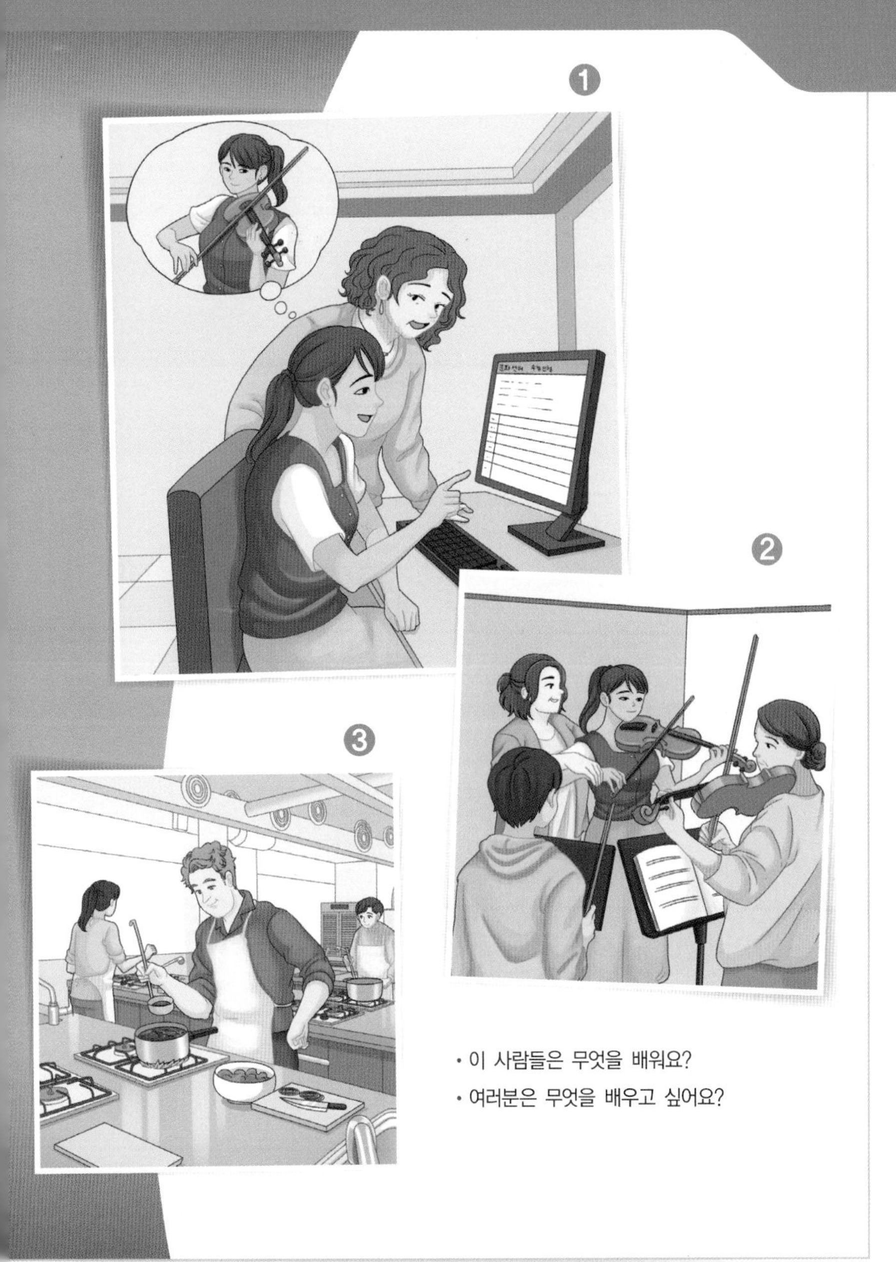

• 이 사람들은 무엇을 배워요?
• 여러분은 무엇을 배우고 싶어요?

도입

1. 교재 그림을 이용하여 학생들과 이야기하며 이 과의 주제를 노출한다.

   그림❶ 두 사람이 무엇을 해요? 두 사람은 무슨 수업에 관심이 있는 것 같아요?

   그림❷ 여기는 문화 센터예요. 사람들이 무엇을 배우고 있어요?

   그림❸ 남자는 무엇을 하고 있어요? 여러분도 한국어 말고 배우고 싶은 수업이 있어요?

2. 대화 내용을 정리하며 이 단원에서는 '문화 센터 수업, 수강 신청' 등에 대해 공부한다는 것을 알려 준다.

이 단원을 지도할 때는…

이 단원과 관계있는 단원들은 아래와 같습니다. 관련 단원의 학습 내용을 확인하셔서 지도에 참고하시면 좋을 것 같습니다.

• **주제:** 한국어 수업(사회통합과정)
  – 2권 8과

말하기와 듣기 3차시	읽기와 쓰기 4차시	문화와 정보 / 발음 / 마무리 5차시
·문화 센터 수업에 대해 말하기 ·수강 신청 방법 듣기 익힘책 p. 116	·강좌 안내 읽기 ·강좌 소개하는 글 쓰기 익힘책 p. 117	·문화가 있는 날

- **회원 모집:** 동아리나 모임에서 같이 할 사람이 필요합니다. 같이 할 사람을 구합니다.
- **접수 기간:** 어떤 것을 배우거나 시험을 보기 위해 신청할 수 있는 기간이에요.
- **수강 신청:** 강의를 듣고 싶어서 신청하는 것이에요.
- **신청 방법:** 어떻게 신청할 수 있어요? 직접 가야 해요? 인터넷으로 신청할 수 있어요?

- **요가:** 힘든 운동을 좋아하지 않아요. 요가를 배워 보세요.
- **웰빙 댄스:** 춤을 추는 것이에요. 그런데 멋있는 춤이 아니라 건강을 위해서 추는 것이에요.
- **천연 비누 만들기:** 씻으려면 비누가 필요해요. 그런데 피부에 좋은 비누를 만들고 싶어요.
- **도자기 만들기:** 손으로 도자기를 만들어요. 컵도 만들고 그릇도 직접 만들어요.
- **어학 자격증:** 취업을 위해 외국어 자격증이 필요해요. 외국어를 배우고 자격증도 따요.
- **미용 자격증:** 미용사가 되고 싶어요. 미용사가 되려면 자격증이 필요해요. 이 수업을 들으면 미용 자격증 시험을 준비할 수 있어요.
- **노래 교실:** 노래를 잘 부르고 싶어요.
- **음악 교실:** 음악과 다양한 악기를 배울 수 있어요.
- **요리 교실:** 다양한 요리를 배우고 싶어요.

Q 문화 센터에는 어떤 수업이 있어요?

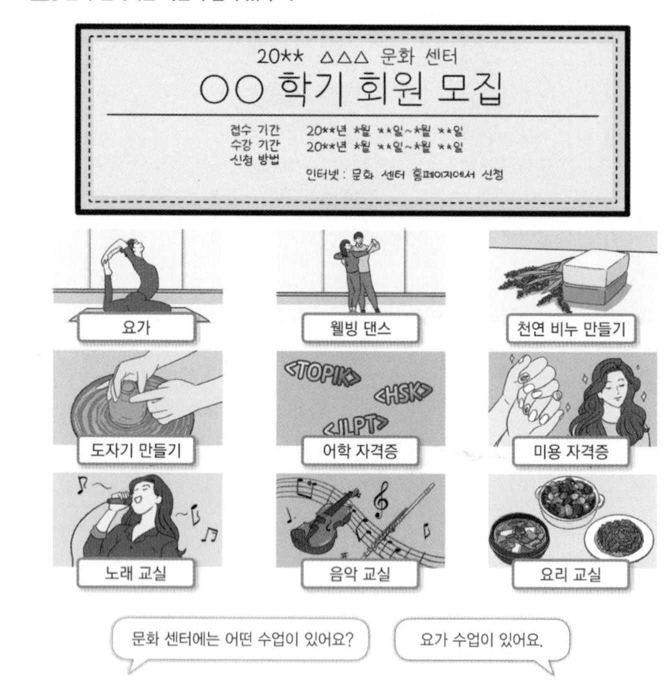

Q 여러분은 문화 센터에서 어떤 수업을 듣고 싶어요? 이야기해 보세요.

194 사회통합프로그램(KIIP) 한국어와 한국문화 초급 2

어휘 1 (문화 센터 강좌)

1 도입, 제시

1. 문화 센터에서 사용하는 단어로 어떤 것을 알고 있는지 물으며 오늘의 어휘는 문화 센터에서 수강할 수 있는 다양한 수업에 대해 말할 때 사용하는 표현임을 알려 준다.

   여러분 문화 센터는 어떤 곳이에요? 문화 센터에서는 무엇을 배워요?
   오늘은 문화 센터의 다양한 수업에 대해 공부해요.

2. 교사를 따라 어휘를 소리 내어 한 번 읽는다. 이때 발음에 주의하게 한다.
3. 어휘의 의미를 설명한다. 어휘가 사용된 문장을 예로 제시하거나 의미를 풀어서 설명해 준다. 상황에 따라 유의어나 반의어 등을 추가로 설명할 수 있다.
4. 배운 어휘를 소리 내어 읽도록 한다. 이때 '-어요' 형태로 단어를 읽는 등 변화를 줄 수 있다.

2 연습

1. 문화 센터 수업과 듣고 싶은 수업에 대해 이야기해 본다.
2. 문화 센터에는 어떤 수업들이 있는지 듣고 싶은 수업이 무엇인지 짝과 대화하도록 한다.
3. 학생들끼리 이야기한 것은 교사가 정리해 주며 같이 이야기한다.

   문화 센터에는 어떤 수업이 있어요?
   흐엉 씨는 어떤 수업에 관심이 있어요?

4. 자신이 만들고 싶은 동호회(동아리)를 소개하기 활동으로 확장할 수 있다.

익힘책 112쪽을 풀게 하거나 과제로 제시한다.

동-는 게 어때요?

예문
- 가: 윗집 아이들이 너무 뛰어서 잠을 잘 수가 없어요.
  나: 윗집에 한번 이야기하는 게 어때요?
- 요즘 기운이 없으니까 건강식품을 먹는 게 어때요?
- 한국어 수업을 듣고 한국어능력시험을 보는 게 어때요?

-는 게 어때요? • 먹다 → 먹는 게 어때요? • 배우다 → 배우는 게 어때요? • 공부하다 → 공부하는 게 어때요? ★만들다 → 만드는 게 어때요?

1 이 사람들은 고민이 있어요. 좋은 방법을 이야기해 보세요.

보기

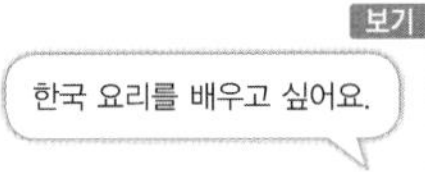

그러면 요리 교실에 가는 게 어때요? 아니면 친구에게 배우는 게 어때요?

한국 요리를 배우고 싶다
요리 교실에 가다 | 친구에게 배우다

1)

여행을 어디로 갈지 모르겠다
제주도에 가다 | 고향에 다녀오다

2)

친구를 많이 사귀고 싶다
모임에 가 보다 | 에스엔에스(SNS)를 하다

3)

요즘 몸이 자주 아프다
운동을 하다 | 몸에 좋은 음식을 먹다

2 이 사람들에게 좋은 방법을 이야기해 보세요.

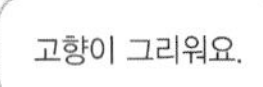

오늘 날씨가 아주 좋아요.

좋은 회사를 찾고 싶어요.

18과 이 수업을 신청하는 게 어때요? 195

동-는 게 어때요?

상대방의 고민이나 걱정에 대해 좋은 방법을 권유하거나 조언을 할 때 사용한다.

- 가: 한국어 수업이 조금 어려워요.
  나: 그럼 저랑 매일 복습을 하는 게 어때요?
- 가: 아침부터 머리가 어지럽고 기운이 없어요.
  나: 많이 안 좋으면 병원에 가는 게 어때요?
- 휴가 때 고향에 다녀오는 게 어때요?
- 그런 문제는 선생님께 이야기해 보는 게 어때요?

-는 게 어때요? (받침 O, 받침 X)	가다 → 가는 게 어때요? 찾다 → 찾는 게 어때요? 입다 → 입는 게 어때요? 하다 → 하는 게 어때요? *살다 → 사는 게 어때요?

문법 1 (동-는 게 어때요)

1 도입, 제시

1. 도입 그림과 대화를 통해 문법이 사용되는 상황을 인지시킨다.
   - 두 사람이 노래를 듣고 있어요. 여자는 노래를 잘 부르고 싶어요. 남자는 좋은 방법을 가르쳐 주고 싶어요.
2. 교재의 대표 예문을 보면서 문법의 의미를 설명한다.
   - 다른 사람이 여러분에게 걱정이나 고민을 이야기해요. 여러분은 그 사람에게 여러분이 알고 있는 좋은 방법을 가르쳐 주고 싶어요. 그럴 때 '-는 게 어때요?' 이렇게 말해 줄 수 있어요.
3. 학생들과 교재의 예문들을 읽으면서 문법의 의미를 설명하고 이해시킨다.
4. 문법의 형태 정보를 제시하고 설명한다.
5. 추가 예문을 제시하고 문법의 의미와 사용법을 정확하게 이해시킨다.

2 연습 1

1. 〈보기〉의 대화를 교사와 함께 완성해 본다.
2. 나머지 문제를 〈보기〉의 대화처럼 짝과 완성하도록 한다.
3. 연습한 것을 발표하게 하거나 교사가 전체 학생 대상으로 답하게 하여 확인한다. 그리고 오류가 있으면 수정해 준다.

3 연습 2

1. 고민을 해결하는 좋은 방법에 대해 친구와 이야기해 보도록 한다.
2. 친구와 대화한 것을 발표하게 하고 오류가 있으면 수정해 준다.

익힘책 114쪽을 풀게 하거나 과제로 제시한다. 익힘책은 연습 활동 난이도에 따라 교재 연습 문제 전후로 활용한다.

어휘와 문법 2

- **인터넷으로 알아보다:** 요즘은 필요하거나 궁금한 것이 있으면 인터넷으로 정보를 찾아요.
- **프로그램을 선택하다:** 여러 가지 중에서 마음에 드는 것을 골라요.
- **시간을 확인하다:** 수업을 신청하려면 먼저 괜찮은 시간인지 봐야 해요.
- **홈페이지에서 회원 가입을 하다:** 인터넷 쇼핑을 할 때도 그 사이트에 먼저 이름, 주소, ID, 비밀번호 등을 만들어야 물건을 살 수 있어요.
- **수강료를 결제하다:** 수업을 들으려면 돈을 내야 해요. 그 돈이 수강료예요. 그리고 수강료를 내는 방법은 현금으로 낼 수도 있고 카드로 낼 수도 있어요. 이렇게 돈을 내는 것이 결제하는 것이에요.

Q 컴퓨터로 문화 센터 수업을 어떻게 신청해요?

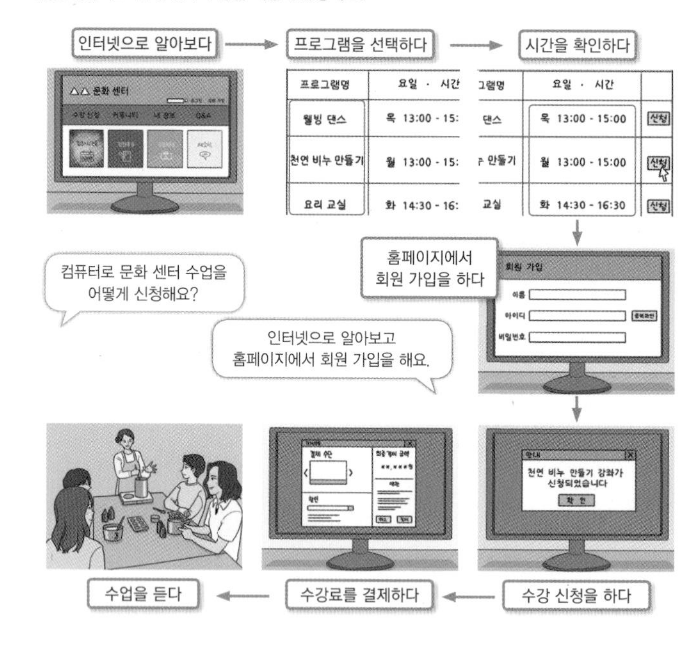

Q 여러분은 한국어 수업을 신청할 때 어떻게 신청했어요?

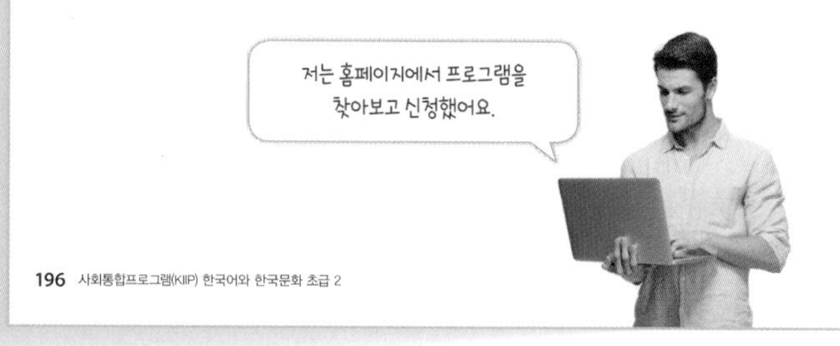

196 사회통합프로그램(KIIP) 한국어와 한국문화 초급 2

어휘 2 (수업 신청)

1 도입, 제시

1. 문화 센터 수강 신청 방법을 물으며 오늘 배우는 단어는 문화 센터 수업을 신청할 때 사용하는 어휘임을 알려 준다.

   여러분 문화 센터에 가 봤어요? 문화 센터 수업을 들은 적이 있어요? 오늘은 문화 센터 수업을 신청하는 방법과 순서를 말할 때 쓸 수 있는 어휘를 공부해요.

2. 교사를 따라 어휘를 소리 내어 한 번 읽는다. 이때 발음에 주의하게 한다.
3. 어휘의 의미를 설명한다. 어휘가 사용된 문장을 예로 제시하거나 의미를 풀어서 설명해 준다. 상황에 따라 유의어나 반의어 등을 추가로 설명할 수 있다.
4. 배운 어휘를 소리 내어 읽도록 한다.

2 연습

1. 학생들에게 문화 센터 수강 신청 방법에 대해 질문을 던진다.
2. 짝과 함께 문화 센터 수강 신청 방법에 대해 말해 보도록 한다. 이때 실제 문화 센터 강좌 및 수강 안내 자료를 보면서 연습할 수 있다.
3. 학생들끼리 이야기한 것은 교사가 정리해 주며 같이 이야기한다.

   무슨 수업을 듣고 싶어요?
   이 문화 센터는 어떻게 수강 신청을 할 수 있어요?
   방법이 어렵거나 복잡하지 않아요? 방법을 친구에게 가르쳐 주세요.

익힘책 113쪽을 풀게 하거나 과제로 제시한다.

형-어 보이다

사람이나 사물의 상황을 보고 짐작이나 느낌을 말할 때 사용해요.

예문
- 가: 제가 이 음식을 만들었어요.
  나: 아주 맛있어 보여요.
- 회사에 일이 많아요? 요즘 피곤해 보여요.
- 백화점에서 파는 물건들은 모두 좋아 보여요.

- -아 보이다 • 높다 → 높아 보이다 • 비싸다 → 비싸 보이다
- -어 보이다 • 적다 → 적어 보이다 • 넓다 → 넓어 보이다
- -해 보이다 • 피곤하다 → 피곤해 보이다 • 친절하다 → 친절해 보이다

1 다음 그림을 보고 이야기해 보세요.

보기

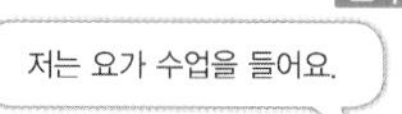

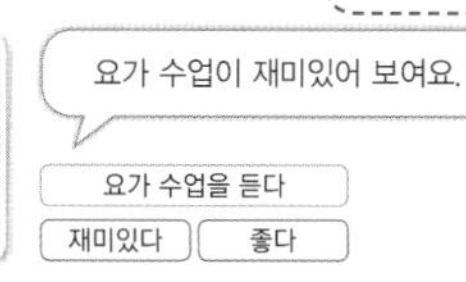

1) 

어제 머리 스타일을 바꾸었다
젊다 | 깔끔하다

2) 

이번 여름에 고향에 가다
기분이 좋다 | 행복하다

3) 

밤까지 일을 하다
피곤하다 | 힘들다

2 어때 보여요? 친구와 이야기해 보세요.

옆 친구를 보세요. 오늘 기분이 어때 보여요?

2단계 책 앞의 배운 문법을 다시 보세요. 어때 보여요?

휴가 갔을 때 사진을 보세요. 어때 보여요?

18과 이 수업을 신청하는 게 어때요? 197

형-어 보이다

어떤 일을 보고 그 상태나 상황을 짐작하거나 판단할 때 사용한다.

- 가: 같이 축구할래요? 너무 재미있어요.
  나: 제가 보기에 축구는 너무 힘들어 보여요.
- 가: 이 호텔은 깨끗해서 마음에 들어요.
  나: 그리고 직원들도 모두 친절해 보여요.
- 이사를 했는데 짐이 많아서 더 좁아 보여요.
- 음식 사진이 너무 매워 보여요.

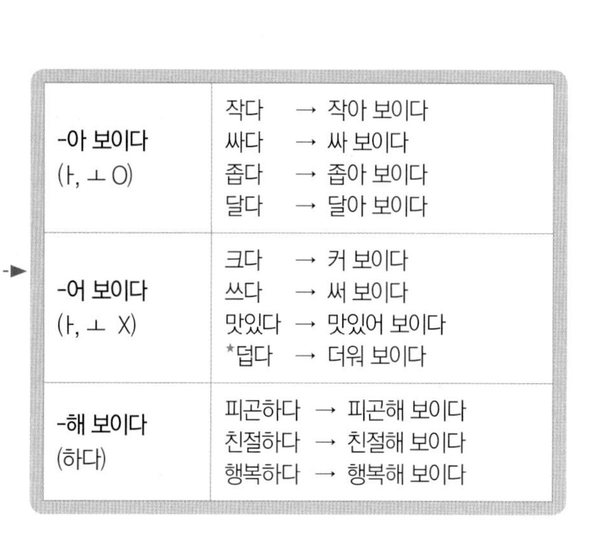

-아 보이다 (ㅏ, ㅗ O)	작다 → 작아 보이다 싸다 → 싸 보이다 좁다 → 좁아 보이다 달다 → 달아 보이다
-어 보이다 (ㅏ, ㅗ X)	크다 → 커 보이다 쓰다 → 써 보이다 맛있다 → 맛있어 보이다 *덥다 → 더워 보이다
-해 보이다 (하다)	피곤하다 → 피곤해 보이다 친절하다 → 친절해 보이다 행복하다 → 행복해 보이다

문법 2 (형-어 보이다)

1 도입, 제시

1. 도입 그림과 대화를 통해 문법이 사용되는 상황을 인지시킨다.
   - 이 두 사람은 문화 센터 수업을 알아보고 있어요. 문화 센터 수업은 컴퓨터에서 사진을 보고 선택해야 해요.
2. 교재의 대표 예문을 보면서 문법의 의미를 설명한다.
   - 두 사람은 프로그램을 선택하기 위해서 여러 수업 사진을 보고 있어요. 사람들의 표정, 교실의 모습 이런 것을 보고 있어요. 사진을 보니까 하나의 수업이 제일 '재미있을 거예요.' 조금 추측할 수 있어요. 이럴 때 '-어 보이다'를 붙여서 '재미있어 보여요'라고 말해요.
3. 학생들과 교재의 예문들을 읽으면서 문법의 의미를 설명하고 이해시킨다.
4. 문법의 형태 정보를 제시하고 설명한다.
5. 추가 예문을 제시하고 문법의 의미와 사용법을 정확하게 이해시킨다.

2 연습 1

1. 〈보기〉의 대화를 교사와 함께 완성해 본다.
2. 나머지 문제를 〈보기〉의 대화처럼 짝과 완성하도록 한다.
3. 연습한 것을 발표하게 하거나 교사가 전체 학생 대상으로 답하게 하여 확인한다. 그리고 오류가 있으면 수정해 준다.

3 연습 2

1. 옆 친구의 기분이 어떤지, 2단계에서 이미 배운 문법이 어떤지, 휴가 갔을 때 찍은 사진을 보면서 사람들 기분이 어떤지 '-어 보이다'를 활용하여 자신의 이야기를 하도록 한다.
2. 친구와 대화한 것을 발표하게 하고 오류가 있으면 수정해 준다.

익힘책 115쪽을 풀게 하거나 과제로 제시한다. 익힘책은 연습 활동 난이도에 따라 교재 연습 문제 전후로 활용한다.

말하기와 듣기

1 2)

이링: 오늘 문화 센터 팸플릿을 봤어요. 저도 하나 배우면 좋겠는데 어떤 수업을 신청하면 좋을까요?
왕흔: 저도 문화 센터에서 수업을 많이 들었는데 도움이 되고 아주 좋았어요. 이링 씨는 요리에 관심이 있으니까 한식 강좌를 신청하는 게 어때요?
이링: 아, 좋은 생각이에요. 저도 한식 요리 수업이 좋아 보였어요. 어렵지는 않겠죠? 선착순 모집이니까 집에 가서 빨리 신청해야겠어요.
왕흔: 초급반이니까 어렵지 않을 거예요. 저도 빨리 재미있는 수업을 찾아봐야겠어요.

2

가: 어떤 수업을 신청했어요?
나: 공예 수업이 재미있어 보여서 공예 수업을 신청했어요.
가: 저는 뭘 신청하면 좋을까요?
나: 평소에 춤추는 것을 좋아하니까 웰빙 댄스를 신청하는 게 어때요?

직 원(남): 어떻게 오셨어요?
안젤라(여): 천연 비누 만들기 수업을 신청하려고 하는데요.
직 원(남): 네. 저희 센터에는 천연 비누 만들기 수업이 세 개 있습니다. 먼저 시간표부터 확인해 보세요.
안젤라(여): 네, 감사합니다. 음.... 여기 화요일 오전 수업이 재미있어 보여요. 모집 기간이 언제까지예요?
직 원(남): 이번 주 일요일까지입니다. 그런데 선착순 모집이니까 오늘 신청하시는 게 어떠세요?
안젤라(여): 그럼 오늘 신청할게요.
직 원(남): 네, 여기 신청서 써 주세요. 수업은 다음 달 첫 번째 주부터 시작합니다.

1 이링 씨와 왕흔 씨가 문화 센터 수업에 대해 이야기해요. 다음과 같이 이야기해 보세요.

이링: 오늘 문화 센터 팸플릿을 봤어요. 저도 하나 배우면 좋겠는데 어떤 수업을 신청하면 좋을까요?
왕흔: 저도 문화 센터에서 수업을 많이 들었는데 도움이 되고 아주 좋았어요. 이링 씨는 운동을 좋아하니까 요가를 배우는 게 어때요?
이링: 아, 좋은 생각이에요. 저도 요가 수업이 재미있어 보였어요. 어렵지는 않겠죠? 선착순 모집이니까 집에 가서 빨리 신청해야겠어요.
왕흔: 초급반이니까 어렵지 않을 거예요. 저도 빨리 재미있는 수업을 찾아봐야겠어요.

1) 운동을 좋아하니까 요가를 배우다 | 요가 수업이 재미있다
2) 요리에 관심이 있으니까 한식 강좌를 신청하다 | 한식 요리 수업이 좋다

2 여러분은 어떤 수업을 신청했어요? 어떤 수업을 신청하고 싶어요? 친구와 이야기해 보세요.

어떤 수업을 신청했어요?
만들기를 좋아해서 공예 교실을 신청했어요.

안젤라 씨가 문화 센터에 갔어요. 잘 듣고 답해 보세요.

1) 들은 내용과 같은 것을 고르세요.
① 홈페이지에서 신청해야 돼요.
② 일요일 수업은 신청이 끝났어요.
③ 안젤라 씨는 일요일 수업을 신청할 거예요.
④ 천연 비누 만들기 수업은 모두 세 개예요.

2) 안젤라 씨가 신청한 수업은 언제 시작해요?
다음 달 첫 번째 주부터 시작해요.

198 사회통합프로그램(KIIP) 한국어와 한국문화 초급 2

문화 센터 수업에 대해 말하기

1 대화문 연습

1. 문화 센터 수업에 대해 이야기하며 교재의 그림을 이용해 어떤 상황인지 추측해 보도록 한다.
   - 이 두 사람은 무엇을 보고 있는 것 같아요?
     문화 센터 팸플릿에는 어떤 내용이 있어요?
     여러분은 시간이 있으면 어떤 수업을 듣고 싶어요?
2. 지시문을 이용하여 대화 상황을 학생들에게 명확하게 알려 준다.
3. 대화를 들려주고 간단한 질문을 하여 대화 내용을 이해했는지 확인한다.
   - 이 두 사람은 무엇을 하고 있어요?
     이링 씨는 어떤 수업을 추천했어요?
     요가 수업은 어려워요?
     신청은 언제 해야 해요?
4. 교사와 함께 대화문을 읽으면서 자연스럽게 말하는 연습을 한다. 두 번 정도 반복해서 연습한다.
5. 교체 어휘를 활용하여 짝과 함께 연습하게 한다.
6. 연습이 끝나면 한두 팀을 발표시키거나 교사가 전체 학생을 대상으로 확인한다.

2 확장 연습

1. 듣고 싶은 수업 신청에 대해 말하기를 한다고 알려 준다.
2. 짝과 같이 듣고 싶은 문화 센터 수업에 대해 이야기하게 한다. 대화를 할 때는 다음과 같은 내용을 포함하여 말하도록 지시한다.
   - 어떤 수업을 신청할 거예요? 이유가 뭐예요?
     친구에게 어울리는 수업을 추천해 주세요. 이유도 같이 말해 주세요.
3. 이야기가 끝나면 한두 팀을 발표시키거나 교사가 전체 학생을 대상으로 확인하고 오류를 수정해 준다.

수강 신청 방법 듣기

1. 지시문을 이용하여 등장인물과 대화 상황을 설명한다.
2. 문제를 읽고 들어야 하는 정보를 파악하게 한다.
3. 듣기 파일을 두 번 듣고 문제를 풀게 한다.
4. 교재 질문의 답을 확인한 후 해당 대화를 같이 읽으며 내용을 확인한다. 필요한 경우 새로운 어휘, 표현을 설명한다.

읽기와 쓰기

1 다음 글을 읽고 질문에 답해 보세요.

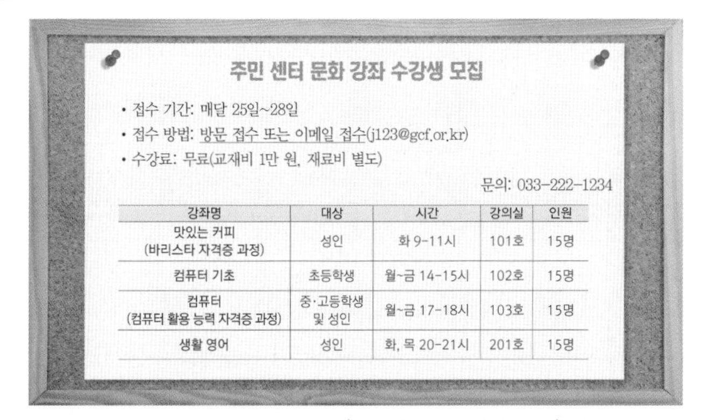

주민 센터 문화 강좌 수강생 모집

- 접수 기간: 매달 25일~28일
- 접수 방법: 방문 접수 또는 이메일 접수(j123@gcf.or.kr)
- 수강료: 무료(교재비 1만 원, 재료비 별도)

문의: 033-222-1234

강좌명	대상	시간	강의실	인원
맛있는 커피 (바리스타 자격증 과정)	성인	화 9-11시	101호	15명
컴퓨터 기초	초등학생	월~금 14-15시	102호	15명
컴퓨터 (컴퓨터 활용 능력 자격증 과정)	중·고등학생 및 성인	월~금 17-18시	103호	15명
생활 영어	성인	화, 목 20-21시	201호	15명

1) 강좌 신청은 언제 해야 돼요? 매달 25일부터 28일까지 신청해야 돼요.

2) 강좌 신청은 어떻게 해요? 방문해서 접수하거나 이메일로 접수해요.

3) 강좌에 대한 설명으로 맞으면 ○, 틀리면 X 하세요.

❶ '컴퓨터 기초'는 어른도 신청할 수 있어요. (X)

❷ '맛있는 커피'는 재료비가 무료예요. (X)

❸ '생활 영어'는 일주일에 두 번 수업이 있어요. (○)

2 여러분이 수강하고 싶은 강좌와 그 이유를 써 보세요.

단어장

팸플릿
도움이 되다
선착순
강좌
접수
별도
바리스타

- **주민 센터:** 그 지역에 살고 있는 사람들을 위해 여러 가지 편리한 서비스를 제공하는 곳이에요.
- **수강생:** 수업을 듣는 학생이에요.
- **수강료:** 수업을 듣고 내는 돈이에요.
- **재료비:** 수업을 하는 데 필요한 여러 가지 재료를 사는 데 들어가는 돈이에요.
- **교재비:** 수업에서 사용되는 책의 값이에요.
- **인원:** 하나의 장소에 들어가는 사람의 수예요.

강좌 안내 읽기

1. 제목을 보며 글의 내용을 유추하게 한다.

이 글을 왜 썼어요? 누가 읽으면 좋을 것 같아요?
무엇에 대한 내용인 것 같아요?

2. 글을 훑어 읽게 한 후 주제, 중심 내용 등을 간단히 말해 보도록 한다.

모집 기간이 언제예요? 수강료는 얼마예요? 접수 장소는 어디예요?
어떤 수업이 있어요?
그 수업은 수업 시간이 어떻게 돼요?

3. 글을 다시 읽으면서 문제를 풀게 한다.

4. 답을 같이 확인한 후, 본문을 다시 읽으며 모르는 어휘가 없는지 확인한다. 필요한 경우 새로운 어휘, 표현을 설명한다.

강좌 소개하는 글 쓰기

1. 어떤 글을 쓸지 알려 주고 글에 들어갈 내용을 생각해 보게 한다.

오늘은 여러분이 시간이나 기회가 있으면 수강하고 싶은 강좌를 소개하는 글을 쓸 거예요.
그 강좌를 수강하고 싶은 이유가 무엇인가요?

2. 교재 질문에 대해 자신이 쓸 내용을 간단하게 메모하도록 한다. 교사는 학생들이 쓴 메모에 오류가 없는지 확인해 준다.

3. 메모한 내용을 바탕으로 글로 완성하게 한다.

문화와 정보

문화가 있는 날

1. 이 단원의 문화와 정보가 무엇에 대한 것인지 알려 준다.

여러분 시간이 있으면 영화를 보거나 공연을 보거나 전시회에 가고 싶지요? 그런데 조금 가격이 부담스러워요?
싼 가격에 이런 것을 할 수 있는 방법이 있어요. 오늘은 '문화가 있는 날'에 대해 알아봅시다.

2. 교재의 그림(사진)을 보면서 주제에 대해 알고 있는 것을 상기시키고 말해 보게 한다. 이때 관련 시각 자료를 추가로 활용할 수 있다.

여러분은 어디에 가고 싶어요? 무엇을 체험하고 싶어요?
'문화가 있는 날'은 어떤 날이에요?
'문화가 있는 날'은 무엇이 좋아요?

3. 교재를 같이 읽으면서 내용을 설명한다. 이때 중요한 정보가 있는 부분에 밑줄을 긋거나 표시하게 하는 것도 좋다.

4. 질문 1, 2의 답을 찾아보고 답하게 한다.

'문화가 있는 날'은 언제예요?
'문화가 있는 날'에는 무엇을 할 수 있어요?

5. 3번 질문을 이용하여 학습자 자신의 경험을 말해 보도록 한다.

여러분은 '문화가 있는 날'에 무엇을 하고 싶어요?

단원 마무리

- **특별한 한자 '증'의 경음화**
  - 한자 '증' 앞에 어떤 글자가 오는지에 상관없이 단어의 중간이나 마지막에 올 때 일반적으로 [쯩]으로 발음된다.

- **격음화**
  - 'ㅎ' 앞뒤로 'ㄱ, ㄷ, ㅈ'이 결합되는 경우 [ㅋ, ㅌ, ㅊ]로 발음된다.

- **연음 현상**
  - 받침 뒤에 'ㅏ, ㅓ, ㅗ, ㅜ, ㅡ, ㅣ'와 같은 모음이 올 경우 연음 현상이 나타난다.
    겹받침의 경우 뒷 자음 하나만 연음되어 발음된다.

- 이 단원에서 배운 어휘 중 기억나는 것을 말해 보세요.
- 이 단원에서 배운 문법은 뭐예요?
- 여러분은 시간이 있으면 어떤 것을 배우고 싶어요?
- 그 강좌를 신청하려면 어떻게 해야 해요?
- '문화가 있는 날'은 어떤 날이에요?

발음 10분

1. 교재 1번 발음을 들려주고 발음이 어떻게 들리는지 학습자 스스로 확인해 보도록 한다.
2. '자격증', '행복해', '천연 비누'가 '자격쯩', '행보캐', '처년 비누'로 발음된다는 것을 알려 준다.
   - 특별한 한자 '증'의 경음화
     이 어휘의 경우 'ㄱ'과 'ㅈ'이 만나 경음화가 발생할 환경이기도 하지만 한자 '증'은 앞에 어떤 글자가 오는지에 상관없이 단어의 중간이나 마지막에 올 때 일반적으로 [쯩]으로 발음된다.
     예 신분증, 외국인 등록증, 자격증
   - 격음화
     'ㄱ'과 'ㅎ'이 만나 [ㅋ]로 발음된다.
   - 연음 현상
     앞 음절의 자음이 다음 음절 첫 음으로 모음을 만나면 다음 음절로 자리를 옮겨 발음된다.
3. 교재 1번 발음을 다시 듣고 교사를 따라 말해 본다.
4. 교재 2번 대화를 듣고 따라 말해 본다.
5. 짝과 함께 대화를 읽으며 연습하게 한 후에 확인한다.

마무리 10분

1. 단원에서 학습한 어휘 중 기억하는 것을 먼저 말해 보게 한다.
2. 배운 어휘 목록의 어휘들을 읽으면서 의미를 상기시킨다.
3. 단원에서 학습한 문법(동-는 게 어때요?, 형-어 보이다)을 상기시키며 의미와 사용법을 기억하는지 확인한다.
4. 단원의 목표와 성취도를 확인한다.
5. 익힘책을 과제로 제시하고 마무리한다.

기획 · 연구

박정아 국립국어원 학예연구관
정혜선 국립국어원 학예연구사
이슬비 국립국어원 학예연구사
박지수 국립국어원 연구원

집필진

책임 집필

이미혜 이화여자대학교 교육대학원 교수

공동 집필

이영숙 한양대학교 국제교육원 교수
안경화 서울대학교 언어교육원 대우교수
김현정 서강대학교 국제한국학선도센터 책임연구원
이윤진 안양대학교 교육대학원 교수
유해준 상지대학교 한국어문학과 교수
강유선 숙명여자대학교 아시아여성연구원 연구원
이명순 대전대학교 사회통합프로그램 강사
조항록 상명대학교 한국학과 교수
배재원 이화여자대학교 언어교육원 특임교수
정미지 아주대학교 다산학부대학 특임교수
오지혜 세명대학교 미디어문화학부 교수
박수연 조선대학교 언어교육원 교육부장
이미선 서정대학교 사회통합프로그램 강사

연구 보조원

김민정 이화여자대학교 국제대학원 강사
위햇님 서울대학교 언어교육원 강사
남미정 상명대학교 국제언어문화교육원 강사
권수진 한양대학교 국제교육원 강사
진보영 안산시외국인주민지원본부 사회통합프로그램 강사
오민수 건국대학교 언어교육원 강사
이승민 (재)한국이민재단 강사
곽은선 고려대학교 한국어센터 강사
강수진 상명대학교 국제언어문화교육원 강사

법무부 사회통합프로그램(KIIP)

한국어와 한국문화 초급 2 (교사용 지도서)

1판 1쇄 발행 2020년 12월 10일
1판 3쇄 발행 2023년 12월 11일

기획 · 연구 국립국어원
관계 기관 협조 법무부 출입국 · 외국인정책본부 이민통합과
지은이 이미혜 외

펴낸이 박영호
기획팀 송인성, 김선명, 김선호
편집팀 박우진, 김영주, 김정아, 최미라, 전혜련, 박미나
관리팀 임선희, 정철호, 김성언, 권주련
펴낸곳 (주)도서출판 하우

주소 서울시 중랑구 망우로68길 48
전화 (02)922-7090
팩스 (02)922-7092
홈페이지 http://www.hawoo.co.kr
e-mail hawoo@hawoo.co.kr
등록번호 제2016-000017호

값 13,000원
ISBN 979-11-90154-91-8 14710
ISBN 979-11-90154-80-2 14710 (set)